16	3	2	13
5	10	11	8
9	6	7	12
4	15	14	1

Luiz Carlos Bresser-Pereira

REFORMA DO ESTADO PARA A CIDADANIA

A reforma gerencial brasileira
na perspectiva internacional

ENAP

editora■34

EDITORA 34

Editora 34 Ltda.
Rua Hungria, 592 Jardim Europa CEP 01455-000
São Paulo - SP Brasil Tel/Fax (11) 3816-6777 www.editora34.com.br

ENAP
Escola Nacional de Administração Pública
SAIS/Área 2-A CEP 70610-900 Brasília - DF Brasil
Tel. (61) 2020-3000 www.enap.gov.br

Copyright © Editora 34 Ltda./ENAP, 1998
Reforma do Estado para a cidadania © Luiz Carlos Bresser-Pereira, 1998

A FOTOCÓPIA DE QUALQUER FOLHA DESTE LIVRO É ILEGAL E CONFIGURA UMA
APROPRIAÇÃO INDEVIDA DOS DIREITOS INTELECTUAIS E PATRIMONIAIS DO AUTOR.

Edição conforme o Acordo Ortográfico da Língua Portuguesa.

Capa, projeto gráfico e editoração eletrônica:
Bracher & Malta Produção Gráfica

Imagem da capa:
Alberto Alexandre Martins, Sem título, 1989, xilogravura

Revisão:
Alexandre Barbosa de Souza

1ª Edição - 1998 (1ª Reimpressão - 2002), 2ª Edição - 2011

Catalogação na Fonte do Departamento Nacional do Livro
    (Fundação Biblioteca Nacional, RJ, Brasil)

Bresser-Pereira, Luiz Carlos

B436r   Reforma do Estado para a cidadania: a reforma
gerencial brasileira na perspectiva internacional/ Luiz
Carlos Bresser-Pereira. — São Paulo: Ed. 34; Brasília:
ENAP, 1998.
368 p.

ISBN 978-85-7326-114-1

Inclui bibliografia e índice.

     1. Reforma administrativa - Brasil. 2. Administração
pública - Brasil. I. Escola Nacional de Administração
Pública (Brasil). II. Título.

CDD - 354.81006

REFORMA DO ESTADO PARA A CIDADANIA
A reforma gerencial brasileira na perspectiva internacional

Prefácio, *Fernando Henrique Cardoso*	7
Apresentação	11
Introdução	17

Parte 1. MARCO HISTÓRICO: CRISE E REFORMA
1. Crise do Estado e respostas	31
2. Reforma gerencial	47

Parte 2. MARCO TEÓRICO: DEMOCRACIA E EFICIÊNCIA
3. A defesa da *res publica*	81
4. Marco institucional	95
5. Orientações teóricas	109
6. Formas de controle	139
7. Reforma gerencial e democracia	151

Parte 3. ANTES DA REFORMA
8. Reformas administrativas no Brasil	163
9. Diagnóstico: as distorções	183

Parte 4. REFORMA GERENCIAL NO BRASIL
10. Reforma constitucional da administração	205
11. Reestruturação e qualidade	217
12. Agências executivas	225
13. As organizações sociais	235
14. Reforma gerencial na Saúde	251
15. A nova política de recursos humanos	267
16. Eliminação de privilégios e redução de custos	281
17. Simplificação das compras e terceirização	293
18. Uso da tecnologia da informação	303
19. Comunicação institucional e transparência	307
20. Outras políticas e projetos	313
21. Reforma da Previdência	329

Conclusão: Uma reforma irreversível?	333
Referências bibliográficas	342
Índice remissivo	358

ÍNDICE DE QUADROS E TABELAS

Quadro 4.1:   Delimitação da área de atuação do Estado   96
Quadro 4.2:   Instituições resultantes da reforma do Estado   101
Quadro 4.3:   Formas de propriedade e administração
              e instituições   103
Quadro 5.1:   Orientações da administração pública gerencial   114
Tabela 9.1:   Remuneração média real dos servidores
              do Executivo (1989=100)   184
Tabela 9.2:   Gastos com pessoal federal (civil e militar)   185
Tabela 9.3:   Evolução do número de servidores da União   186
Tabela 9.4:   Salários médios: setor público e privado
              (reais de maio de 1995)   187
Tabela 9.5:   Diferenciais de salário entre o setor público e
              o privado   188
Tabela 9.6:   Escolaridade servidores x trabalhadores
              do setor privado   191
Tabela 9.7:   Ocupantes de DAS   198
Tabela 9.8:   Aposentadorias médias União/INSS   199
Tabela 9.9:   Participação dos inativos na despesa com
              pessoal da União   200
Tabela 9.10: Gastos previdenciários totais – 1996 (US$)   201
Tabela 16.1: Variação do gasto com pessoal civil
              do Executivo – 1997/1995   287
Tabela 16.2: Explicação da variação (R$ bilhões – valores reais) ..   287
Quadro 17.1: Comparativo da lei atual e do anteprojeto
              de Lei de Licitações   296
Tabela 20.1: Distribuição dos servidores federais por
              atribuições – situação em fevereiro de 1998   317

PREFÁCIO

Poucos temas são mais atuais ou mais prementes, no Brasil de hoje, que o da reforma do Estado. Já nos países mais ricos, crise fiscal e a falência do Estado de bem-estar social exigiram uma reflexão profunda sobre o problema. O que dizer então do caso brasileiro, no qual as demandas crescentes de uma sociedade complexa e a dificuldade do Estado em atendê-las somam-se a uma herança, ainda não completamente superada, de patrimonialismo e de distorções causadas por séculos de apropriação privada dos instrumentos de governo pelos chamados "donos do poder"?

A complexidade da questão da reforma do Estado é dupla. De um lado, apresenta-se o desafio de entender com precisão a tarefa, definir os passos a serem dados, partindo não apenas de uma análise teórica abstrata, mas de uma correta inserção dessa análise no contexto histórico brasileiro. Mas isso não é suficiente. A questão é complexa também pelo lado político. Nenhuma reforma desse tipo pode ter êxito se não estiver lastreada na articulação de maiorias políticas estáveis, capazes de assegurar a execução consistente das mudanças e, o que é talvez mais difícil, capazes de promover a transformação de toda uma cultura burocrática sedimentada ao longo do tempo.

O livro de Bresser-Pereira faz jus a essa dupla complexidade. Ao expor a fundamentação conceitual e a forma de execução da "reforma gerencial", tem o mérito de não ceder à tentação do simplismo e afastar de forma definitiva alguns dos mal-entendidos mais persistentes a respeito dos esforços em curso para a modernização do Estado brasileiro.

O mais grave desses mal-entendidos é a confusão que muitos tendem a fazer (frequentemente para promover uma agenda oculta de conservadorismo e defesa de privilégios) entre qualquer processo de reforma do Estado e a chamada "receita neoliberal" do Estado mínimo. O argumento de Bresser-Pereira é irrespondível: a inspiração da reforma gerencial é muito mais republicana do que liberal. Seu objetivo central é o de assegurar condições mais propícias para a defesa da *res publica*, para a proteção dos "direitos republicanos", na terminologia sugerida pelo autor. Seu princípio diretor é a necessidade de reverter a privatização do Estado e promover modalidades de controle da ação pública por parte dos cidadãos. Longe de "minimizar" a esfera pública, o que se faz é robustecê-la.

Uma das inovações mais importantes da reforma gerencial é trazer para o primeiro plano a necessidade de aprimorar a qualidade da gestão nos três níveis de governo (federal, estadual e municipal). As reformas burocráticas eram voltadas sobretudo para golpear o esquema patrimonial de gestão e promover a "racionalidade segundo fins", na sua acepção weberiana — e, no caso brasileiro, é fundamental não perder de vista que essa tarefa ainda está por completar-se. Já a introdução do modelo gerencial e democrático parte da recusa de duas premissas igualmente falsas: a de que o que é público tem que ser necessariamente pesado ou ineficiente, e a de que o que é ineficiente não pode ser público.

Daí a importância da descentralização, da subsidiariedade, das iniciativas de parceria com a iniciativa privada e dos esquemas inovadores de gestão. Tudo isto permite valorizar a competência e a eficiência, sem as quais a tendência ao burocratismo termina por gerar uma "irracionalidade segundo fins". Daí, também, a importância do controle social e da cobrança dos cidadãos, para que a tendência à tecnocracia não gere uma racionalidade segundo fins alheios aos interesses reais da sociedade.

Mais do que isso, Bresser-Pereira nos mostra que a transição ao "novo modelo de gestão", incorporando as formas gerenciais, é provavelmente o caminho mais eficaz para a superação definitiva do patrimonialismo, tanto em suas vertentes tradicionais, como na sua versão mais contemporânea, a do corporativismo (confusão entre a coisa pública e os interesses de uma corporação). A criação das novas agências reguladoras, no caso brasileiro, ilustra bem essa tese.

Percebe-se que o tema vai muito além da mera reforma administrativa ou do simples redesenho de organogramas. Envolve, na realidade, princípios éticos e conteúdo político. Está ligado, não à eliminação do Estado, mas precisamente à sua reconstrução em moldes mais efetivos. Uma reconstrução que pressupõe a superação de dilemas obsoletos, como o que pretendia forçar-nos a optar entre o estatismo exacerbado e o livre mercado, e que tampouco se deixa manietar por uma falsa identificação entre o público e o estatal. Uma reconstrução que procura dissipar a ilusão, de consequências gravíssimas, de que para assegurar os direitos da cidadania estaríamos obrigados a preservar um Estado de "mal-estar social", cujas estruturas distorcidas funcionavam como mecanismos adicionais de concentração da renda.

Contra essa ilusão e contra aqueles falsos dilemas, o que se propõe é um Estado que favoreça as condições para o crescimento da economia e que possa fazer frente ao imperativo da universalização do acesso aos serviços públicos, ficando entendido que isso exige o atendimento prioritário às demandas das camadas mais pobres. Um Estado que não se substitua ao mercado e à iniciativa privada, mas que os regulamente de forma eficaz e voltada para o interesse público. É este o espírito das novas agências de supervisão e regulamentação, que desempenharão um papel fundamental na vida pública brasileira, inviabilizando os esquemas tradicionais de clientelismo e fisiologismo, e priorizando a tarefa inadiável da universalização dos serviços de interesse público.

A reforma do Estado, sua "desprivatização" e a garantia da sua maior eficiência, através da valorização da competência e da integridade dos funcionários em carreiras de Estado, é uma aspecto inseparável do novo Brasil que estamos construindo, o Brasil da democracia, da estabilidade econômica e da seriedade no trato dos assuntos públicos. Como Ministro, Bresser-Pereira deu uma contribuição inestimável para isso. Trouxe para o governo o seu trabalho incansável, a sua lealdade e um entusiasmo sem igual. Como intelectual, tem-nos dado, em um diálogo com os principais nomes dedicados ao tema no Brasil e no mundo, a argumentação impecável que justifica e fundamenta aquele entusiasmo. Este livro é a melhor forma disso.

Fernando Henrique Cardoso

Prefácio

APRESENTAÇÃO

Três anos e meio depois de iniciada, a Reforma Gerencial da administração pública realizada no governo Fernando Henrique Cardoso pode ser hoje considerada um projeto bem-sucedido. As principais mudanças institucionais previstas no *Plano Diretor da Reforma do Aparelho do Estado* foram aprovadas: a reforma constitucional que ficaria chamada de "reforma administrativa" foi aprovada praticamente na forma proposta pelo governo, as organizações sociais e as agências executivas foram definidas legalmente, alterações substanciais na lei regulando o regime de trabalho dos servidores públicos foram introduzidas eliminando privilégios e distorções, os contratos de gestão e o conceito de indicadores de desempenho foram claramente definidos, e uma nova política de recursos humanos foi colocada em prática com ênfase no fortalecimento do núcleo estratégico do Estado. Por outro lado, uma estratégia gerencial de administração — a gestão pela qualidade total — foi adotada e passou a ser consistentemente aplicada na Administração Pública Federal. Finalmente, o apoio recebido pela reforma junto à alta administração pública revelou uma clara mudança de uma cultura burocrática para uma cultura gerencial. Houve, assim, êxito nos três planos da reforma: no institucional, no cultural e no da gestão. Naturalmente, em especial nesta última dimensão, a reforma está apenas começando, sua implantação demorará anos, mas bases sólidas foram lançadas.

Como responsável direto pela reforma, procuro neste livro situá-la no quadro histórico internacional, discutir suas bases teóricas, historiar e fazer o diagnóstico da administração pública no Brasil antes da reforma, e, na sua quarta parte, descrever a própria reforma em curso. Espero, assim, apresentar e analisar um grande projeto público, que foi para mim também fonte de grande aprendizado intelectual.

O projeto e o debate nacional que se estabeleceu em torno da reforma administrativa tiveram como objetivo a superação não apenas da forma patrimonialista de administrar o Estado brasileiro — forma que sobrevive embora esteja há muito morta enquanto valor —, mas principalmente criticar e oferecer uma alternativa gerencial à administração pública burocrática, que permanecia dominante no Brasil apesar de sua comprovada inadaptação às características do Estado moderno. Durante três anos e meio, ajudado por uma equipe de excelentes assessores, dotados de interesse pelas ideias novas, vontade de inovar e espírito público, dediquei-me, com o apoio atuante do presidente, a desenvolver os princípios e criar as instituições que possibilitarão a implantação da Reforma Gerencial na administração pública brasileira, abrindo perspectivas para que o país conte com um Estado que disponha de maior capacidade de garantir os direitos sociais porque mais eficiente; que seja mais democrático, apoiando-se em um espaço público não estatal fortalecido e em uma sociedade civil mais integrada e atuante; e que tenha à sua disposição um corpo de administradores públicos mais qualificado, mais autônomo ao tomar decisões, e mais responsabilizado perante a sociedade.

As ideias e realizações aqui expostas começaram a ser formuladas logo em seguida ao convite que recebi do Presidente Fernando Henrique Cardoso, em dezembro de 1994, para assumir o novo Ministério da Administração Federal e Reforma do Estado (MARE), que surgia da transformação, por sua iniciativa, da antiga Secretaria da Administração Federal da Presidência da República. Não fui eu quem solicitou a mudança de *status* e de nome do ministério, mas esta mudança fazia provavelmente sentido para o presidente: dessa forma ele fazia um desafio ao novo ministro, e à equipe que iria me ajudar, para que enfrentasse a reforma da administração pública e, mais amplamente, do Estado.

Ainda que julgue que o serviço público só se justifica quando temos a coragem de inovar e mudar, sei também que a prudência é outra qualidade essencial dos homens públicos. Por isso, e dadas as limitações óbvias de meu ministério, decidi concentrar-me na reforma da administração pública, ou, um pouco mais amplamente, do aparelho do Estado. Eu já tinha algumas ideias a respeito, uma vez que orientara alunos e presidira a comissão que reformulou a pós-graduação em administração pública na Fundação Getúlio Vargas/São Paulo. Conhecia muito bem a administração pública burocrática, conhecia a teoria e a prática da administração de empresas, e tinha uma ideia da administração que eu chamaria um pouco adiante de "gerencial" por intermédio da leitura do livro de Osborne e Gaebler (1992), a partir de uma recomendação de Yoshiaki Nakano. Mas precisava conhecer muito mais a respeito das novas ideias. E foi o que fiz, viajando para a Inglaterra logo no início do governo e começando a tomar conhecimento da bibliografia que recentemente havia se desenvolvido, principalmente naquele país, a respeito do assunto.

O resultado foi elaborar, ainda no primeiro semestre de 1995, o *Plano Diretor da Reforma do Aparelho do Estado* e a emenda constitucional da reforma administrativa, tomando como base as experiências recentes em países da OCDE, principalmente o Reino Unido, onde se implantava a segunda grande reforma administrativa da história do capitalismo: depois da Reforma Burocrática do século passado, a Reforma Gerencial do final deste século. As novas ideias estavam em plena formação, as novas práticas administrativas, em processo de implantação. O Brasil tinha a oportunidade de participar desse grande movimento de reforma, e constituir-se no primeiro país em desenvolvimento a fazê-lo.

Quando as ideias foram inicialmente apresentadas, em janeiro de 1995, a resistência a elas foi muito grande. Tratei, entretanto, de enfrentar essa resistência da forma mais direta e aberta possível, usando a mídia como instrumento de comunicação. O tema era novo e complexo para a opinião pública e a imprensa tinha dificuldades em dar ao debate uma visão completa e fidedigna. Não obstante, a imprensa serviu como um maravilhoso instrumento para o debate das ideias. Minha estratégia principal era atacar a administração pública burocrática, ao mesmo tempo que defendia as carreiras de Estado e o fortalecimento da capacidade gerencial do Estado. Dessa forma confundia meus críticos, que afirmavam que eu agia contra os administradores públicos ou burocratas, quando, na verdade, procurava fortalecê-los, torná-los mais autônomos e responsáveis. Em pouco tempo, um tema que não estava na agenda do país assumiu o caráter de um grande debate nacional. Os apoios políticos e intelectuais não tardaram, e afinal quando a reforma constitucional foi promulgada, em abril de 1998, formara-se um quase consenso sobre a importância da reforma para o país, agora fortemente apoiada pela opinião pública, pelas elites formadoras de opinião, e em particular pelos administradores públicos.

Este livro não é um relato de minha gestão no ministério, nem um relatório de atividades. É antes uma tentativa de contribuir para este debate nacional de forma sistemática, tanto no plano teórico quanto no histórico, tanto no nível internacional quanto no da reforma no Brasil. A Reforma Gerencial, como toda reforma, tem três dimensões — uma institucional, outra cultural, e uma terceira, de gestão. Neste livro, como no trabalho todo que minha equipe e eu vimos realizando no MARE, a ênfase inicial foi voltada para a mudança institucional, uma vez que uma reforma é antes de mais nada uma mudança de instituições. Mas esta mudança só foi possível graças à crítica à cultura burocrática e ao início da introdução de uma estratégia gerencial de gestão pública.

Tenho muitos agradecimentos a fazer, a começar pelo devido a Fernando Henrique Cardoso, que me convidou para este trabalho, deu-me todo o apoio e discutiu comigo o diagnóstico e as principais diretrizes da reforma. Embora este livro seja assinado apenas por mim, é o resultado do trabalho e do pensamento de uma equipe que trabalhou comigo no MARE e na Escola Nacional de Administração Pública (ENAP). Contei ainda com a contribuição de administradores e consultores públicos, de cientistas políticos no Brasil e no exterior interessados em administração pública, com a assistência técnica da França e principalmente da Grã-Bretanha, e com o apoio do Banco Interamericano de Desenvolvimento (BID).

No desenvolvimento das ideias aqui apresentadas, foram particularmente significativas as contribuições de Ângela Santana, secretária da reforma do Estado, Kate Jenkins, Paulo Modesto e Evelyn Levy, esta última sempre uma crítica severa e amiga. Minha equipe no ministério, principalmente Cláudia Costin, minha secretária executiva, e meus demais secretários, Carlos Pimenta, Luiz Carlos Capella, Rainer Weiprecht, Ricardo Saur, e Regina Sílvia Pacheco, presidente da ENAP, tiveram um papel decisivo no desenvolvimento e implantação da reforma. Para escrever este livro contei com a ajuda direta de três assessores — Letícia Schwarz, Frederico Raphael Durão Brito e Ciro Christo Fernandes —, que não apenas realizaram pesquisas, mas me ajudaram a escrever diversos capítulos. Sem eles teria sido impossível realizar esta tarefa. Contribuíram também para este livro: Nelson Marconi, Helena Pinheiro, Caio Marini, Marianne Nassuno, Vera Petrucci, Pedro Farias, Jaura Rodrigues, Cláudio Sato, Marcelo de Matos Ramos, José Walter Vasquez, Paulo Daniel Barreto Lima, Sheila Ribeiro, Valéria Alpino Salgado, Carlos Morales, Margaret Baroni, Carlos Cristo e Humberto Falcão Martins. No governo, quero assinalar a contribuição de Antônio Augusto Anastasia, e também as de Silvano Gianni, Gilmar Mendes, Pedro Parente, Martus Rodrigues Tavares, Fernando Rezende, Eunice Durham, Gilda Portugal Gouvêa, José Carlos Seixas, Ana Teresa Pereira e Eduardo Leukovitz. Os membros do Conselho da Reforma do Estado, particularmente Maílson da Nóbrega, Piquet Carneiro, Antônio Ermírio de Morais, Antônio Maciel, Joaquim Falcão, Gerald Reiss, Celina Amaral Peixoto, Lourdes Sola, Jorge Wilheim e Sérgio Abranches constituíram um foro para a discussão das novas ideias. Fora do governo, contei principalmente com as conversas e debates com Núria Cunill Grau, Adam Przeworski, Yoshiaki Nakano, William Plowden, Karen e Eric Caines, Michel Crozier, Serge Vallemont, Yehezkel Dror, José Alberto Bonifácio, Juan Prats I Catalá, Oscar Oslak, Ben Ross Schneider, Blanca Heredia, Edmundo Jarquim, Marco Meneguzzo, Luca e Nicoletta Meldolesi, Hélio Jaguaribe, Fábio Wanderley Reis, Fernando Luiz Abrucio, Marcus Melo, Lívia Barbosa, Denis Rosenfield, Maria Rita Loureiro, Eli

Diniz, Renato Boschi, Maria das Graças Rua, Odete Medauar, Edson Nunes, Peter Spink, Maria Inês Barreto, Luís Nassif e Maria da Conceição Tavares, que foi a primeira a me chamar a atenção sobre a importância do controle social, ainda quando estava elaborando o *Plano Diretor*. Tenho, naturalmente, um débito muito especial com os políticos e jornalistas que participaram do grande debate público sobre a reforma administrativa. Devo, finalmente, agradecer a minha mulher, Vera Cecília, que me apoiou sempre, e concordou que eu utilizasse finais de semana, recesso do Natal, qualquer momento de lazer, para poder escrever este livro.

Luiz Carlos Bresser-Pereira

INTRODUÇÃO

Uma reforma para a cidadania

A Reforma Gerencial da administração pública, que tem início em 1995, está voltada para a afirmação da cidadania no Brasil, por meio da adoção de formas modernas de gestão no Estado brasileiro, que possibilitem atender de forma democrática e eficiente as demandas da sociedade. É uma reforma que, ao fazer uso melhor e mais eficiente dos recursos limitados disponíveis, contribuirá para o desenvolvimento do país e tornará viável uma garantia mais efetiva dos direitos sociais por parte do Estado. A expectativa é que venha a ser a segunda grande reforma administrativa no país. A primeira, nos anos 30, criou a burocracia profissional no país: foi a Reforma Burocrática, que ocorreu nos quadros de um regime autoritário, como, aliás, aconteceu com as reformas que implantaram o serviço público profissional nos países europeus, no século passado. A segunda, nos anos 90, muda as instituições para permitir que os administradores públicos possam gerenciar com eficiência as agências do Estado e colocá-las a serviço da cidadania. Eficiência administrativa e democracia são dois objetivos políticos maiores das sociedades contemporâneas, que o saber convencional coloca como contraditórios. Uma tese fundamental deste livro, entretanto, é que a Reforma Gerencial, por meio da qual se atingirá maior eficiência dentro do Estado, só será vitoriosa se contar com a existência de um regime democrático e buscar fortalecer suas instituições. Ou, em outras palavras, se a maior autonomia assegurada aos administradores públicos, que a Reforma Gerencial prevê, for acompanhada não apenas pelos controles administrativos e pela competição administrada, mas principalmente pelos controles democráticos que estão sendo e deverão ser aprofundados: o controle social ou participativo, o controle da imprensa e da opinião pública, o controle da oposição política. Uma segunda tese é a de que esta reforma só fará sentido se realmente lograr atender melhor o cidadão.

A Reforma Gerencial tem como documento básico no Brasil o *Plano Diretor da Reforma do Aparelho do Estado*, de setembro de 1995. Por meio desse documento o governo procurou definir as instituições e estabelecer as diretrizes para a implantação de uma administração pública gerencial. A reforma é gerencial porque busca inspiração na administração das empresas privadas, e porque visa dar ao administrador público profissional condições efetivas de gerenciar com eficiência as agências públicas. É democrática porque pressupõe a existência de um regime democrático, porque deixa claro o caráter específico, político, da administração pública, e principalmente porque nela os mecanismos de controle, de caráter democrático, são essenciais para que possa haver delegação de autoridade e controle *a posteriori* dos resultados. É social-democrática porque afirma o papel do Estado de garantir os direitos sociais e lhe fornece os instrumentos gerenciais para fazê-lo, de forma não apenas mais democrática, mas, também, mais eficiente do que faria o setor privado. É social-liberal porque acredita no mercado como um ótimo, embora imperfeito, alocador de recursos; porque utiliza a estratégia da competição administrada em quase mercados, para controlar as atividades sociais financiadas pelo Estado, por intermédio de entidades descentralizadas: as organizações públicas não estatais; e porque, embora reafirmando o dever do Estado de proteger os mais fracos — as crianças pobres, as mães solteiras, os velhos —, não é paternalista, não subestimando a capacidade de cada indivíduo de defender seus próprios direitos de cidadania, nem sua capacidade de trabalhar, desde que se lhe ofereçam os devidos incentivos e oportunidades.

É preciso não confundir a Reforma Gerencial com a emenda constitucional, apresentada pelo governo em 1995, que ficou chamada de "reforma administrativa". A reforma constitucional é parte fundamental da Reforma Gerencial, uma vez que mudou instituições normativas fundamentais e promoveu um debate nacional que a tornou emblemática da reforma maior, mas existem muitas mudanças institucionais que são infraconstitucionais. Quando as duas instituições organizacionais básicas da reforma — as "agências executivas" (instituições estatais que executam atividades exclusivas de Estado) e as "organizações sociais" (instituições híbridas entre o Estado e a sociedade que executam os serviços sociais e competitivos) — foram formalmente criadas, não foi necessário mudar a Constituição. Grandes alterações também foram realizadas na forma de remuneração dos cargos de confiança, na forma de recrutar, selecionar e remunerar as carreiras de Estado, e nas regras que presidem o regime de trabalho (único) dos servidores estatutários, sem envolver reforma constitucional. Por outro lado, a Reforma Gerencial implica uma mudança cultural, que está ocorrendo. A aceitação das ideias do *Plano Diretor* pela alta burocracia pública, que compreendeu que seu objetivo é fortalecer sua capacidade de gestão, é uma indicação dessa mudança. E implica uma mudança nas formas de gestão, com o uso da gestão da qualidade, que está em curso.

A aprovação da reforma constitucional, praticamente nos termos em que foi originalmente proposta pelo governo, foi um processo lento e difícil que durou cerca de três anos. Essa aprovação ocorreu contra todas as apostas daqueles que, quando ela foi proposta, em janeiro de 1995, não acreditaram que pudesse ter êxito. A reação inicial à reforma foi, na verdade, de hostilidade, descrença e perplexidade. Hostilidade da parte daqueles que estavam comprometidos com a velha visão burocrática da administração pública, seja por uma questão ideológica, seja por se sentirem ameaçados em seus privilégios. Perplexidade da parte dos que se viram diante de uma proposta inovadora, que mudava a agenda do país, e não tinham ainda tido tempo para avaliar as novas ideias. Descrença da parte dos que, aceitando a proposta de reforma, sentiam que os interesses corporativos e patrimonialistas contrariados eram fortes demais. Aos poucos, porém, a perplexidade foi se transformando em apoio, e a descrença foi dando lugar a um número crescente de defensores da reforma em todos os setores da sociedade, e principalmente entre os membros da alta burocracia brasileira. Os opositores, que inicialmente tentaram ridicularizar a proposta de reforma, foram obrigados em seguida a se opor veementemente a ela, e afinal, dada a falta de argumentos e principalmente de apoio social, abriram espaço para que o paradigma gerencial se tornasse dominante.

Em um primeiro momento, muitos pensaram que o país não estava ainda preparado para a proposta de reforma, que as forças patrimonialistas e corporativistas eram ainda muito fortes a ponto de derrotá-la, mas aos poucos foi ficando claro que isto não era verdade — o país estava maduro para a mudança. Também, em um primeiro momento, houve quem confundisse as novas ideias com uma visão neoconservadora da reforma do Estado. O fato de as reformas terem ocorrido principalmente no Reino Unido, durante o governo Thatcher, levava a essa confusão, embora outros países com governos social-democratas tenham empreendido e continuem a levar adiante reformas gerenciais. Aos poucos, entretanto, foi ficando claro que a pecha de neoliberal ou neoconservadora não se aplicava à reforma brasileira: uma reforma neoconservadora da administração pública é aquela que se limita a propor a redução do aparelho do Estado, a promover o *downsizing*; não reconhece a especificidade da administração pública, pretendendo reduzi-la à administração de empresas; não dá um papel decisivo ao controle social dos serviços públicos; e, ao adotar os princípios da teoria da escolha racional, nega ou reduz ao mínimo a possibilidade de cooperação, acentuando apenas os controles rígidos.

Na verdade, se partirmos dos princípios que orientam a visão neoliberal ou neoconservadora, veremos que ela só é compatível com os princípios da administração pública burocrática. Aquela perspectiva ideológica parte do pressuposto do egoísmo essencial dos políticos e dos administradores públicos, que apenas fariam permutas entre si, com o objetivo de enriquecer à custa do Estado e se reeleger (se forem políticos) ou alcançar postos mais altos na carreira (se forem administradores públicos). Ora, diante desse pressuposto, que exclui a possibilidade de ação coletiva ou de cooperação por intermédio do Estado, as duas consequências lógicas são a opção pelo Estado mínimo e o controle burocrático rígido pelo Estado daquilo que não puder ser controlado automaticamente pelo mercado.

A Reforma Gerencial em curso entende que o regime democrático, apesar de todas as suas limitações reais, está se consolidando no Brasil, nega o pressuposto do egoísmo intrínseco do ser humano, e não encontra base empírica para a afirmação neoliberal de que as falhas do Estado são sempre piores do que as do mercado. Por isso, está muito longe de ser neoliberal. Por outro lado, critica a alternativa estatista e burocrática, porque a vê como intrinsecamente ineficiente e historicamente autoritária. Sabe, entretanto, que essas falhas do Estado são grandes, como são fortes as tendências autoritárias da burocracia. Por isso, oferece uma combinação de instrumentos administrativos e políticos, apostando que dessa forma logrará superar a ineficiência e o autoritarismo da burocracia e oferecer uma alternativa ao individualismo radical da nova direita neoliberal.

Três formas históricas

Este livro parte do pressuposto de que existem três formas de administrar o Estado: a "administração patrimonialista", a "administração pública burocrática" e a "administração pública gerencial". A administração patrimonialista é do Estado mas não é pública, na medida em que não visa ao interesse público. É a administração típica dos estados pré-capitalistas, mais particularmente das monarquias absolutistas que antecederam imediatamente o capitalismo e a democracia. É a administração que confunde o patrimônio privado do príncipe com o patrimônio público. Sobrevive nos regimes democráticos imperfeitos por meio do clientelismo. A administração pública burocrática é aquela baseada em um serviço civil profissional, na dominação racional-legal weberiana e no universalismo de procedimentos, expresso em normas rígidas de procedimento administrativo. A administração pública gerencial, que também pode ser chamada de "nova gestão pública" (*new public management*) é o objeto deste livro.

Com a Reforma Burocrática, ocorrida na Europa no século passado, nos Estados Unidos no início deste século, e no Brasil nos anos 30, nos quadros do liberalismo, mas não da democracia, estabeleceu-se a administração pública burocrática. A Reforma Burocrática foi um grande avanço ao romper com o patrimonialismo e estabelecer as bases para o surgimento da administração profissional. Foi uma verdadeira reforma porque se antepôs à administração patrimonialista e criou as instituições necessárias à racionalização burocrática e, mais especificamente, ao surgimento de uma burocracia profissional. Mas quanto mais tarde ela veio a ocorrer, como foi o caso do Brasil, mais se caracterizou como uma reforma fora do tempo, na medida em que exigia a observância dos princípios da administração pública burocrática, em um momento em que o desenvolvimento tecnológico tornava-se acelerado e o Estado assumia papéis crescentes na área econômica e social.

Durante um longo período, que vai aproximadamente dos anos 30 aos anos 70, houve uma clara inconsistência entre as novas tarefas assumidas pelo Estado e o ritmo acelerado do progresso técnico em todas as áreas. Por meio de reformas parciais ou simplesmente da desobediência aos princípios burocráticos, políticos e burocratas procuravam integrar a administração pública às novas realidades. Uma dessas reformas intermediárias foi a Reforma Desenvolvimentista, que nos países em desenvolvimento ocorreu nos anos 60 e 70.[1]

Porém, foi só a partir dos anos 80 que teve início, em países da OCDE, principalmente no Reino Unido, Nova Zelândia, Austrália e países escandinavos, a segunda grande reforma administrativa nos quadros do sistema capitalista: a Reforma Gerencial. Nos anos 90, essa reforma se estendeu para os Estados Unidos e para o Brasil. Constituiu-se, então, todo um quadro teórico e uma prática administrativa que, nos quadros da democracia, visam modernizar o Estado e tornar sua administração pública mais eficiente e mais voltada para o cidadão-cliente. Esta reforma, apoiada nos princípios do gerencialismo ou da nova gestão pública, será o objeto deste livro.[2]

---

[1] No caso do Brasil, a reforma de 1967, realizada por meio do Decreto-Lei nº 200, procurou substituir a administração pública burocrática por uma "administração para o desenvolvimento". Na Parte 3, examinarei esta reforma e como ela foi abandonada a partir da redemocratização do país em 1985.

[2] Heredia e Schneider (1998), tratando de uma economia política das reformas administrativas nos países em desenvolvimento, distinguem três em vez de duas reformas administrativas: a Burocrática, a Gerencial e a Democrática. Não vejo, entretanto, por que distinguir as duas últimas. A Reforma Gerencial é um movimento geral, que pode ser subdividido em várias orientações teóricas. Entretanto, pressupõe sempre a existência de um regime democrático. No caso da orientação que eu pessoalmente adoto — a orientação política —, mais do que um pressuposto, a democracia é um objetivo central da reforma. A Reforma Gerencial se faz *na* e *para a* democracia.

Reforma Burocrática e Reforma Gerencial

Desde a Revolução Industrial, temos duas reformas administrativas fundamentais: a Reforma Burocrática ou Reforma do Serviço Civil e a Reforma Gerencial. A primeira marca a transição para a dominação racional-legal de que nos fala Weber, representando um momento fundamental do processo histórico de racionalização burocrática. Por meio dela instala-se uma administração profissional e é criado um conjunto de instituições que constituem a administração pública burocrática. A segunda, por sua vez, partindo da existência de um Serviço Civil, desenvolve um conjunto de instituições e de princípios que viabilizam e dão origem à administração pública gerencial. As outras "reformas administrativas" ou são tentativas fracassadas, ou são momentos da implantação, no passado, da Reforma Burocrática, e, no futuro, da Reforma Gerencial, uma vez que nenhuma dessas duas grandes reformas se implanta de um dia para outro. Existe, geralmente, um momento dramático de mudança institucional, ao qual se segue um longo processo de implantação, que dura anos, sofre reveses.

A Reforma Gerencial faz parte de um movimento mais amplo que é o da reforma do Estado. Nos anos 80, a preocupação fundamental da "primeira onda" de reformas foi promover o ajuste estrutural das economias em crise, particularmente aquelas altamente endividadas e em desenvolvimento, como o Brasil. Já nos anos 90, quando se percebe que esse reajuste não poderia, em termos realistas, levar ao Estado mínimo, temos a "segunda onda" de reformas. Enquanto na primeira onda o domínio da perspectiva econômica leva, em relação ao Estado, essencialmente à política de *downsizing*, a segunda onda de reformas tem caráter institucional. Agora, o projeto fundamental é reconstruir ou reformar o Estado, recuperando a sua governança. Haggard (1995), ao examinar a reforma do Estado na América Latina, enfatizou essa mudança de ênfase e de rumo. A "proposta social-democrata" de Bresser-Pereira, Maravall e Przeworski (1993), a partir da análise que fizeram da crise do Estado, foi exatamente reconstruir institucionalmente o Estado.[3]

A Reforma Gerencial de 1995 busca criar novas instituições legais e organizacionais que permitam que uma burocracia profissional e moderna tenha condições de gerir o Estado brasileiro. Esta reforma não subestima os elementos de patrimonialismo ou de clientelismo que ainda subsistem em nosso meio. Parte, entretanto, do pressuposto de que no final do século XX, quando as técnicas de controle gerencial e democrático já foram amplamente de-

---

[3] O subtítulo de Bresser-Pereira, Maravall e Przeworski (1993), *Reformas econômicas em novas democracias*, é "Uma proposta social-democrata".

senvolvidas, a melhor forma de combater o clientelismo é tornar-se gerencial; é dar autonomia ao administrador público, valorizando-o por sua capacidade de tomar decisões, inclusive de caráter político, ao invés de submetê-lo a um controle burocrático vexatório.

A reforma do Estado e, particularmente, a Reforma Gerencial é antes uma reforma institucional do que uma reforma de gestão. Está baseada na criação de instituições normativas e de instituições organizacionais que viabilizem a gestão. As novas instituições normativas já estavam contraditoriamente presentes na Constituição de 1988, a qual, embora marcada pelo centralismo do regime jurídico burocrático único, já previa a transferência de recursos para os estados e municípios e a correspondente descentralização das ações sociais do Estado;[4] elas se manifestam de forma claríssima no instrumento legal básico da Reforma Gerencial de 1995 — na emenda constitucional que ficou chamada de "reforma administrativa", de 1995 — no qual o governo propôs toda uma série de modificações nas normas de regulação do serviço público, a partir da flexibilização da estabilidade e do fim do Regime Jurídico Único. Por meio dessas reformas, não apenas se abre espaço para a descentralização e a desconcentração da autoridade, mas também para que os administradores públicos possam implantar um sistema de incentivos e punições adequado. Por outro lado, a Reforma Gerencial cria novas instituições organizacionais, como as agências executivas e as organizações sociais, que se constituem em unidades descentralizadas de gestão, distinguindo-as das secretarias formuladoras de políticas públicas, localizadas no núcleo estratégico do Estado. Dessa forma, estão sendo criadas as condições para a implantação de métodos de gestão moderna no Estado brasileiro.

A rigor, toda reforma é uma reforma institucional, que provoca mudanças substantivas na estrutura legal e organizacional. Existe um abuso da expressão "reforma administrativa" por parte dos políticos, que com frequência a utilizam para designar as mudanças de organograma que fazem quando assumem um cargo executivo nacional. Mas também a burocracia, especialmente na América Latina, parece estar permanentemente engajada em alguma "reforma administrativa". Conforme observa Spink (1998b: 5), "o

---

[4] Neste livro usarei, em algumas ocasiões, a expressão "descentralização" de forma ampla, englobando tanto a transferência de decisões para as unidades subnacionais, como a delegação de autoridade a administradores de nível mais baixo, geralmente aqueles que dirigem agências executoras de políticas públicas, dentro da mesma esfera da federação. Em outras ocasiões, quando for necessária a distinção, reservarei descentralização para o primeiro sentido e usarei, de acordo com a tradição francesa, a palavra "desconcentração" para referir-me à delegação de autoridade aos dirigentes das agências.

Introdução

tema da reforma administrativa e, mais recentemente, da reforma do Estado tem mantido uma presença visível na América Latina na maior parte dos últimos 70 anos". E cita Caiden (1991a), segundo o qual "o fato mais importante em relação à América Latina nas últimas quatro décadas tem sido a determinação com a qual nas últimas quatro décadas se tem procurado realizar a reforma administrativa".

Ora, entendidas dessa forma ampla, as reformas administrativas ficam esvaziadas de sentido: o que é rotina não pode ser reforma. Mas posso ver um outro sentido para o fenômeno: até o início dos anos 90, quando se falava em reforma administrativa na América Latina, estava-se falando na própria Reforma Burocrática — uma reforma que nunca se teria realizado ou completado, mesmo em um país como o Brasil. As "reformas administrativas" não eram outra coisa senão o esforço no sentido de implantar um serviço público profissional e fortalecer a burocracia, combatendo assim o patrimonialismo. É significativo, nesse sentido, que o Banco Mundial — que até hoje não compreendeu a importância da Reforma Gerencial — identifique reforma administrativa com *civil service reform*, ou seja, a Reforma Burocrática ou do Serviço Público.[5]

De outra natureza, mas igualmente equivocada é a confusão de reforma administrativa com mudanças ou aperfeiçoamentos na gestão. Ora, mudanças na forma de gerir agências estatais, tanto quanto na forma de administrar empresas, são feitas todos os dias. Os bons administradores estão permanentemente buscando novas formas de gerenciar suas organizações. A busca da excelência na administração é um processo permanente, diário, inclusive porque um dos princípios fundamentais da administração é a de que não existe "voo cruzeiro" (*steady state growth*) ou "piloto automático". É uma esperança vã, de administradores pouco experientes, imaginar que poderão alcançar uma fórmula de administrar que caminhe sozinha, sempre em equilíbrio. Na gestão, o que se corrige hoje, desmancha amanhã, ou se torna obsoleto devido à emergência de fatos novos, exigindo novas decisões administrativas. Por isso, não cabe falar em reforma de gestão. A tendência crescente à implantação da gestão para a qualidade nas administrações públicas dos países da OCDE é um fato auspicioso, mas que só se efetiva e passa a

---

[5] Conforme relata Spink (1998b: 12), os participantes de um seminário realizado em junho de 1994, entre agências estatais britânicas e suecas, ao verificarem a identificação feita pelo Banco Mundial entre reforma administrativa e *civil service reform*, decidiram que usariam a expressão *public administration reform* para designar a Reforma Gerencial (SIDA, 1994).

fazer parte integrante da Reforma Gerencial na medida em que as mudanças institucionais e as correspondentes mudanças culturais são realizadas.

Embora a Reforma Burocrática nunca tenha sido plenamente implantada na América Latina e no Brasil, a insistência de suas elites em relação ao tema acabou tendo um efeito perverso, contrário ao desejado, porque com essa atitude não se reconheciam os fatos novos que haviam mudado a economia e a sociedade, e exigiam mudanças no Estado e em sua administração. Reformas rotineiras supunham uma realidade rotineira. Quando, no Brasil, o Presidente Fernando Henrique Cardoso decidiu pela Reforma Gerencial, ele rompeu com o falso reformismo das reformas rotineiras, e deu um passo à frente, a partir do pressuposto de que a melhor maneira de completar a Reforma Burocrática é implantar as instituições da administração pública gerencial. Esta é a estratégia de avançar mesmo que todas as condições para o avanço não tenham sido satisfeitas, a partir do pressuposto de que no processo de avanço essas condições acabarão sendo razoavelmente atendidas.

TRÊS DIMENSÕES

Embora tenha um caráter primordialmente institucional, a Reforma Gerencial está sendo executada em três dimensões: uma dimensão institucional-legal já referida; uma dimensão cultural, baseada na mudança dos valores burocráticos para os gerenciais; e uma dimensão-gestão. A dimensão cultural da reforma significa, de um lado, sepultar de vez o patrimonialismo, e, de outro, transitar da cultura burocrática para a gerencial. Tenho dito que a cultura patrimonialista já não existe no Brasil, porque só existe como prática, não como valor. Tal afirmação, entretanto, é imprecisa, uma vez que as práticas fazem também parte da cultura. O patrimonialismo, presente hoje sob a forma de clientelismo ou de fisiologismo, continua a existir no país, embora sempre condenado. Para completar a erradicação desse tipo de cultura pré-capitalista não basta condená-la, será preciso também puni-la. Por outro lado, o passo à frente, representado pela transição para a cultura gerencial, é um processo complexo, mas que já está ocorrendo. Todo o debate que houve, a partir de 1995, sobre a reforma constitucional do capítulo da administração pública, foi um processo de mudança de cultura.

Finalmente, a dimensão-gestão será a mais difícil. Trata-se aqui de colocar em prática as novas ideias gerenciais, e oferecer à sociedade um serviço público de melhor qualidade, em que o critério de êxito seja sempre o do melhor atendimento do cidadão-cliente a um custo menor. Para isso, a implantação das agências autônomas, ao nível das atividades exclusivas de Estado, e das organizações sociais, no setor público não estatal, será a tarefa estratégica. Estamos começando com alguns projetos-piloto, nos quais as novas práticas administrativas estão sendo testadas com o apoio do Ministério da Administração Federal e Reforma do Estado; mas, depois, a expectativa é de que as próprias unidades, que devem ser transformadas, e os respectivos núcleos estratégicos, tomem a iniciativa da reforma.

Entre os métodos de gestão, a Reforma Gerencial de 1995 prioriza a estratégia da gestão pela qualidade, mas tem muito claro que as formas de gestão podem ser as mais variadas possíveis. O problema central da reforma não é escolher entre estratégias de gestão, mas criar instituições que viabilizem a adoção dessas estratégias. No setor privado, o problema das empresas, que por definição dispõem de autonomia de gestão, é escolher as estratégias e métodos gerenciais mais adequados; no setor público, a Reforma Gerencial visa, antes disto, criar condições de autonomia para que o gerenciamento possa ocorrer. Essas condições institucionais terão de ser necessariamente diferentes das existentes no setor privado, uma vez que o Estado não opera por meio de trocas, mas de transferências, o mecanismo de controle não é o mercado, mas a política e a administração, e o objetivo não é o lucro mas o interesse público. Mas poderão ser assemelhadas na medida em que uma reforma institucional como aquela, hoje em curso no Estado e na administração pública, descentralize e autonomize as ações do Estado, defina indicadores de desempenho para as organizações resultantes, e crie quase mercados e mecanismos de controle social para seu controle, em adição ao controle gerencial por resultados.

Plano do livro

Este livro utiliza alternadamente o método histórico-indutivo e o método lógico-dedutivo, seja para definir em termos gerais o marco histórico e o marco teórico da Reforma Gerencial, seja para examinar sua implementação no Brasil. Na primeira parte, analiso a reforma gerencial de um ponto de vista histórico, entendendo-a como uma resposta à crise do Estado, e examino as experiências recentes nos países desenvolvidos e em dois países latino-americanos. Na segunda parte, apresento o marco teórico da Reforma Gerencial, desenvolvo um modelo institucional para delimitar área de atuação do Estado e definir as instituições mais adequadas para realizar suas tarefas, levando em consideração dois critérios: o democrático e o da eficiência. Na terceira parte, volto-me para o Brasil; apresento um diagnóstico da administração pública brasileira depois do retrocesso burocrático representado pela Constituição de 1988 e faço uma análise das experiências anteriores de reforma administrativa. Finalmente, na quarta parte, apresento a reforma em curso, iniciada em 1995, e destaco as principais mudanças institucionais e de gestão dessa reforma. Na conclusão, discuto até que ponto a Reforma Gerencial tornou-se irreversível em nosso país.

Neste livro, concentrar-me-ei no aspecto administrativo da reforma do Estado: a Reforma Gerencial. Usando aqui a teoria do principal-agente, apesar dos riscos que ela apresenta, darei ênfase neste livro à relação administrativa, na qual o cidadão é o principal e o burocrata (e o político), o agente.[6] A relação anterior ou original, na qual o cidadão é o principal e o governo é o agente, é a esfera da ciência política, na qual os problemas de legitimidade e governabilidade são centrais. Embora fundamental, porque diz respeito à democracia, essa perspectiva receberá menor atenção neste livro. Por outro lado, embora o Estado seja, antes de mais nada, o reflexo da sociedade e seu instrumento, vamos aqui pensá-lo menos como uma instituição que por esse ou aquele motivo histórico, por essa ou aquela razão de caráter racional, assume determinadas características e comportamentos, e mais como uma instituição que pode ser melhor administrada, cuja governança democrática pode ser aperfeiçoada, em benefício da sociedade. Isso não significa que os problemas de governabilidade tenham menor importância ou tenham sido solucionados no Brasil, mas reflete simplesmente a escolha do objeto deste livro. Os problemas de governabilidade não decorrem de "excesso de democracia", do peso excessivo das demandas sociais, como já se pretendeu afirmar, mas da falta de um pacto político ou de uma coalizão de classes que ocupe o centro do espectro político.[7] Nosso pressuposto será o de que o problema da governabilidade foi provisoriamente equacionado com o retorno da democracia e a formação do "pacto democrático-reformista de 1994", possibilitado pelo êxito do Plano Real e pela eleição de Fernando Henrique Cardoso.[8] Esse pacto não resolveu definitivamente os problemas de governabilidade existentes no país, uma vez que esses são por definição crônicos, mas

[6] A teoria do principal-agente está subordinada à teoria da escolha racional. Os riscos de excesso de simplificação e de conservadorismo envolvidos nessas teorias está discutido no Capítulo 5. A simplificação nesse tipo de abordagem começa com a definição do burocrata como agente do político, quando ele é também e cada vez mais agente direto do cidadão.

[7] Para uma crítica do conceito de governabilidade relacionado com o equilíbrio entre as demandas sobre o governo e sua capacidade de atendê-las, que tem origem em Samuel Huntington (1968), ver Eli Diniz (1995).

[8] Está claro para nós que, conforme observa Frischtak (1994b: 163), "o desafio crucial reside na obtenção daquela forma específica de articulação da máquina do Estado com a sociedade, na qual se reconheça que o problema da administração eficiente não pode ser dissociado do problema político". Não centraremos, entretanto, nossa atenção nessa articulação.

Introdução

deu ao governo condições políticas para ocupar o centro político e ideológico e, a partir de um amplo apoio popular, propor e implementar a reforma do Estado, e, dentro dela, a reforma administrativa.

Meu objetivo, portanto, será descrever o contexto histórico em que ocorre a Reforma Gerencial no Brasil, discutir seus fundamentos teóricos e apresentar suas principais realizações até o momento. O que foi proposto pelo *Plano Diretor da Reforma do Aparelho do Estado* não é uma reforma de organogramas, não é um mero processo de descentralização política e de desconcentração da autoridade, não se limita a propor novas formas de gestão baseadas na estratégia da gestão pela qualidade. Na verdade, o que temos é uma reforma gerencial que, a partir de uma análise da realidade brasileira e tendo como base um modelo teórico claro, propõe a criação de novas instituições no setor público; essas tornarão o Estado brasileiro mais dotado de governança democrática, ou seja, de maior capacidade de transformar em realidade, de forma eficiente, as decisões sobre políticas públicas tomadas nos quadros do regime democrático. Conforme afirma o Presidente Fernando Henrique Cardoso:

"Nós temos que preparar a nossa administração para a superação dos modelos burocráticos do passado, de forma a incorporar técnicas gerenciais que introduzam na cultura do trabalho público as noções indispensáveis de qualidade, produtividade, resultados, responsabilidade dos funcionários" (1996a: 17).

Parte 1
MARCO HISTÓRICO:
CRISE E REFORMA

Capítulo 1
CRISE DO ESTADO E RESPOSTAS

A reforma ou a reconstrução do Estado, particularmente pela via da Reforma Gerencial da administração pública, é uma resposta ao processo de globalização em curso, que ameaça reduzir a autonomia dos Estados na formulação e implementação de políticas, e, principalmente, à crise do Estado, que começou a se delinear em quase todo o mundo nos anos 70, mas que só assumiu plena definição nos anos 80. Uma primeira geração de reformas, nesses anos 80, promoveu o ajuste estrutural macroeconômico, por meio de medidas de ajuste fiscal, de liberalização comercial e de liberalização de preços — e já iniciou a reforma do Estado, estrito senso, por meio dos programas de privatização. A causa fundamental por trás dessa primeira onda de reformas era a crise fiscal do Estado; o objetivo ilusório, caminhar em direção ao Estado mínimo desejado pelos ideólogos neoliberais. Já nos anos 90, quando essa proposta se demonstrou ser irrealista do ponto de vista econômico (não produzia desenvolvimento) e político (não tinha apoio nos eleitores), surge uma segunda geração de reformas, encabeçadas pela reforma da administração pública, que têm como objetivo principal reconstruir o Estado. Na primeira geração de reformas, já se falava em reforma administrativa, mas esta era confundida com mero *downsizing*. Na segunda geração, a reforma administrativa implica aplicar os princípios e práticas da nova gestão pública, implantar a Reforma Gerencial.

A reforma do Estado, além da reforma administrativa, envolve também, no plano diretamente fiscal, a reconstituição da poupança pública e a reforma da previdência social, e, no plano político, as reforma políticas visando dar mais governabilidadede aos governos por meio da constituição de maiorias políticas mais sólidas. Tais reformas, e particularmente a Reforma Gerencial, partem do pressuposto de que em um grande número de áreas, particularmente na social e científica, o Estado pode ser eficiente, desde que use instituições e estratégias gerenciais, e utilize organizações públicas não estatais para executar os serviços por ele apoiados, recusando, assim, o pressuposto neoliberal da ineficiência intrínseca e generalizada do Estado. Constituem, portanto, uma reação à onda neoconservadora ou neoliberal, que, estimulada pela crise ou pela desaceleração econômica, fez, a partir dos anos

70, uma crítica radical ao Estado Social-Burocrático do século XX, nas três formas que este assumiu: o Estado do Bem-Estar, no chamado primeiro mundo; o Estado Comunista, naquilo que constituía o segundo mundo; e o Estado Desenvolvimentista, no terceiro mundo.

As sociedades democráticas contemporâneas, embora sabendo das falhas da ação dos governos, não estão dispostas a aceitar os desequilíbrios econômicos e sociais que as falhas do mercado provocam.[9] Sabem que o Estado, e os governos que o dirigem, não está isento de cometer suas próprias falhas, mas não aceitam a tese neoconservadora de que as falhas do mercado, embora existentes, são sempre menos graves do que as falhas do Estado, e preferem correr esse risco a ficar na total dependência das forças do mercado. Este último é um excelente mecanismo de alocação de recursos, mas distribui mal a renda. Dada a existência, no capitalismo contemporâneo, de uma oferta de mão de obra não especializada muito maior do que a demanda, os salários dos trabalhadores não qualificados tendem a ser muito baixos. Sem as transferências que o Estado realiza para os setores sociais mais pobres, com os gastos em educação, saúde, previdência e assistência social, a concentração de renda seria ainda maior do que já é. Além disso, dada a existência de bens públicos, de economias externas, de rendimentos decrescentes, de mercados incompletos e de monopólios naturais e construídos, o mercado não assegura a alocação ótima dos recursos, não garante o desenvolvimento econômico, e sujeita a economia a flutuações cíclicas destrutivas. As falhas do mercado comprometem, portanto, sua efetividade mesmo na área em que é mais forte: a coordenação da economia por meio de uma eficiente alocação de fatores e do estímulo à criatividade e à inovação.[10]

Torna-se, assim, essencial dotar o Estado de condições para que seus governos enfrentem com êxito as falhas do mercado. Para isso, é necessário dotar o Estado de mais governabilidade e governança; é preciso, além de garantir condições cada vez mais democráticas de governá-lo, torná-lo mais eficiente, de forma a atender as demandas dos cidadãos com melhor quali-

[9] A experiência britânica de reforma, sob o comando de Margareth Thatcher, é definitiva a respeito. Ela foi provavelmente a governante mais autenticamente neoliberal do nosso tempo. Realizou reformas importantes no Reino Unido. Mas não logrou reduzir significativamente o Estado, cuja participação na renda nacional continuou praticamente a mesma durante todo o período de governo conservador.

[10] A crítica moderna à visão neoliberal do papel do mercado enquanto eficiente alocador de recursos, com o uso dos próprios instrumentos neoclássicos, vem sendo realizada recentemente por diversos autores. Ver especialmente Stiglitz (1992, 1993a, 1993b) e Przeworski (1990, 1995).

dade e a um custo menor. Em outras palavras, a reforma do Estado tem como objetivos tornar o Estado mais governável e com maior capacidade de governança, de forma a não apenas garantir a propriedade e os contratos, como querem os neoliberais, mas também complementar o mercado na tarefa de coordenar a economia e promover uma distribuição de renda mais justa.

As reformas indiscriminadamente chamadas neoliberais — o ajuste fiscal, a privatização, a liberalização comercial, a desregulação, a reforma da administração pública — são, na verdade, quando bem-sucedidas, reformas que fortalecem o Estado ao invés de enfraquecê-lo, devolvendo-lhe a governança democrática. Serão neoliberais se visarem ao Estado mínimo; adicionalmente conservadoras, se levarem a uma maior concentração de renda, serão, entretanto, progressistas se reconstruírem o Estado, recuperando sua capacidade de realizar poupança pública e de gestão, de forma a viabilizar a implementação de políticas econômicas e, principalmente, sociais, orientadas para a afirmação dos direitos de cidadania. Se tais reformas forem acompanhadas de reformas políticas de caráter democrático, que aumentem a transparência dos atos de governo e o nível de informação dos eleitores, facilitando a formação de novas coalizões de classes modernizantes, o Estado estará ganhando governabilidade, ou seja, maior capacidade política de governar. Sua capacidade de intermediação de interesses e sua legitimidade perante a sociedade serão aumentadas.[11]

A crise do Estado impôs a necessidade de reconstruí-lo; a globalização, o imperativo de redefinir suas funções. Antes da integração mundial dos mercados e dos sistemas produtivos, os Estados podiam ter como um de seus objetivos fundamentais proteger as respectivas economias da competição internacional. Depois da globalização, as possibilidades — e a desejabilidade — de o Estado continuar a exercer esse papel diminuíram muito. Seu novo papel é garantir a universalidade dos serviços de educação básica e de saú-

---

[11] Governabilidade e governança são conceitos maldefinidos, frequentemente confundidos. Para mim, governabilidade é uma capacidade política de governar derivada da relação de legitimidade do Estado e do seu Governo com a sociedade; governança é a capacidade financeira e administrativa, em sentido amplo, de um governo implementar políticas. Sem governabilidade é impossível governança, mas esta pode ser muito deficiente em situações satisfatórias de governabilidade, como a presente no Brasil. Usando as mesmas expressões de Luciano Martins (1995b), no Brasil não há hoje uma "crise de governabilidade", mas existe uma grave "crise de governança". No conceito de governança, pode-se incluir, como o faz Reis (1994), a capacidade de agregar os diversos interesses, estabelecendo-se, assim, mais uma ponte entre governança e governabilidade. Uma boa governança aumenta a legitimidade do governo e, portanto, a governabilidade do país. Ver também Frischtak (1994a, 1994b).

Crise do Estado e respostas

de, financiando a formação de capital humano, e promover a competitividade internacional das empresas. A regulação e a intervenção continuam necessárias, na educação, na saúde, na cultura, no desenvolvimento tecnológico, nos serviços públicos monopolistas, nos investimentos em infraestrutura — uma intervenção que não apenas compense os desequilíbrios distributivos provocados pelo mercado globalizado, mas principalmente que capacite os agentes econômicos a competir mundialmente.[12] A diferença entre uma proposta de reforma neoliberal e uma social-democrática está no fato de que o objetivo da primeira, na busca de um ilusório Estado mínimo, é retirar do Estado o papel de coordenador, complementar ao mercado, do econômico e do social, enquanto o objetivo da segunda é aumentar a governança do Estado, garantindo a ele meios financeiros, métodos e instituições administrativas que lhe permitam intervir efetivamente para garantir os direitos de cidadania e a promoção do desenvolvimento econômico com um mínimo de equidade. Para isso, o Estado, enquanto patrimônio público, enquanto *res publica*, terá de ser defendido das permanentes tentativas de captura por grupos privados de capitalistas, de burocratas estatais e de setores de classe média dos mais variados.[13]

A GRANDE CRISE

A grande crise econômica dos anos 80 reduziu as taxas de crescimento dos países centrais à metade do que foram nos vinte anos que se seguiram à Segunda Guerra Mundial, levou os países em desenvolvimento a ter sua renda por habitante estagnada por quinze anos, e implicou o colapso dos regimes estatistas do bloco soviético. Quando afirmo que essa grande crise teve como causa fundamental a crise do Estado — uma crise fiscal do Estado, uma crise do modo de intervenção do Estado no econômico e no social, e uma crise da forma burocrática de administrar o Estado —, estou usando como pressuposto que o Estado, além de garantir a ordem interna, a estabilidade da moeda e o funcionamento dos mercados, tem um papel fundamental de coordenação econômica.[14] Ou, em outras palavras, está implícito que a coorde-

[12] Conforme observou Fernando Henrique Cardoso (1996b: A10), "a globalização modificou o papel do Estado... a ênfase da intervenção governamental agora dirigida quase exclusivamente para tornar possível às economias nacionais desenvolverem e sustentarem condições estruturais de competitividade em escala global".

[13] Examinarei o tema mais detidamente no capítulo seguinte. Sobre a defesa da *res publica* como um direito de cidadania fundamental, ver Bresser-Pereira (1997a).

[14] Examinei inicialmente a crise do Estado em "O caráter cíclico da intervenção estatal" (1988) e nos ensaios publicados em *A crise do Estado* (1991).

nação do sistema econômico no capitalismo contemporâneo é, de fato, realizada não apenas pelo mercado, como quer o neoliberalismo conservador de alguns notáveis economistas neoclássicos,[15] mas também pelo Estado. O primeiro coordena a economia por meio de trocas, o segundo, de transferências para os setores que o mercado, segundo o julgamento político da sociedade, não logra remunerar adequadamente.

A crise do Estado a que estou me referindo tem um sentido bem específico. O Estado entra em crise fiscal, perde em graus variados o crédito público, ao mesmo tempo que vê sua capacidade de gerar poupança forçada diminuir, senão a desaparecer, à medida que a poupança pública, que era positiva, vai se tornando negativa. Em consequência, a capacidade de intervenção do Estado diminui dramaticamente. O Estado se imobiliza.

A crise do Estado está associada, de um lado, ao caráter cíclico da intervenção estatal, e de outro, ao processo de globalização, que reduziu a autonomia das políticas econômicas e sociais dos estados nacionais. Nos anos 50, tornou-se um lugar-comum a ideia de que o Estado tinha um papel estratégico na promoção do progresso técnico e da acumulação de capital, além de lhe caber a responsabilidade principal pela garantia de uma razoável distribuição de renda. Entretanto, tais êxitos levaram a um crescimento explosivo do Estado não apenas na área da regulação, mas também no plano social e no plano empresarial. Para isso, cresceu a carga tributária, que era de 5 a 10% no início do século, passando então para 30 a 60% do Produto Interno Bruto dos países, e aumentou o número de burocratas públicos, que não mais se limitavam a realizar as tarefas clássicas do Estado. O Estado tornava-se um Estado Social-Burocrático na medida em que, para promover o bem-estar social e o desenvolvimento econômico, contratava diretamente funcionários públicos, professores, médicos, enfermeiras, assistentes sociais, artistas etc. Ora, como sempre acontece, com o crescimento, com o aumento de sua capacidade de arrecadação de impostos e de suas transferências, aos poucos, as distorções começaram a aparecer. As transferências do Estado foram sendo capturadas pelos interesses especiais de empresários, da classe média, e de burocratas públicos. As empresas estatais, que inicialmente se revelaram um poderoso mecanismo de realização de poupança forçada, na medida em que realizavam lucros monopolistas e os investiam, foram aos poucos vendo esse papel se esgotar, ao mesmo tempo que sua operação se demonstrava ineficiente ao adotar os padrões burocráticos de administração.

[15] Refiro-me a economistas como Friedrich Hayek, Milton Friedman, James Buchanan, Mancur Olson e Anne Krueger.

Crise do Estado e respostas

Na realização das atividades exclusivas de Estado, e, principalmente, na oferta dos serviços sociais de educação e saúde, a administração pública burocrática, que se revelara efetiva em combater a corrupção e o nepotismo no pequeno Estado Liberal, demonstrava agora ser ineficiente e incapaz de atender com qualidade às demandas dos cidadãos-clientes no grande Estado Social do século XX, tornando necessária sua substituição por uma administração pública gerencial. Em consequência, seja da captura do Estado por interesses privados, seja da ineficiência de sua administração, seja do desequilíbrio entre as demandas da população e sua capacidade de atendê-las, o Estado foi entrando em crise fiscal — uma crise fiscal que, em um primeiro momento, no início dos anos 80, apareceu sob a forma da crise da dívida externa. Na medida em que o Estado via sua poupança pública tornar-se negativa, perdia autonomia financeira e se imobilizava, suas limitações gerenciais apareciam com mais nitidez. A crise de governança, que no limite se expressava em episódios hiperinflacionários, tornava-se total: o Estado, de agente do desenvolvimento, se transformava em seu obstáculo.

As manifestações mais evidentes do imobilismo do Estado foram a crise fiscal, o esgotamento das suas formas de intervenção e a obsolescência da forma burocrática de administrá-lo. A crise fiscal definia-se pela perda em maior grau de crédito público e pela incapacidade crescente do Estado de realizar uma poupança pública que lhe permitisse financiar políticas públicas. A crise do modo de intervenção manifestou-se de três formas principais: a crise do *welfare state* no primeiro mundo, o esgotamento da industrialização por substituição de importações na maioria dos países em desenvolvimento, e o colapso do estatismo nos países comunistas. O caráter superado da forma burocrática de administrar o Estado manifestou-se, de um lado, nos custos crescentes da máquina estatal, e, de outro, na baixa qualidade e na ineficiência dos serviços sociais prestados ao cidadão.

DUAS ALIANÇAS SUCESSIVAS

Diante da grande crise surgiram as respostas. No plano ideológico, as ideias neoliberais ou ultraliberais, que estavam na defensiva desde os anos 30, ressurgiram com força; enquanto a esquerda, comprometida com o estatismo ou o burocratismo, entrou em crise. Não importa que uma parte importante da esquerda democrática e moderna viesse, havia muito, criticando o estatismo comunista ao denunciar a captura das ideias socialistas, voltadas para uma maior justiça social ou uma maior igualdade, pela classe burocrática. Mesmo assim, a esquerda como um todo entrou em crise, enquanto a direita parecia vitoriosa. As respostas à crise, embora variando de acordo com a filiação ideológica de cada grupo, assumiram imediatamente caráter universal, devido à difusão muito rápida das ideias e das políticas públicas que ocorre hoje.[16]

A partir de uma perspectiva estilizada, ou seja, muito simplificada da realidade, é possível afirmar que diante da crise, que se torna aparente, no início dos anos 80, com a crise da dívida externa, duas grandes alianças políticas se formaram sucessivamente nos países centrais, com reflexo nos países em desenvolvimento. Em um primeiro momento, uma aliança entre a centro-direita ou o *establishment* liberal e a direita neoliberal ou ultraliberal; em seguida, já no início dos anos 90, quando foi ficando patente para o *establishment* que a proposta neoconservadora era irrealista, uma aliança deste com a centro-esquerda social-democrática que se transformava em social-liberal. Em qualquer das duas alianças, a centro-direita faz sempre parte do poder, uma vez que, por definição, o *establishment* se identifica com a classe dirigente em qualquer formação social. Chamarei a primeira coalizão de "aliança liberal" e a segunda de "aliança social-liberal". Em ambas, aparece o termo liberal, porque as duas partem do pressuposto de que o mercado livre, no qual agentes econômicos competem, é uma maravilhosa instituição coordenadora das ações humanas. Sempre que for possível dar liberdade aos indivíduos ou às empresas para agirem no mercado, tenderemos a ter uma alocação de recursos mais eficiente e um incentivo maior à criatividade e à inovação. Na segunda aliança, entretanto, aparece a expressão "social", para deixar claro os limites do mercado e salientar a importância da coordenação complementar pelo Estado e pela própria sociedade.

A aliança liberal forma-se em meados dos anos 80, a partir do colapso do México em 1982. Naquele momento, o *establishment* capitalista e burocrático nos países centrais e na América Latina determinou aos países altamente endividados, primeiro, obediência aos fundamentos macroeconômicos, principalmente por meio do ajuste fiscal e da desvalorização cambial; segundo (1985, com o Plano Baker), a aliança liberal determina as reformas orientadas para o mercado (liberalização comercial, privatização, desregulação), que deveriam ser apoiadas politicamente por políticas sociais compensatórias direcionadas. A solução para a crise estaria no mercado; logo, as reformas deveriam estar firmemente direcionadas para a redução do Estado ao mínimo e para o pleno controle da economia pelo mercado. Em decor-

---

[16] Ver a respeito Melo e Costa (1995). Os autores analisam a difusão das políticas neoliberais e mais amplamente o mecanismo de *policy bandwagoning*, que consiste na emulação, pelos governos, de políticas públicas exitosas em outros países ou regiões.

rência, era necessário privatizar, liberalizar, desregular, flexibilizar os mercados de trabalho, mas fazê-lo de forma radical, uma vez que, para a ideologia neoliberal, o Estado deve limitar-se a garantir a propriedade e os contratos, e, portanto, desvencilhar-se de todas as suas funções de intervenção no plano econômico e social. Sua política macroeconômica deveria ser neutra, tendo como único objetivo o déficit público zero e o controle do aumento da quantidade de moeda, para que esta cresça de forma constante, à mesma taxa do crescimento natural do PIB; sua política industrial, nenhuma, e sua política social, na versão mais pura do neoliberalismo, também nenhuma, dados os efeitos inesperados e perversos que as políticas sociais teriam.[17]

Essa aliança liberal, entretanto, tinha seus dias contados, dado o radicalismo e a falta de fundamento empírico das propostas neoliberais. O *establishment* é liberal, mas é realista. Quer propostas que sejam economicamente efetivas e politicamente viáveis. Ora, a proposta neoliberal do Estado mínimo não era nem uma coisa nem outra. No início dos anos 90, este fato foi ficando claro para o *establishment*, ao mesmo tempo que a esquerda social--democrática se reciclava, diagnosticava a crise em curso como uma crise do Estado e, mais do que admitia, propunha a reforma do Estado. Uma reforma que levasse a "um Estado menor mas melhor". Menor porque o Estado de fato crescera demais, assumira funções que definitivamente não lhe pertenciam, principalmente na área produtiva; melhor, porque deveria tornar-se um Estado mais competente, mais dotado de governança. Para isso, a reforma do Estado teria de garantir um Estado sadio do ponto de vista fiscal, dotado de poupança pública que lhe permitisse desenvolver suas políticas, e administrativamente bem-equipado, dotado de um serviço civil profissional e instituições adequadas para uma administração gerencial.

A nova esquerda moderna e reciclada, social-liberal, diagnosticou com clareza a grande crise como uma crise do Estado, delineou a interpretação social-liberal da crise do Estado, adotou as propostas de obediência aos fundamentos macroeconômicos — ou seja, políticas econômicas que envolvem ajuste fiscal, políticas monetárias apertadas, preços de mercado, taxas de juros positivas, mas moderadas, e taxas de câmbio realistas — e realizou reformas orientadas para o mercado. Mas alertou que estas políticas não bastavam, porque o mercado apenas — o mercado autorregulável do equilíbrio geral neoclássico e da ideologia neoliberal — não garante nem o desenvolvimento, nem o equilíbrio e a paz social. Dessa forma, afirmava que as reformas orientadas para o mercado eram de fato necessárias, mas não com o radica-

---

[17] Sobre o caráter reacionário do pensamento neoliberal ver Hirschman (1991).

lismo neoliberal. Eram necessárias para corrigir as distorções provocadas pelo excessivo crescimento do Estado e pela interferência abusiva no equilíbrio dos preços relativos. Mas voltar ao Estado Liberal do século XIX, como estava implícito na proposta neoliberal, é definitivamente inviável. Ao invés do Estado mínimo, a proposta social-liberal é a da construção ou da reconstrução do Estado, para que este possa — em um novo ciclo de desenvolvimento — voltar a complementar e corrigir efetivamente as falhas do mercado, ainda que mantendo um perfil de intervenção mais modesto do que aquele que prevalecia no ciclo anterior. Reconstrução do Estado que significa: recuperação da poupança pública e superação da crise fiscal; redefinição das formas de intervenção no econômico e no social por meio de contratação de organizações públicas não estatais para executar os serviços de educação, saúde, e cultura; e reforma da administração pública com a implantação de uma administração pública gerencial. Reforma que significa transitar de um Estado que promove diretamente o desenvolvimento econômico e social para um Estado que atue como regulador e facilitador, ou financiador a fundo perdido, principalmente do desenvolvimento social.[18]

As elites internacionais ou o *establishment*, depois de uma breve hesitação, perceberam, no início dos anos 90, que essa linha de ação estava correta, formando-se, então, a aliança social-liberal, que voltou a unificar a centro-esquerda com a centro-direita. A tese da reforma ou da reconstrução do Estado foi oficialmente adotada. O Banco Mundial e o Banco Interamericano de Desenvolvimento tornaram os empréstimos para a reforma do Estado prioritários. As Nações Unidas promoveram uma assembleia geral resumida sobre a administração pública. Muitos países criaram ministérios ou comissões de alto nível encarregadas da reforma do Estado. O *World Development Report* de 1997 tinha originalmente como título *Rebuilding the State*.[19] A

[18] Uma apresentação sistemática dessa perspectiva encontra-se em Bresser-Pereira, Maravall e Przeworski (1993). Em termos práticos, a guinada em direção a políticas econômicas voltadas para o ajuste fiscal e a reforma do Estado em governos social-democráticos, como aconteceu na França (1981), na Espanha (1983), no Brasil (1995), são manifestações dessa nova posição da centro-esquerda social-liberal.

[19] Afinal o WDR recebeu o título *The State in a Changing World*, mas conservou sua inspiração básica: a reforma ou a reconstrução do Estado. Em sua introdução, o documento afirma: "Desenvolvimento sustentado — econômico e social — exige um Estado efetivo... Quando as pessoas diziam, cinquenta anos atrás, que o Estado era central para o desenvolvimento econômico, elas pensavam em desenvolvimento garantido pelo Estado. Hoje nós estamos novamente verificando que o Estado é central para o desenvolvimento econômico e social, mas principalmente como um sócio, um agente catalisador e facilitador" (Banco Mundial, 1997a).

Crise do Estado e respostas

reforma do Estado tornou-se o lema do anos 90, substituindo a divisa dos anos 80: o ajuste estrutural.

Delineia-se, assim, o Estado do século XXI. Não será, certamente, o Estado Social-Burocrático, porque foi esse modelo de Estado que entrou em crise. Não será também o Estado Neoliberal sonhado pelos conservadores, porque não existe apoio político nem racionalidade econômica para a volta a um tipo de Estado que prevaleceu no século XIX. Nossa previsão é que o Estado do século XXI será um Estado Social-Liberal: social porque continuará a proteger os direitos sociais e a promover o desenvolvimento econômico; liberal, porque o fará usando mais os controles de mercado e menos os controles administrativos, porque realizará seus serviços sociais e científicos principalmente por intermédio de organizações públicas não estatais competitivas, porque tornará os mercados de trabalhos mais flexíveis, porque promoverá a capacitação dos seus recursos humanos e de suas empresas para a inovação e a competição internacional.[20]

Respostas à crise no Brasil

A crise brasileira foi um caso paradigmático da grande crise dos anos 80 que ocorreu em quase todo o mundo. Entre 1979 e 1994, o Brasil viveu um período de estagnação da renda *per capita* e de alta inflação sem precedentes em sua história. Só a partir de 1994, com o Plano Real, estabilizaram-se os preços, criando-se as condições para a retomada do crescimento. A causa fundamental dessa grande crise econômica foi a crise do Estado, que vinha ocorrendo mundialmente, mas que no Brasil foi particularmente acentuada. Esta crise, que ainda não está plenamente superada, apesar de todas as reformas já realizadas, desencadeou-se em 1979, com o segundo choque do petróleo, e caracterizou-se pela perda de capacidade do Estado de coordenar o sistema econômico de forma complementar ao mercado. Conforme ocorreu nos demais países, principalmente nos países latino-americanos e do Leste europeu, a crise definiu-se como uma crise fiscal, como uma crise do modo de intervenção do Estado, e como uma crise da forma burocrática pela qual o Estado era administrado.

---

[20] Bob Jessop (1994: 103) afirma que o *welfare state* keynesiano será substituído no século XXI pelo *workfare state* schumpeteriano, que promoverá a inovação em economias abertas e subordinará a política social às necessidades da flexibilização dos mercados e das exigências de competição internacional. Há uma clara relação entre o conceito de Estado Social-Liberal e o *workfare state* schumpeteriano.

A crise fiscal ou financeira caracterizou-se pela perda do crédito público e pela poupança pública negativa.[21] A crise do modo de intervenção, acelerada pelo processo de globalização da economia mundial, caracterizou-se pelo esgotamento do modelo protecionista de substituição de importações, que foi bem-sucedido em promover a industrialização nos anos de 30 a 50, mas que deixou de sê-lo a partir dos anos 60; transpareceu na falta de competitividade de uma parte ponderável das empresas brasileiras; expressou-se no fracasso em se criar no Brasil um Estado do Bem-Estar que se aproximasse dos moldes social-democratas europeus. Por sua vez, a crise da forma burocrática de administrar o Estado emergiu com toda a força no final dos anos 80, em função do retrocesso burocrático representado pela Constituição de 1988.

Um quarto aspecto da crise foi o político. A crise política teve três momentos no Brasil: primeiro, a crise do regime militar: uma crise de legitimidade; segundo, a tentativa populista de voltar aos anos 50: uma crise de adaptação ao regime democrático; e, finalmente, a crise que levou ao *impeachment* de Fernando Collor de Mello: uma crise moral. A crise do regime autoritário, instalado no país em 1964, teve início na segunda metade dos anos 70, quando o pacto burocrático-capitalista começou a entrar em colapso, a partir do rompimento da aliança da burguesia com os militares.[22] Da ruptura dessa coalizão política à campanha das "Diretas Já" foi um passo, que se completou com a restauração da democracia em 1985, e a sua consolidação na Constituição de 1988. Em um segundo momento, a crise política foi a crise do populismo nacional-desenvolvimentista que se instaura no país a partir da restauração democrática.

A abertura democrática no Brasil não foi apenas, como bem observou Weffort, conservadora (1984); foi também populista e, afinal, burocrática. O pacto político que comandou a transição para a democracia do país a partir dos anos 70, e que chegou ao poder em meados dos anos 80, além de democrático era populista, na medida em que foi incapaz de reconhecer a crise fiscal e partiu para uma política expansionista e ingenuamente distributivista

---

[21] Não confundir crédito público com credibilidade do governo. Existe crédito público quando o Estado merece crédito por parte dos investidores. Um Estado pode ter crédito e seu governo não ter credibilidade; e o inverso também pode ocorrer: pode existir um governo com credibilidade em um Estado que, devido à crise fiscal, não tem crédito.

[22] Escrevi a respeito um livro, *O colapso de uma aliança de classes* (Bresser-Pereira, 1978). Nesse livro e nos ensaios do volume *Pactos políticos* (Bresser-Pereira, 1985), desenvolvi uma explicação sobre a transição democrática no Brasil que se confirmou nos eventos que se seguiram.

que teve seu auge no Plano Cruzado.[23] E afinal se revelou burocrático porque, paradoxalmente, a Constituição de 1988 consagrou um burocratismo sem precedentes na história do país. O fato foi paradoxal porque o regime militar, que entrara em colapso entre 1977 e 1985, era o resultado de uma coalizão burocrático-capitalista[24] —, coalizão que começou a se desfazer quando a burguesia empresarial rompeu essa aliança e passou a aliar-se às forças democráticas do país.[25] Entretanto, as forças democráticas populistas que assumiram o poder em 1985, embora contando com a ativa participação da burguesia, eram também em boa parte constituídas por setores da esquerda e burocráticas, que não tiveram dúvida em buscar restabelecer no país — ou estabelecer — uma administração pública burocrática.

A crise da administração pública burocrática começou ainda no regime militar, não apenas porque não foi capaz de extirpar o patrimonialismo, que sempre a vitimou, mas, também, porque esse regime, em lugar de consolidar uma burocracia ou serviço civil profissional no país, por meio da redefinição das carreiras e de um processo sistemático de abertura de concursos públicos, para a alta administração, preferiu o caminho mais curto do recrutamento de administradores, por intermédio das empresas estatais.[26] Essa estratégia oportunista do regime militar, que resolveu adotar o caminho mais fácil da contratação de altos administradores por meio das empresas, inviabilizou a

---

[23] O pacto democrático-popular que levou à transição democrática em 1985 foi comandado por um partido, o MDB, que aliava um legítimo espírito democrático com um saudosismo em relação ao período democrático anterior a 1964, que afinal se revelou claramente populista. O governo que se instala em 1985, a partir da aliança entre o PMDB e o PFL, terá claramente esse caráter, quando não retoma formas ainda mais arcaicas de fazer política. Ver a respeito Bresser-Pereira (1988a, 1993, 1996a).

[24] Em vez de "aliança burocrático-capitalista", a expressão que se tornou corrente para designar os regimes militares na América Latina nos anos 70 foi "regime burocrático-autoritário", cunhada por O'Donnell (1973).

[25] Examinei essa ruptura da aliança "burocrático-capitalista", que deu origem à transição democrática no Brasil, em Bresser-Pereira (1978, 1985).

[26] Esta foi uma forma equivocada de entender o que é a administração pública gerencial. A contratação da burocracia por empresas estatais impediu a criação de corpos burocráticos estáveis dotados de uma carreira flexível e mais rápida do que as carreiras tradicionais, mas sempre uma carreira. Conforme observa Santos (1995), "assumiu o papel de agente da burocracia estatal um grupo de técnicos, de origens e formações heterogêneas, mais comumente identificados com a chamada *tecnocracia* que vicejou, em especial, na década de 70. Oriundos do meio acadêmico, do setor privado, das (próprias) empresas estatais, e de órgãos do governo — esta tecnocracia... supriu a administração federal de quadros para a alta administração". Sobre essa tecnocracia estatal, ver os trabalhos clássicos de Martins (1973, 1985) e Nunes (1984).

construção no país de uma burocracia civil forte, nos moldes que a reforma de 1936 propunha. A crise agravou-se, entretanto, a partir da Constituição de 1988, quando se salta para o extremo oposto e a administração pública brasileira passa a sofrer do mal oposto: o enrijecimento burocrático extremo. As consequências da sobrevivência do patrimonialismo e do enrijecimento burocrático, muitas vezes perversamente misturados, serão o alto custo e a baixa qualidade da administração pública brasileira.[27]

A resposta da sociedade brasileira aos quatro aspectos da crise do Estado — fiscal, da forma de intervenção, administrativo e político — foi desequilibrada e ocorreu em momentos diferentes. A resposta à crise política foi a primeira: em 1985 o país completou sua transição democrática; em 1988, consolidou-a com a aprovação da nova Constituição. Já em relação aos outros três aspectos — a crise fiscal, o esgotamento do modo de intervenção, e a crescente ineficiência do aparelho estatal —, o novo regime democrático instalado no país em 1985 pouco ajudou.[28] Pelo contrário, em um primeiro momento agravou os problemas, constituindo-se em um caso clássico de resposta voltada para trás.

A reforma do Estado começou timidamente nos anos 80, em meio a uma grande crise econômica, que chega ao auge no início de 1990, quando o país passa por um episódio hiperinflacionário. A partir de então, a reforma tornou-se imperiosa. O ajuste fiscal, a privatização e a abertura comercial, que vinham sendo ensaiados nos anos anteriores, são então atacados de frente. A reforma administrativa, entretanto, só se tornou um tema central no Brasil em 1995, após a eleição e a posse de Fernando Henrique Cardoso. Nesse ano, ficou claro para a sociedade brasileira que essa reforma se tornara condição, de um lado, da consolidação do ajuste fiscal do Estado brasileiro, e, de outro, da existência no país de um serviço público moderno, profissional e eficiente, voltado para o atendimento das necessidades dos cidadãos.

---

[27] Nas palavras de Nilson Holanda (1993: 165): "A capacidade gerencial do Estado brasileiro nunca esteve tão fragilizada; a evolução nos últimos anos, e especialmente a partir da chamada Nova República, tem sido no sentido de uma progressiva piora da situação; e não existe, dentro ou fora do governo, nenhuma proposta condizente com o objetivo de reverter, a curto ou médio prazo, essa tendência de involução".

[28] Constitui exceção a essa generalização a reforma do sistema financeiro nacional realizada entre 1983 e 1988, com o fim da "conta-movimento" do Banco do Brasil, a criação da Secretaria do Tesouro, a eliminação de orçamentos paralelos, especialmente do "orçamento monetário", e a implantação de um excelente acompanhamento e controle computadorizado do sistema de despesas: o SIAFI (Sistema Integrado de Administração Financeira). Tais reformas, realizadas por um notável grupo de burocratas liderados por Mailson da Nóbrega, João Batista Abreu, Andrea Calabi e Pedro Parente, estão descritas em Gouvêa (1994).

Crise do Estado e respostas

Desde 1987, quando fiz meu próprio diagnóstico da crise brasileira como uma crise fiscal do Estado, ficou claro para mim que a reconstrução do Estado seria a tarefa fundamental a ser realizada no Brasil. Por outro lado, a globalização da economia mundial, causada pela brutal redução dos custos dos transportes e das comunicações e o consequente aumento do comércio, das finanças e dos investimentos internacionais, tornou a competitividade entre os estados nacionais crucial, obrigando o Estado a assumir novas funções e a redefinir seu modo de intervenção. Diante da crise do Estado e da globalização, os novos conservadores neoliberais, que se haviam tornado política e intelectualmente dominantes nos Estados Unidos e no Reino Unido nos anos 80, começam então a ganhar influência no Brasil. Em nenhum momento, entretanto, lograram aqui o domínio ideológico obtido naqueles dois países centrais. Tal fato é, na verdade, confirmado pela adoção seletiva de algumas das propostas de política econômica, que passaram a ser chamadas impropriamente de "reformas neoliberais", quando eram simplesmente medidas de ajuste fiscal e reformas orientadas para o mercado, essenciais para a superação da crise do Estado. Só seriam "reformas neoliberais" se, de fato, objetivassem o Estado mínimo, mas isso jamais passou pela cabeça das elites dirigentes brasileiras.

A percepção da crise econômica como uma crise do Estado, e da consequente necessidade imperiosa de reforma, ocorreu no Brasil de maneira acidentada e contraditória, em meio ao desenrolar da própria crise. Embora os sinais da crise já estivessem presentes pelo menos desde 1979, nos anos 80 o país recusou-se a entendê-la como uma crise do Estado. Em 1979 e 1980 o regime militar ignorou a existência da crise e entrou em um processo irresponsável de expansão econômica, que agravou de forma dramática o aspecto mais visível da crise fiscal: a crise da dívida externa. Quando esta se tornou insustentável, o governo não teve outra alternativa senão enfrentá-la no plano fiscal e do balanço de pagamentos. Os setores democráticos, entretanto, engajados na luta contra o regime militar, insistiam em atribuir todos os problemas ao seu caráter autoritário e a fazer recomendações populistas de política econômica. Quando, a partir de 1985, a coalizão democrática assume o poder político, seus dirigentes diagnosticam a crise como um fenômeno conjuntural relacionado com a incompetência da política econômica do regime militar, e adotam uma série de políticas econômicas eminentemente populistas, que culminam com o fracasso explosivo do Plano Cruzado no início de 1987.

Foi só a partir desse ano que o país começa a se dar conta da gravidade da crise, mas as tentativas de ajuste fiscal e de reforma da economia não encontram ainda apoio na sociedade e na política.[29] As reformas só começam efetivamente no país a partir de 1990. São inicialmente reformas que independem de mudança constitucional: o ajuste fiscal, a abertura comercial, a privatização e finalmente a estabilização com o Plano Real. A partir do Governo Fernando Henrique, começam as reformas no plano constitucional, inclusive a reforma do capítulo da Constituição referente à administração pública. Ao mesmo tempo, tem início um amplo processo de reforma da administração pública, que terá como documento básico o *Plano Diretor da Reforma do Aparelho do Estado.*

A crise da administração pública burocrática foi durante muito tempo subestimada. Se houve uma demora considerável para que se compreendesse a natureza da crise dos anos 80 como uma crise do Estado, maior ainda foi o tempo necessário para se perceber o papel estratégico da administração pública na configuração dessa crise. Toda a atenção foi dada, não apenas no Brasil, mas em todo o mundo, à privatização, à abertura comercial, à reforma tributária e da previdência social, e às reformas políticas. Por isso, quando o problema foi colocado pelo novo governo, no início de 1995, a reação inicial da sociedade foi negativa. Entretanto, depois de alguns meses de insistência por parte do governo em discutir questões como a estabilidade dos servidores, seu regime de trabalho, seu sistema de previdenciário, e os tetos de remuneração, começaram a surgir os apoios: dos governadores, dos prefeitos, da imprensa, da opinião pública e da alta administração pública. Sua aprovação, afinal, em 1998, partiu da convicção, finalmente tornada dominante no país, de que a Reforma Gerencial da administração pública é essencial, a curto prazo, para reduzir os custos do Estado e completar o ajuste fiscal, e, a médio prazo, para torna o Estado mais eficiente, mais efetivo, melhor capacitado para defender o patrimônio público, mais capaz de atender às demandas dos cidadãos a um custo compatível com as restrições econômicas impostas pelo dramático aumento da competição internacional envolvido no processo de globalização. Tal necessidade de uma administração pública mais eficiente é particularmente sentida na área social, na qual os serviços de saúde, educação e previdência básica, essenciais para a garantia dos direitos sociais, só poderão ter uma qualidade muito melhor, com o mesmo

---

[29] Enquanto ministro da Fazenda (entre abril e dezembro de 1987), fiz o diagnóstico da crise como uma crise do Estado e propus uma série de reformas, principalmente tributária e fiscal e a abertura comercial. Não encontrei, entretanto, o respaldo político mínimo para essa mudança de rumos. Sobre o tema, ver meu depoimento sobre esse período (Bresser-Pereira, 1992).

Crise do Estado e respostas

custo, se forem prestados nos termos de uma administração pública gerencial, moderna e eficiente, do tipo que vai aos poucos se generalizando nos países do primeiro mundo, particularmente na Grã-Bretanha, Nova Zelândia, Austrália e nos países escandinavos.

Capítulo 2
REFORMA GERENCIAL

No plano da administração pública, a resposta à crise que ocorreu nos diversos países pode ser melhor entendida a partir de uma perspectiva histórica. A administração burocrática clássica, baseada nos princípios da administração do exército prussiano, foi fruto da Reforma Burocrática implantada nos principais países europeus no final do século passado; nos Estados Unidos, no começo deste século; e no Brasil, em 1936. É a administração pública que Max Weber descreveu como um tipo de dominação racional-legal. Foi adotada para substituir a administração patrimonialista, que já existia na Idade Média, mas apenas ganhou plena caracterização nas monarquias absolutistas, que são dominantes na Europa entre os séculos XV e XVIII. Na administração patrimonialista, o patrimônio público e o privado eram confundidos; o Estado era entendido como propriedade do rei. Os cargos públicos eram com frequência propriedade de uma nobreza burocrática e prebendária, representada na França pelos *officiers*. Ou então, estavam nas mãos dos novos burocratas, dos *commissaires* na França, que se constituíam em uma "burocracia dinástica", dependente e a serviço do rei. Nesse quadro, o nepotismo e o empreguismo, senão a corrupção, eram a norma. O que não impedia que os altos burocratas — os quais, associados com a aristocracia, detinham grande poder político que usavam para enriquecer — se dedicassem à prática da autoglorificação e à arrogância de portadores da racionalidade técnica. Tal atitude, conforme nos diz Rosenberg (1968: 23-24), estendeu-se até o século XIX, quando a burocracia prussiana lentamente deixava de ser uma burocracia dinástica para se converter em serviço público civil e os burocratas dinásticos eram substituídos por servidores públicos — ou seja, quando ocorria a Reforma Burocrática.[30]

[30] Nas palavras de Rosenberg, que em seu estudo sobre a burocracia prussiana nos oferece aqui uma exposição vívida das distorções que podem atingir qualquer burocracia (1968: 23-24): "A burocracia prussiana não foi única no século XIX na prática dos vícios da autoglorificação e da arrogância grupal... Ela construiu para si um lugar especial entre os serviços estatais do mundo europeu ao pretender ser a encarnação prática dos ensinamentos políticos do idealismo alemão; ao operar por trás de uma cortina de fumaça metafísica; ao persuadir muitos de que a administração pública era 'o' governo; a burocracia, 'o' Estado; a autoridade, a liberdade; e o privilégio, a igualdade de oportunidades".

A administração patrimonialista revelar-se-á incompatível com o capitalismo industrial e as democracias parlamentares, que surgem no século XIX. É essencial para o capitalismo a clara separação entre o Estado e o mercado; a democracia só pode existir quando a sociedade civil, formada por cidadãos, distingue-se do Estado ao mesmo tempo que o controla. Tornou-se, assim, necessário desenvolver um tipo de administração que partisse não apenas da clara distinção entre o público e o privado, mas também da separação entre o político e o administrador público. Ocorrem, então, na Europa, no século XIX, as Reformas Burocráticas e o surgimento de uma administração burocrática moderna, racional-legal, baseada na centralização das decisões, na hierarquia, no princípio da unidade de comando, na estrutura piramidal do poder, nas rotinas rígidas, no controle passo a passo dos procedimentos administrativos — processos de contratação de pessoal, de compras, de atendimento às demandas dos cidadãos. Surge o serviço público ou a burocracia estatal formada por administradores profissionais especialmente recrutados e treinados, que seguem carreiras bem definidas, e respondem de forma neutra aos políticos. Surge o *ethos* burocrático, fundamentado na ideia de serviço público identificado com o interesse público, na aspiração à neutralidade ideológica, na busca da efetividade e da segurança das decisões, no pressuposto da maior racionalidade ou eficiência da administração, na afirmação do poder do Estado em todos os momentos.

A administração pública burocrática clássica foi adotada porque, em uma organização grande e complexa como é o Estado, era, conforme Weber viu com clareza, a única forma possível de coordenar as ações e prever o comportamento dos seus membros, ou, como sugere Silberman (1993), a partir de uma perspectiva de escolha racional, a maneira de reduzir a incerteza em relação ao processo de tomada de decisão e assim aumentar a previsibilidade dos comportamentos. As duas explicações, aparentemente alternativas, são complementares.[31] O processo de burocratização ou de racionalização burocrática é um fenômeno histórico que decorre da superioridade da administração pública burocrática sobre as formas patrimonialistas. É a melhor forma de reduzir, senão eliminar, o empreguismo, o nepotismo e a corrupção, além de incluir no processo o estabelecimento do Estado de direito, constituindo-se em uma forma efetiva e segura de garantir a execução das leis.

---

[31] Embora se possa pensar que a segunda perspectiva seja uma alternativa à primeira, na verdade é complementar, uma vez que Silberman, embora fazendo uma opção pela teoria da escolha racional, que se tornou dominante na ciência política americana, adota como Weber, antes o método histórico do que o lógico-dedutivo.

Entretanto, o pressuposto de eficiência, de racionalidade instrumental, em que se baseava não se revelou real.[32] No momento em que o pequeno Estado liberal, do século XIX, deu definitivamente lugar ao grande Estado social e econômico do século XX, verificou-se que esse tipo de administração não garantia nem rapidez, nem boa qualidade, nem custo baixo para os serviços prestados ao público. Na verdade, a administração burocrática, surgida nos quadros do capitalismo liberal — e não no da democracia, que só se tornará dominante no século XX —, revelar-se-á lenta, cara, autorreferida, autoritária, pouco ou nada orientada para o atendimento das demandas dos cidadãos.

Durante muito tempo, desde as análises clássicas de Merton (1949) e Gouldner (1945), as ineficiências relacionadas com a administração burocrática foram atribuídas a "disfunções" da burocracia. Papelada, rigidez regulamentar, falta de iniciativa, segredo, eram tudo distorções ou disfunções de um modelo de organização em princípio racional ou eficiente. Ainda recentemente, Caiden (1991c) voltava a essa velha perspectiva ao falar das "buropatologias" ou da "má administração". Entretanto, ainda que possa haver boas e más administrações, ainda que no mesmo quadro institucional burocrático possa haver gestão de melhor e de pior qualidade, tem se tornado cada vez mais claro o caráter inerentemente irracional ou ineficiente da administração pública burocrática. Weber a descreveu como um tipo ideal de dominação — a dominação racional-legal —, que se caracterizaria pela superioridade técnica ou pela eficiência. O caráter "racional" seria garantido pela razão instrumental, que implica a adoção dos meios mais adequados para o atingimento dos fins visados. O caráter "legal", pela definição dos objetivos a serem alcançados e dos meios a serem adotados na lei e nos regulamentos. Ora, havia nesse sistema uma contradição intrínseca: em um mundo em contínua e cada vez mais rápida mudança, é impossível ser ao mesmo tempo racional e legal. É impossível ser racional definindo na lei os objetivos e os meios a serem adotados.

Tal contradição não era grave enquanto prevalecia um Estado pequeno, cuja única função era garantir a propriedade e os contratos. No Estado Liberal, só eram necessários quatro ministérios — o da Justiça, responsável pela polícia; o da Defesa, incluindo o exército e a marinha; o da Fazenda e o das Relações Exteriores. Nesse tipo de Estado, o serviço público mais importante era a administração da justiça, que o Poder Judiciário realizava. O problema da eficiência não era, na verdade, essencial. No momento, entretanto,

---

[32] Gouldner (1945), em um livro clássico e pioneiro, já deixou isso claro.

Reforma gerencial

em que o Estado se transformou no grande Estado Social e econômico do século XX, assumindo um número crescente de serviços sociais — a educação, a saúde, o transporte, a habitação, a previdência e a assistência social, a cultura, a pesquisa científica — e de papéis econômicos — regulação do sistema econômico interno e das relações econômicas internacionais, estabilidade da moeda e do sistema financeiro, provisão de serviços públicos e de infraestrutura —, nesse momento, o problema da eficiência tornou-se essencial. Por outro lado, a expansão do Estado respondia não só às pressões da sociedade, mas também às estratégias de crescimento da própria burocracia. A necessidade de uma administração pública gerencial decorre, portanto, não só de problemas de crescimento e da consequente diferenciação de estruturas burocráticas e da complexidade crescente da agenda governamental, mas também da necessidade de legitimação da burocracia perante as demandas da cidadania.

Crozier (1996) observa que as duas tendências fundamentais do nosso tempo são, de um lado, a crescente complexidade do mundo em que vivemos e das ações coletivas que devemos realizar, e, de outro, a demanda por liberdade pessoal ou autonomia individual, uma tendência reforçando a outra: complexidade oferece oportunidade para autonomia e inovação por parte do agente individual, e essa autonomia aumenta a complexidade do sistema. Ora, argumenta ele, o modelo burocrático, baseado na rigidez das normas e na disciplina dos servidores públicos, tornou-se incompatível com as necessidades atuais. Já se revelava pouco adequado no período de produção e consumo em massa, mas esse fato não era tão claro devido à padronização das atividades que caracteriza esse período. No momento, entretanto, em que o mundo se moveu para um novo ciclo de alta tecnologia na produção e principalmente nos serviços, cujo motor é mais e mais inovação, o paradigma burocrático, avesso à inovação, tornou-se definitivamente superado.

Não obstante, após a Segunda Guerra Mundial, há uma reafirmação dos valores burocráticos na administração pública, ao mesmo tempo que, contraditoriamente, o comprometimento dos estados nacionais com o desenvolvimento econômico os leva a buscar formas mais flexíveis e eficientes de administrar as agências e empresas do Estado. Em consequência, depois de algum tempo, a influência das teorias e práticas que se desenvolviam então de forma explosiva na área da administração de empresas começa a se fazer sentir na administração pública. As ideias de descentralização para os níveis políticos locais, desconcentração para agências autônomas e de flexibilização da organização e dos procedimentos administrativos ganham espaço em todos os governos, somadas às ideias de planejamento e de orçamentos-programa. Nos anos 60 e 70, temos assim reformas desenvolvimentistas da administração pública, nos países em desenvolvimento.[33] Uma nova grande reforma da administração pública — a Reforma Gerencial — só ganhará força, inicialmente em alguns países centrais, a partir dos anos 80, quando a crise do Estado levará à crise também a sua burocracia.

A Reforma Gerencial foi, portanto, a segunda grande reforma administrativa nos quadros do capitalismo industrial. A primeira, que ocorreu na Europa no século passado, nos Estados Unidos na primeira década deste século, e no Brasil nos anos 30 foi a Reforma Burocrática ou Reforma do Serviço Público (*Civil Service Reform*). A Reforma Gerencial passa a ocorrer a partir dos anos 80 deste século e pressupõe a anterior. É impossível termos uma reforma gerencial sem antes havermos estabelecido um corpo de servidores públicos profissionais de alto nível, com capacidade e mandato legal para, subordinados aos políticos, administrar o Estado.[34]

REFORMA GERENCIAL NO CENTRO

Os países em que a Reforma Gerencial foi mais profunda foram a Grã--Bretanha, a Nova Zelândia e a Austrália, onde ocorre a partir dos anos 80.[35] Nos Estados Unidos, a reforma irá ocorrer nessa década principalmente no nível local — é esta reforma que o livro de Osborne e Gaebler, *Reinventando o governo* (1992), descreverá de forma tão expressiva. No nível federal, terá início em 1993, quando o Presidente Bill Clinton indica o vice-presidente Al Gore para liderar o programa *National Performance Review*, com base nos princípios descritos ou propostos por Osborne e Gaebler. Em outros países europeus e na América Latina, principalmente no Brasil, a Reforma Gerencial também começa a avançar. Nos países sob regime autoritário, entretanto, não há qualquer sinal de utilização dos princípios da nova gestão pública.[36]

[33] Conforme veremos no Capítulo 8, a reforma administrativa brasileira de 1968 inclui-se nessa categoria de forma perfeita. A ideia é transformar o Estado e sua burocracia em instrumentos do desenvolvimento, por meio do planejamento econômico e de uma maior autonomia para empresas estatais e agências descentralizadas do Estado.

[34] Entre as duas grandes reformas da administração pública, encontraremos no Brasil (nos anos 60 e 70) uma reforma de transição, que chamarei de Reforma Desenvolvimentista.

[35] A melhor análise que conheço da experiência inglesa foi escrita por um professor universitário a pedido dos sindicatos de servidores públicos britânicos (Fairbrother, 1994). Ver também Tomkins (1978), Pyper e Robins, orgs. (1995), Nunberg (1995) e Plowden (1994). Para uma crítica radical, ver Pollitt (1993).

[36] Um estudo da PUMA (1997: 28) classificou os países da OCDE em três categorias: os que estão adotando uma administração gerencial, ou *performance management* (Austrália, Canadá, Dinamarca, Estados Unidos, Finlândia, Grã-Bretanha, Irlanda, Nova Zelândia, Suécia); *mixed management* (Alemanha, Áustria, Bélgica, França, Noruega, Suíça); e administração burocrática, ou *rule and norm management* (Espanha, Grécia, Itália, Portugal).

A partir das reformas em alguns países centrais, e das novas ideias que começam então a ser debatidas, tornou-se possível compreender a natureza durável e ampla da Reforma Gerencial. Em lugar de pequenas "reformas administrativas" que cada governo se sente obrigado a encetar quando tem início, tínhamos agora diante de nós uma visão nova e coerente da administração pública. Entretanto, a visão de Osborne e Gaebler, segundo a qual existiria uma convergência universal para *um* modelo acordado de administração pública gerencial, é demasiado simplificada. Conforme argumentam Dunleavy e Hood (1994), os homens públicos e a cidadania ainda detêm o poder para optar entre um leque de padrões alternativos para a organização futura dos serviços públicos. Embora a Reforma Gerencial tenha projeção mundial, seu impacto internacional é altamente variável, dependendo da história, cultura e lideranças políticas e administrativas dos diversos países.[37] Ferlie *et alii* (1996) abordam essa variação distinguindo inicialmente entre contextos anglo-saxões e europeus. Segundo esses autores, a administração pública gerencial está tendo maior impacto nas culturas políticas anglo-saxãs do que nos países europeus continentais. Nesta seção, farei breves descrições das experiências de reforma nos países centrais.

Grã-Bretanha: É provavelmente o caso de Reforma Gerencial mais equilibrado e bem-sucedido. Segundo Fairbrother (1994), a preocupação com a organização e gestão do *Civil Service* remonta às décadas de 1960 e 1970, culminando na publicação do Relatório Fulton, em 1968, que via na postura dos gerentes do serviço público um problema central. A dificuldade para implementar um *accountable management*, por meio da mensuração de desempenho em termos quantitativos e financeiros e da administração por objetivos, surgia como o principal obstáculo a uma modernização do aparelho estatal. As reformas da década de 1970 focalizaram especialmente a introdução de controles gerenciais na área do serviço público. Entendia-se como desejável a importação de técnicas do mundo dos negócios, instilando procedimentos e abordagens gerenciais em estruturas administrativas já existentes.

Posteriormente, a busca da eficiência ganha novo impulso com a eleição de Margareth Thatcher em 1979. Nesse sentido, juntamente com a ne-

---

[37] Hood, que já havia examinado esse tema anteriormente (1992), volta ao tema (1996b), argumentando que a nova gestão pública ou a administração pública gerencial não se constituirá num paradigma universal de administração pública, porque a diversidade de agendas nacionais é muito grande e porque as reformas administrativas, como todas as reformas, têm sempre consequências não antecipadas.

cessidade de reduzir o número de servidores públicos em áreas específicas, buscou-se uma melhor reorganização interna do serviço público, procurando fazer valer o dinheiro (*to ensure value for money*). O principal instrumento para avaliar a efetividade do gasto público foram os estudos sobre eficiência dirigidos por Derek Rayner por meio da *Efficiency Unit*. Este órgão selecionava atividades do setor público, submetendo-as a um escrutínio, orientado pelas seguintes questões: Para que serve? Quanto custa? Que valor agrega? Com a avaliação e o redimensionamento dos processos analisados, buscou-se alcançar uma redução nos custos e uma maior eficiência na prestação dos serviços. Os efeitos dos "escrutínios de Rayner", embora desiguais, foram significativos. Em termos culturais, tiveram um papel importante no desenvolvimento de um *ethos* e de uma ética gerenciais, embora em seu aspecto financeiro o efeito sobre a contenção dos gastos governamentais tenha sido limitado. Em seguida, o avanço das práticas gerenciais no setor público britânico foi potencializado pela introdução da *Financial Management Initiative*, ampliando para toda a administração um novo sistema de informações administrativas de cunho gerencial.

As políticas associadas a essa iniciativa ou programa foram desencadeadas no serviço público por um grupo de funcionários seniores do Tesouro, do *Management and Personnel Office* e por consultores externos. O objetivo dos políticos conservadores no governo da nova direita, liderados pela única chefe de governo efetiva e consistentemente neoliberal de que tenho notícia, Mrs. Thatcher, era reduzir o tamanho do Estado e a carga tributária; enquanto o desejo do *senior civil service*,[38] que constitui a elite do funcionalismo britânico, e dos consultores em administração pública britânicos, era recuperar o prestígio do serviço civil inglês, que entrara em crise juntamente com o país. Formou-se, assim, uma aliança política, que não logrou reduzir o tamanho do Estado, dadas as resistências políticas do povo britânico (logrou apenas limitar a tendência ao crescimento), mas afinal reformou profundamente a administração pública britânica.

Os planos desenvolvidos pelos membros do *senior civil service* e pelos consultores preconizavam a reorganização dos departamentos em torno de centros de custo e orçamento e um aumento no controle gerencial de linha.

---

[38] O *Senior Civil Service* do Reino Unido, que poderíamos qualificar como alta administração pública, é constituído pela elite do serviço público britânico. É formalmente instituído, porque um servidor entra para esse grupo quando alcança um determinado nível na carreira do *Civil Service*. Atualmente é composto por cerca de cinco mil altos administradores públicos.

Além disso, esses planos requeriam extensos sistemas de informação, de forma que a atividade e o desempenho pudessem ser mensurados e avaliados. A reorganização alcançada por esse programa foi desigual, evidenciando as dificuldades encontradas pelo governo no redirecionamento da maneira pela qual o serviço público era organizado e operava. Por um lado, os departamentos foram reestruturados por meio do desenvolvimento de sistemas de informação gerencial e pela introdução de mecanismos orçamentários, baseados no princípio do centro de custo. Por outro lado, juntamente com esses desdobramentos, houve a tentativa de preencher as camadas gerenciais do serviço público com gestores de um novo tipo. Esses gestores frequentavam cursos de treinamento especial e eram submetidos a sistemas de pagamento relacionados ao desempenho, bem como a esquemas de produtividade especialmente para os que houvessem alcançado o nível sênior.

Os escrutínios, a introdução da *Financial Management Initiative* e os procedimentos orçamentários descentralizados foram as primeiras medidas visando à transformação do serviço público britânico de uma administração burocrática em uma administração gerencial. Nesse sentido evolutivo, tornou-se necessário para o governo iniciar uma reorganização estrutural do serviço público para que essas reformas iniciais fossem consolidadas e expandidas. Isso foi alcançado com o programa *Next Steps*, a partir de 1988, que teve um papel crucial na Reforma Gerencial britânica. Desde então, a reforma empreendida na Grã-Bretanha passou a fundamentar-se na delegação de autoridade e nos contratos de gestão (*framework documents*), ou seja, na garantia das autonomias ou flexibilidades institucionais necessárias (ou desejáveis) para permitir uma ação eficiente por parte dos gerentes. As *executive agencies* criadas pelo programa *Next Steps* são organizações estruturadas em unidades coesas, com pessoal de perfil gerencial e ligadas por objetivos comuns de política pública. Há uma ênfase na clara definição de responsabilidades, bem como na nomeação e valorização dos dirigentes responsáveis, o que produz como consequência da reforma uma individualização da função pública (Trosa, 1995). Uma das principais mudanças introduzidas por essa reforma diz respeito ao processo de seleção dos dirigentes das agências, os quais são recrutados em processo de competição severa, no qual podem se candidatar tanto funcionários públicos como não funcionários. Este processo permite atrair elementos do setor privado e é um dos principais fatores da autonomia das agências. As agências são regidas por um princípio graças ao qual recebem uma maior autonomia mediante um maior grau de responsabilidade. Os principais conceitos dessa reforma são a valorização das funções gerenciais, o controle dos resultados, a autonomia de gestão e a responsabilidade individual na prestação dos serviços públicos. As agências são regidas por um contrato de gestão que fixa os seus objetivos, as responsabilidades dos principais atores envolvidos, as modalidades de controle de gestão e inspeção, e suas autonomias ou flexibilidades. Esse contrato serve para fixar os princípios gerais de funcionamento das agências, bem como para munir os seus administradores de instrumentos contra as interferências da administração central na gestão dos serviços públicos por elas prestados.

Na Reforma Gerencial britânica, uma instituição desenvolvida anteriormente — os *quangos* — *quasi autonomous non-governamental organizations* — teve um papel particularmente importante para viabilizar uma maior descentralização e a competição administrada. Hospitais, universidades, e outras entidades sem poder de Estado foram autonomizadas e transformadas em entidades híbridas, entre o Estado e o setor privado, em entidades sem fins lucrativos, que não têm servidores públicos em seus quadros, que estão livres dos controles próprios da administração estatal, mas que estão incluídas no orçamento público. Tais instituições transformadas em *quangos* tornaram-se mais autônomas e responsáveis, e, em consequência, muito mais eficientes.

Nova Zelândia: Este país apresenta um caso extremo de Reforma Gerencial. Segundo Ruth Richardson (1998), ex-ministra das Finanças da Nova Zelândia, a Reforma Gerencial neste país aconteceu durante um período longo — de 1984 a 1994 —, sendo assumida por governos diferentes: primeiro um governo trabalhista, que a concebeu e iniciou sua implantação; depois, um conservador, que deu continuidade à reforma, aprofundando suas características gerenciais. O processo de reforma da administração pública foi orientado de forma a ser complementar ao programa de reformas econômicas do mesmo período, que buscou utilizar mais efetivamente as forças de mercado para garantir a competitividade internacional do país. As metas internas subjacentes à reestruturação foram aumentar a eficiência do setor público e melhorar a *accountability* (responsabilização) dos serviços públicos em relação ao Executivo e ao Parlamento, embora muita preocupação também tenha sido expressa acerca dos custos sociais implicados na manutenção de um setor público ineficiente. Assim procurou-se, de fato, melhorar a relação custo/eficiência com a qual os bens e serviços eram produzidos no setor público, assim como melhorar a qualidade desses bens e serviços. Buscou-se também tornar a atuação do setor público na produção de bens e serviços mais sensível às necessidades dos consumidores; dar aos representantes eleitos maior controle sobre o modo como o dinheiro dos contribuintes era utilizado; aumentar a transparência do setor público e restringir os gastos públicos em geral, dentro dos limites de uma administração fiscal responsável.

Na área da administração pública, a ênfase foi posta no controle estratégico, pelos ministros, da implementação das políticas públicas, a partir da definição de objetivos claros para os gerentes das agências públicas descentralizadas. Criaram-se, assim, condições mais adequadas para a responsabilização dessas agências perante os cidadãos, para uma maior competitividade entre elas, e para a constituição de parcerias com o setor privado. O papel ministerial foi orientado para a contratação dos serviços necessários junto a organizações do próprio Estado, a entidades não estatais e a empresas privadas. Os diretores e executivos das agências executivas públicas foram empregados sob o regime de contrato com prazo fixo; seus níveis de desempenho organizacional esperados foram formalmente definidos. De forma semelhante, as empresas estatais tiveram de explicitar suas metas, objetivos e critérios de desempenho, para que o Parlamento da Nova Zelândia pudesse acompanhar e avaliar sua atuação.

Podemos destacar que a reforma empreendida apresentou três linhas de atividade principais: o governo implantou mecanismos de mercado, ou quase mercado, em muitas das funções executadas pelas organizações públicas; sempre que possível, as atividades comerciais dos departamentos, que geram receitas e as não comerciais, foram separadas, sendo as atividades comerciais transferidas para empresas públicas; e na política de administração de recursos humanos, houve um progressivo abandono dos sistemas nacionais de acordos salariais e sua substituição por sistemas mais descentralizados e baseados em unidades descentralizadas. Um novo regime de trabalho para os altos administradores civis foi introduzido, com ênfase crescente em contratos de prazo fixo, pagamento baseado no desempenho e avaliações periódicas do desempenho. Para gerir as agências públicas uma preferência decidida foi dada a administradores do setor privado.

Assim promoveu-se, na Nova Zelândia, uma transformação radical no setor público. Os funcionários da cúpula da administração pública foram contratados mediante contratos que se baseavam em acordos por desempenho para administrar órgãos cujo trabalho passou a ser definido por acordos de compra de serviços. Além disso, é provável que nenhum outro país tenha sido mais agressivo do que a Nova Zelândia ao definir seu programa de privatização e ao expor e submeter o que restou de sua administração pública à concorrência, ao mercado. As funções das agências públicas são atualmente modeladas por metas muito claras de desempenho. Os administradores seniores são recompensados de acordo com o desempenho e os que não alcançam as metas propostas podem ser demitidos. Em resumo, é o mercado — e o resultado de seu desempenho, sob as condições de mercado — que determina o sucesso de cada agência.

Para avaliar seu desempenho, o setor público neozelandês baseou-se em novos instrumentos legais. Como resultado do *State Sector Act*, de 1988, e do *Public Finance Act*, de 1989, capacitou-se para responder questões básicas, como: o que está sendo comprado?, quanto custa?, quais os impactos possíveis no Caixa Geral? e quem é responsável? Dessa forma, o cálculo do balanço do governo, mostrando a posição de caixa total passou a fornecer um importante indicador do desempenho do setor estatal.

Em termos do sistema de terceirização, os padrões de desempenho foram estabelecidos e os *outputs* especificados; assim como o preço a ser pago por esses *outputs*. Além disso, foi convencionado que o Parlamento é responsável pelo controle dos gastos, possuindo os melhores meios para controlar a contabilidade de cada departamento com vistas a melhorar o desempenho; o ministro é responsável por determinar os *outputs* de seu Departamento em termos de resultados sociais buscados pelo Governo e o executivo-chefe é responsável pelo uso eficiente dos ativos e por determinar os melhores meios de obter os *outputs* pelo preço negociado com o Governo. Assim, o novo enfoque em *outputs* permitiu aos ministros estabelecer prioridades e fazer permutas. Como resultado, o país progrediu substancialmente no campo fiscal. Assim, as reformas no setor público deram aos ministros e departamentos os instrumentos necessários para conduzir a política fiscal de uma forma mais responsável. Contudo, somente com a aprovação da Lei da Responsabilidade Fiscal foi que a administração fiscal responsável passou a ser realmente assegurada. Conforme os princípios da administração fiscal responsável, com suas severas exigências de abertura fiscal e transparência, a lei fornece uma proteção contra governos futuros que possam ser tentados a fugir da integridade fiscal.

Cumpre ressaltar, como fez Richardson (1998), que muitas linhas de pensamento teórico podem ser encontradas na estrutura das reformas neozelandesas, destacando-se a teoria da escolha pública e o modelo do principal-agente. Richardson enfatizou também — dessa vez corretamente — a dependência da reforma na Nova Zelândia do *managerialism*. Na mesma linha, Wistrich (1992) frisou, a partir de documentos relevantes, como o Relatório do Tesouro de 1987 (*Government Management: Brief to the Incoming Government*), que, de acordo com a visão neoliberal dominante na segunda fase da reforma, esta estava relacionada com a teoria da escolha pública e o modelo do principal-agente. A autora enfatizou também que o

Tesouro atuou ampla e exitosamente no papel de *think-tank* para o movimento em prol da reforma administrativa, fornecendo rigor intelectual e coerência. Veremos, entretanto, no Capítulo 5, que essas teorias de cunho originalmente neoliberal estão longe de serem, no plano teórico, consistentes com a Reforma Gerencial.[39]

Austrália: Este caso é complexo devido à divisão de responsabilidades, entre o governo federal e os estados da federação, por vezes controlados por diferentes partidos políticos. Um movimento de reforma tem sido evidente no setor público australiano desde o começo da década de 80, e muitos de seus temas — mais mercado, incentivos claros, importação de técnicas do setor privado — podem ser vistos como elementos da administração pública gerencial. O processo de reforma na Austrália teve como metas prioritárias o aumento da eficiência, a diminuição de custos dos bens e serviços providos pelo Estado, a equidade de acesso dos australianos aos serviços públicos e uma administração baseada no modelo de efetividade e igualdade na gestão de pessoal. Dos princípios básicos que nortearam o processo de reforma administrativa, pode-se destacar, segundo Caiden (1991b: 13), os seguintes itens: (a) aperfeiçoamento das organizações: fusão e consolidação de agências e órgãos administrativos, com racionalização de estruturas e melhor definição das funções de cada agência; (b) direção executiva ou gerencial: os ministros passaram a participar da direção das agências, conduzindo políticas, influindo nas atitudes, implantando uma cultura empresarial e melhorando a comunicação e o trabalho em equipe; (c) sistemas diretivos de pessoal e finanças: as agências de controle central foram reduzidas ou suprimidas, sendo substituídas por agências de supervisão e assessoramento em matéria de políticas públicas, permitindo às agências executivas uma maior autonomia; (d) elitismo diretivo: criação do Serviço Executivo Superior (SES), orientado por resultados e dotado de um sistema de compensações com base em avaliações de desempenho; (e) desburocratização: descentralização, nivelamento e aperfeiçoamento das hierarquias, eliminação das sobrerregulações, redução de for-

---

[39] Autores social-democratas, críticos do neoliberalismo, como Adam Przeworski, por exemplo, usam extensamente as ferramentas da escolha racional e do modelo principal-agente. Para isso, são obrigados a dar a essas ferramentas um caráter ideologicamente neutro que elas, na verdade não têm. Por outro lado, a coerência dessas teorias, no plano da administração pública, não é com relação à nova gestão pública ou a Reforma Gerencial, mas com relação à perspectiva burocrática, na medida em que esta pressupõe instituições que independem minimamente da qualidade moral dos administradores públicos.

mulários, controles de eficiência, simplificação de procedimentos e integração de serviços; e (f) uma nova cultura diretiva: criação de incentivos e prêmios por produtividade e inovação; o servidor passa a ser avaliado por sua capacidade de demonstrar eficiência, maior responsabilidade e liberdade pessoal de ação.

Podemos observar duas fases na efetivação desses princípios. A primeira, no início da década de 80, quando se observa a ascensão de jovens tecnocratas que operaram como agentes aceleradores das reformas (Halligan, 1991). Esse movimento coincide com o governo trabalhista de Bob Hawke, que empreendeu um processo reformista amplo, ainda que bastante moderado. Como objetivos dessa primeira fase, podemos apontar a busca de uma administração mais sensível e responsável diante dos políticos eleitos; o aumento da eficiência e eficácia dos serviços; a garantia de equidade no acesso ao emprego público; e a criação de um sistema de proteção dos direitos funcionais mais independente e aperfeiçoado.

A segunda fase da reforma é marcada pelo acirramento da crise fiscal e pelo aprofundamento do processo de globalização da economia. Diante disso, houve a necessidade de aprofundar a reforma, em especial no que diz respeito aos métodos de aquisição de bens e serviços por parte do Estado. Rompendo com sua tradição política, o partido trabalhista passou a adotar práticas gerenciais na administração pública. Nessa fase, podemos destacar os seguintes objetivos: levar em conta o retorno do investimento nas aquisições; reorientar a formação profissional visando a uma maior eficiência dos administradores públicos nos processos de compra do Estado; a adoção do princípio de competição aberta e eficaz como guia das aquisições, evitando a normatização desnecessária; desenho de um marco central de políticas públicas e diretrizes ministeriais nas quais possam operar os departamentos; e a delegação, aos departamentos, das normas para aquisições (Caiden, 1991b: 15).

Na elaborada análise comparativa de Zifcak (1994) sobre o destino da *Financial Management Initiative* britânica e do *Financial Management Improvement Programme* de Camberra, o autor argumenta que o programa australiano de reforma teve maior impacto de longo prazo que o programa britânico. Superficialmente, pode parecer que ambos governos estavam respondendo, da mesma maneira, a contextos econômicos e intelectuais similares, mas, após um exame mais acurado, pode-se discernir diferenças substanciais no processo de mudança. Originalmente, o Governo Trabalhista, liderado por Hawke, colocou maior ênfase numa agenda baseada na igualdade e na democracia, que foi abandonada quando as condições econômicas pioraram, em meados da década de 80. Ele assumiu propondo um plano de reforma detalhado e abrangente, que em muitos pontos poderia ser considerado tão ou mais "ambicioso" que o programa britânico. Contudo, seu estilo de reforma poderia ser visto como mais consensual e menos "de cima para baixo" que o britânico, com o desenvolvimento de uma duradoura coalizão entre líderes políticos e burocráticos que foi forte o bastante para incutir as reformas dentro da máquina do governo.

A reforma australiana implicou uma completa reorganização da estrutura dos ministérios, em 1987, a partir da qual foi decidido que os orçamentos deveriam ser elaborados em função de programas governamentais específicos e em função de objetivos definidos e resultados previstos. O ponto de partida foi, portanto, a coordenação interministerial. Um outro objetivo da reforma foi dotar os ministérios de uma maior agilidade e flexibilidade nas decisões financeiras. Conforme aponta Trosa (1995), as principais características dessa reforma são as seguintes: o desenvolvimento de instrumentos de regulação orçamentária, que visam à eficiência e à eficácia na gestão; a identificação de técnicas que permitam a avaliação do impacto dos programas (*outcomes*); a implementação de medidas de incentivo aos administradores para a melhoria da gestão e a criação de mecanismos de responsabilização que permitam informar aos parlamentares sobre os resultados dos programas.

A partir dos relatórios de avaliação sistemática da reforma, a mesma autora anota os seguintes resultados: a estrutura dos ministérios tornou-se mais flexível, facilitando mudanças subsequentes; houve um salto qualitativo na autonomia da gestão (supressão de constrangimentos regulatórios etc.); os funcionários públicos, diante da sua maior autonomia, aumentaram a eficiência e a qualidade dos serviços prestados; ocorreu uma mudança cultural na gestão. Os funcionários, atuando como agentes da reforma, passaram a ser orientados para o atendimento aos clientes, tornando-se mais sensíveis aos custos e mais suscetíveis de explorar formas alternativas de prestação dos serviços públicos.

EUA: A Reforma Burocrática nos Estados Unidos ocorreu de forma relativamente tardia. O *Pendleton Civil Service Act*, que estabeleceu uma burocracia profissional, é de 1883, mas só se efetivaria nas duas primeiras décadas do século XX. E jamais alcançou um grau de formalismo, como o ocorrido na Alemanha, na França ou no Japão. Provavelmente, esse fato facilitou o surgimento de experiências gerenciais, principalmente no nível local. No nível federal, a reforma do setor público começou em 1978, no governo Carter, com o *Civil Service Reform Act*. Esta lei proporcionou a introdução no serviço público dos sistemas de avaliação de desempenho e pagamento baseado no mérito, juntamente com novos procedimentos processuais para rebaixamento e demissão. Com a eleição de Reagan, os aspectos mais progressistas do programa de Carter foram cortados ou severamente restringidos, ao mesmo tempo que toda ênfase era dada ao *downsizing*. Contudo, e da mesma forma que acontecera no Reino Unido, a esperança inicial do novo governo no sentido de uma drástica redução no tamanho do Estado mostrou-se difícil de implementar. Mas a *Grace Commission*, que atuou no período 1982-4, apresentou propostas para assegurar um gasto mais eficiente das verbas orçamentárias destinadas ao serviço público, usando a "melhor prática do setor privado" como modelo. Seu diagnóstico principal das causas para a falência do setor público pode ser assim resumido: (a) "interferência" do Congresso na gestão cotidiana das agências federais; (b) descontinuidade de pessoal, especialmente nos níveis mais altos; (c) falta de incentivos para buscar maior eficiência e economia; (d) inadequação dos sistemas de contabilidade e de gestão da informação e (e) falta de um forte gerenciamento central das finanças e da contabilidade.

Os impactos das iniciativas da administração pública gerencial nos EUA foram bem mais fracos que na Grã-Bretanha. Pollitt (1993) aponta como condicionante dessa debilidade, primeiramente, o extremo pluralismo característico do sistema político dos EUA, com um Congresso controlado pelos Democratas, naquele período, e com grupos de interesse especiais bem organizados, para fazer passar suas propostas. Por contraste, o poder político na Grã-Bretanha, na década de 1980, era muito mais concentrado no nível do Gabinete, ou mesmo do Primeiro Ministro. Além disso, havia um compromisso presidencial relativamente fraco para assegurar a reforma institucional, resultando que o esforço político persistente, a partir do alto escalão, tão aparente no caso britânico, não foi evidente no caso norte-americano. Finalmente, o mecanismo utilizado para alcançar a mudança — a *Grace Commission* — era ele próprio inadequado. A Comissão falhou em aliar-se com os elementos reformistas que estavam surgindo no Serviço Público Federal e adotou uma posição excessivamente didática e politicamente ingênua, perdendo apoiadores potenciais no Congresso.

No início dos anos 90, o livro de Osborne e Gaebler, *Reinventando o governo* (1992), forneceu ideias e modelos para o novo governo Clinton.[40]

---

[40] A literatura sobre o *National Performance Review* é hoje extensa. Saliento aqui os trabalhos de Kettl (1994), Kettl e Dilulio (1994, 1995). Ver também Glastris (1994), Khademian (1995) e Kellam (1995). Este último texto apresenta um histórico do programa. Uma perspectiva crítica, de um ponto de vista burocrático clássico, encontra-se, por exemplo, em Ronald Moe (1994) e em Rabell e Negrón Portillo (1996).

Em setembro de 1993, o presidente Bill Clinton lançou o programa *National Performance Review* e o entregou ao comando do vice-presidente Al Gore. O lema do programa é "trabalhar melhor e custar menos"; a inspiração, gerencial e pragmática.[41] Muito pouca teoria; o maior número possível de recomendações práticas, que se consubstanciam no relatório inicial de Al Gore (1995), *From Red Tape to Results.* O interesse do presidente pelo tema é enorme; o envolvimento do vice-presidente, total. O esforço de comunicação política envolvido, muito grande. Os resultados serão substanciais em reformar a administração pública americana, embora enfrentando as dificuldades decorrentes do caráter federativo do Estado americano, e a resistência de uma parte da burocracia bem instalada.[42]

De acordo com o programa, o Estado passa a assumir o papel de catalisador ou facilitador, em vez de fornecedor. A máquina estatal estaria se afastando dos modelos padronizados de prestação de serviços, baseados na produção em massa, que surgiram na primeira metade do século XX e estaria se aproximando de uma nova forma de Estado empreendedor, mais voltado para o uso dos recursos públicos conforme novos meios para maximizar a produtividade e a efetividade. Para os administradores do serviço público, tal modelo representa um meio de retomar legitimidade política e social. O serviço público não é mais criticado por falhar na adoção das "melhores práticas" do setor privado. Em vez disso, algumas das condições distintas e desafios especiais de gerir o domínio público são reconhecidos. Os gestores do setor público são instados a abandonar seu velho papel burocrático e se

---

[41] No discurso de 3 de março de 1993, em que anunciou o programa, que seria lançado oficialmente em setembro desse ano, o presidente Bill Clinton afirmou: "Nosso objetivo é tornar todo o governo federal menos custoso e mais eficiente e mudar a cultura de nossa burocracia nacional da complacência e do legalismo para a iniciativa e a autonomia". Epígrafe do livro de Gore (1993).

[42] Conforme *The Economist* (1998: 20), "as tentativas de reinventar o governo deram frutos". O número de funcionários baixou em mais de 300 mil, de um total inicial de 2.200 mil. Embora a percentagem do gasto público em relação ao PIB permanecesse inalterada, um grande número de serviços foram "semiprivatizados", obrigando à competição e à maior eficiência entre as organizações prestadoras de serviços. *The Economist* não precisa o fato, mas houve tanto terceirização como transferência para organizações públicas não estatais, semiprivatizadas ou híbridas, como são praticamente todas as universidades americanas e quase 50% dos hospitais. Peter Drucker (1995), com sua autoridade na área, em um breve artigo, afirma que essa foi uma iniciativa que realmente apresentou resultados no Governo Clinton. Relatório completo sobre os primeiros passos do *National Performance Review* foi escrito por Kettl (1994). Ver também Glastris (1994), Khademian (1995), Kellam (1995) e Frederickson (1996). O texto de Kellam apresenta um histórico do programa. Uma perspectiva crítica encontra-se, por exemplo, em Moe (1994), Rabell e Negrón Portillo (1996).

tornarem mais empresariais, voltando sua ação para o controle de resultados e a competição em quase mercados.

A ideia central do *National Performance Review* não é diminuir o Estado a qualquer custo mas "reinventá-lo", torná-lo mais eficiente, mais orientado para o cidadão-cliente. Sua segunda fase, iniciada em 1995, foi lançada com o documento de Clinton e Gore (1995), *Putting Customers First' 95*. Este não tem qualquer caráter neoliberal, embora tenha sido identificado pela esquerda burocrática com essa ideologia conservadora. Conservadora, na verdade, era a proposta alternativa do Partido Republicano, que, sob a liderança do deputado Newt Gingrich, apresentou, após as eleições parlamentares de 1994, em que os republicanos foram vitoriosos, o "Contrato com a América" — um programa estritamente neoliberal que propunha reduzir o Estado ao mínimo, eliminando serviços sociais básicos prestados pelo Estado. Conforme observaram Kettl e Dilulio (1995), enquanto o *National Performance Review* falava em *reinventing* o Estado, o *Contract with America* tinha como objetivo "erasing" (apagar, arrasar) o Estado. E acrescentavam que os deputados republicanos logo aprenderiam que diminuir o Estado podia ter apoio popular enquanto ficasse em ideias genéricas; no momento, entretanto, que ameaçasse direitos, especialmente os da classe média, teriam reação contrária muito forte. Tais previsões foram confirmadas nas eleições presidenciais de 1996, nas quais a impopularidade das propostas republicanas de "erasing government" e o apoio à Reforma Gerencial de Clinton contribuíram para sua vitória.

Suécia: Apesar de seu grande setor público, a Suécia pode ser vista como um país que adotou com relativa cautela a Reforma Gerencial na década de 1980. Existe certa evidência de que os valores tradicionais continuaram a informar a reorganização do setor público sueco, em uma medida bem maior do que na Grã-Bretanha. Assim, as análises de Fortin (1996) e de Gustafsson (1995) do caso sueco frisam movimentos recentes para a descentralização, assegurando maior produtividade, promovendo a elevação do valor agregado às atividades, ampliando a possibilidade de escolha e melhorando os serviços prestados ao público; fatores que se assemelham a muitos dos temas relacionados à administração pública gerencial na Grã-Bretanha, já abordados. Contudo, diferenças importantes permanecem. A Suécia pode ser vista como conservando um modelo de responsabilidade social que é diferente dos modelos voltados *para* e conduzidos *pelo* mercado, com sua ênfase na eficiência. O modelo sueco continua a enfatizar interesses humanistas, havendo assim maior ênfase em temas como a participação.

A Suécia realizou uma extensa reforma legislativa e promoveu uma reorganização de grande amplitude nos seus ministérios, acompanhada de um processo de desburocratização (Trosa, 1995). Tais mudanças apresentam duas tendências: a redução do número de normas que regulam as diversas atividades dos indivíduos e empresas e a simplificação daquelas que foi necessário conservar. O principal objetivo que norteou o processo de mudança foi tornar mais fácil a vida dos cidadãos. Os programas de reforma conformaram parte do que veio a ser chamado Serviço de Iniciativas de Gestão. A Suécia desenvolve esses programas desde a década de 70, conseguindo desde então simplificações consideráveis. O mercado de trabalho, as comunicações, os mercados financeiros, o mercado imobiliário e as companhias de energia foram, em conjunto, objeto da desregulamentação. A legislação relativa à educação e aos impostos foi também simplificada. O que diferencia essas reformas daquelas ocorridas anteriormente é que seu objetivo, na década de 90, é a criação de um sistema normativo que melhore a capacidade competitiva e os índices nacionais de crescimento.

Concomitantemente, a crise do Estado do Bem-Estar afetou as prioridades estabelecidas para o gasto público, o qual passou a ser estipulado num marco de limites orçamentários em constante redução. Assim, o centro de atenção das políticas recentes, destinadas à renovação do setor público, deslocou-se do desenvolvimento da administração como um aparato mais eficaz para fornecer um certo número de serviços — cuja existência não era questionada — para a transformação do próprio papel desempenhado pelo setor público no conjunto da sociedade. Nesse sentido, o governo anunciou, em 1993, uma profunda revisão do setor público e de sua administração, na qual as principais questões seriam o papel que o Estado deve desempenhar e a forma que deve assumir o desenho da estrutura organizacional, para cumprir as tarefas que lhe forem designadas.

O projeto mais ambicioso foi, sem dúvida, a introdução de um novo sistema de gestão e de elaboração dos orçamentos. De todas as reformas empreendidas pelo governo, a implantação de uma gestão por resultados nas relações do governo com seus agentes institucionais talvez tenha sido a que produziu maiores efeitos estratégicos de longo prazo nas políticas da administração pública. Como todo sistema de gestão por resultados, este tem o objetivo de mudar o centro de atenção dos gastos orçamentários para os resultados operacionais, que devem corresponder a metas previamente traçadas. Com esse objetivo, é requisitado com crescente insistência a cada agência (algumas com mais de cem anos) que informe os resultados que conseguiu a partir do orçamento que lhe foi designado. A relação entre os ministérios, que decidem a alocação dos recursos, e as agências executivas, obedece a ciclos de três anos. Essas agências devem emitir a cada ano um informe simplificado dos resultados obtidos durante o exercício. A cada três anos, solicita-se das agências um informe completo dos resultados produzidos, juntamente com a relação das metas que se pretendia alcançar ao fim desse período. Destarte, a implantação da gestão por resultados acaba sendo uma das principais atividades da reforma administrativa, juntamente com as políticas de pessoal, adaptadas do setor privado.

França: Na França, a Reforma Gerencial encontra-se em um ponto intermediário. Foi iniciada em 1989 e abandonada em seguida. Mas existiram, nos anos anteriores, diversas iniciativas que levam em direção a ela. Conforme afirma Vallemont (1996), a evolução no sentido da "modernização" caracterizou-se, até 1989, pela experimentação sucessiva de diferentes instrumentos, tais como os círculos de qualidade, a qualidade total, os contratos de desempenho; depois, a partir da circular do primeiro ministro Michel Rocard, de 23 de fevereiro de 1989, pelo anúncio de um projeto global envolvendo as diferentes dimensões da modernização da administração. Estas incluiriam: a renovação das relações de trabalho no seio da função pública, a melhoria do atendimento e do serviço aos usuários, o desenvolvimento da responsabilização dos administradores por meio da descentralização orçamentária e a mensuração dos resultados e o desenvolvimento da avaliação das políticas públicas (Meldolesi, 1997).

O ponto de partida para as reformas, iniciadas em 1989, foi a necessidade e o desejo de desconcentrar, fundado no princípio de que a proximidade dos serviços em relação aos usuários tem a virtude de uma maior capacidade de adaptação das ações públicas aos seus anseios e necessidades, o que justifica uma maior autonomia de gestão e a descentralização desses serviços para outros níveis administrativos. O princípio geral é o de conferir autonomia aos "serviços gerenciais", ao mesmo tempo que se lhes exige resultados crescentes e capacidade de dar conta dos problemas.

A modernização na França (*renouveau du service publique*) está fortemente apoiada na crítica ao modelo hierárquico e na gestão de recursos humanos, por meio da mobilização dos quadros funcionais. A base da modernização é a ideia de que somente os administradores públicos próximos dos usuários são capazes de definir os objetivos operacionais (Trosa, 1995). Trata-se da formulação de objetivos — no quadro global dos objetivos de um ministério — dentro de uma "ordem de prioridades". Em vez de os serviços externos executarem atividades decididas no centro, estes analisam e propõem

Reforma gerencial

as atividades que são objeto de um contrato entre o serviço externo e sua hierarquia. Essa evolução é resultado da consciência de que as condições de execução das políticas públicas fazem parte da sua definição.

Em lugar de se constituir em uma reforma institucional, a estratégia da reforma francesa concentrou-se, prioritariamente, na dimensão da gestão, tendo na progressividade na condução da mudança um fator primordial por permitir aos agentes uma apropriação, em etapas sucessivas, dos novos instrumentos de gestão. Segundo Vallemont (1996), a progressividade permitiria também recorrer à experimentação, seguida pela avaliação e a difusão das experiências. Na verdade, seria necessário saber transformar em estímulo à mudança toda inclinação política da vontade governamental em matéria de reforma administrativa, com ênfase constante na continuidade dos processos. Essa estratégia tornou possível alcançar resultados gerenciais, ainda que parciais, sem mudança das leis e sem uma reforma institucional.

Por outro lado, a reforma pretendida visava ultrapassar os limites da reforma administrativa tradicional para situar-se em um novo nível: o das mudanças na lógica de funcionamento das administrações, seu modo de regulação e as relações com a sociedade civil. A reforma estruturou-se em torno de quatro eixos (Pêcheur, 1990): o desenvolvimento do diálogo social (revigoramento de instâncias paritárias, extensão da prática contratual aos temas não salariais, descentralização da negociação); a dinamização da gestão de pessoal (valorização das qualificações e das carreiras, formação continuada, mobilidade geográfica e funcional, programação do provimento de cargos e melhoria das condições de trabalho); o desenvolvimento da responsabilização (desconcentração, centros de responsabilidade, simplificação de regras financeiras e contábeis); e o melhoramento do serviço prestado (avaliação das políticas públicas, instauração de uma parceria da administração com os usuários, transparência e simplificação de textos, formalidades e procedimentos).

Nesse novo quadro de gestão, os serviços organizados a partir dos centros de responsabilidade passaram a ser dotados de uma completa autonomia gerencial. Eles também se beneficiam da contratualização de suas relações com a administração central (contrato de gestão) e da simplificação de procedimentos administrativos e financeiros e de regras de gestão de pessoal. Tratou-se, portanto, não propriamente da realização de reformas estruturais e de processo, mas de mudanças nos modos de regulação interna e externa dos órgãos administrativos, de forma a dotá-los de mecanismos e ferramentas adequados a uma plena integração com o seu meio (condições objetivas de realização das políticas, relação com os usuários e demais administrações etc.), substituindo o controle *a priori* pelo controle *a posteriori*. Outro desafio da modernização relacionou-se ao aspecto cultural, ou seja, à mudança nas relações hierárquicas, à descentralização e ao aprendizado do trabalho em parceria com empresas e usuários.

Como primeiros resultados da modernização, Trosa (1995) aponta a realização do objetivo de motivar os funcionários (os agentes motivados e engajados passaram a orientar espontaneamente suas ações para a melhoria das relações com os usuários); a melhoria nas condições de trabalho e processos de formação profissional; a melhoria na gestão dos créditos orçamentários (*crédits de fonctionnement*), com um avanço significativo na passagem do controle financeiro *a priori* para o controle *a posteriori* (bem-sucedido em 90% dos casos) e, em alguns casos, o estatuto do centro de responsabilidade foi subordinado à existência de mecanismos de gestão (contabilidade analítica ou planos objetivos/meios); além disso, a pesquisa realizada em 1992 sobre a modernização mostrou que os serviços têm se apropriado cada vez mais e melhor da definição de objetivos e de um funcionamento mais participativo, por parte dos funcionários.

De outra parte, a mesma autora levanta algumas questões não resolvidas no processo de modernização da França, dentre elas o problema da desigualdade no envolvimento dos diferentes ministérios e o fato de as autonomias no processo francês serem limitadas: no caso do recrutamento dos funcionários, por exemplo, os concursos e os processos de promoção são organizados localmente, contudo, obedecem estritamente às regras estatutárias existentes nacionalmente. Isto se deve ao fato de que na reforma francesa não houve uma reforma prévia do estatuto jurídico, as novas formas de gestão são experimentadas nos quadros jurídicos existentes e coabitam com as hierarquias das administrações centrais dos ministérios. Segundo a autora, "a modernização [na França] é um misto de mudanças impostas e aprendizagens progressivas".

Itália: Finalmente, uma breve menção à reforma do emprego público na Itália, claramente de acordo com os princípios da administração pública gerencial. Uma lei de 1992 (nº 421) e um decreto legislativo de 1993 provocaram uma mudança drástica nas relações de emprego no Estado italiano. Segundo Locke e Baccaro (1996: 297), com o objetivo de eliminar as práticas clientelistas que dominavam o serviço público, "a reforma introduziu técnicas de recursos humanos geralmente encontradas no setor privado, e aumentou o poder e a autonomia dos gerentes públicos em relação aos sindicatos com quem devem negociar". Essa lei deu aos administradores uma ampla liberdade para gerir os recursos humanos, além de aumentar sua remuneração. Houve, de fato, uma grande convergência entre o regime de trabalho do setor público e do setor privado, contrariando antigos princípios do direito administrativo que tornam o regime jurídico dos servidores públicos totalmente distinto. As normas sobre demissão de servidores, por exemplo, passaram a ser, em princípio, as mesmas utilizadas no setor privado.[43] Não obstante esta reforma legal, levantamento realizado pela PUMA (1997), o centro de pesquisas da OCDE especializado em administração pública, situava a Itália, juntamente com Grécia, Espanha e Portugal, entre os países ainda regidos por uma administração pública burocrática, baseada em normas e regulamentos estritos.

Reforma Gerencial na América Latina

Nos países em desenvolvimento, e em particular na América Latina, dada a gravidade da crise fiscal do Estado, a resposta à crise nos anos 80, na primeira geração de reformas, foi principalmente o ajuste estrutural. O Peru e a Argentina talvez sejam os casos mais dramáticos nesse sentido. Não houve propriamente reforma administrativa, mas uma drástica redução de pessoal. Conforme apontam Ghio e Etchemendy (1997), a política de *downsizing* nesse país teve uma clara supremacia sobre os aspectos mais qualitativos da reforma. Alguns países, entretanto, nos anos 90, entraram em uma segunda geração de reformas e deram os primeiros passos na direção da reforma gerencial. O Brasil é provavelmente o país onde já se caminhou mais sistematicamente nessa direção, como veremos nas Partes 3 e 4 deste livro, mas temos outros países em que já podemos ver sinais de mudança no sentido de uma administração pública gerencial, principalmente o Chile e o México.

Não é, entretanto, apenas em países de nível intermediário de desenvolvimento que encontramos experiências de aplicação das ideias gerenciais na administração pública. O mesmo se verifica em países com níveis de renda por habitante muito menores, como Zâmbia, Uganda e Mongólia. Será que experiências dessa natureza poderão ser bem-sucedidas. Os defensores do "sequenciamento" necessário das reformas afirma categoricamente que não. A expressão *sequencing*, que foi usada por economistas e cientistas políticos para discutir se, primeiro, deveria vir a liberalização econômica e, depois, a política, ou se o inverso poderia também ocorrer, passou a ser cada vez mais

---

[43] Segundo Bargueño (1995: 39), "dada a falta de uma disposição geral na reforma sobre a demissão de empregados públicos, aplica-se a norma civil contida no Estatuto dos Trabalhadores".

usada pela burocracia internacional para ordenar qualquer sequência das reformas.[44] Ora, se naquele nível mais geral a questão é controversa, constituindo-se, afinal, em uma boa desculpa tecnocrática para a continuidade do autoritarismo, no caso da reforma administrativa isso se transformou em uma desculpa esfarrapada para, mesmo em países de desenvolvimento intermediário, se insistir em, "primeiro", realizar a Reforma Burocrática, para "depois" dedicar-se à Reforma Gerencial.

Conheço bem esse tipo de raciocínio burocrático e centralizador. Nas organizações, quando alguém é contra a descentralização, ou, mas genericamente, contra uma inovação que já se demonstrou válida em organizações ou em países mais avançados, não expressa seu conservadorismo ou seu medo de inovar diretamente. Prefere afirmar que "não se deve colocar o carro na frente dos bois", e que primeiro é preciso treinar, preparar etc. e etc., e só depois realizar a reforma. Ora, minha experiência pessoal me ensinou que na gestão das organizações é preciso, sim, em certos momentos, colocar o carro na frente dos bois, é preciso avançar por todos os lados, é preciso, de forma dialética ao invés de linear, criar as necessidades ou os problemas e resolvê--los ao mesmo tempo. Se decidirmos, por exemplo, descentralizar, delegar autoridade, apenas depois de ter treinado cabalmente os gerentes, jamais descentralizaremos, porque o treinamento dos gerentes só será cabal no próprio exercício de sua nova autoridade.

Nesta seção, farei um breve relato apenas das reformas gerenciais em curso no Chile e no México. Nesses países, especialmente no segundo, o problema do sequenciamento está vivo, e se exprime na demanda de uma Reforma Burocrática que estabeleça formalmente um serviço civil profissional no país. Dado o avanço da democracia naquele país e a possibilidade de que o Partido Revolucionário Institucional venha a perder as eleições nacionais, a burocracia mexicana sente-se ameaçada e deseja maior estabilidade. É duvidoso, entretanto, que dar estabilidade nesse momento à burocracia seja útil ao país. Provavelmente, apenas criará privilégios, como ocorreu no Brasil em 1988, e aumentará o custo do Estado. A ideia de que a mudança de governo levará a demissões em massa no serviço público é equivocada. Não aconteceu no Brasil quando, em 1985, foi restabelecido o regime democrático, e não

---

[44] Sobre o sequenciamento de liberalização econômica e política ver Armijo, org. (1993) e particularmente Armijo (1993) e Jaquette (1993: 60), que afirma: "nós precisamos tratar todos os casos simultaneamente ao administrar liberalização econômica e política, e, nesse contexto, concentrar nossa atenção no seu microssequenciamento". Essa visão é mais dialética e realista do que um sequenciamento linear.

deverá ocorrer no México. Por outro lado, a Reforma Gerencial, que só é viável na democracia, é uma forma mais efetiva de combater o nepotismo e o clientelismo, na medida em que a autonomia dos gerentes e a cobrança de resultados são incompatíveis com essas práticas patrimonialistas.

Chile: Segundo Marcel (1997), o processo de modernização do Estado no Chile, implementado desde 1993, desenvolveu-se em torno de três eixos. Primeiro, a geração de uma cultura organizacional centrada nos resultados, em contraste com o foco tradicional da administração pública nos procedimentos. Segundo, a adoção de uma estratégia de mudança gradual e cumulativa, na qual as diversas medidas administrativas, projetos e reformas legais se articulam com o objetivo de produzir mudanças duráveis nas instituições públicas. E, terceiro, a concentração desse esforço no âmbito de competência direta do Executivo, ou seja, nas instituições da administração central e nos serviços ou agências públicas com funções executivas. Para esse autor, uma das iniciativas mais relevantes da modernização foi incorporar ao processo orçamentário um sistema de indicadores e metas de desempenho das instituições públicas. Esta experiência, iniciada em 1994, conseguiu alcançar, em três anos de aplicação, cerca de 70 instituições, com aproximadamente 300 indicadores e constitui a iniciativa mais avançada desse processo de Reforma Gerencial que se encontra ainda nas etapas iniciais de seu desenvolvimento.

O caso chileno apresenta características muito singulares no contexto latino-americano. Ainda nos anos 80, sob o regime de Pinochet, o processo de expansão do Estado que até então se verificava experimentou uma brusca reversão. Tal reversão conduziu a uma redução significativa de suas atividades produtivas e a uma redefinição de papéis com o setor privado na prestação de serviços sociais. Fundamentados numa argumentação neoliberal, a desregulamentação, a privatização de empresas públicas, a terceirização de serviços ou o simples abandono de funções e o repasse de responsabilidades aos níveis subnacionais de governo, significaram uma profunda mudança estrutural na definição das responsabilidades e tarefas da administração pública.

Juntamente a isso, o Estado chileno viveu um rigoroso processo de ajuste fiscal que implicou tanto um enrijecimento dos controles orçamentários e administrativos como uma sistemática redução dos recursos com que contavam as instituições públicas para desenvolver suas funções. Tais ajustes incidiram sobre a gestão pública, por meio de violentas reduções de pessoal e de remunerações, da deterioração da infraestrutura e do redimensionamento institucional. Posteriormente, os governos democráticos da década de 90 sustentaram e aprofundaram a disciplina fiscal, mas também iniciaram um trabalho intenso no campo das políticas sociais e um investimento crescente em infraestrutura. No entanto, a transição para o regime democrático trouxe novas tarefas para o âmbito do Estado: instalar as instituições e processos democráticos; inserir política e economicamente o país na comunidade internacional; consolidar as funções de regulação e fiscalização nos serviços de utilidade pública, repassados ao setor privado; elevar a qualidade dos serviços sociais básicos de educação e saúde e incorporar o setor privado na provisão de infraestrutura pública.

Contudo, as transformações econômicas e políticas experimentadas pelo Estado chileno nas últimas duas décadas não foram acompanhadas por mudanças equivalentes nas formas de conduzir, administrar e gerir o aparelho estatal. A institucionalidade que marca a gestão pública na atualidade continua sujeita aos mesmos conceitos e princípios que imperavam em meados dos anos 70: regulação detalhada de um grande número de matérias, fiscalização prévia dos atos administrativos, forte controle do gasto público e regulação centralizada da gestão de recursos humanos. Esses fatores, unidos a um contexto de estabilidade e crescimento econômico e ao pragmatismo dos governos democráticos, diferenciam o Chile da maioria dos países que têm recorrido a processos de reforma do Estado. Realmente, o Chile não se encontra face a uma situação crítica ou inadministrável, que torne indispensável a adoção de medidas drásticas; e, especialmente, não enfrenta nenhum dos problemas que usualmente acompanham e até motivam os processos de reforma, tais como a crise fiscal, a corrupção generalizada, a constatação de ineficiências gritantes ou um questionamento profundo sobre o tamanho ou a área de atuação do Estado.

Conforme aponta Marcel (1997), a reforma administrativa recente no Chile, que começa a assumir o caráter de uma Reforma Gerencial, visa sanar problemas centrais e específicos do país, relacionados principalmente a formas de se alcançar um melhor aproveitamento dos recursos tendo em vista as novas demandas que a economia, a sociedade civil e o sistema político colocam para as instituições públicas. Dentre essas demandas, destacam-se a necessidade de maior eficiência para resolver problemas nacionais; a elevação das exigências dos cidadãos quanto à quantidade e à qualidade dos serviços oferecidos pelo Estado; a preeminência dos fatores qualitativos sobre os quantitativos no trabalho das instituições públicas; e a importância de evitar que o Estado se transforme em um gargalo do desenvolvimento econômico. Ao mesmo tempo, as autoridades tomaram consciência dos graves problemas de gestão existentes.

Considerando esses problemas e a urgência de gerar experiências concretas que permitissem orientar políticas futuras em termos de melhoramento da gestão, a *Dirección de Presupuestos* deslanchou, no início de 1993, um programa piloto de melhoramento da gestão nos serviços públicos. Esse programa foi concebido em torno da ideia de que era fundamentalmente nos serviços públicos, e não nas instituições do nível central, que se definiriam os avanços ou retrocessos em matéria de gestão e que, apesar das restrições legais e regulamentares, esses serviços contavam ainda com um amplo espaço para levar a cabo iniciativas de melhoramento da gestão. Com base nesses princípios, estruturou-se um programa cujo núcleo era o desenvolvimento de exercícios de planejamento estratégico no interior dos serviços públicos. Esses exercícios buscavam alcançar, com a participação de diretores, funcionários, usuários e colaboradores, uma clara identificação da missão institucional, dos principais objetivos da gestão, seus clientes e produtos principais. A partir dessa análise, poderiam ser desenvolvidos projetos específicos de melhoramento da gestão e estruturar-se um sistema de informação gerencial que, com base em um conjunto de indicadores, permitiria efetuar um acompanhamento interno e externo da gestão institucional, estabelecendo metas e compromissos específicos de gestão. Essas metas e compromissos poderiam, então, transformar-se em acordos de desempenho que contemplassem incentivos e prêmios à boa gestão. Este programa foi aplicado inicialmente em cinco serviços públicos, para posteriormente estender-se a outros cinco serviços dependentes do Ministério da Fazenda, completando sua implantação em 1995.[45]

A experiência do Programa Piloto inspirou no governo do Presidente Frei, a partir de 1994, uma política de alcance mais amplo, que incluiu a modernização do Estado entre suas principais prioridades e consolidou uma perspectiva gerencial sobre a reforma do Estado. Nesse sentido, a reforma administrativa e as mudanças nela implicadas foram concebidas como um processo gradual, composto de iniciativas parciais factíveis de serem implementadas sem grandes modificações legais e na qual os incentivos, as demandas e as orientações sobre os gestores institucionais desempenhariam um

[45] Os serviços foram o *Servicio Nacional de Capacitación y Empleo*, o *Servicio Agrícola y Ganadero*, a *Junta Nacional de Auxilio Escolar y Becas*, a *Dirección de Bibliotecas, Archivos y Museos* e a *Dirección de Deportes y Recreación*. Os serviços incorporados ao programa do Ministério da Fazenda foram o *Servicio de Impuestos Internos*, a *Tesorería General de la República*, o *Servicio Nacional de Aduanas*, a *Casa de Moneda de Chile* e a *Dirección de Aprovisionamiento del Estado*.

papel central. Em conformidade com essa perspectiva, o novo governo estabeleceu um Comitê Interministerial, integrado pelos Ministérios do Interior, Fazenda e Secretaria Geral da Presidência, cujo propósito fundamental seria promover, coordenar e projetar as iniciativas a serem implementadas a partir dos serviços públicos. A primeira iniciativa desenvolvida pelo Comitê consistiu na assinatura, em meados de 1994, de "compromissos de modernização" entre quarenta e três órgãos públicos e o nível central do governo, representado pelo próprio Presidente da República. Esses compromissos, que foram propostos pelos próprios órgãos, abarcaram os campos mais variados e apresentaram níveis diversos de complexidade. A avaliação desses compromissos no início de 1995 mostrou que eles apresentavam um grau de avanço próximo a 80% nas metas acordadas.

No entanto, a *Dirección de Presupuestos* do Ministério da Fazenda concluiu que o enfoque gradualista e sequencial adotado no Programa Piloto era demasiado lento para produzir um impacto significativo no conjunto da administração. Por isso, resolveu promover um exercício mais transversal, focalizado na geração de indicadores de desempenho, com o objetivo de integrá-los ao processo orçamentário. Foi assim que, no segundo semestre de 1994, no decorrer da preparação do projeto de lei de orçamentos, solicitou-se aos órgãos públicos que estivessem mais bem preparados e que identificassem indicadores e metas de desempenho para o ano de 1995. Vinte e seis órgãos públicos responderam a esse requerimento, para os quais foram selecionados 107 indicadores de desempenho. Esta informação foi incorporada na informação anexa ao projeto de lei de orçamentos para 1995 e foi positivamente recebida pelo Congresso Nacional e pela imprensa. Esse sistema continuou se estendendo e diversificando nos anos seguintes, até alcançar a cifra de 67 instituições, com 291 indicadores em 1996.

México: Tenho sempre afirmado neste livro que a Reforma Gerencial pressupõe a Reforma Burocrática, que instale no país um serviço público profissional. O México pode ser uma exceção a esta regra. Não houve até hoje no país uma Reforma do Serviço Civil propriamente dita, e no entanto existe a tentativa de se implantar a Reforma Gerencial. Na verdade, o que temos no México são dois movimentos, em parte, contraditórios: por um lado se caminha em direção a formas modernas de gestão; por outro, existe uma tentativa de se realizar no país uma Reforma Burocrática clássica que corre o risco, se não for limitada, de levar a um retrocesso burocrático do tipo ocorrido no Brasil após a redemocratização. O México dispõe de uma burocracia competente e bem paga há muitos anos. Uma burocracia que é fruto de uma Reforma Desenvolvimentista ou, indo mais longe, fruto da Revolução de 1910. Agora, quando o país tende a democratizar-se e a dominação do Partido Revolucionário Institucional está ameaçada nacionalmente, fala-se cada vez mais em uma Reforma Burocrática, que dê mais estabilidade aos servidores, ao mesmo tempo que se trabalha no sentido de modernizar a administração pública, descentralizá-la, dotar os administradores públicos de maior autonomia gerencial. Provavelmente, as duas reformas ocorrerão ao mesmo tempo, sendo possível prever que a Reforma Burocrática se concentrará em dotar o Estado mexicano de um corpo de funcionários profissionais, em vez de estabelecer uma estabilidade rígida e regimes de trabalho e de promoção excessivamente formalizados.

O estabelecimento de um serviço público civil no México tem como objetivo principal a profissionalização dos funcionários públicos (Amaparán, 1997a). As primeiras tentativas de instauração de um serviço público civil de carreira datam do início dos anos 80, especialmente por meio de iniciativas de natureza fiscal, em função da crise econômica de 1982. Naquele momento (e ainda no presente), os principais dilemas para a instauração do serviço civil residiam na força dos sindicatos e na regulamentação da alta função pública e sua consequente autonomia. A década de 90 trouxe à cena outras formas de expressão social e de formulação de demandas por parte da sociedade; trouxe também a pressão por uma maior eficiência nos serviços públicos, o que permitiu à burocracia uma atuação mais incisiva, com uma margem maior de autonomia, favorecendo, ao mesmo tempo, as propostas de reforma. Assim, tendo como objetivos, entre outros, a maior efetividade, eficiência e continuidade na prestação dos serviços públicos, a fidelidade aos objetivos propostos na formulação das políticas públicas, o fortalecimento da autonomia administrativa e o aumento da produtividade da administração pública, iniciou-se a discussão das reformas.

As grandes linhas que guiam essa nova proposta de reforma da administração pública estão contidas no *Programa de Modernización de la Administración Pública Federal* (1995-2000), apresentado em maio de 1995. Seu diagnóstico identifica quatro grandes temas a serem enfrentados: a capacidade limitada da infraestrutura para atender aos cidadãos (lentidão no atendimento às demandas, ausência de normas claras, tendo como consequência o abuso e a corrupção generalizada e a deterioração da imagem das instituições e dos funcionários públicos); a forte centralização; a deficiência dos mecanismos de avaliação da eficiência do governo (ausência de objetivos definidos, avaliação com base na alocação dos recursos e não nos resultados, além de rigidez normativa em relação aos recursos financeiros, materiais e humanos) e a inexistência de uma administração voltada para a valorização e profissionalização dos servidores públicos.

A partir desse diagnóstico, a Secretaria de Fazenda e Crédito Público, responsável pela elaboração do projeto de lei de reforma, propôs as seguintes medidas para reformar a administração pública: (a) adoção de processo de seleção aberto (concurso público direcionado para o aproveitamento de pessoal oriundo de entidades públicas e do mercado de trabalho em geral); (b) incremento da profissionalização no provimento dos cargos de "livre designação" (para postos de secretários, subsecretários e equipe básica de apoio), sendo a metade dos diretores gerais nomeados pelos secretários e subsecretários, e a outra metade ocupada por funcionário de carreira; (c) sistema de remuneração baseado em salário, estímulos e benefícios, com base em um sistema da avaliação de desempenho; (d) capacitação sistemática e educação de todos os servidores de acordo com as necessidades de cada cargo; (e) estabelecimento da possibilidade de demissão com base em mau desempenho ou em necessidade de corte de pessoal.

Para Amaparán (1997b), o ambiente sociopolítico favorecido pelo crescente processo de democratização no México beneficia as reformas por muitos motivos. Em primeiro lugar, a democratização, com o consequente crescimento da incerteza política no plano eleitoral, amplia a necessidade de incrementar a profissionalização dos burocratas, para que os objetivos do chefe do Executivo, em termos de efetividade e eficácia das políticas públicas, sejam alcançados e tenham continuidade. Por outro lado, para os legisladores é fundamental que haja uma neutralidade (autonomia) na administração pública, que garanta o cumprimento das leis produzidas no congresso e das decisões governamentais por ele avalizadas. Com a democratização, cresce também a incerteza para os burocratas (que antes era contrabalançada por incentivos políticos) e isto os obriga a aproximar-se das ideias de profissionalização, a fim de assegurar os seus empregos. Esse problema continua em discussão no Congresso. Por outro lado, existem no governo central e em algumas cidades, particularmente na Cidade do México, sinais cada vez mais consistentes na direção do desenvolvimento de uma administração pública gerencial, com a descentralização, a adoção da gestão pela qualidade e do enfoque das *learning organizations*, e a mudança de foco no sentido do cliente.

POR QUE A GRÃ-BRETANHA?

Uma questão interessante seria saber por que a Reforma Gerencial teve início nos anos 80 na Grã-Bretanha e em países a ela ligados, como a Nova Zelândia e a Austrália, e ocorre também nos Estados Unidos, enquanto não há sinal dela no Japão e na Alemanha, e é limitada na França? Questão correlata é saber por que um país como o Brasil é o primeiro país em desenvolvimento a realizar uma Reforma Gerencial nos anos 90, enquanto esses últimos três países ficam para trás?

A resposta mais geral a essa questão é a seguinte: quanto mais fortemente consolidado esteve o modelo burocrático de um país, mais difícil será realizar a Reforma Gerencial. Não apenas porque as resistências burocráticas serão maiores, mas também porque, na medida em que a administração for razoavelmente eficiente (dada a sua consolidação), será menos perceptível a necessidade de mudança. Esta resposta é adequada para o Brasil. Nos anos 60, o país realizou uma reforma administrativa pioneira, que já apontava na direção da administração pública gerencial. Em outros países em desenvolvimento ocorreu fenômeno semelhante. Foram manifestações da Reforma Desenvolvimentista, que pode ser vista como uma transição para a Reforma Gerencial. Essas reformas, entretanto, foram incompletas, e, no caso do Brasil, acabaram sendo revertidas. Isso porque, se os países em desenvolvimento têm a vantagem de ter passado por uma racionalização burocrática menos rígida, suas reformas são sempre frágeis, na medida em que sua sociedade civil é pouco estruturada e seu Estado não dispõe de instituições e de pessoal que o tornem resistente às crises. No caso dos países desenvolvidos, entretanto, a validade daquela resposta geral parece menos óbvia. Até que ponto é possível afirmar que a racionalização burocrática britânica ou americana foi menos rígida do que a francesa, a alemã ou a japonesa?

Silberman (1993) realizou um estudo sobre a emergência do Estado racional — ou sobre a racionalização burocrática — na França, Japão, Estados Unidos e Grã-Bretanha, que pode nos oferecer uma explicação para o fato. Em seu estudo histórico, Silberman mostra que a racionalização burocrática não apenas não foi tão eficiente, dotada de tanta "superioridade técnica", quanto Weber pressupunha, mas, principalmente, que não foi convergente com uma perspectiva histórico-funcionalista da modernização burocrática, que a torna uma condição necessária do crescimento da organização estatal. Na verdade, estudando aqueles quatro países, ele verifica a existência de dois modelos ou modos de burocratização: o modelo britânico e americano, que ele chama de "profissional" e o francês e japonês, que ele chama de "organizacional". O primeiro é substancialmente mais flexível do que o segundo. Está baseado em profissionais que se formam financiados por suas famílias e depois entram de forma competitiva para o aparelho do Estado, mantendo, entretanto, uma relativa autonomia em relação ao próprio Estado. Já o modelo organizacional exige um compromisso anterior ao exercício do burocrata com o Estado, na medida em que sua formação, realizada em escolas especialmente designadas para tal finalidade, já é parte do processo de recrutamento. A dependência do burocrata em relação ao Estado é grande e o sistema de incentivos, exclusivamente relacionado ao interior do aparelho do Estado. Em consequência, as carreiras especializadas são também mais rígidas, dificultando de várias maneiras a movimentação dentro de cada carreira. Não obstante a rigidez das carreiras especializadas, o modelo organizacional, dada a formação comum inicial do pessoal e um sistema de incentivos igual para todos, produz um tipo de administrador público relativamente homogêneo (Silberman, 1993: 11).

Adicionalmente, segundo Silberman (1993: 414), o conceito de "público" varia de acordo com um e outro modelo. No modelo profissional, o conceito de público está intimamente ligado ao de social, ou seja, está diretamente relacionado às instituições sociais, particularmente as instituições educacionais vistas como públicas, e o burocrata torna-se um agente público na medida em que adquire conhecimentos vistos ao mesmo tempo como científicos ou técnicos e como voltados para realização do interesse público. Por outro lado, no modelo organizacional, o público é identificado com as instituições políticas, especificamente com o Estado. Normas rígidas definem os procedimentos dos burocratas, inclusive a alta burocracia.

Está claro por essa classificação que o modelo organizacional corresponde ao modelo weberiano clássico, enquanto o modelo profissional é uma variante bem mais flexível desse mesmo modelo. Silberman discute, em todo o seu livro, o porquê de tal variação. Sua tese é que ela decorreu de decisões políticas tomadas pelas elites, nos termos de um modelo de escolha racional, para reduzir a incerteza. Como historicamente o grau de incerteza foi mais alto na França e no Japão, onde a racionalização burocrática ou Reforma Burocrática ocorre após duas revoluções radicais — a Revolução Francesa e a Restauração Meiji —, a escolha recaiu sobre um modelo mais rígido. Não importa discutir aqui esta hipótese. Pessoalmente, creio que aquela variação está associada ao caráter tardio da industrialização francesa e japonesa em relação à inglesa, e ao fato de que a Reforma Burocrática antecedeu a industrialização naqueles dois primeiros países, enquanto na Grã-Bretanha e nos Estados Unidos foi posterior a ela. A racionalização burocrática na França e no Japão esteve, assim, associada a um projeto nacional, enquanto na Grã Bretanha e nos Estados Unidos foi apenas uma resposta à necessidade de coordenação e redução da incerteza e dos custos de transação de um Estado já muito grande, em um país já desenvolvido. Embora esse debate seja fascinante, escapa ao meu objetivo neste livro. Aqui, o que importa assinalar é a confirmação da explicação geral que apresentei para a precedência da Grã-Bretanha na Reforma Gerencial. Este país possui um *civil service* de altíssimo nível, mas que nunca foi tão burocratizado quanto os existentes na França, na Alemanha e no Japão. Por isso o ambiente institucional e cultural era mais favorável na Grã Bretanha à Reforma Gerencial.

Parte 2

MARCO TEÓRICO: DEMOCRACIA E EFICIÊNCIA

Capítulo 3
A DEFESA DA *RES PUBLICA*

Um dos objetivos clássicos da administração pública é proteger o patrimônio público, é defender a *res publica* contra a sua captura por interesses privados. A democracia, por sua vez, é o regime político que torna possível essa defesa. A Reforma Burocrática teve como um dos seus objetivos fundamentais proteger o Estado contra a corrupção e o nepotismo, mas jamais logrou pleno êxito em sua missão, dado o autoritarismo político que geralmente a envolvia. Já a Reforma Gerencial surge nos quadros do regime democrático, no mesmo momento em que assistimos à emergência, no último quartel do século XX, de um novo tipo de direito de cidadania: os "direitos republicanos" — o direito que cada cidadão tem de que o patrimônio público seja usado para fins públicos ao invés de ser capturado por interesses privados. Cidadão é o membro do Estado-Nação dotado de direitos e capaz de interferir na produção do Direito. Este, por sua vez, é o conjunto dos direitos dos cidadãos — e das pessoas jurídicas por eles instituídas. A cidadania se expande e se afirma na sociedade à medida que os indivíduos adquirem direitos e ampliam sua participação na criação do próprio Direito. Logo, os direitos estão no centro das ideias de Direito, Estado e cidadania. Os direitos que constituem a cidadania são sempre conquistas, são sempre o resultado de um processo histórico por meio do qual indivíduos, grupos e nações lutam por adquiri-los e fazê-los valer. Ninguém foi mais enfático e inspirado em afirmar tal fato do que Ihering (1872: 15): "todo e qualquer direito, seja o direito de um povo, seja o direito de um indivíduo, só se afirma através de uma disposição ininterrupta para a luta".

Nos termos da análise clássica de Marshall (1950) sobre a afirmação histórica da cidadania, primeiro foram definidos os direitos civis, depois os direitos políticos e finalmente os direitos sociais. No século XVIII, os contratualistas e as cortes inglesas definiram os *direitos civis*, que serviriam de base para o liberalismo; no século XIX os democratas definiram os *direitos políticos*. Esses dois direitos estabeleceram as bases das democracias liberais do século XX. Por meio dos direitos civis, os cidadãos conquistaram o direito à liberdade e à propriedade, em relação a um Estado *antes* opressor ou despótico; por meio dos direitos políticos, os cidadãos conquistaram o direito de votar e serem votados, de participar, portanto, do poder político do Estado, contra um Estado *antes* oligárquico. Finalmente, na segunda metade do século XIX os socialistas definiram os direitos sociais, que, no século seguinte, foram inscritos nas constituições e nas leis dos países.[46]

DIREITOS REPUBLICANOS E DEMOCRACIA

No último quartel do século XX, entretanto, um quarto tipo de direitos está surgindo: os direitos dos cidadãos de que o patrimônio público seja efetivamente de todos e para todos. Propus, em um trabalho anterior, denominá-los "direitos republicanos". Poderíamos dizer, a partir de uma perspectiva a-histórica, que estes direitos sempre existiram. No plano da história, entretanto, tais direitos só recentemente começaram a ganhar contorno definido entre os interesses difusos. São direitos que cada vez mais deverão merecer a atenção de filósofos políticos e juristas.

Habermas (1992: 78) observa que a análise do conceito de cidadania realizado por Marshall, definindo sucessivamente três direitos (aos quais estamos aqui acrescentando um quarto, os direitos republicanos) "faz parte da ampla tendência que os sociólogos chamam de 'inclusão'. Em uma sociedade cada vez mais diferenciada, um número cada vez maior de pessoas adquire direitos cada vez mais inclusivos de acesso a, e de participação em, um número crescente de subsistemas...". Mas adverte, fiel à sua teoria da ação comunicativa em que a democracia desempenha um papel crucial, que se trata de uma análise linear, que não acentua o papel crucial dos direitos políticos na cidadania, colocando-os no mesmo nível dos demais: "De fato, apenas os direitos de participação política servem de base para o posicionamento legal autorreferenciado do cidadão reflexivo. Liberdades negativas e direitos sociais, podem, em contraste, ser garantidos por uma autoridade paternalista. Em princípio, o Estado constitucional e o Estado do Bem-Estar são possíveis sem democracia" (1992: 504).

A convivência social nas democracias modernas é o resultado dos compromissos necessários entre duas esferas — a do privado ou civil e a do público ou cívico —, e entre os quatro direitos básicos: civis, políticos, sociais e republicanos. Enquanto os direitos civis são direitos frequentemente considerados "negativos", no sentido de que o que se quer, principalmente em

---

[46] Esta notável análise de Marshall tem sido objeto de críticas dos mais variados tipos. Talvez a mais significativa seja aquela que, seguindo a linha de Klaus Offe (1984), vê na afirmação dos direitos sociais e no *welfare state* o caráter de *necessidade funcional* do próprio capitalismo.

relação aos direitos civis, é que a liberdade e a propriedade do cidadão não sejam feridas, no caso dos direitos políticos e dos direitos sociais é necessária uma ação "positiva" do Estado. O conceito negativo de liberdade está associado aos direitos civis e ao liberalismo, enquanto o conceito de liberdade positiva, no caso dos direitos políticos, está associado à democracia; no caso dos direitos sociais, ao socialismo; e, à cidadania plena, no caso dos direitos republicanos. A liberdade negativa é uma liberdade "de", enquanto a positiva é uma liberdade "para". O cidadão tem a liberdade negativa de não sofrer restrições ou interferências em relação a seus desejos legítimos; tem a liberdade positiva para participar do governo, partilhar a riqueza social, e garantir que o que foi decidido ser público de fato o seja (Berlin, 1958).

É difícil, senão impossível, pensar em cidadania a partir apenas de direitos civis e do conceito de liberdade negativa, como querem os liberais radicais modernos, neoliberais. Nossa premissa é a de que a democracia é um regime político historicamente em construção, que vai sendo aperfeiçoado na medida em que os quatro direitos de cidadania vão sendo afirmados, ao mesmo tempo que os políticos são responsabilizados perante os eleitores. Assim, a emergência dos direitos republicanos está relacionada ao processo de democratização que se tornou dominante em todo o mundo. A democracia transformou-se "em um valor universal" (Coutinho, 1980), exigindo do cidadão uma crescente preocupação com os temas públicos. A democracia não é apenas um ideal, um conceito abstrato. É uma realidade política histórica. Os filósofos gregos preferiam a monarquia e a aristocracia à democracia, embora soubessem que a corrupção da primeira era a tirania e a da segunda, a oligarquia, porque viam a democracia como eminentemente instável. A democracia só se tornou historicamente dominante a partir do momento em que o desenvolvimento econômico e social tornou esse tipo de regime mais estável do que os regimes autoritários de caráter monárquico ou aristocrático. O modelo liberal de sociedade, entretanto, distanciar-se-á do modelo grego. Está baseado em três postulados: um filosófico — a concepção abstrata e absoluta do indivíduo racional, voltado para seus interesses, como centro de tudo; um político — a legitimação do Estado e do seu poder a partir de um contrato social livremente aceito pelos indivíduos-cidadãos, estabelecendo-se, em consequência, uma rígida separação entre a esfera pública e a privada; e um econômico — no plano da produção e distribuição de renda, desde que o Estado garanta o funcionamento dos mercados; se cada um defender seu próprio interesse, o interesse geral será automaticamente garantido.

Esse modelo, que permitiu a afirmação dos direitos civis de liberdade e propriedade para a classe burguesa então emergente, embora pudesse ser visto

A defesa da *res publica*

como um retrocesso em relação ao ideal grego, representou um grande avanço em relação aos sistemas aristocráticos e autoritários. A partir do século XIX, entretanto, passou a ser sistematicamente desafiado, primeiro pelos democratas, por meio da afirmação dos direitos políticos, e, em seguida, pelos socialistas, por meio da luta pelos direitos sociais. Da mesma forma, porém, que o liberalismo se identificou inicialmente com a burguesia, a ideologia socialista, embora pretendesse exprimir os interesses do "proletariado", afinal traduziu os interesses e a visão de mundo da classe burocrática emergente a partir da segunda metade do século XIX.[47] E, a partir desse fato, pretendeu, em um certo momento, negar todos os valores liberais, estabelecendo uma oposição radical entre o socialismo e o liberalismo.

O socialismo radical, não apenas de caráter marxista, mas principalmente de natureza burocrática e autoritária, só foi absolutamente dominante nos países em que os partidos comunistas tomaram o poder político. Uma versão moderada, social-democrática, entretanto, do socialismo, foi dominante entre os anos 30 e os anos 60 no mundo capitalista, nos quadros do Estado do Bem-Estar ou Estado Social, permitindo o avanço dos direitos sociais em combinação com os direitos civis e os direitos políticos.

Os liberais, que permaneceram na defensiva nessa última fase, retomam a iniciativa nos anos 70, quando o Estado Social nas suas três versões — o Estado do Bem-Estar, o Estado Desenvolvimentista e o Estado Comunista — afinal entrou em crise.[48] O novo liberalismo — o neoliberalismo — terá uma inspiração antes econômica do que política, partirá do individualismo metodológico e de uma radical descrença na possibilidade de ação coletiva (Olson, 1965). Nos termos da teoria da escolha racional, que então passa a prosperar, o indivíduo racional se tornará um ser estritamente egoísta, voltado apenas para seus interesses pessoais. No campo da teoria política, por exemplo, toda a literatura está baseada no pressuposto de que o político se motivará apenas pela busca de rendas ou pela vontade de ser reeleito, fazendo *trade offs*

---

[47] Examinei extensamente o problema da emergência da classe burocrática (ou da tecnoburocracia, ou da nova classe média, ou da classe média assalariada — expressões sinônimas) em Bresser-Pereira (1981).

[48] O liberalismo moderado e democrático, que dialogava e criticava a perspectiva social-democrática de Norberto Bobbio e Jürgen Habermas, é representado, entre outros, por Ralf Dahrendorf e Raymond Aron. Embora conflitantes, estes autores conduzem a uma perspectiva social-liberal. Já o neoliberalismo terá como expoentes F. Von Hayek, Milton Friedman, Mancur Olson, James Buchanan e Robert Lucas. No Brasil, José Guilherme Merquior foi talvez o mais representativo expoente do liberalismo moderado, social-liberal. Para uma ampla e atualizada resenha do pensamento liberal ver Merquior (1991).

entre esses dois objetivos. A ideia de que este seja o mau político, e que existe um segundo tipo de político que se motiva pela vontade de ser reeleito e pelo interesse público, fazendo *trade offs* entre eles, é alheia ao novo conservadorismo neoliberal que então se afirma.[49]

Contraditória e significativamente, porém, é nos quadros desse neoconservadorismo, apesar dele e, em parte, graças a ele, que a ideia dos direitos republicanos e particularmente o direito à *res publica* se firmarão. A visão negativa da natureza humana levará à convicção da inevitabilidade do *rent-seeking*. O Estado, segundo essa visão, será sempre objeto da apropriação privada, não tendo capacidade para se opor a isso. Este raciocínio, somado à descrença na possibilidade de ação coletiva para grandes grupos, conduzirá à proposta irrealista do Estado mínimo, proposta que não corresponde à realidade do capitalismo contemporâneo, nem responde às necessidades efetivas da sociedade, sejam elas deduzidas logicamente, sejam avaliadas empiricamente. No Reino Unido, por exemplo, dezoito anos de um governo conservador, que adotou explicitamente o ideário neoliberal, resultaram em reformas importantes, mas não permitiram a redução do Estado em sentido estrito: a carga tributária em relação ao produto interno bruto é praticamente a mesma dezoito anos depois.[50] Mas, ao mesmo tempo que se tornava clara a inviabilidade da redução do Estado ao mínimo, ficava claro também o quanto esse Estado estava sendo ameaçado, o quanto as atividades de *rent-seeking* distorciam a ação estatal, eram ineficientes e injustas. Para isso, a crítica dos neoliberais foi extremamente importante, somando-se à crítica da nova esquerda, que, desvinculando-se crescentemente da burocracia, fazia a crítica da privatização do Estado não apenas pelos capitalistas, mas também pela classe média e particularmente pela burocracia estatal.

Com a definição dos direitos republicanos neste último quartel do século XX, a visão de cidadania ligada à ideia de interesse público e de valores cívicos, que foi ameaçada pela visão neoliberal, afinal ganhou novas forças.

---

[49] Não estou, com essas afirmações, diminuindo a importância da escola da escolha racional, nem a reduzindo a uma perspectiva liberal ou neoliberal. Existem cientistas políticos social-democratas, como Adam Przeworski, que têm utilizado o instrumental da escolha racional de forma criativa e politicamente progressista. Por outro lado, conforme deixarei claro em seguida, a contribuição dos intelectuais conservadores ligados à escola da escolha racional para a emergência dos direitos republicanos é fundamental.

[50] Houve uma diminuição do tamanho do Estado se consideramos o Estado em sentido amplo, como envolvendo as empresas estatais. Estas foram privatizadas. A rigor, porém, não constituem o Estado, cujo tamanho deve ser medido principalmente pela carga tributária ou pela despesa pública em relação ao produto.

Foi se tornando claro que a cidadania só se completa quando os cidadãos têm a consciência do interesse público. Quando o cidadão luta por seus direitos civis, políticos e sociais, ele o faz como membro de uma sociedade cujos interesses coletivos ele sabe que estão acima dos seus interesses particulares. Assim, a ideia de uma cidadania plena se completa quando acrescentamos aos direitos civis, políticos e sociais os direitos republicanos. Nesse momento, o cidadão é obrigado a pensar no interesse público explícita e diretamente. Só assim terá condições de defender o patrimônio público em geral — cultural, ambiental, e econômico. Nesse momento surge a indignação cívica contra as violências que sofre a *res publica* (Rosenfield, 1992: 13).

Três direitos republicanos

Ao mesmo tempo que a luta pelos direitos humanos ganhava nova dimensão, nesta segunda metade do século XX, surgia uma profusão de novos direitos. A Organização das Nações Unidas, que patrocinou a *Declaração Universal dos Direitos Humanos*, passou a falar em "direitos de terceira geração", que incluiriam direitos à solidariedade, à paz, ao desenvolvimento econômico. Entre os interesses difusos de terceira geração, alguns novos direitos vão ganhando especificidade na medida em que apresentam a possibilidade de serem positivados, transformados em lei. São os interesses difusos ou, mais especificamente, o que estamos chamando de *direitos republicanos*. Da mesma forma que o cidadão tem o direito à liberdade e à propriedade (direitos civis), a votar e a ser votado (direitos políticos), à educação, à saúde e à cultura (direitos sociais), ele tem o direito de que o patrimônio do Estado — seja ele constituído pelo patrimônio ambiental, seja pelo patrimônio cultural, seja pela *res publica* — continue a ser um patrimônio a serviço de todos, ao invés de ser apropriado por grupos patrimonialistas ou corporativistas que agem dentro da sociedade como livre-atiradores.

Podemos pensar em três direitos republicanos fundamentais: o direito ao patrimônio ambiental, o direito ao patrimônio histórico-cultural, e o direito ao patrimônio econômico público, ou seja, à *res publica* estrito senso ou "coisa pública". O patrimônio econômico público é principalmente patrimônio estatal, embora a cada dia cresça a importância da *res publica* não estatal. Nos três casos, falamos de bens públicos, porque são ou devem ser de todos e para todos. Na medida em que são bens de todos e para todos, tendem a ser mal defendidos e por isso estão permanentemente ameaçados.

A ameaça ao patrimônio ambiental e ao patrimônio cultural é principalmente a da violência contra eles. No caso da *res publica*, que é constituída principalmente pela receita do Estado obtida por meio de impostos, o problema é o da sua apropriação privada. A diferença entre a ameaça aos bens privados e aos bens públicos está no fato de que o detentor do bem privado é um indivíduo permanentemente atento, pronto para defender sua propriedade, enquanto o detentor do bem público é a sociedade, é a nação, é o conjunto dos cidadãos organizados coletivamente no próprio Estado. Ora, sabemos como são limitadas as possibilidades da ação coletiva.

Os direitos republicanos são mal definidos e pior defendidos. Por isso os juristas, prudentemente, falam em interesses e não em direitos, e os qualificam como "difusos". Embora baseados em princípios morais gerais, senão universais, os direitos surgem para dar resposta a problemas concretos de uma determinada sociedade quando esta sociedade se convence de que tem condições mínimas de resolvê-los. A defesa sistemática do patrimônio histórico-cultural das nações é uma conquista da primeira metade deste século. A consciência da existência dos direitos sobre o patrimônio histórico-cultural vem ganhando força paulatinamente, mas em nenhum momento assumiu caráter dramático ou emergencial. Já os direitos ao patrimônio ambiental emergiram em consequência da grande ameaça que a industrialização estava impondo ao meio-ambiente. Tornaram-se universalmente reconhecidos depois da grande reunião sobre o meio-ambiente organizada pelas Nações Unidas em Estocolmo, em 1972. A partir daí, a defesa do meio-ambiente, que era o objeto da luta de grupos "verdes" radicais, de esquerda, passou a ser uma preocupação geral.

A defesa da *res publica* já está presente, de muitas maneiras, em todo o direito público, especialmente no direito penal quando este prevê penas para quem se apodera do patrimônio público de forma corrupta ou ilegal, e no direito administrativo, que surge com a Reforma Burocrática: uma forma efetiva, embora pouco eficiente, de defender o patrimônio público contra a corrupção e o nepotismo. Entretanto, os direitos republicanos, em geral, e o direito à *res publica*, em particular, só ganharam a amplitude que os torna um conjunto de direitos à parte — distinto dos demais — neste último quartel do século XX. A causa mais geral dessa preocupação nova com a coisa pública está no enorme crescimento do Estado neste século, e com o grande interesse despertado pela proteção do patrimônio ambiental, dados os efeitos danosos da industrialização contra ele.

Estou entendendo, aqui, a *res publica*, em sentido estrito, como patrimônio econômico público, de todos e para todos. É possível também pensá-la em termos de regime político, de república. Enquanto conceito mais geral de espaço público, de patrimônio comum, de "espaço público aberto", na expressão de Ostrom (1991), a *res publica* inclui tudo o que é público, que é do povo, que é dotado de publicidade, e garantido ou afirmado por intermédio do Direito Público. Enquanto consubstanciação do bem comum, ou do interesse público, a *res publica* assume um caráter valorativo. Os cidadãos serão tanto mais cidadãos quanto menos forem meros espectadores e maior for seu compromisso com o bem comum ou com o interesse público.[51] Essas três acepções de coisa pública são fundamentais. Na verdade, é impossível defender a coisa pública se não existir a república e se os cidadãos não tiverem claras para si as noções de espaço público e de bem comum ou de interesse público.

Inaceitável porque limitadora e, em última instância, enganadora, é a identificação da *res publica* com o Estado, ou do público com o estatal. Existe um patrimônio e um espaço que é público, mas não estatal. E tudo o que é estatal só é público no âmbito do dever ser. No âmbito do ser efetivamente, conforme enfatizaremos neste trabalho, a propriedade estatal é frequentemente apropriada privadamente.

Enquanto patrimônio econômico público, a *res publica* ou a coisa pública é constituída pelo estoque de ativos públicos e principalmente do fluxo de recursos públicos que o Estado e as organizações públicas não estatais realizam periodicamente. Este fluxo de recursos tem uma importância fundamental porque é muito grande e porque é muito vulnerável, muito mais sujeito à apropriação privada do que o estoque de ativos públicos. À medida que, neste século, cresciam de forma extraordinária o Estado e as instituições públicas não estatais, à medida que aumentavam a carga tributária do Estado e as receitas e contribuições voluntárias das entidades públicas sem fins lucrativos, ou seja, à medida que crescia o patrimônio público, crescia a cobiça dos grupos de interesse por ele, e tornava-se imperativa sua proteção.[52]

---

[51] Segundo Janine Ribeiro (1994: 34), "quanto mais os cidadãos forem reduzidos a público, a espectadores das decisões políticas, menor será o caráter público das políticas adotadas, menor o seu compromisso com o bem comum, com a *res publica* que deu nome ao regime republicano".

[52] Não existe uma estimativa desse fluxo de recursos se incluirmos as receitas das entidades públicas não estatais. Se tomarmos, entretanto, apenas a carga tributária, sabemos que esta, nos países desenvolvidos, aumentou de cerca de 5 a 10%, no início do século XX, para 30 a 50% do Produto Interno Bruto atualmente. A rigor, dever-se-ia incluir no conceito de *res publica* o conjunto de renúncias fiscais do Estado em benefício de determinados grupos. Trata-se de uma coisa pública potencial, cuja inclusão na *res publica* se justifica na medida em que a receita que o Estado deixa de realizar não beneficia toda a sociedade, não corresponde a uma redução geral de impostos, mas um benefício a determinados grupos.

À medida que a proteção aos direitos republicanos passava a ser um tema dominante em todo o mundo, foi se tornando cada vez mais claro que era preciso "re-fundar a república"; que a crise do Estado tornara sua reforma uma nova prioridade; que a democracia e a administração pública burocrática — as duas instituições criadas para proteger o patrimônio público — tinham de mudar: a democracia devia ser aprimorada para se tornar mais participativa ou mais direta; e a administração pública burocrática devia ser substituída por uma administração pública gerencial. Nesse processo de re-fundação, uma coisa parece certa: a proteção dos direitos republicanos e particularmente do direito à coisa pública é uma tarefa essencial. Para protegê-los, especialmente o direito à *res publica* no qual vamos nos concentrar a partir daqui, entretanto, é preciso alcançar uma conceituação mais clara do que seja esse novo direito.

O INTERESSE PÚBLICO

Só é possível definir com clareza o direito à *res publica* se tivermos uma noção clara do interesse público. Isso não é essencial quando estamos diante de ofensas óbvias à coisa pública, como a corrupção e o nepotismo. Poderíamos chamar de direitos "clássicos" à *res publica* os direitos do cidadão contra a corrupção nas compras públicas, contra a sonegação de impostos e contra o nepotismo. O direito contra a corrupção nas compras públicas está previsto no direito penal. Procura-se evitar o nepotismo por intermédio de instituições do direito administrativo, principalmente o concurso público para a admissão de servidores.

Existem, entretanto, outras violências tão ou mais graves contra o direito à *res publica*, que não são tão óbvias ou clássicas. Todas são relacionadas a políticas de Estado que pretendem ser políticas públicas, mas que na verdade atendem a interesses particulares e indefensáveis.

Nesse caso temos, em primeiro lugar, as políticas econômicas que, sem uma justificativa econômica baseada no interesse geral, protegem indevida e excessivamente determinadas empresas ou indivíduos, beneficiando-os com subsídios, renúncias fiscais e proteção contra a concorrência. Embora seja difícil distinguir as transferências legítimas das ilegítimas, no Brasil tivemos abusos evidentes, casos-limite, como os empréstimos sem correção monetária ou com correção monetária limitada em época de alta inflação, os subsídios recorrentes a usineiros de açúcar no Nordeste, quando esta atividade é claramente antieconômica na região etc. Em segundo lugar, temos as políticas pretensamente sociais, mas que protegem indevidamente indivíduos e grupos, principalmente membros da classe média, que detêm maior poder eleitoral.[53] Novamente, casos-limite desse tipo de violência foram as vantagens concedidas aos mutuários do sistema financeiro de habitação no final dos anos 80 e as vantagens de que gozam os pensionistas dos fundos fechados das empresas estatais; nos dois casos, os prejuízos do Tesouro do Estado foram enormes.[54]

Em terceiro lugar, temos as políticas administrativas que protegem, indevida e desequilibradamente, ou todos os funcionários públicos, ou determinados grupos de servidores públicos, inviabilizando que se cobre deles trabalho e remunerando-os de forma desproporcional à sua contribuição ao Estado. A estabilidade rígida garantida aos servidores pela Constituição de 1988 e os profundos desequilíbrios existentes nas suas remunerações são exemplos desse tipo de violência contra o direito à res publica. Políticas previdenciárias para servidores públicos, que lhes garantem privilégios de uma aposentadoria integral e precoce, totalmente desvinculada das contribuições previdenciárias que realizaram, são outra forma de violência aos direitos republicanos.

Esse tipo de violência contra a res publica apresenta, entretanto, uma grande dificuldade. Afinal o que é o interesse público? Como dizer se determinada política do Estado consulta o interesse público, defende a res publica, ou, ao contrário, privilegia grupos especiais de interesse? Evidentemente não é possível identificar o Estado e as políticas do Estado com a racionalidade absoluta, com o interesse público em abstrato, como sugeriu Hegel, da mesma forma que não é possível cair no erro oposto de transformar o Estado em agente exclusivo das classes dominantes, como fizeram Marx e principalmente Engels.

A sociedade civilizada e a constituição de um consenso sobre o interesse público são frutos da racionalidade substantiva, orientada para fins. Mesmo, porém, quando a racionalidade instrumental se torna dominante, tor-

---

[53] A análise definitiva da captura das políticas sociais pela classe média foi feita por Goodin e Le Grand (1987), discutindo o *Welfare State*. Segundo os autores, os esforços redistributivos do *Welfare State* são sempre acompanhados por benefícios concedidos à própria classe média que os administra.

[54] Os mutuários do sistema financeiro de habitação foram beneficiados por redução na indexação de seus contratos que implicaram em uma rombo para os cofres do Tesouro de cerca de 25 bilhões de dólares. Os fundos fechados das empresas estatais contam com um sistema de benefício definido, sem nenhuma relação com as contribuições dos seus participantes, e que deixa toda a responsabilidade pelos eventuais desequilíbrios financeiros do sistema (hoje avaliados em 30 bilhões de dólares) para a empresa e, portanto, para seu principal acionista, o Estado.

nando a busca da eficiência ou do desenvolvimento econômico um valor fundamental do mundo moderno, os valores cívicos que constituem o interesse público e permitem a cooperação, ou a ação coletiva, são essenciais. É por meio deles que se forma um consenso civilizado sobre o interesse público, que, em seguida, se transforma em direito de cada cidadão: transforma-se nos direitos republicanos que merecem tanta proteção quanto mereceram, no passado, e continuam a merecer hoje, os direitos civis, os direitos políticos e os direitos sociais.

Existe naturalmente o conceito positivista de interesse público (interesse resguardado na lei aprovada pelos representantes do povo). Para ir além dele, esse consenso social é importante. A partir dele, será possível identificar a violação do interesse público toda vez que, exposta a matéria à publicidade, ela provoca escândalo ou reação coletiva de desprezo ou revolta. A transparência efetiva da coisa pública e de sua gestão é a garantia mais concreta da democracia participativa contra a violação dos direitos republicanos e a privatização da *res publica*.

Defensores e adversários

A conscientização, positivação e garantia do direito à *res publica* ocorrerá lentamente, à medida que a sociedade se aperceba da sua existência. Precisamos, entretanto, ter claro quem são seus principais defensores ou propugnadores, e quem seus principais inimigos. A definição dos principais defensores é sempre arbitrária. Para cada direito, temos um número enorme de defensores, que tende a se ampliar à medida que o direito se afirma. Podemos, entretanto, distinguir historicamente alguns defensores especiais para cada um dos direitos.

Os direitos de cidadania anteriores tiveram, cada um, um defensor principal diferente. Os direitos civis tiveram como campeões, no século XVIII, as cortes inglesas e os filósofos iluministas, em busca de um mundo mais livre; os direitos políticos se afirmaram no século XIX, a partir da superação do liberalismo econômico, pelos políticos democráticos, comprometidos com as causas populares;[55] os direitos sociais foram fruto direto da luta dos socialistas. Os direitos republicanos terão defensores dependendo da natureza dos mesmos: os direitos ao patrimônio cultural têm como principais defensores os artistas; os defensores do patrimônio ambiental são protegidos, principalmente, pelos biólogos e ambientalistas; e o direito à *res publica*, finalmente, tem nos economistas seus patronos mais diretos, embora deva caber sempre

[55] Ver a respeito Therborn (1977) e Bobbio (1988).

A defesa da *res publica*

aos juristas e filósofos a definição desses direitos, e aos juristas a sua implementação. Na definição dos limites entre as políticas econômicas e sociais legítimas e ilegítimas, os economistas teóricos, com seu instrumental baseado nos conceitos de bens públicos, poder monopolista, externalidades e de custos de transação, já vêm dando uma contribuição importante. Por outro lado, os economistas e os gestores públicos localizados nos ministérios das finanças dos diversos países são os profissionais mais diretamente responsáveis pelo equilíbrio das contas fiscais e, portanto, pelo veto ao mau uso de recursos públicos. Entretanto, o papel decisivo de definição e implementação do direito republicano à *res publica* caberá sempre aos juristas situados fora e dentro do Estado. Fora do Estado, será a partir do debate filosófico e jurídico que poderão ser mais bem definidos os direitos republicanos. Dentro do Estado, são defensores por excelência da *res publica*, por uma questão profissional, os advogados do Estado, o Ministério Público, e, mais genericamente, o Poder Judiciário e o Poder Legislativo. Os advogados protegem juridicamente o Estado nas questões civis tradicionais em que o Estado é réu ou autor: questões tributárias, desapropriações, questões trabalhistas. Ao Ministério Público, cabe especificamente a defesa dos direitos republicanos; na prática, as ações, provocadas por entidades ligadas ao meio-ambiente, quase sempre acabam iniciadas pelo Ministério Público; provavelmente, as ações protegendo o patrimônio econômico público tenderão a ser no futuro próximo cada vez mais frequentes. Ao Poder Judiciário, caberá julgar as ações a partir de critérios que o Poder Legislativo procurará definir em lei, mas que dependerão em grande parte da própria jurisprudência que aos poucos for sendo definida. Na medida, porém, em que não há direito positivo definido para as violências à *res publica* relacionadas com as políticas econômicas e sociais do Estado, nem critérios para julgar o que é abusivo e o que legítimo nessa área, o trabalho de definição dessa área do Direito será necessariamente o resultado do trabalho conjunto de economistas, filósofos políticos e sociais, e juristas.

Constituindo-se principalmente de um fluxo de receitas tributárias, a *res publica* é um bem econômico comum fundamental. Os economistas, apesar de todo o seu individualismo, que os leva frequentemente a desacreditar da possibilidade de ação coletiva, estão profissionalmente voltados para a utilização ótima de recursos escassos. Sua permanente tentação está em acreditar que os mercados são capazes de realizar autonomamente essa tarefa. Entretanto, quando a intervenção do Estado se mostra inevitável, os economistas — e não apenas os que trabalham para o Estado — dispõem do instrumental para desenvolver métodos razoavelmente rigorosos de avaliação das políticas públicas por meio dos quais protegem o patrimônio econômico público. Obtêm, assim, critérios para distinguir qual é a intervenção do Estado no econômico e no social que é legítima e qual não é.[56] Os critérios econômicos que adotam para justificar a intervenção do Estado — externalidades positivas e negativas, ganhos de escala, poder de monopólio, assimetria de informações, mercados incompletos — são, naturalmente, de difícil aplicação nos casos concretos. Como, entretanto, as violências contra a coisa pública são geralmente grosseiras, tais critérios, se não são suficientes, ajudam muito na avaliação do problema.

Aos critérios econômicos é necessário, porém, acrescentar os critérios morais relacionados com os direitos sociais, ou, mais amplamente, com os direitos humanos. Quando o Estado garante saúde de forma universal, ou educação de primeiro grau, ou um sistema de previdência básico, seus gastos podem ter uma justificativa econômica, mas estão respondendo essencialmente a imperativos de ordem moral. Da mesma forma, entretanto, pode haver abuso ou apropriação privada da coisa pública, com justificativas de ordem econômica, para os quais facilmente podem ser apresentadas justificativas de ordem social e moral. Saber criticar essas justificativas é uma tarefa fundamental à qual economistas, filósofos e juristas terão crescentemente de se dedicar. Dado o equipamento teórico de que dispõem e sua missão específica, quando ocupam funções no Estado, de defesa do Tesouro, os economistas são candidatos naturais à proteção da *res publica*. Entretanto, essa é uma tarefa muito maior do que aquela que eles podem realizar. Precisam da contribuição crítica e atuante de cientistas sociais, de juristas, de filósofos sociais, de administradores públicos e de políticos. A tarefa não é apenas definir critérios. É, principalmente, denunciar os violentadores da coisa pública.

Quem são eles? Sob certos aspectos, somos todos nós. Afinal, Hobbes postulava para os homens a "cobiça natural". Podemos, entretanto, ser mais específicos. Historicamente, a apropriação da coisa pública ocorreu por meio do mecanismo patrimonialista, embora, a rigor, enquanto não havia a clara separação entre o patrimônio público e o privado, não se pudesse falar em *res publica*, nem em sua apropriação privada. A partir do século XVIII, porém, com a afirmação do capitalismo, e, em seguida, no século XIX, com a progressiva introdução dos regimes democráticos, o patrimonialismo e suas formas contemporâneas — o clientelismo e o fisiologismo — passaram a se constituir no inimigo a ser combatido. A democracia, com uma imprensa livre e uma oposição política atuante, e a introdução da administração públi-

---

[56] A literatura a respeito é imensa. Ver particularmente Lane (1985), Santos (1988: cap. 2), Stiglitz (1989, 1994), Przeworski (1990, 1995), Rapaczynski (1996).

A defesa da *res publica*

ca burocrática foram os dois instrumentos fundamentais de combate ao nepotismo e à corrupção patrimonialista.

No século XX, entretanto, surgiu uma nova forma institucionalizada de apropriação privada da coisa pública: o corporativismo. Enquanto no patrimonialismo se confunde o patrimônio público com o da família, no corporativismo o patrimônio público é confundido com o patrimônio do grupo de interesses ou corporação. Estou entendendo aqui corporativismo não como uma forma de regulação social associado ao Estado do Bem-Estar, mas como uma forma de representação de interesses que é, ao mesmo tempo, legítima e perversa.[57] É legítima porque faz parte da lógica política do capitalismo contemporâneo que os grupos sociais se façam representar politicamente e defendam seus interesses. É perversa porque esses grupos, ao invés de admitirem que estão defendendo interesses particulares, tendem a identificar seus interesses particulares com o interesse público. Quando alguém ou algum grupo defende explicitamente seus interesses junto ao Estado, esta ação é absolutamente legítima. Deixa de sê-lo, entretanto, quando a argumentação usada esconde ou minimiza os interesses particulares representados, pretendendo afirmar os interesses gerais. Nesse caso, a probabilidade de que esteja havendo um processo de privatização da coisa pública é muito grande.

Para evitar essa privatização ou captura da coisa pública, a democracia e a Reforma Gerencial constituem-se em instrumentos privilegiados. A Reforma Burocrática representou um avanço considerável no processo histórico de defesa do patrimônio público, ao defendê-lo contra o patrimonialismo, mas, além de promover uma administração rígida e ineficiente, foi vítima do corporativismo dos servidores públicos. A Reforma Gerencial, como veremos neste livro, continua a combater o patrimonialismo, mas dá um passo adiante e faz a crítica da ineficiência e do corporativismo da burocracia, propondo combatê-los por meio da combinação dos controles burocráticos de procedimentos, cujo papel deve ser diminuído, com controles gerenciais de resultados, com a criação de quase mercados nos quais as organizações públicas possam competir e, principalmente, por meio do aprofundamento dos mecanismos democráticos de controle por intermédio do parlamento, da imprensa, e do controle social direto.

---

[57] Para uma conceituação de corporativismo como modo de regulação social, ver Schmitter (1974) e Cawson (1985). Uso a expressão "corporatismo" para designar um sistema de regulação social-democrática, baseada no compromisso de classes, nos termos classicamente definidos por Schmitter (1974, 1977), enquanto "corporativismo" seria apenas a prática ou o vício de grupos de interesse de identificar seu interesse corporativo com o interesse público.

Capítulo 4
MARCO INSTITUCIONAL

A Reforma Gerencial da administração pública está baseada em uma ideia de Estado e de seu papel. Procura responder quais são as atividades que o Estado deve realizar diretamente, quais deve apenas financiar ou promover, e quais as que não lhe competem. E tem como critérios, para responder a essas questões, os objetivos políticos fundamentais que as sociedades contemporâneas se colocaram para si próprias — a ordem, a liberdade, a igualdade e a eficiência ou o bem-estar —, na medida em que o Estado é a instituição política que, por meio do monopólio legítimo da violência (Weber), serve de instrumento para que a sociedade alcance aqueles objetivos. Para compreender a Reforma Gerencial, uso um modelo, ou marco teórico institucional, que me permite delimitar a área de atuação do Estado, definir as atividades que executa, e propor que tipo de propriedade, que tipo de administração, e que instituições são preconizadas pela reforma.

DELIMITAÇÃO DA ÁREA DE ATUAÇÃO DO ESTADO
Para delimitarmos a área de atuação do Estado, podemos encontrar nele três tipos de atividades: as atividades exclusivas, os serviços sociais e científicos não exclusivos ou competitivos e a produção de bens e serviços para o mercado. Por outro lado, é conveniente distinguir, em cada uma dessas áreas, quais são as atividades principais (*core activities*) e quais são as atividades auxiliares ou de apoio. A Figura 4.1 resume, com uma simples matriz, essas distinções. Nas suas colunas, temos as Atividades Exclusivas de Estado, os Serviços Sociais e Científicos e a Produção de Bens e Serviços para o Mercado. Nas linhas, as atividades principais (*core*) e as atividades de apoio ou auxiliares.[58]
A definição de quais devem ser as atividades exclusivas de Estado deriva da própria definição do que é esta instituição. Politicamente, o Estado é a organização burocrática que detém o "poder extroverso" sobre a sociedade civil, existente em um território. As organizações privadas e as públi-

---

[58] Esta seção transcreve trecho de meu artigo "A reforma do Estado nos anos 90: lógica e mecanismos de controle" (Bresser-Pereira, 1997b).

cas não estatais têm poder apenas sobre os seus funcionários, enquanto o Estado tem poder para fora dele, detém o "poder de Estado": o poder de legislar e punir, de tributar e realizar transferências de recursos a fundo perdido. O Estado detém esse poder para assegurar a ordem interna — ou seja, garantir a propriedade e os contratos —, defender o país contra o inimigo externo, e promover o desenvolvimento econômico e social. Neste último papel, podemos pensar o Estado em termos econômicos: é a organização burocrática que, por meio de transferências, complementa o mercado na coordenação da economia: enquanto o mercado opera por meio de trocas de equivalentes, o Estado o faz por meio de transferências financiadas pelos impostos.

O Estado é uma entidade monopolista por definição. Não foi por outra razão que Weber o definiu como a organização que detém o monopólio legítimo da violência. Atividades exclusivas de Estado são, assim, atividades monopolistas, em que o poder de Estado é exercido: poder de definir as leis do país, poder de impor a justiça, poder de manter a ordem, de defender o país, de representá-lo no exterior, de policiar, de arrecadar impostos, de regulamentar as atividades econômicas, fiscalizar o cumprimento das leis. São monopolistas porque não permitem a concorrência. Imagine-se, por exemplo, um Estado que nomeasse dois embaixadores para representá-lo em um país, para ver quem o faria melhor... Ou que permitisse que dois juízes julgassem concomitantemente a mesma causa... Ou que atribuísse a dois fiscais a tarefa de fiscalizar competitivamente o mesmo contribuinte... Tais hipóteses são obviamente absurdas.

Quadro 4.1

DELIMITAÇÃO DA ÁREA DE ATUAÇÃO DO ESTADO

	Atividades exclusivas do Estado	Serviços sociais e científicos	Produção de bens e serviços para o mercado
Atividades principais (core)	ESTADO enquanto pessoal	Publicização ↓	Privatização ↓
Atividades auxiliares	Terceirização →		

Entretanto, além dessas atividades que caracterizam o Estado clássico, liberal, temos uma série de outras atividades que lhe são exclusivas, correspondentes ao Estado Social. Em essência, são as atividades relacionadas à formulação de políticas na área econômica e social e, em seguida, a realização de transferências para a educação, a saúde, a assistência social, a previdência social, a garantia de uma renda mínima, o seguro desemprego, a defesa do meio-ambiente, a proteção do patrimônio cultural, o estímulo às artes. Essas atividades não são todas intrinsecamente monopolistas ou exclusivas, mas, na prática, devido ao volume das transferências de recursos orçamentários que envolvem, são, de fato, atividades exclusivas de Estado. Há toda uma série de razões para que o Estado subsidie essas atividades, que não cabe aqui discutir. O principal argumento econômico que as justifica é o de que estas são atividades que envolvem externalidades positivas importantes, não sendo, portanto, devidamente remuneradas pelo mercado.[59] O argumento ético é o de que são atividades que envolvem direitos humanos fundamentais que qualquer sociedade deve garantir a seus cidadãos.

E temos ainda as atividades econômicas do Estado que lhe são exclusivas. A primeira e principal delas é a de garantir a estabilidade da moeda. Para isso, a criação dos bancos centrais neste século foi fundamental. A garantia da estabilidade do sistema financeiro, também executada pelos bancos centrais, é outra atividade exclusiva de Estado estratégica. Os investimentos na infraestrutura e nos serviços públicos não são, a rigor, uma atividade exclusiva de Estado, na medida em que podem ser objeto de concessão, embora a responsabilidade pelos investimentos nesse setor seja do Estado.

Na reforma do Estado, as atividades exclusivas de Estado devem, naturalmente, permanecer dentro do Estado. Podemos distinguir dentro dela, verticalmente, no seu topo, um núcleo estratégico, e, horizontalmente, as secretarias formuladoras de políticas públicas, as agências executivas e as agências reguladoras. Discutiremos essas instituições na seção relativa ao aumento da governança decorrente de uma administração pública gerencial.

Em oposição às atividades exclusivas de Estados, temos, conforme mostra o Quadro 4.1, a produção de bens e serviços para o mercado. Esta é uma atividade que, exceto no modelo estatista de tipo soviético, foi sempre dominada por empresas privadas. No entanto, no século XX, o Estado interveio fortemente nessa área, principalmente na área monopolista dos serviços públicos objetos de concessão, mas também em setores de infraestrutura e em se-

---

[59] Sobre o argumento econômico, a respeito do qual a literatura é imensa, ver em especial Stiglitz (1989, 1993b, 1994) e Przeworski (1990, 1995, 1996).

tores industriais e de mineração com elevadas economias de escala. O motivo fundamental pelo qual o Estado interveio nesta área não foi ideológico, mas sim prático. E esse motivo prático teve um duplo caráter: de um lado, o Estado investiu em setores em que os investimentos eram pesados demais para que o setor privado pudesse fazê-lo; de outro, investiu em setores monopolistas que poderiam ser autofinanciados a partir dos elevados lucros que poderiam ser obtidos.[60]

A recíproca do motivo principal que levou à estatização de certas atividades econômicas — a falta de recursos no setor privado — impôs, a partir dos anos 80, a sua privatização. Agora era o Estado que estava em crise fiscal, sem condições de investir, e, pelo contrário, necessitava dos recursos da privatização para reduzir suas dívidas, que haviam aumentado muito. Por outro lado, ficou claro que a atividade empresarial não é própria do Estado. Além do controle pelo Estado ser ineficiente, quando comparado com o mercado, o controle estatal tem ainda o problema de submeter a operação das empresas a critérios políticos muitas vezes inaceitáveis, e a confundir a função da empresa, que é ser competitiva e ter lucros, com a do Estado, que, na área econômica, pode ser distribuir renda. Durante muito tempo, estatização e privatização foram objeto de amplo debate ideológico. Hoje esse debate está superado. Existe um relativo consenso de que é necessário privatizar — dada a crise fiscal — e conveniente privatizar, devido à maior eficiência e à menor subordinação a fatores políticos das empresas privatizadas. O único setor da produção de bens e serviços para o mercado, sobre o qual pode haver dúvidas legítimas acerca da conveniência de privatizar, é o dos monopólios naturais. Nestes, para se poder privatizar, é necessário estabelecer agências reguladoras autônomas, que sejam capazes de impor os preços que prevaleceriam se houvesse mercado.

No meio, entre as atividades exclusivas de Estado e a produção de bens e serviços para o mercado, temos hoje, dentro do Estado, uma série de atividades na área social e científica que não lhe é exclusiva, que não envolve poder de Estado. Incluem-se nessa categoria as escolas, as universidades, os centros de pesquisa científica e tecnológica, as creches, os ambulatórios, os hospitais, entidades de assistência aos carentes, principalmente aos menores e aos velhos, os museus, as orquestras sinfônicas, as oficinas de arte, as emissoras de rádio e televisão educativa ou cultural etc. Se o seu financiamento, em gran-

---

[60] No Brasil, os investimentos do Estado na siderurgia e na petroquímica incluem-se no primeiro caso; telecomunicações, no segundo; petróleo e energia elétrica, em ambos os casos. Ver a respeito Bresser-Pereira (1977: cap. 10, "O Estado produtor") e Alves dos Santos (1996).

des proporções, é uma atividade exclusiva do Estado — seria difícil garantir educação fundamental gratuita ou saúde gratuita de forma universal, contando com a caridade pública —, sua execução definitivamente não o é. Pelo contrário, estas são atividades competitivas, que podem ser controladas não apenas pela administração pública gerencial, mas também, e principalmente, pelo controle social e da constituição de quase mercados.

Nesses termos, não há razão para que tais atividades permaneçam dentro do Estado e sejam monopólio estatal. Mas também não se justifica que sejam privadas — ou seja, voltadas para o lucro e o consumo privado —, uma vez que são, frequentemente, atividades fortemente subsidiadas pelo Estado, além de contarem com doações voluntárias da sociedade. Por isso, a reforma do Estado nessa área não implica privatização, mas "publicização" — ou seja, transferência para o setor público não estatal. A palavra publicização foi criada para distinguir este processo de reforma do processo de privatização. E para salientar que, além da propriedade privada e da propriedade estatal, existem uma terceira e uma quarta formas de propriedade relevantes no capitalismo contemporâneo: a propriedade pública não estatal e a propriedade corporativa.[61] Comumente só se faz referência a duas formas de propriedade: a propriedade pública, vista como sinônima de estatal, e a propriedade privada. Tal simplificação, que tem uma de suas origens no caráter dual do Direito — ou temos direito público ou privado —, leva as pessoas a se referirem a entidades de caráter essencialmente público, sem fins lucrativos, como "privadas". Entretanto, se definirmos como público aquilo que está voltado para o interesse geral, e como privado aquilo que é voltado para o interesse dos indivíduos e suas famílias, está claro que o público não pode ser limitado ao estatal, e que fundações e associações sem fins lucrativos e não voltadas para a defesa de interesses corporativos, mas para o interesse geral, não podem ser consideradas privadas: são organizações públicas não estatais, fazem parte do terceiro setor, ou são "organizações sem-proprietários" (*nonowned*), na expressão de Mintzberg (1996).[62] A Universidade de

[61] Entendo por propriedade corporativa, acerca da qual não me ocuparei agora, a propriedade de associações de classe, sindicatos e clubes, ou seja, de sociedades civis voltadas para a defesa de interesses de grupos ou corporações.

[62] Mintzberg (1996: 76) vê quatro tipos de organização no capitalismo contemporâneo: a privada, a pública (ou estatal), a sem-proprietários e a cooperativa. A organização *nonowned* corresponde ao que chamo de organização pública não estatal. A organização cooperativa, entretanto, não corresponde à corporativa. A cooperativa é uma forma de propriedade privada, na medida em que os cooperados partilham os lucros ou o excedente por ela produzidos. Já a organização corporativa não tem fins lucrativos, mas também não está diretamente voltada para o interesse público: defende os interesses dos seus associados.

Marco institucional

Harvard, as universidades católicas brasileiras (PUCs), ou a Santa Casa de Misericórdia de São Paulo não são entidades privadas, mas públicas. Como, entretanto, não fazem parte do aparelho do Estado, não estão subordinadas ao governo, não têm em seus quadros funcionários públicos, não são estatais. Na verdade, são públicas não estatais (ou seja, usando os outros nomes com que são designadas, são entidades do terceiro setor, são entidades sem fins lucrativos, são organizações não governamentais, organizações voluntárias).

Finalmente, passando da análise das colunas para a das linhas do Quadro 4.1, temos as Atividades Principais (*core functions*) e as Atividades Auxiliares ou de apoio. As atividades principais são as atividades propriamente de governo, são as atividades em que o poder de Estado é exercido. São as ações de legislar, regular, julgar, policiar, fiscalizar, definir políticas, fomentar. Mas, para que essas funções do Estado possam ser realizadas, é necessário que os políticos e a alta burocracia estatal, no núcleo estratégico, e também a média administração pública do Estado,[63] conte com o apoio de uma série de atividades ou serviços auxiliares: limpeza, vigilância, transporte, coperagem, serviços técnicos de informática e processamento de dados etc. Segundo a lógica da reforma do Estado dos anos 90, estes serviços devem, em princípio, ser terceirizados, ou seja, devem ser submetidos a licitação pública e contratados com terceiros. Dessa forma, esses serviços, que são serviços de mercado, passam a ser realizados competitivamente, com substancial economia para o Tesouro.

Sempre poderá haver exceções nesse processo de terceirização. As áreas cinzentas não faltarão. É conveniente terceirizar os trabalhos das secretárias? Embora seu papel tenha diminuído consideravelmente na administração moderna, provavelmente não é. Haverá outros serviços dessa natureza, em que a proximidade da atividade exclusiva não recomenda a terceirização. Por isso, e porque também haverá áreas cinzentas entre o que deve ser publicizado e o que não, é adequado haver dois regimes jurídicos dentro do Estado: o dos funcionários estatutários e o dos empregados. Essa é uma prática, de fato, comum nos países desenvolvidos, dotados de burocracias desenvolvidas. A condição de servidores estatutários fica limitada às carreiras de Estado, sendo considerados empregados — numa situação intermediária entre o servidor estatutário e o trabalhador privado — os demais servidores que exerçam atividades auxiliares, que se decidiu não terceirizar, ou que não foi possível publicizar.

---

[63] Estamos aqui usando "administração pública", acompanhada de "alta" ou de "média", e "burocracia estatal" como sinônimos.

Na verdade, o processo de terceirização de serviços, ora em curso em todos os Estados modernos, é apenas mais um capítulo do processo de contratação de terceiros que ganhou força em meados do século XX, quando as obras públicas foram terceirizadas. No início deste século, era ainda comum que o Estado realizasse diretamente seus projetos e suas obras de engenharia. Com o surgimento das empreiteiras e das empresas de criação de projetos, essa prática desapareceu. De forma semelhante, o processo de privatização é, em parte, um processo de volta ao princípio da concessão de serviços públicos. Não é apenas isto porque, no auge do Estado empresário, foram estatizadas ou iniciadas pelo Estado empresas industriais e de serviços que não eram voltadas estritamente para a produção ou fornecimento de bens e serviços públicos.

Quadro 4.2

INSTITUIÇÕES RESULTANTES DA REFORMA DO ESTADO

	Atividades exclusivas do Estado	Serviços sociais e científicos	Produção de bens e serviços para o mercado
Atividades principais (core)	ESTADO enquanto pessoal	Entidades públicas não estatais	Empresas privatizadas
Atividades auxiliares	Atividades terceirizadas	Atividades terceirizadas	Atividades terceirizadas

(1) A área mais escura corresponde às atividades que continuam financiadas pelo Estado.

O resultado desse tríplice processo de privatização, publicização e terceirização, que está ocorrendo nas reformas do Estado, é que o Estado "enquanto pessoal" fica limitado a um único quadrante no Quadro 4.1. Nos demais quadrantes, como vemos no Quadro 4.2, ficam as entidades públicas não estatais,[64] as empresas privatizadas, e as atividades terceirizadas. Estado "enquanto pessoal" porque é preciso ter claro que o Estado resultante da Reforma Gerencial será muito maior do que o seu pessoal, na medida em que teremos um Estado Social ou Social-Liberal e não um Estado Liberal, como foi o do século XIX. Será muito maior do que o pagamento do seu pessoal,

[64] Entidades públicas não estatais que, no Brasil, quando publicizadas, estamos chamando de organizações sociais.

Marco institucional

porque não apenas comprará de forma crescente bens e serviços das empresas ao terceirizar suas atividades, mas também porque contratará serviços sociais junto principalmente a organizações públicas não estatais. Para medirmos o tamanho do Estado em relação ao país ou Estado-Nação do qual faz parte, a melhor forma não é saber qual é a proporção de funcionários em relação ao total de mão de obra ativa, mas qual é a participação da despesa do Estado em relação ao Produto Interno Bruto. No Estado Social, a segunda taxa (Despesa/PIB) deverá ser maior do que a primeira (Servidores Estatuários/Mão de Obra Ativa), mesmo que o salário médio dos servidores públicos seja maior do que a média nacional de salários.

O Estado Social-Burocrático do século XX, como o Social-Liberal, do século XXI continuará a ser um forte promotor ou subsidiador das atividades sociais e científicas, com a diferença que sua execução no Estado que está surgindo caberá principalmente a entidades públicas não estatais. Se quiséssemos representar esse fato graficamente, o Estado Social ("Estado enquanto despesa") ocupará uma grande parte da coluna dos serviços sociais e científicos, na medida em que estes são financiados, a fundo perdido, com recursos do Estado provenientes de impostos, e a área de serviços terceirizados correspondente, como mostra a área sombreada no Quadro 4.2.[65]

Instituições e atividades do Estado

Dentre as atividades exclusivas de Estado podemos distinguir: o núcleo estratégico, no qual as políticas públicas são definidas; e as agências descentralizadas que executam políticas públicas que pressupõem o uso do poder de Estado.

No núcleo estratégico, são definidas as leis e políticas públicas. É um setor relativamente pequeno, formado no Brasil, no nível federal, pelo Presidente da República, pelos ministros de Estado, pelos parlamentares, pelos magistrados (pelos tribunais federais encabeçados pelo Supremo Tribunal Federal) e pelos procuradores do Ministério Público. Fazem parte do núcleo estratégico os altos administradores públicos que, nos três poderes, são responsáveis pela administração do Estado. Nos níveis estadual e municipal, existem os correspondentes núcleos estratégicos. O setor das agências descentralizadas, que executam políticas públicas com poder de Estado, é formado por

[65] Observe-se que podemos também medir o Estado incluindo suas empresas estatais. Nesse caso, entretanto, incorremos em uma série de dificuldades, na medida em que as empresas não são financiadas por impostos, mas por suas vendas, e é impensável somar impostos a vendas. De qualquer forma, esse tema perdeu relevância na medida em que os processos de privatização se generalizaram.

Quadro 4.3
FORMAS DE PROPRIEDADE E ADMINISTRAÇÃO E INSTITUIÇÕES

		FORMA DE PROPRIEDADE			FORMA DE ADMINISTRAÇÃO		INSTITUIÇÕES
		Estatal	Pública não estatal	Privada	Buro-crática	Geren-cial	
Atividades exclusivas do Estado	**NÚCLEO ESTRATÉGICO** Congresso, tribunais superiores, presidência, cúpula dos ministérios	◯			◯		Secretarias formuladoras de políticas públicas Contrato de gestão
	UNIDADES DESCENTRALIZADAS Polícia, regulamentação, fiscalização, fomento da área social e científica, seguridade social	◯				◯	Agências executivas e reguladoras
	SERVIÇOS NÃO EXCLUSIVOS Escolas, hospitais, centros de pesquisa, museus	Publicização →	◯			◯	Organizações sociais
	PRODUÇÃO PARA O MERCADO Empresas estatais	Privatização →		◯		◯	Empresas privadas

Fonte: MARE (1995), Plano Diretor da Reforma do Aparelho do Estado.

aquelas atividades ou funções por meio das quais o Estado exerce seu poder de policiar, de defender o país, de representá-lo internacionalmente, de regulamentar, de julgar, de fiscalizar, de tributar, de realizar transferências. Este setor inclui a polícia, as forças armadas, os órgãos de fiscalização e de regulamentação e os órgãos responsáveis pelas transferências de recursos, como o Sistema Único de Saúde (SUS), o sistema de auxílio-desemprego etc.

Já vimos que os serviços sociais e científicos, embora serviços não exclusivos ou competitivos do Estado, não envolvendo poder de Estado, são financiadas ou subsidiados pelo Estado porque a sociedade os considera de alta relevância para os direitos humanos, ou porque envolvem economias externas, não podendo ser adequadamente recompensados no mercado pela cobrança dos serviços. Vimos também que a produção de bens e serviços para o mercado é realizada pelo Estado por intermédio das empresas estatais.

Em cada um desses setores, será necessário considerar: qual o tipo de propriedade e, respectivamente, o tipo de administração pública e de instituição mais adequado. O Quadro 4.3, que retoma as categorias do Quadro 4.1, resume as relações entre essas variáveis. A propriedade no núcleo estratégico deve ser, por definição, estatal, e as instituições típicas são as secretarias formuladores de políticas públicas e o contrato de gestão, usado para controlar as agências descentralizadas. As unidades descentralizadas com poder de Estado serão as agências executivas e as agências reguladoras. Sua propriedade também será, por definição, estatal. Os serviços sociais e científicos terão propriedade pública não estatal, e a instituição típica será a organização social. As empresas estatais deverão ser privatizadas.

DESCENTRALIZAÇÃO

O modelo que desenvolvi nas seções anteriores corresponde fundamentalmente a um processo de desconcentração ou de delegação de autoridade. É impossível, entretanto, entender a Reforma Gerencial sem nela incluir a dimensão da descentralização no sentido político, e não somente administrativo do termo — ou seja, a transferência de recursos fiscais, autoridade e responsabilidades do poder central para as unidades subnacionais: para os estados e municípios ou entidades locais.

A descentralização nas empresas, a partir do modelo de "organização funcional descentralizada" adotado por Alfred Sloan na General Motors nos anos 10 do século XX, é uma estratégia de delegação de autoridade, que, para evitar a perda de controle, rompe com o princípio da unidade de comando, originado nas organizações militares e adotado por Fayol, e adota o princípio da dualidade de comando: autoridade de linha e autoridade funcional.[66] Já a descentralização política para níveis subnacionais e locais é um fenômeno político, cuja origem é antiga,[67] mas que ganhou grande ênfase nos últi-

[66] Sloan relatou sua experiência em *My Years with General Motors* (1946). Sobre a organização funcional descentralizada, que serviu de modelo organizacional para todas as grandes empresas a partir do êxito da experiência na General Motors, ver Drucker (1954), Chandler (1962), Bresser-Pereira (1963b).

[67] Não deve, entretanto, incluir a constituição de estados federativos, dos quais os Estados Unidos é parâmetro. Nesse caso não se tratou de uma descentralização (de uma transferência de poder para os estados), mas, ao contrário, da transferência de poder dos estados para a União no momento em que os estados decidiram formar a federação. No Brasil, houve experiências anteriores de descentralização no Império, com o Ato Adicional de 1832, na Primeira República e na Constituição de 1946, mas foram sempre limitadas. Descentralização significativa só ocorreu a partir da Constituição de 1988, já em plena crise do Estado.

mos vinte anos, em função da crise do Estado. Castells (1998), que vê a crise do Estado principalmente como resultante da globalização e da crescente complexidade social e política que a acompanha, percebe que o Estado, para se defender da perda decorrente de autonomia em definir políticas, movimenta-se em duas direções opostas: de um lado, organiza-se internacionalmente em blocos econômicos regionais, em zonas de livre comércio ou em uniões aduaneiras cartelizadas; ou, na direção inversa, descentraliza para as unidades locais. Castells observa que:

> "Diante da complexidade crescente do sistema operativo global, os cidadãos e os grupos necessitam de critérios mais verificáveis de como são representados seus valores e defendidos seus interesses. Sua capacidade de controle político cotidiano, além das eleições a cada quatro anos, se organiza mais facilmente no âmbito local. Assim, observa-se no mundo inteiro um movimento de descentralização das instituições do Estado, em parte respondendo a reivindicações locais e regionais, a expressões coletivas identitárias, mas em parte, também, como resultado de um esforço consciente do Estado-Nação de encontrar fórmulas alternativas à rigidez da centralização e à crise de legitimidade que emana da desconfiança dos cidadãos" (1998: 17).

A descentralização obedece ao princípio da subsidiariedade: o que pode ser feito pela cidade, não deve ser feito pela região; o que pode ser feito pela região não deve ser feito pelo poder central.[68] A lógica por detrás dela é simples: as atividades sociais, como educação básica e saúde, e as atividades de segurança local podem ser feitas com um controle muito maior da população se forem realizadas descentralizadamente, no nível local, ou, no máximo, no nível regional ou estadual. A argumentação burocrática a favor da centralização está baseada na incapacidade dos governadores e, principalmente, dos prefeitos de gastar "racionalmente" os recursos. Ao invés disto, dedicar-se-iam ao clientelismo e ao nepotismo. Entretanto, essa é uma visão além de burocrática, autoritária da capacidade dos governos locais. E não consi-

[68] André Franco Montoro, o primeiro governador eleito em São Paulo depois de muitos anos de autoritarismo, exercendo o governo em um momento em que a crise fiscal do Estado brasileiro acabara de desencadear-se (1983-1986), repetia insistentemente uma frase que ele procurou tornar realidade na sua administração: "o que pode ser feito pelo município não deve ser feito pelo estado; e o que pode ser feito pelo estado, não deve ser feito pelo governo central".

dera que, nas democracias, o poder das comunidades de controlar os serviços do Estado prestados localmente, aumentou de forma extraordinária. Castells reconhece esse fato e lhe dá uma dimensão histórica. A complexidade crescente da administração pública em um mundo globalizado leva a uma crise política: a desconfiança dos cidadãos em seus governos. Tal confiança só pode ser recuperada na medida em que os serviços do Estado sejam descentralizados e os cidadãos sejam, em nível local, *empowered*: investidos de poder para controlar socialmente o serviço. Nesse processo, descentralização e desconcentração se somam. Mesmo quando a agência continua a ser controlada no nível federal, a desconcentração do poder e a administração por resultados torna o controle social estratégico. Quando, além da desconcentração temos a descentralização política do recurso e do gasto público, o papel atribuído pela Reforma Gerencial ao controle social local torna-se ainda mais decisivo.

É comum a afirmação de que a descentralização é um meio de afirmação da democracia. Quando a descentralização é uma estratégia administrativa, implicando somente delegação ou desconcentração de autoridade, essa tese não faz sentido, uma vez que, por seu intermédio, busca-se apenas maior efetividade e eficiência na gestão. Entretanto, quando a descentralização é pensada em termos políticos, envolvendo distribuição territorial de poder, existe uma clara relação com democracia. Na verdade, conforme mostrou Tocqueville, a democracia americana nasceu do poder local, teve origem nos ideais de igualdade que se realizavam nas comunidades da Nova Inglaterra. Primeiro tivemos as comunidades democráticas locais; em um segundo momento, a partir dessa base, formaram-se os treze estados americanos, que, em um terceiro momento, na independência, constituíram os Estados Unidos. O movimento foi, portanto, inverso. Não fluiu do centro para a periferia, como é próprio da descentralização, mas das comunidades locais para o poder central. Na maioria dos países, entretanto, inclusive o Brasil, que nasceram como Estados centralizados, a descentralização é uma forma pela qual a sociedade civil se autonomiza do Estado, é uma maneira de os direitos de cidadania poderem ser expressos pelas populações mais simples de forma mais efetiva. Levy (1997: 65), entretanto, põe em dúvida essa relação tão clara entre descentralização política, aumento do poder local e democracia, citando autores como Slater (1990), segundo o qual a descentralização pode levar ao paroquialismo, ao conformismo e ao exercício do poder oligárquico por elites locais. Ora, não há dúvida de que isto pode acontecer, e já ocorreu muitas vezes no plano da história. Na verdade, as democracias geralmente têm origem no centro, na luta das classes médias e dos trabalhadores por maior liberdade e maior voz na condução dos assuntos políticos. A origem nos governos locais, como no caso dos Estados Unidos, é antes a exceção. Entretanto, quando a democracia tem origem no Estado e não na comunidade, o caminho no sentido da sua consolidação tende a ser longo e acidentado. As elites iluminadas que pretendem falar em nome da democracia estão inicialmente tão distantes do povo que não lhes é difícil traí-la. É só quando os cidadãos, nos níveis local e nacional, conseguem um mínimo de igualdade em relação às elites que a democracia deixa de ser oligárquica e passa a ser real. A descentralização, ou aumento do poder local, é um sinal de que esse processo democrático está em curso. Se a ele se soma uma administração pública gerencial e participativa, no qual o controle social é crescente, estaremos caminhando na direção desejada.

Reforma gradual

A Reforma Gerencial será uma reforma gradual, durará anos. Seu objetivo de curto prazo será realizado principalmente por meio da exoneração de funcionários por excesso de quadros, da definição clara de teto remuneratório para os servidores e da modificação do sistema de aposentadorias, eliminando os privilégios. Já a modernização, ou o aumento da eficiência da administração pública, será o resultado a médio prazo de um complexo projeto de reforma, pelo qual se buscará, a um só tempo, fortalecer a administração pública direta ou o núcleo estratégico do Estado e descentralizar a administração pública por meio da implantação de agências autônomas e de organizações sociais controladas por contratos de gestão.

No processo de reforma, não se deve pensar em uma ruptura radical com a administração burocrática. Nem a reforma deverá ocorrer com a mesma intensidade nos diversos setores. Na verdade, a administração pública gerencial deve ser construída sobre a administração pública burocrática, e principalmente a partir da existência de um serviço civil profissional e competente. A combinação de princípios gerenciais e burocráticos deverá variar de acordo com o setor. A grande qualidade da administração pública burocrática é a sua segurança e efetividade. Por isso, no núcleo estratégico, no qual essas características são muito importantes, ela deverá estar ainda presente, em conjunto com a administração pública gerencial. Já nos demais setores, nos quais o requisito de eficiência é fundamental, devido ao grande número de servidores e de cidadãos-clientes ou usuários envolvidos, o peso da administração pública burocrática deverá ir diminuindo até praticamente desaparecer no setor das empresas estatais. Conforme observa Roberto Cavalcanti de Albuquerque:

"É duvidoso que esse novo paradigma... deva substituir inteiramente, em especial nos órgãos que diretamente exercem os poderes conferidos ao Estado, o modelo de gestão político-administrativa (burocrático)" (1995: 36).

Não se trata, portanto, de fazer tábula rasa da administração pública burocrática, mas de aproveitar suas conquistas, os aspectos positivos que ela contém, ao mesmo tempo que se vai eliminando o que já não serve. Instituições burocráticas como a exigência de concurso, de um sistema universal de remuneração, de carreiras formalmente estruturadas e de um sistema de treinamento devem ser conservadas e aperfeiçoadas, senão implantadas, visto que até hoje não o foram, apesar de toda a ideologia burocrática que tomou conta de Brasília entre 1985 e 1994. Essas instituições, entretanto, devem ser suficientemente flexíveis para não conflitar com os princípios da administração pública gerencial. Devem, principalmente, não impedir a recompensa do mérito pessoal desvinculado de tempo de serviço e não aumentar as limitações à iniciativa e criatividade do administrador público em administrar seus recursos humanos e materiais. E o treinamento, conforme observa Oslak (1995), deve estar prioritariamente relacionado com as necessidades e programas de um novo Estado que se quer implantar, em lugar de subordinar-se às etapas de uma carreira, como quer a visão burocrática.

Capítulo 5
ORIENTAÇÕES TEÓRICAS

A Reforma Gerencial em curso nos países da OCDE e em alguns países em desenvolvimento está baseada na ideia de transferir maior autonomia e maior responsabilidade aos administradores públicos, e tornar a administração pública voltada para o cidadão-cliente. Em ambos os movimentos, ela vai buscar inspiração na administração privada, mas dela se distingue porque não objetiva o lucro, mas o interesse público, porque o critério político é nela mais importante do que o critério eficiência e porque pressupõe procedimentos democráticos que, por definição, não têm espaço no seio da empresa capitalista. A Reforma Gerencial melhora a governança do Estado, entendendo-se governança como a capacidade do Estado de transformar em realidade, de forma eficiente e efetiva, as decisões tomadas. Uma governança forte é resultado de um Estado sadio no plano fiscal e financeiro e competente no plano administrativo. E tem um papel na melhoria da governabilidade, na medida em que pressupõe e procura aprofundar os mecanismos democráticos de responsabilização e de transparência. No plano histórico, a Reforma Gerencial é a segunda grande reforma administrativa do Estado capitalista. Pressupõe, completa a primeira — a Reforma Burocrática (*Civil Service Reform*) que estabeleceu o serviço público profissional — e a modifica.

Como a Reforma Burocrática corresponde a um modelo racional-legal de administração pública, a Reforma Gerencial está referida a um modelo gerencial ou da nova gestão pública (*new public management*). Chevallier (1996) já encontra origens do modelo gerencial nos anos 60, que ele opõe ao "modelo legal" e ao "modelo sociológico". Na verdade, este último é o modelo da teoria das organizações, que servirá de base para a teoria da administração de empresas nos Estados Unidos, e será, portanto, parte integrante do modelo gerencial de administração pública, conforme veremos ainda neste capítulo.

Definindo a Reforma Gerencial
Podemos compreender melhor a Reforma Gerencial e a correspondente administração pública gerencial compreendendo seus objetivos e características. Existem muitas definições para ela. Hood (1991: 4), por exemplo,

em um trabalho pioneiro, lista sete características da nova gestão pública: administração profissional, indicadores de desempenho explícitos, maior ênfase no controle de resultados, divisão das organizações públicas em unidades menores, maior competição entre as unidades, ênfase no uso de práticas de gestão originadas no setor privado, e ênfase em maior disciplina e parcimônia no uso de recursos. Premchand (1998), mais recentemente, e de um ponto de vista mais econômico do que político, descreve a administração pública que prevalecerá em torno do ano 2020, com as seguintes características: um Estado com agências estatais menores, mais flexíveis, em que haja separação entre definição e implementação de políticas; padrões éticos públicos bem definidos tanto para burocratas quanto para políticos; transparência, com ampla publicação de estatísticas e resultados; processo orçamentário claro, com perspectiva de médio prazo, detalhamento a curto prazo dos indicadores de desempenho e resultados a serem alcançados; abolição de estabilidade para servidores; pagamento e sistemas de contabilidade pública gerencial totalmente eletrônico. Assim, poderíamos continuar apresentando definições da administração pública gerencial e da Reforma Gerencial que a produz. Porém, um bom resumo, que expressa ao mesmo tempo a minha visão sobre o tema, é o que se segue.

Em primeiro lugar, e mais diretamente, ela visa *aumentar a eficiência e a efetividade* dos órgãos ou agências do Estado, por meio de uma administração baseada: (a) na descentralização das atividades para as unidades subnacionais e na desconcentração (delegação) das decisões para os administradores das agências executoras de políticas públicas; (b) na separação dos órgãos formuladores de políticas públicas, que se situam no núcleo estratégico do Estado, das unidades descentralizadas e autônomas, executoras dos serviços; (c) no controle gerencial das agências autônomas, que deixa de ser principalmente o controle burocrático, de procedimentos, realizado pelos próprios administradores e por agências de controle interno e externo, para ser, adicional e substitutivamente, a combinação de quatro tipos de controle: (c1) controle de resultados, a partir de indicadores de desempenho estipulados de forma precisa nos contratos de gestão; (c2) controle contábil de custos, que pode ser também pensado como um elemento central do controle de resultados; (c3) controle por quase mercados ou competição administrada; e (c4) controle social, pelo qual os cidadãos exercitam formas de democracia direta; (d) na distinção de dois tipos de unidades descentralizadas ou desconcentradas: (d1) as agências que realizam atividades exclusivas de Estado, por definição monopolistas, e (d2) os serviços sociais e científicos de caráter competitivo, em que o poder de Estado não está envolvido; (e) na transferência para o setor público não estatal dos serviços sociais e científicos competitivos; (f) na terceirização das atividades auxiliares ou de apoio, que passam a ser licitadas competitivamente no mercado; e, (g) no fortalecimento da burocracia estatal, particularmente da alta administração pública, que é tornada mais autônoma, organizada em carreiras ou "corpos" de Estado, e legitimada não apenas por sua competência técnica, mas, também, por sua capacidade política.[69]

Ampliando-se o conceito de Reforma Gerencial, esta visa, em segundo lugar, *melhorar a qualidade das decisões estratégicas do governo e de sua burocracia*, fortalecendo, assim, a capacidade do Estado de promover o desenvolvimento econômico e social, e criando condições para o investimento privado. Isto se obtém por intermédio de uma autonomia e de uma capacitação cada vez maiores dos administradores públicos e dos políticos eleitos, permitindo-lhes tomar as decisões necessárias para aumentar a competitividade internacional — decisões relacionadas com os três papéis fundamentais do Estado do século XXI: a garantia da propriedade e dos contratos para o bom funcionamento dos mercados, principalmente devido à existência de um sistema legal moderno, de um processo judiciário rápido e de um Poder Judiciário independente e honesto; obediência aos fundamentos macroeconômicos de forma estável; e, terceiro, a promoção eficiente e efetiva do capital humano expresso na educação, na saúde pública e na cultura nacional, do desenvolvimento tecnológico do país e do seu comércio exterior. É importante, entretanto, observar que não existem fórmulas ou regras para aumentar esta capacidade de tomar decisões estratégicas na administração pública gerencial, a não ser a ideia central da autonomia e da capacitação gerencial do administrador público.[70]

Finalmente, a Reforma Gerencial visa *assegurar o caráter democrático* da administração pública, através da implantação de um serviço público: (a) orientado para o cidadão-usuário ou cidadão-cliente,[71] em vez de manter o

---

[69] A Reforma Gerencial implica a substituição da administração pública burocrática pela administração pública gerencial. Isso, entretanto, não implica diminuir o papel da burocracia estatal. Pelo contrário, na medida em que a ela se atribui maior autonomia gerencial, assumirá um papel cada vez mais estratégico na administração do Estado.

[70] Ver sobre as decisões estratégicas dos administradores públicos principalmente os trabalhos de Dror (1994, 1996, 1997) e de Crozier (1996), Crozier e Tilliette (1995).

[71] Uso essas duas expressões como sinônimas. É possível, entretanto, distingui-las: o cidadão-usuário não paga, enquanto o cidadão-cliente paga pelos serviços recebidos. A distinção pode ser útil para distinguir os casos em que os serviços do Estado são cobrados por envolverem direito universal (ensino básico, por exemplo) daqueles que não o são. É uma tolice se supor que o cidadão deva ser sempre usuário, jamais pagando por serviços prestados pelo Estado.

Orientações teóricas

caráter autorreferido que caracteriza a administração pública burocrática, voltado para afirmação do poder do Estado e da burocracia estatal; e (b) baseado na responsabilização do servidor público: (b1) perante a sociedade, por meio de uma administração transparente, voltada para a prestação de contas; (b2) perante os políticos eleitos nos termos da democracia representativa, por meio da atuação fiscalizadora, principalmente dos políticos da oposição; e (b3) perante os representantes formais e informais da sociedade, organizados no espaço público não estatal por meio de mecanismos de controle social ou de participação cidadã. Nesse sentido, a Reforma Gerencial é uma reforma para a democracia.

Desenvolverei cada uma dessas característica ao longo de todo este livro. Todas elas tornam a administração mais eficiente e mais democrática. Mais eficiente, porque torna viável a efetiva utilização dos meios mais adequados para se atingir os fins visados. Mais democrática, porque está orientada para o cidadão, e porque envolve o controle social por parte dos cidadãos organizados em conselhos formais e informais dos mais variados tipos. Naturalmente, é possível afirmar o oposto — que a Reforma Gerencial leva a uma administração mais autoritária, na medida em que o administrador público passa a poder tomar decisões, a usar de seu arbítrio, em vez de simplesmente aplicar a lei. Nesses termos, o princípio do universalismo de procedimentos, que caracteriza a burocracia, estaria sendo violentado. Na verdade, não existe qualquer violência a esse princípio. A lei democraticamente aprovada continua a ser absoluta. O que se faz é, dentro da lei, assegurar maior autonomia de gestão ao administrador público. E, para isso, é preciso contar com a existência de um regime democrático, no qual o controle da sociedade sobre administradores públicos mais autônomos assume um caráter estratégico. Nesse caso, a Reforma Gerencial, além de uma reforma *para a* cidadania e a democracia, é uma reforma *na* democracia, que supõe a existência do regime democrático.

TRÊS ORIENTAÇÕES

As características gerais que apresentamos para definir a administração pública gerencial são suficientemente amplas para abranger em termos gerais todos os casos abordados, mas uma análise mais minuciosa revelará que alguns itens da Reforma Gerencial são marcantes em algumas experiências nacionais ou estão de acordo com alguns autores, e não se verificam em outras experiências ou não contam com o acordo de outros autores. Assim, a administração pública gerencial ou "nova gestão pública" não corresponde a um movimento homogêneo e internamente coerente, mas a um conjunto de sistemas alternativos de ideias — identificáveis enquanto modelos ou orientações teórico-ideológicas —, que têm como vínculo comum o distanciamento progressivo que realizam em relação à administração pública burocrática, e como critério de classificação, o elemento ideológico conservador ou progressista. Seguindo esse critério, Ferlie *et alii* (1994) identificam as seguintes orientações da nova gestão pública: *the efficiency drive* (relacionado com a economia política thatcherista); *downsizing and decentralization* (importação de modelos organizacionais do setor privado, principalmente a redução drástica no número de funcionários — como resultado da reengenharia — e a contratualização de atividades no interior das empresas — resultando na descentralização); *in search of excellence* (com influência da teoria de administração da "escola de relações humanas" em sua ênfase na mudança via comportamento e cultura organizacional, seja pela base — *learning organization* — ou pelo alto — liderança carismática); e *public service orientation* (fusão entre ideias administrativas dos setores público e privado).

Tal diversidade tem se refletido na literatura dedicada ao tema da nova gestão pública, que também apresenta nuanças em termos das abordagens e leituras que realizam na tentativa de enquadrar conceitualmente as diferentes formas assumidas pela administração pública gerencial. Às variadas realidades representadas pelos casos nacionais, suas fases e demais especificidades, os autores, seguindo inclusive suas tendências ideológicas, têm respondido com diferentes maneiras de retratar o tema, focalizando pontos distintos ao estabelecerem o que é, como tem se desenvolvido e o que deveria ser a nova gestão pública. Nesse sentido, posso distinguir na literatura a existência de orientações, no que concerne à caracterização da administração pública gerencial, de tal forma distintas entre si, que se torna possível classificá-las segundo suas peculiaridades.

Na construção de uma classificação das orientações analíticas da administração pública gerencial, a descentralização, a relevância da eficiência como objetivo fundamental e a avaliação da qualidade dos serviços públicos não são fatores distintivos, uma vez que são considerados essenciais na caracterização da administração pública gerencial. Temos, entretanto, dois critérios que podem ser úteis: o tipo de controle que é exercido sobre o planejamento e a prestação dos serviços públicos; e na medida em que a administração pública é identificada com a administração de empresas (privadas) em suas práticas e conceitos organizacionais e institucionais. Ambos podem ser considerados critérios institucionais ou organizacionais, voltados para o estabelecimento de métodos de atuação. Constituem, contudo, critérios centrais de diferenciação da administração pública gerencial da sua predecesso-

Orientações teóricas

ra, a administração pública burocrática, consistindo em "pontos de afastamento" que podem ser observados desde o surgimento dos primeiros trabalhos sobre o tema até o momento atual. Assim, os novos tipos de controle evidenciam o progressivo afastamento dos controles tipicamente burocráticos, voltados para os procedimentos e principalmente para a cobrança do cumprimento formal de etapas legal e estritamente estabelecidas. Por outro lado, o grau de identificação da administração pública com a administração de empresas (privadas), em termos de suas práticas e conceitos organizacionais, denota o afastamento gradual da noção tipicamente burocrática. Em termos burocráticos, a organização e os métodos da administração pública seriam próprios e totalmente distintos da administração privada. Seguindo a evolução dos critérios definidos, esses postulados burocráticos serão progressivamente criticados e abandonados pela administração pública gerencial, em suas várias orientações.

É possível discernir, no mínimo, três orientações na literatura sobre a administração pública gerencial: a Orientação Técnica, a Orientação Econômica e a Orientação Política. O Quadro 5.1 apresenta resumidamente a incidência dos critérios acima definidos por essas orientações. Todas têm, até certo ponto, um caráter liberal, inclusive a técnica, porque dão importância ao mercado na coordenação da economia e preveem o controle por quase mercados ou competição administrada dentro da organização estatal. Observe-se, entretanto, que não denomino qualquer delas "neoliberal", porque entendo que o neoliberalismo, enquanto liberalismo radical ou ultraliberalismo, é incompatível com a administração pública gerencial. Embora buscando inspiração no setor privado, e dando importância ao controle de resultados em vez do controle burocrático de procedimentos, as três orientações distinguem-se entre si na medida em que agregam novos mecanismos e instâncias de controle ao controle de resultados e estabelecem uma maior ou menor identificação com administração privada.

Quadro 5.1
ORIENTAÇÕES DA ADMINISTRAÇÃO PÚBLICA GERENCIAL

	Tipo de controle	Identificação entre administração pública e privada
Técnica	De resultados	Média alta
Econômica	e quase-mercado	Alta
Política	e social	Média baixa

Orientação Técnica: A primeira vertente percebe na mudança de foco do controle dos procedimentos para o controle de resultados o traço fundamental da administração pública gerencial. Isso não significa, porém, que identifique totalmente administração pública e privada. Tal identificação apresenta-se, nesta orientação, como um critério discutível, de recorte variável. A variação abrange desde autores que admitem uma pequena identificação entre as administrações pública e privada, até aqueles que frisam a importação de algumas técnicas operacionais do setor privado e a adoção de uma vaga mentalidade de mercado, mas não julgam válidas as reformas que recriam, no setor público, as mais recentes inovações organizacionais geradas no "mundo dos negócios", como, por exemplo, a reengenharia. Consequentemente, a Orientação Técnica tende a estabelecer, no limite, mecanismos de busca da eficiência mais específicos do Estado e da administração pública, deixando para um segundo plano a adoção de mecanismos de mercado — mais apropriados à administração de empresas — na transição para a administração pública gerencial.

Nesse sentido, a Orientação Técnica, na qual a influência burocrática ainda é forte, vê ainda o cidadão como recipiendário de um lote de serviços pelos quais pagou por meio dos impostos. O mais importante é que esses serviços sejam fornecidos ao menor custo possível, alcançando o maior número de cidadãos. O cidadão-contribuinte desempenha seu papel por meio do cumprimento de suas obrigações tributárias, recebendo em contrapartida um lote de serviços, que devem ser eficientes, custando o mínimo necessário. Assim, para os autores da Orientação Técnica, a questão da contenção de custos alcança relevância central. A preocupação com o controle financeiro é levada ao máximo, grande atenção passa a ser dada ao *value-for-money* ("fazer valer o dinheiro") e aos ganhos conseguidos por meio da eficiência, bem como à utilização continuada de métodos de avaliação de desempenho dos funcionários. Especial importância é dada a sistemas integrados e mais elaborados de controle gerencial de custos. Por outro lado, temos uma tendência ao fortalecimento da estrutura administrativa geral, com a valorização da gestão por meio da hierarquia e de um modo de trabalhar baseado no dístico "comandar e controlar". Além disso, confere-se maior atenção ao estabelecimento de metas e à avaliação do desempenho realizados de forma clara e explícita, bem como à transferência do poder decisório para os estratos seniores de gestão. Todos esses fatores contribuem para o aprimoramento do controle de resultados.

No que diz respeito à adoção de métodos da administração privada, podemos apontar a presença de um grau moderado de *empowerment* (fortalecimento da autonomia de gestão) nos setores da administração pública em que as atividades são menos rotineiras. Verifica-se também uma extensão da função de auditoria, tanto financeira quanto contábil, e a crescente insistência em métodos mais transparentes de avaliação da performance. O estabelecimento de padrões de serviço e o uso do *benchmarking* constituem técnicas que podem ser adotadas sem que se perca a distinção em termos administrativos entre os setores público e privado. Uma tendência à redução do poder autorregulatório de determinadas profissões no setor público e a decorrente mudança de poder desses grupos para os administradores públicos no processo de gestão também têm sido apontadas como características que elevam o teor tecnocrático desta orientação da administração pública gerencial.

Os principais representantes desta orientação encontram-se entre os autores que se interessam principalmente por mecanismos de controle da gestão e mensuração ou avaliação de resultados, e entre aqueles que salientam as modificações introduzidas nas políticas de recursos humanos dos países que adotaram a administração pública gerencial. Talvez isso se deva à complementaridade que as novas políticas de recursos humanos, com a adoção cautelosa de algumas técnicas oriundas do setor privado nessa área, revelam em relação à vigorosa implantação do controle por meio dos resultados promovida pela Orientação Técnica. Em termos nacionais, a Reforma Gerencial na Austrália é provavelmente a que mais se aproxima mais desta orientação.

Orientação Econômica: Esta vertente, que também poderia ser chamada "de mercado", identifica o controle por competição administrada como o principal instrumento da administração pública gerencial. Ao controle por resultados são somados mecanismos de quase mercados, que permitem, dentro do Estado ou entre as organizações financiadas pelo Estado, a introdução de elementos de competição na prestação dos serviços públicos. Os diferentes prestadores de serviços (estatais, públicos não estatais, e privados) são estimulados a competir entre si no atendimento às demandas dos cidadãos. Com o estabelecimento de quase mercados, a preferência dos cidadãos-usuários constitui informação essencial para a avaliação dos serviços prestados.

Por outro lado, os autores mais ligados a esta orientação observam um alto grau de identificação entre os métodos empregados na administração de empresas privadas e aqueles que têm sido utilizados na administração pública gerencial. Existiria, assim, uma grande identidade entre a administração pública e a administração de empresas, no que se refere a suas práticas e conceitos organizacionais e institucionais. Na verdade, devido à expansão de concepções dominadas por uma crescente "mentalidade de mercado", o usuário dos serviços públicos é encarado como consumidor desses serviços e beneficiado por uma orientação para o cliente, típica das estratégias mais modernas de administração de empresas, como a da gestão para a qualidade total. Segundo a Orientação Econômica, a administração pública deve propiciar ao cidadão-cliente um conjunto maior de opções e elevar a qualidade dos serviços, sejam eles prestados diretamente pelo Estado ou, preferencialmente, por ele contratados a empresas ou a organizações públicas não estatais. A noção de cidadão-cliente, neste contexto, procura afirmar que o cidadão tem direito não apenas a que os serviços prestados pelo Estado sejam eficientes, custando o mínimo necessário, mas também a que esses serviços sejam de boa qualidade.

Os autores que seguem esta orientação salientam elementos que não só aproximam mais a administração pública de uma mentalidade de mercado, mas também são favoráveis à importação às vezes indiscriminada de técnicas e métodos da administração de empresas. De entre estes, podemos destacar a importância dada à administração por contrato (contratualização interna), a divisão da administração pública entre um pequeno núcleo estratégico e uma grande periferia operacional — com contratualização externa das funções não estratégicas, inclusive as de caráter social, a mudança de formas padronizadas de serviço para um sistema mais flexível e variado, aumentando o leque de escolha dos clientes. Em termos de técnicas e métodos, podemos destacar o *downsizing* (redução significativa nas folhas de pagamento dos órgãos públicos, em todos os níveis); a descentralização com *empowerment* das chefias intermediárias; a introdução de novos estilos de gestão, particularmente da "gestão para a qualidade total", e também da "reengenharia", da "administração por influência" e o desenvolvimento das "organizações em rede" — com ênfase nas alianças estratégicas entre organizações, geralmente com o uso intensivo da tecnologia da informação, como uma nova forma de coordenação. A reforma na Nova Zelândia, pelo seu radicalismo, é aquela que mais se aproxima desta orientação.

Orientação Política: Avançando em relação às anteriores, a terceira vertente da literatura, que podemos chamar Política ou Democrática, soma o controle social aos controles de resultados e de competição administrada, definindo esta forma de controle direto pela sociedade como uma das principais características da administração pública gerencial. Embora os autores que adotam esta orientação afirmem as semelhanças entre a administração pública e a de empresas, acentuam suas diferenças. A relevância dada ao controle social, somado aos controles por meio de resultados e de quase mercados, aponta para a progressiva participação da cidadania na definição dos critérios e parâmetros a serem utilizados na avaliação e controle dos serviços públicos. No lugar de processos decisórios centralizados e autoritários, seria possível implementar mecanismos que estimulassem a participação dos cidadãos, criando assim novos formatos de gestão do espaço público.

Quanto à identificação entre administração pública e privada, os autores da Orientação Política focalizam a questão sob um novo prisma: não se trata mais de importar ou não práticas e conceitos organizacionais e institucionais de um setor para o outro, criando assim uma identificação variável entre os setores. Sua percepção é de que estes são irredutíveis entre si, sendo necessária uma filtragem e reelaboração crítica de toda e qualquer técnica ou conceito que possa inspirar a recriação de um similar no setor público. Nesta concepção, fundamentada na ideia de uma especificidade irredutível do setor público, este é visto como eminentemente político, regido pelo pelos princípios do poder e da legitimidade, enquanto o setor privado é principalmente econômico, regido pelo mercado e pelo princípio do lucro. Nesse quadro, a valorização da participação dos cidadãos na gestão da coisa pública assume alta relevância. O cidadão-cliente é um cidadão-cidadão, um cidadão pleno, que é o objeto dos serviços públicos e também seu sujeito, na medida em que se torna partícipe na formação das políticas públicas e na avaliação dos resultados. Conforme observa Schedler (1996: 8), a noção clássica de cidadania dá ao cidadão o direito de decidir as atividades que o Estado deve exercer e as políticas que deve levar a cabo, sua extensão e seus efeitos, enquanto o cidadão-cliente "exerce influência sobre os *resultados* dessas atividades (isto é, sobre seus produtos concretos)". Dessa forma, aumenta a *accountability*, ou responsabilização, dos administradores públicos perante os cidadãos.

A Orientação Política implica uma adaptação consciente das técnicas e ideias administrativas do setor privado ao setor público, propiciando uma renovação ética dos administradores públicos, que passam a ver o cidadão como um cliente e um parceiro, e colocam a melhor qualidade com redução de custos como uma nova missão para os serviços do Estado. A maior preocupação com a qualidade do serviço (administração para a qualidade total) reflete uma abordagem dirigida por valores, baseada numa missão, e voltada para alcançar a excelência nos serviços públicos. Isso permite uma atenção redobrada com as preocupações e valores do cidadão-cliente, bem como uma atenção à "voz" do cidadão. Passa também a ser amplamente considerado o desenvolvimento do "aprendizado social" sobre o fornecimento dos serviços de rotina (p. ex., trabalho de desenvolvimento comunitário, avaliação de necessidades sociais). É assim estabelecido um conjunto contínuo de tarefas e valores distintivos do serviço público com uma ênfase em assegurar a participação dos cidadãos e a responsabilização do administrador público.

A ideia de que o cidadão deve ser visto como cidadão-cliente é central na Reforma Gerencial. Entretanto, é comum ouvirmos críticas a esta visão, que seria "neoliberal" por reduzir o cidadão, primeiro, à condição de contribuinte, e, depois, à de cliente, quando ele é muito mais do que isto: é um cidadão portador de direitos o obrigações políticas. A crítica não faz sentido. O verdadeiro cidadão é sem dúvida aquele que tem direitos efetivos, inclusive o de ser tratado com respeito pelos prestadores de serviços do Estado. A orientação para o cliente importada da administração de empresas significa exatamente isso: atender às necessidades do cliente, respeitá-lo. Mas não significa que, com ela, esteja sendo posto de lado o direito do cidadão de participar, que esteja sendo subestimada a importância dos mecanismos e instituições de controle social, que são um elemento essencial da administração pública gerencial.[72]

OS GERENCIALISTAS

Entre os documentos gerencialistas inclui-se, na Orientação Política, o *Plano Diretor da Reforma do Aparelho do Estado*, na medida em que pressupõe o regime democrático, considera objetivo da Reforma Gerencial a realização eficiente de serviços de educação e saúde financiados pelo Estado, de forma a atender ao direito universal à saúde e à educação, e atribui grande importância à transparência e aos mecanismos de controle social. Da mesma forma, os meus próprios trabalhos pretendem situar-se nessa categoria. Também deve ser mencionado o artigo de Abrucio (1996) que, desta perspectiva, traça um panorama da experiência internacional recente em relação à reforma administrativa.

No plano internacional, cabe ressaltar o livro de Ferlie *et alii* (1996), que aborda de forma sistemática a nova gestão pública a partir da experiência inglesa e a obra seminal de Osborne e Gaebler (1992), que veem no incremento da participação e do controle social a possibilidade mesma de o Estado "catalisador ou possibilitador" ser capaz de "navegar em vez de re-

---

[72] Mário Covas, governador do Estado de São Paulo (1995-1998), desenvolveu em sua administração um amplo programa de gestão para a qualidade, orientado para o cidadão--cliente. Em conferência em Brasília, declarou que a gestão para a qualidade desenvolvida no setor privado era especialmente adequada para o setor público, uma vez que atender ao cidadão-cliente com qualidade e eficiência é uma excelente forma de fortalecer a cidadania.

Orientações teóricas

mar". As análises de Nuria Cunill Grau (1995) sobre a participação dos cidadãos na formulação das políticas e decisões públicas e do desenvolvimento e expansão da participação da sociedade civil na gestão de programas ou serviços públicos incluem-se claramente nesta orientação. Segundo a autora, seriam essas as novas formas de relação entre o Estado e a sociedade, que apresentariam uma grande capacidade de ampliar o espaço público. Uma valiosa análise comparativa inspirada pela Orientação Política foi realizada por Kettl (1998), focalizando os dilemas políticos (como a definição do papel do governo) que têm acompanhado as reformas administrativas ao redor do globo.

As tentativas de construir um modelo de transição rumo à nova gestão pública a partir da Orientação Política já estão presentes em Kooiman e Eliassen (1987) e também em Hood (1991, 1992, 1996a, 1996b), Barzelay (1992 e 1997) e Dunleavy e Hood (1994). Neste trabalho, as direções da reforma são formuladas por meio de fatores, que refletem de forma nítida as posturas dessa orientação. Também é importante a evolução recente da visão de Hood (1996a), que define um "conjunto de dimensões de mudança" para caracterizar os "componentes doutrinários" da reforma da administração pública em curso. Na mesma linha, Prats I Catalá (1996: 25) refere-se à ilusão de que o gerenciamento empresarial privado possa ser transferido mecanicamente para o setor público. Por outro lado, assinala "a incapacidade de o direito administrativo estabelecer um diálogo fecundo com o gerenciamento público".[73]

Merece menção especial a contribuição de Ranson e Stewart (1994: 4-5), que, por um lado, pode ser incluída na Orientação Política da administração pública gerencial, e por outro, pode ser vista como uma simples crítica a ela, sem oferecimento de alternativas. Eles salientam com vigor a especificidade do público ou domínio público (*the public domain*), que, sem dúvida, não pode ser reduzido aos princípios da administração privada, como querem alguns defensores da nova gestão pública que classificamos na Orientação Econômica. E afirmam: "no domínio público, qualquer conceito de gestão que não abranja o reconhecimento da política e dos conflitos como elementos constitutivos das organizações públicas, mais do que um obstáculo ao campo público, é um conceito estéril". Para argumentar nessa direção, citam Beetham:

---

[73] Entre os gerencialistas, vale ainda lembrar, além dos referidos nesta seção, Zifcak (1994), Meneguzzo (1995), Crozier (1996), Mintzberg (1996), Schedler (1996) e Premchand (1998).

"O aspecto distintivo da administração pública está no caráter político dos serviços públicos. O conteúdo e o nível desses serviços são determinados por considerações qualitativas, e por um compromisso publicamente defensável entre valores competitivos, em vez de por um critério de lucratividade. A própria demanda de se atender ao critério empresarial de 'eficiência' é uma demanda política" (1987: 36).

Em outras palavras — e na mesma linha de Cunill Grau —, afirmam que no público o critério eficiência está subordinado ao critério democrático. E para isso é preciso pensar em uma nova administração pública, que atenda aos dois critérios, preservando a prioridade do segundo. Ranson e Stewart, entretanto, não têm muito clara qual é essa alternativa. Percebem, de forma muito aguda, que é preciso buscar uma alternativa que supere tanto a perspectiva do período social-democrático ou corporatista — quando "o conceito de administração pública refletia a crença de que o poder da técnica profissional reforçada pelas regras de equidade e justiça administradas por uma burocracia voltada para o *welfare* poderia produzir a boa sociedade" — quanto a do atual período neoliberal, que substituiu essas crenças pela crença oposta de que uma "administração contratada" garantiria a escolha pública democrática e a responsabilização dos burocratas (1994: 153). Esta alternativa deve respeitar o fato de que "a lógica da ação no domínio público está apoiada no princípio organizador do discurso público levando a escolhas coletivas baseadas no consentimento público" (p. 110). O desafio é "recuperar o público para o político" (p. 20), é desenvolver uma *learning society*, em que o discurso político e o aprendizado social sejam dominantes. Nada mais correto, bem na linha habermasiana da "ação comunicativa".[74]

Entretanto, quando chega o momento de definir ou discernir, no processo histórico em marcha, as sementes ou já as raízes dessa alternativa, Ranson e Stewart, não logram sucesso. Confundindo o caráter conservador do thatcherismo com o da administração pública gerencial, acabam jogando fora o bebê com a água do banho. Isto se deve, em grande parte, à crítica equivocada que fazem ao "consumidorismo", que caracterizaria a abordagem neoliberal: o pressuposto de que na ideia do "cidadão-cliente", que é central na administração pública gerencial, estaria implícita a visão de que "o público na nova política pode e precisa ser apenas um consumidor" (p. 15). Para os

---

[74] Ver Habermas (1981a, b).

Orientações teóricas

dois autores, a consequência de não distinguir com clareza o campo público do privado, a administração pública da administração privada, seria esta orientação para o cliente, seria o pecado consumidorista, que rebaixaria o cidadão à condição de consumidor ou cliente.

Não vou voltar discutir a adequação desse termo. Observo apenas que, embora seja inaceitável a identificação da administração pública com a privada, isto não significa que seja errado ver o cidadão como um cidadão-cliente. Esta é uma importação da administração privada que, devidamente adaptada, representa um avanço e não um retrocesso na afirmação da cidadania. Ver o cidadão como um cliente significa apenas dar-lhe a devida atenção, dedicar-lhe o respeito que ele não tem nas práticas da administração pública burocrática, autorreferida, voltada para seu próprio poder. Há sem dúvida uma diferença essencial: a empresa vê o indivíduo como um cliente porque isto lhe interessa; o governo e sua burocracia veem ou devem ver o indivíduo como um cliente porque este é um direito que ele tem como cidadão. Além disso, o fato de o cidadão ter direitos como cliente não significa que ele não tenha direitos como participante das tomadas de decisão sobre as políticas, seja pelos mecanismos da democracia representativa, seja, de forma crescente, pelas novas instituições de democracia direta ou participativa. A condenação da ideia do cidadão-cliente é um desses lugares-comuns da esquerda que assim esquece como na administração pública burocrática o cidadão tende a ser maltratado pelos burocratas. Ranson e Stewart, porém, ao caírem nesse lugar-comum, acabam colocando em dúvida algumas das características centrais da Reforma Gerencial, como a orientação para o cidadão-cliente, a formação de quase mercados, o estabelecimento de relações contratuais entre o governo e as agências, os indicadores de performance, e a flexibilidade nos sistemas de remuneração (p. 15). E assim, não obstante a bela defesa que fazem da especificidade política do domínio público e da administração pública, limitam-se, afinal, a fazer uma série de recomendações generosas voltadas para tornar a administração pública mais democrática e participativa, com as quais concordo, mas que ficam sem objeto, na medida em que não contêm definições claras sobre a área de atuação do Estado, sobre as novas instituições e os novos instrumentos de gestão que caracterizam a Reforma Gerencial em sua versão política e democrática — uma reforma que melhora a governança do Estado, tornando-o mais democrático e mais eficiente.

Orientação neoliberal?

Autores, como Pollitt (1993), Fairbrother (1994), Wright (1994), Trosa (1995) e Clarke e Newman (1997), ao elaborarem estudos de casos específicos e ao fazerem análises comparativas, criticam a administração pública gerencial ou a nova gestão pública, nela vendo traços conservadores. Wright, por exemplo, afirma, a meu ver de forma equivocada, que a as reformas que vêm ocorrendo na Europa Ocidental revelam, entre outras características, uma mudança geral de paradigma com um forte preconceito ideológico contra o Estado, o *big government*, burocracias ampliadas e soluções universalistas. Em termos de administração, o paradigma foi alimentado não apenas por uma teoria econômica orientada para o mercado no "estilo Chicago", mas também por teorias de escolha pública (com suas noções simplistas sobre o comportamento burocrático), pela teoria do principal-agente, por novas teorias de direitos de propriedade e por análises econômicas das falhas do setor público (1994: 105).

Dessa forma, Wright identifica a Reforma Gerencial com a visão neoliberal e econômica da administração pública, que foi a ideologia dominante em um determinado momento no *establishment* dos países do OCDE, mas que jamais conseguiu se implantar na administração pública, a não ser sob a forma grosseira de políticas de *downsizing*, ou seja, de redução indiscriminada o aparelho do Estado. Embora seja comum entre certos autores classificar algumas orientações da administração pública gerencial de neoliberais, especialmente aqueles que, no Reino Unido, legitimamente se opuseram às políticas conservadoras adotadas por Margareth Thatcher e identificaram a reforma gerencial com o thatcherismo, excluí tal alternativa porque, conforme demonstrarei nesta e nas seções seguintes deste capítulo, a ideologia neoliberal não é compatível com a visão gerencial, e sim com a com a perspectiva burocrática da administração pública. Thatcher foi a única estadista verdadeiramente neoliberal que governou um país desenvolvido e, de fato, a partir de uma aliança com os altos administradores e consultores gerencialistas, que não se conformavam com a crise do *civil service* britânico, promoveu a Reforma Gerencial no seu país. Mas em outros países onde governavam partidos social-democratas a Reforma Gerencial também foi empreendida, como foi o caso da Nova Zelândia, na fase inicial da reforma, e da Austrália, durante a maior parte do processo.

Não obstante, existe implícita ou explicitamente na cabeça de muitos uma equação linear segundo a qual "Governo Thatcher = neoliberalismo = escolha racional = Reforma Gerencial". Esta equação, entretanto, só é verdadeira na sua primeira igualdade. O governo Thatcher foi neoliberal. Já a segunda é discutível: existe toda uma corrente de cientistas políticos, encabeçada por Adam Przeworski, que utiliza o instrumental da teoria da escolha racional e da teoria do principal-agente, mas não é conservadora: é

Orientações teóricas

social-democrata. Já a última igualdade da equação (escolha racional = Reforma Gerencial) só é menos equivocada do que igualar os termos extremos da equação (Governo Thatcher = Reforma Gerencial).

O Governo Thatcher não adotou a Reforma Gerencial por razões ideológicas, mas pragmáticas. Thatcher, como qualquer político competente, nesse momento estava fazendo acordos ao invés de ser dogmática. Se o fosse, não teria se envolvido em uma reforma que pressupõe ação coletiva, quando sabemos que os verdadeiros neoliberais, na medida em que são liberais radicais, ultraindividualistas, não acreditam na possibilidade de uma eficiente ação coletiva. Por isso não acreditam na possibilidade de o Estado — que consubstancia a ação coletiva — agir de forma eficiente na área econômica e mesmo na área social, preconizando, assim, o Estado mínimo, a retirada do Estado de todas as áreas, exceto a da garantia da propriedade e dos contratos. E daí preconizarem, também, para as funções das quais não é possível excluir o Estado, o estabelecimento de instituições que sejam de tal forma sólidas, de tal forma resistentes à corrupção, ao *rent-seeking* e ao nepotismo que não dependam das qualidades morais dos políticos e administradores públicos. Que instituições são essas? No plano da administração pública, são os controles burocráticos rígidos. Não obstante, Thatcher fez uma aliança com os consultores e administradores públicos gerencialistas, que desejavam superar a crise do *civil service* britânico, porque assim ambas as partes lograriam atingir seus objetivos: Thatcher não eliminou os serviços sociais do Estado, mas reduziu seu peso no orçamento; os gerencialistas conseguiram tornar esses serviços mais eficientes e assim recuperar o prestígio do *civil service*.

Na verdade, a visão conservadora e neoliberal da sociedade e da política é essencialmente uma visão pessimista quanto à natureza humana, enquanto as visões progressistas tendem a ser mais otimistas, tendem a ter um mínimo de confiança no ser humano, que é essencial para a convivência e a cooperação social. A Reforma Gerencial, embora ocorrendo em uma fase histórica conservadora porque pessimista, parte desse otimismo mínimo. Depois do otimismo que o racionalismo e o iluminismo — e mais amplamente a modernidade — trouxeram para o mundo, vivemos nestes últimos 30 anos um tempo de dúvidas, de fragmentação de identidades e de descrença na razão, que caracterizam o mundo pós-moderno (Stuart Hall, 1996). No contexto da modernidade, conforme observam March e Olsen, a ordem política era vista como uma questão de escolha, como o resultado da razão humana que buscava construir uma sociedade mais racional. Entretanto, recentemente esse otimismo democrático foi substituído por uma concepção de política que tem como premissas o individualismo e o autointeresse. March e Olsen, embora utilizando muitos dos recursos metodológicos do individualismo, rebelam-se contra essa visão da democracia:

"Ideias de que os governantes perseguem uma virtude pública autônoma e objetivos coletivos foram subordinadas a ideias de negociação, coalizão política, e competição... Entretanto, nós, na companhia de muitos outros, acreditamos que teorias de democracia baseadas no individualismo e nas trocas oferecem bases incompletas para se pensar a respeito do governo" (1995: 5-6).[75]

Como para March e Olsen, e diferentemente do que ocorre com o pensamento conservador moderno, a Reforma Gerencial está apoiada em uma visão mais otimista da natureza humana do que aquela adotada pela escolha racional: pressupõe que políticos e administradores públicos, embora mais interessados em seus objetivos egoístas, estão também motivados pelo interesse público. A administração pública gerencial aposta na delegação de autoridade, na autonomia dos gerentes, no controle *a posteriori*, porque conta com os controles de resultados, os controles de quase mercados e os controles democráticos, e também porque acredita na possibilidade de cooperação desinteressada, na busca do interesse público. Não tem uma visão idílica do ser humano e sabe que os controles são essenciais, que o autointeresse e a cooperação desinteressada estão sempre em equilíbrio instável: se não houver vigilância, não apenas administrativa, mas também democrática, o equilíbrio penderá para o lado do autointeresse. Mas tem claro que, para uma administração ser pública ela tem, necessariamente, de estar voltada para o interesse público.

Nesses termos, nenhuma das três orientações que apresentamos pode ser chamada de neoliberal. Todas acreditam na possibilidade de uma ação eficiente do Estado. A orientação que mais se aproxima do neoliberalismo é a que denominamos Econômica, na medida em que, no limite, deseja privatizar os serviços sociais e científicos, como ocorreu na Nova Zelândia. Mas mesmo nesse caso, essa orientação defende o financiamento a fundo perdido dos

---

[75] March e Olsen falam em *democratic governance*, que estou traduzindo para "governo democrático", uma vez que eles estão se referindo ao processo amplo de governar Estados democráticos. Eles usam *governance* nesse sentido provavelmente porque *government* cria confusão com *state*. No Brasil, e de um modo geral na tradição europeia e latino-americana, governo e Estado estão claramente distinguidos. Assim podemos reservar a expressão "governança" para um aspecto do governo: a capacidade de transformar em realidade as decisões dos governantes.

serviços sociais básicos pelo Estado e reconhece a especificidade do público em relação ao privado.

A Reforma Gerencial, como seu próprio nome sugere, sem dúvida se inspira na administração de empresas, na autonomia decisória que os administradores de empresas detêm. O burocrata clássico é aquele que aplica as normas burocráticas, evitando a "discricionariedade"; o administrador de empresas é aquele que toma decisões em situação de incerteza, usando da sua discrição. Com a Reforma Gerencial, o administrador público deve adquirir não toda, mas uma grande parte da autonomia de que goza o administrador privado. E ao acontecer isso, obter, ao mesmo tempo, autonomia em relação ao político clientelista, com apoio nos políticos democráticos, uma vez que a autonomia em relação à norma não faz sentido se não for acompanhada pela autonomia em relação à clientela política. A decisão dos políticos democráticos de implantar uma administração pública gerencial implica, necessariamente, a decisão de eliminar o clientelismo, que, na administração privada não existe como não pode existir na administração pública que passou a ser gerencial. Tanto na administração privada como na pública gerencial existe uma incompatibilidade intrínseca com o clientelismo.

É preciso, entretanto, ter claras as diferenças entre a administração pública e a administração de empresas, que derivam da natureza diferente da organização privada e da organização pública. São duas as diferenças fundamentais, das quais derivam todas as outras: primeiro, a organização ou a empresa privada tem proprietários e visa ao lucro, a organização pública pertence a todos e busca o interesse público; segundo, a empresa é regida ou coordenada pelo mercado, que a teoria econômica estuda, enquanto o Estado é regido pela política, que a ciência política e o direito analisam. Em consequência, quando certos autores tentam equalizar as duas administrações em nome da Reforma Gerencial cometem um engano conservador de não distinguir as lógicas diversas que, nas organizações, regem o privado e o público.

Essa confusão ideológica e teórica reflete-se nas duas teorias das organizações hoje disponíveis. A recente "teoria econômica das organizações", baseada na teoria da escolha racional e na teoria do principal-agente, e a "teoria administrativa das organizações" ou simplesmente teoria das organizações, de base sociológica e política, que tem origem em Weber, mas ganhou autonomia teórica a partir de meados deste século. Enquanto a primeira tende a ser conservadora e representa um retrocesso teórico em direção à administração pública burocrática, a segunda é progressista e aponta na direção da Reforma Gerencial. Examinaremos essas duas teorias e sua correspondência com as formas de administração pública nas duas seções seguintes.

ESCOLHA RACIONAL E BUROCRACIA

Qualquer forma de administração, pública ou privada, está necessariamente baseada em um sistema de incentivos e punições. Ou, em outras palavras, em um sistema de motivação positiva e negativa. Desde os estudos de Hawthorne, liderados por Elton Mayo no início dos anos 30, que deram origem à escola de relações humanas e, mais amplamente, à teoria das organizações, o tema central da administração de empresas tem sido o da motivação: ou seja, como estabelecer um sistema de incentivos e punições que motive os trabalhadores a executar bem suas tarefas. No setor privado, os sistemas de avaliação de desempenho, de pagamento de gratificações de desempenho, de premiação, de progressão com base em resultados estão todos baseados nessa ideia.

Mais recentemente, a ciência política desenvolveu, nos quadros da escola da escolha racional, a teoria do principal-agente, que, devido ao seu caráter mais abstrato, pode examinar, além das relações hierárquicas de subordinação e das relações horizontais de cooperação, as relações verticais, mas não hierárquicas, entre os eleitores e os políticos eleitos, ou entre os acionistas e os dirigentes das empresas. O problema central, entretanto, continua o mesmo: qual o sistema de incentivos e punições que melhor logrará levar o agente a seguir as orientações ou decisões do principal?

Entretanto, essa teoria, que pelo seu grau de generalização poderia em princípio significar um avanço, acabou em termos práticos representando um retrocesso na medida em que seus adeptos retornaram às ideias tayloristas da administração científica, há muito tempo abandonadas pela teoria das organizações. Tal retorno, entretanto, em vez de se basear em uma perspectiva de engenharia, como era a de Taylor, deriva do fato de que a teoria do principal-agente está baseada na teoria da escolha racional. Ora, embora essa teoria, que tem origem na teoria econômica neoclássica, possa ser um instrumento de análise relativamente útil, na medida em que procura ver as instituições como produto de decisões tomadas racionalmente, ela enfrenta limitações graves quando aplicada à política e principalmente à administração de organizações. O pressuposto de que agentes e principais sempre agem de forma "racional", autointeressada, leva a reduzi-los ao modelo do *homo economicus*. Essa redução é útil para a teoria econômica, que trabalha em um nível altíssimo de abstração.[76] É, entretanto, menos aplicável para a teo-

[76] Mesmo entre os economistas, entretanto, o debate a respeito desse pressuposto é intenso.

Orientações teóricas

ria política, que opera em um nível de abstração mais baixo, e ainda menos para a teoria da administração, que utiliza muito menos o recurso das generalizações.

Não tenho neste livro a intenção de fazer uma crítica geral da teoria da escolha racional e da subteoria do principal-agente. Ambas implicam uma transposição para a teoria política e para a administração pública do método e dos princípios da teoria microeconômica neoclássica, que, se já são objeto de ampla discussão entre os economistas, devido ao seu caráter radicalmente lógico-dedutivo e abstrato, em vez de histórico-indutivo. Entretanto, como o objetivo dos agentes econômicos no mercado é sempre maximizar seus ganhos, a força explicativa da teoria neoclássica é muito forte. Já no caso dos comportamentos políticos e administrativos esse pressuposto de maximização do autointeresse está longe de ser consensual. Além do fato de que os fenômenos políticos e administrativos são muito mais concretos e particularizados do que as relações econômicas no mercado descritas pela teoria neoclássica. Por isso, entendo que a capacidade heurística da escolha racional é limitada. Não obstante, admito que a utilização de métodos da escolha racional pode ser útil para compreender comportamentos e instituições políticas, como principalmente as pesquisas sobre comportamento dos políticos nos parlamentos têm demonstrado.

Neste livro, e particularmente nesta seção, meu objetivo não é fazer a crítica da escolha racional e da teoria do principal-agente, mas demonstrar, contrariando o saber convencional, que, dada a concepção pessimista da natureza humana em que se baseiam, essas teorias são incompatíveis com a Reforma Gerencial e consistentes com a proposta burocrática de administração pública. Trabalhos de autores representativos dessa perspectiva teórica, como Tirole (1994), Moe (1990) e McCubbins, Noll e Weingast (1987), são ilustrativos do que estou afirmando.

McCubbins, Noll e Weingast (1987) estão interessados em saber como os políticos eleitos podem controlar os burocratas — um típico "problema de agência" segundo eles, ou seja, um problema que a teoria do principal-agente tem condições de equacionar. E como equacionam eles o problema? Significativamente, os três respeitados cientistas políticos vão encontrar a solução no uso mais intenso de procedimentos administrativos. Em outras palavras, no final do século XX, redescobrem os princípios da administração pública burocrática. Segundo eles, existem duas formas de os políticos controlarem os burocratas: pelo mecanismo da supervisão (*oversight*), que envolve o monitoramento, a recompensa, a punição dos burocratas aos quais se delegou um certo grau de autoridade e o mecanismo dos procedimentos administrativos (*administrative procedures*). Durante muitos anos, a "teoria política positiva" ignorou esta última alternativa, limitando suas pesquisas e análises ao mecanismo da supervisão, que são ineficientes porque caros.[77] Em seu trabalho, os três autores descobrem a utilidade das normas legais administrativas, colocando-as nos termos da teoria da escolha racional:

> "Ao estruturar as regras do jogo para efeito de agência, os procedimentos administrativos definem a sequência das atividades de agência, regulam a coleta e disseminação das informações necessárias, limitam as escolhas possíveis, e definem suas vantagens estratégicas" (1987: 225).

Esse retorno ao passado usando um instrumental econômico aparentemente moderno (mas de fato antigo, do século passado), que se tornou *mainstream* na ciência política, com a teoria da escolha racional, pode também ser encontrado em Tirole (1994). Usando do instrumental econômico neoclássico para entender o funcionamento interno do Estado, parte do pressuposto de que os políticos e servidores públicos são autointeressados (*self-interested*) e, portanto, exclusivamente motivados por incentivos monetários ou por oportunidades de ascensão na carreira. Por outro lado, observa que, diferentemente do que ocorre com as empresas privadas, cujo objetivo é claramente maximizar o lucro, as agências governamentais têm objetivos múltiplos, geralmente de difícil mensuração, e eventualmente contraditórios. Ora, dadas as dificuldades em se estabelecerem incentivos, inclusive os de carreira, os administradores públicos estão sendo permanentemente tentados por grupos de interesse privados, que buscam capturá-los. Para evitar essa ameaça, estabelece-se um sistema regulatório, que pode ser, entretanto, capturado por interesses particulares. Adicionalmente, é estabelecido um sistema de divisão de poderes ou de *checks and balances*, cujo poder de controle é, entretanto, também limitado. Daí, conclui o autor, de forma estritamente burocrática, que melhor do que contar com a supervisão da burocracia pelos políticos é reduzir o tamanho do Estado e os interesses econômicos com os quais lida, e contar com um livro de regras para evitar que a administração pública tome decisões com relativa autonomia:

---

[77] "Teoria política positiva" é um a expressão que os cientistas políticos da teoria da escolha racional e da teoria do principal-agente também gostam de dar a si próprios, inspirando-se na "teoria econômica positiva" de Milton Friedman (1953).

Orientações teóricas

"Para se diminuir a tentação dos servidores públicos de serem capturados (corrompidos), podem ser reduzidos os ganhos ou perdas dos grupos de interesse dependentes de decisões regulatórias do governo. Isto significa depender menos das informações de que dispõem os administradores públicos e, em vez disso, regular de acordo com o livro de regras. Na nossa visão, a característica central de uma burocracia é que seus membros não contam com a confiança para fazer uso de informações que afetam outras pessoas além deles próprios, e portanto que as decisões são baseadas em regras rígidas" (1994: 14).

Terry Moe, que usa também todo o instrumental neoclássico incorporado no institucionalismo e na teoria da escolha racional para tentar entender a administração pública, vai na mesma direção, caracterizando-se pelo pessimismo radical em relação ao Estado e à possibilidade de efetiva ação coletiva. Distingue, entretanto, com clareza a organização privada da pública. Moe, embora iniciando seu trabalho com a afirmação de que "as agências públicas são as empresas do setor público" (1990: 223), percebeu com clareza a diferença entre a organização privada e a pública e as consequências que daí derivam. Estas diferenças levarão ao uso da administração pública burocrática, mas nem por isso alcançarão racionalidade ou eficiência. Inicialmente, Moe vai buscar na teoria econômica das organizações de Oliver Williamson (1985) inspiração para entender o Estado e a administração pública. O pressuposto dessa teoria é de que os agentes econômicos autônomos são levados a cooperar livremente em organizações, estabelecendo contratos nesse sentido, e dessa forma superando seus problemas de ação coletiva, desde que isto implique custos de transação menores do que aqueles que ocorreriam no mercado se cada indivíduo decidisse não cooperar e agir individualmente. Essa teoria explica mal as organizações públicas uma vez que a participação nelas não pode ser considerada voluntária. Usando as categorias de Hirschman (1970), os cidadãos não têm a alternativa do *exit*, apenas a da *voice*. Enquanto na organização privada é sempre possível a alternativa da saída, na pública isso só é possível parcialmente, e no Estado como um todo, a organização pública inclusiva, impossível. Os cidadãos, em vez de sair, devem tomar decisões por maioria. Decisões que são inerentemente instáveis, podendo ser alteradas dependendo dos resultados das eleições.

Moe recorre, então, para explicar a cooperação nas organizações públicas, à teoria do principal-agente, que também procura resolver o problema da ação coletiva (de falta de cooperação). Nesse caso, a teoria é mais útil na medida em que os agentes podem ser induzidos pelos principais, que definem estruturas contratuais com incentivos e punições, as quais, por sua vez, levam o agente a realizar os objetivos almejados pelo principal.[78] Nos dois casos, Moe foi fiel ao individualismo metodológico que os cientistas políticos da escolha racional e do institucionalismo foram buscar na teoria econômica neoclássica, na qual as organizações não são vistas como um fenômeno histórico, como Weber as analisou, mas como resultado lógico-dedutivo de uma decisão de cooperar limitadamente por parte de agentes econômicos.

Moe recebe com reservas essa teoria institucional das organizações. É preciso adaptá-la às condições particulares do Estado e da política. A política não é exatamente o mundo da troca voluntária, mas do exercício da autoridade pública para realizar transferências e redistribuir renda. Por isso a teoria dos custos de transação é pouco útil, e a teoria do principal-agente, ou simplesmente da agência, pode ser aplicada, mas com limitações. A teoria da agência está preocupada com a subordinação do agente ao principal, e com a garantia de que o agente faça o seu trabalho o mais efetivamente possível. Nesse processo, as decisões do principal que resultam na estrutura organizacional são de grande importância. O problema fundamental é tomar decisões estruturais que permitam construir uma organização ou uma instituição que funcione. O problema não é escolher procedimentos ou controles, mas construir organizações que sejam capazes de realizar suas respectivas missões.

Entretanto, Moe observa que o cumprimento desse objetivo no setor público é, senão impossível, muito mais difícil do que no privado. Nas empresas, a propriedade é clara e firme, nas agências do Estado o comando é transitório. Por isso os partidos políticos que se encontram no poder buscam construir organizações que logrem um razoável insulamento em relação ao governo, de forma que, no momento em que eles percam o controle do Estado, o novo governo não possa modificar significativamente o arranjo institucional e as políticas da agência pública. Ao fazer isso, observa Moe, os mecanismos insulacionistas são precisamente criados por aqueles que *não quer em* uma estrutura efetivamente democrática de controle. Ao contrário do que ocorre no mercado, a noção de perdedor e vencedor não é clara. Os vencedores de hoje podem ser os perdedores de amanhã. E estão sempre dentro do sistema, sem a alternativa da saída. Por isso, diz Moe:

[78] Sobre a teoria do principal-agente na administração pública ver Przeworski (1996) e Melo (1996).

Orientações teóricas

"Há vencedores e perdedores, e os perdedores não podem sair — mas, ao contrário, presos na armadilha do sistema, participam do desenho de agências e de programas aos quais eles se opõem, e usam esse poder que possuem para criar organizações que não podem realizar sua tarefa" (1990: 228).

Nesse processo, o controle do principal (o eleitor) sobre o político (o agente) é muito relativo. É igualmente relativo o outro passo da cadeia principal-agente: o controle do principal (político) sobre o administrador público (agente). O agente administrador público adquire uma autonomia que, se tem a qualidade de reduzir o clientelismo, e, principalmente, se responde às demandas dos políticos de neutralizar futuros governos de oposição, em contrapartida escapa ao controle democrático, e pode levar o burocrata a perseguir seus próprios interesses em vez de buscar o interesse dos políticos que deram autonomia à organização, e menos ainda o interesse público.

Por esse processo, Moe está descrevendo a divisão de poder ou de *checks and balances*, que caracteriza as democracias modernas. Mas o faz para acentuar seu aspecto perverso. Nos países modernos, os legisladores não têm uma visão de conjunto, que, segundo ele, só os chefes de Estado podem eventualmente ter. Sua preocupação fundamental é proteger-se. E para isso, embora possamos encontrar explicações perfeitamente racionais para o fato,

"[...] os legisladores alegremente criam uma burocracia, peça por peça, que não faz qualquer sentido como um todo organizacional... O resultado é um pesadelo. A burocracia americana é uma confusão organizacional" (1990: 237-238).

Esta visão pessimista é claramente neoliberal. Tão radicalmente neoliberal que nem as normas burocráticas rígidas são uma solução, devido à irracionalidade dos políticos, que querem se proteger. A única alternativa é o Estado mínimo. Ora, nada está mais longe das ideias que estou expondo neste livro e da Reforma Gerencial em curso, do que essa ideia.

TEORIA DAS ORGANIZAÇÕES E REFORMA GERENCIAL

O sistema de motivação nas organizações depende de variáveis como a natureza do trabalho executado, a cultura organizacional ali desenvolvida, o país em que está situada a organização. Podemos aceitar que, entre os políticos, o desejo de ser eleito tenha precedência sobre suas preferências em termos de políticas públicas (Ames, 1987; Geddes, 1991), enquanto para os burocratas, a vontade de ser promovido deve ser mais forte do que a de defender o interesse público, mas isso não significa que sempre ponham o interesse público em segundo lugar. Motivações de caráter "moral", relacionadas com a satisfação no trabalho, o sentido de equipe, a sensação de estar cumprindo uma missão, especialmente se esta for de natureza pública, são fatores motivadores poderosos e não necessariamente egoístas. Retornar, na análise da administração das organizações públicas a uma visão taylorista, de engenheiros, ou a uma visão neoclássica, de economistas, que já foi recusada pela teoria das organizações em relação às próprias empresas privadas, constitui um retrocesso teórico e prático. Depois que a teoria da administração, a partir dos estudos de Hawthorne, liderados por Elton Mayo, se transformou na teoria das organizações e passou a ter uma matriz teórica sociológica em vez de econômica, perspectivas engenheirísticas ou economicistas foram descartadas.[79]

Embora seja possível distinguir muitas escolas de pensamento na teoria das organizações (Perrow, 1986; Prestes Motta, 1998), seu pressuposto mais geral é o de que a organização é um tipo de sistema social: é um sistema social formal, deliberadamente voltado para a realização de objetivos. Ora, sendo um sistema social, é um sistema em que o todo é maior do que a soma das partes. Assim, não é possível reduzir a organização a decisões de agentes individuais, como pretende a escola da escolha racional. Nem é possível limitar os incentivos de seus membros a incentivos materiais, ou mesmo, mais amplamente, a incentivos egoístas. Existe hoje, na teoria das organizações, um amplo consenso quanto à importância dos incentivos não econômicos ou sociais. Conforme observa Etzioni (1964: 32), a escola de relações humanas descobriu que a eficiência e a racionalidade das organizações não depende da capacidade física de trabalho, mas da "capacidade social" do trabalhador, e que as recompensas não econômicas desempenham um papel central em determinar a motivação e felicidade do trabalhador. Chester Barnard (1938), que, com Mayo, pode ser considerado o fundador da teoria das organizações, foi enfático ao salientar a importância da cooperação e dos incentivos morais nas organizações. Em trabalhos hoje clássicos, Maslow (1943, 1970) propôs uma hierarquia de motivações, começando pela autorrealização no trabalho, e passando pela autoestima derivada da autonomia e responsa-

---

[79] Estes estudos foram realizados na fábrica da Western Eletric, em Hawthorne, Chicago, entre 1927 e 1932. O relatório clássico desses estudos foi realizado por Roethlisberger e Dickson (1939). Do próprio Mayo, ver *The Human Problems of an Industrial Civilization* (1946).

bilidade na execução das tarefas, pela participação no grupo social, pela segurança proporcionada pela organização, e terminando na motivação "fisiológica", que inclui o salário e os incentivos monetários.

A ênfase dada por Mayo e Barnard aos fatores de cooperação na motivação para o trabalho foi depois criticada como excessiva pelos teóricos das organizações, mas a ideia geral não foi contestada. Resumir o sistema de incentivos em uma organização a incentivos egoístas de ganho material e de promoção na carreira é impensável. Hoje, nos termos da teoria das organizações, a motivação é apenas um dos aspectos estudados. A preocupação central está em compreender a organização enquanto sistema social sob diversos ângulos ou perspectivas. Gareth Morgan (1986), que provavelmente escreveu o livro recente mais prestigioso sobre a teoria das organizações, considera que estas podem ser compreendidas pela combinação de oito metáforas: as organizações como máquinas, como organismos, como cérebro, como culturas, como sistemas políticos, como prisões psíquicas, como fluxo e transformação, e como instrumentos de dominação. Na maioria delas, as organizações são vistas como sistemas sociais vivos e dinâmicos, constituídos por ativos econômicos e financeiros, processos e tecnologias, e principalmente por homens e mulheres dotados de motivos egoístas e altruístas ou sociais, e de visões contraditórias, de amor e ódio, sobre a própria organização em que trabalham. Por um processo que Pagès *et alii* (1986) chamaram de "mediação", temos a aliança ou convivência contraditória, na organização, dos privilégios ou vantagens oferecidos para motivar os empregados e as restrições ou coerções impostas a eles pela organização.[80]

Pagès e seus associados fizeram sua pesquisa e chegaram à sua teoria tendo como objeto as empresas capitalistas, onde tais contradições são particularmente agudas. Na administração pública elas também existem, embora sejam em princípio menores. Enquanto o empregado privado está sempre em dúvida se seu trabalho está atendendo ao interesse geral, o servidor público em princípio está sempre voltado para o interesse público. Para o empregado privado é preciso acreditar, com Adam Smith, que ao buscar o interesse privado dos proprietários da empresa, o interesse geral estará automaticamente atendido pela concorrência no mercado. Já para o servidor público, a única

---

[80] Na extensa literatura sobre as organizações formais ou sobre a teoria das organizações, além dos já citados, deve-se acrescentar Simon (1945), March e Simon (1958), Blau e Scott (1963), Etzioni (1964), Prestes Motta e Bresser-Pereira (1963/80), Perrow (1986), Prestes Motta (1986). A base comum dessa teoria é a obra de Max Weber sobre a burocracia e os trabalhos de Talcott Parsons (1937, 1960).

dúvida que ele pode ter é se os políticos no poder estão ou não principalmente voltados para o interesse público.

Miller (1992), usando de forma sistemática o instrumental teórico da teoria da escolha racional e do principal-agente, fez uma crítica demolidora da "teoria econômica das organizações" (*organizational economics*), que se utiliza do instrumental teórico da teoria econômica neoclássica, opondo-a à teoria das organizações, cuja base teórica é fundamentalmente sociológica e política. O interessante no trabalho de Miller está no fato de que ele faz uma crítica interna, a partir dos pressupostos da teoria que critica. Miller opõe mercados a "hierarquias" ou organizações, e explica a existência das primeiras com base na teoria de Coase (1937) segundo a qual as organizações ou as empresas se formam na medida em que os custos de transação tornam ineficiente o controle pelo mercado em relação ao controle alternativo, de caráter hierárquico ou organizacional. Logo, as normas institucionais, o sistema de incentivos que rege uma organização deve ser diferente daquele que preside o funcionamento dos mercados. Não obstante, e contraditoriamente, a teoria econômica das organizações procura estender para elas o mesmo sistema de incentivos, de caráter principalmente pecuniário, que funciona nos mercados. Ao adotarem essa estratégia, entretanto os economistas organizacionais, apoiados na teoria do principal-agente, defrontam-se com anomalias insuperáveis. Dentro das organizações, suas predições de comportamento racional voltado para o ganho pessoal não se confirmam na realidade. Um grande número de pesquisas demonstra que trabalho em grupo, cooperação, liderança e cultura organizacional cooperativa produzem resultados mais eficientes do que um sistema de incentivos "racional". Na verdade, explica Miller, isso não significa que os membros das organizações ajam de forma irracional. Significa apenas que as instituições existentes na organização o levam a um comportamento racional que não é meramente individualista, orientado pelo enriquecimento pessoal. Enquanto nos mercados as trocas são impessoais, nas organizações elas são personalizadas. Por isso, conclui Miller:

> "Hierarquias, diferentemente dos mercados, institucionalizam compromissos mútuos de longo prazo que tornam frequente a permuta (*trade-off*) entre aceitação e estima social e riqueza" (1992: 9).

Na mesma direção de Miller, McCubbins (1991), em um trabalho posterior ao que escreveu com Noll e Weingast (1987) sobre os procedimentos administrativos, embora sem criticar os pressupostos teóricos em que se baseia, critica a perspectiva burocrática ou administrativista do controle da

Orientações teóricas

burocracia adotada pelos cientistas políticos norte-americanos que utilizam a teoria do principal-agente. Segundo esses autores, a delegação que o Congresso americano faz aos burocratas envolveria uma abdicação de poder, pois enfraqueceria seu controle sobre a definição e implementação das políticas públicas. McCubbins nega essa tese, afirmando:

> "A alternativa que apresentou à hipótese da abdicação é que é possível delegar autoridade a outros e, não obstante, continuar a atingir os resultados desejados. De fato, é frequente o caso em que o resultado desejado *apenas* pode ser atingido delegando autoridade a outros" (1991: 3, itálico do autor).

Dessa forma, McCubbins redescobre, de forma sofrida e tardia, uma das ideias básicas da teoria das organizações: a de que a delegação e a decorrente descentralização (no sentido de desconcentração) visa aumentar, ao invés de diminuir, o controle do administrador, ou do principal, usando a terminologia mais atual. E que a delegação só ocorre na prática exatamente porque alcança esse resultado. Dentro das organizações, a delegação não é uma conquista democrática dos que recebem a delegação, como querem alguns de seus defensores, nem uma perda de controle, como sugerem os cientistas políticos criticados por McCubbins. É simplesmente uma estratégia administrativa visando aumentar o controle do principal sobre os resultados que ele deseja alcançar.[81]

O pressuposto da Reforma Gerencial é de que a teoria administrativa das organizações possui uma capacidade preditiva muito maior do que a teoria econômica das organizações. Que no Estado, que é a organização maior, a motivação de caráter moral ou social é muito importante, não podendo ser ignorada. Que o servidor público está em princípio fazendo *trade offs* entre a vontade de ser promovido e alcançar mais poder e o desejo de atender o interesse público. Sem dúvida, existem também os que fazem o *trade-off* perverso entre a vontade de enriquecer ilicitamente e a de ser promovido, mas este segundo tipo de servidor público, que para a teoria econômica das organizações (escolha racional) é a regra, para a teoria administrativa das organizações é a exceção. Em geral, o servidor escolhe essa profissão porque ela é mais segura, mais estável e porque lhe permite trabalhar diretamente em

---

[81] Conforme escrevi (e não creio que estivesse inovando neste tema), a descentralização "ao invés de diminuir o controle sobre as empresas, visa aumentá-lo... seu objetivo é o objetivo de todos os atos administrativos racionais: aumentar a eficiência das empresas, mantendo seu controle firmemente nas mãos da administração" (Bresser-Pereira, 1964a: 115).

favor do interesse público. É pressuposto também da administração pública gerencial a ideia de que os servidores que conhecem com clareza a missão de sua organização e sentem possuir uma razoável autonomia para lograr atingi-la estarão fortemente motivados para o trabalho, independentemente da remuneração que venha a receber. Esta é sempre importante, mas o servidor, e principalmente o administrador público sabe, ao escolher essa profissão, que seu pagamento será sempre modesto em relação ao pagamento dos administradores privados mais bem-sucedidos.

Capitalismo de *SHAREHOLDERS* ou de *STAKEHOLDERS*?

A teoria do principal-agente, ao contrário da teoria das organizações, devido à sua origem na economia neoclássica, reduz todo o problema da motivação e da cooperação ao problema de "custo de agência", em que incorrem os acionistas, sempre ameaçados de ser enganados pelos administradores profissionais que contratam, e em que incorrem os executivos profissionais, ameaçados de ser enganados pelos trabalhadores. O custo de agência é o custo em que o principal decide racionalmente incorrer para reduzir a irresistível tendência ao engano do agente; é um custo marginalmente menor do que o custo do engano. Se este for maior, o "benefício de agência" tornar-se-á negativo e o principal deixará de delegar para o agente.

Na empresa privada, esse tipo de abordagem leva ao *shareholder capitalism* (capitalismo de acionistas), cuja filosofia é maximizar no mercado o interesse dos acionistas, em permanente conflito com os executivos e os trabalhadores. É o capitalismo dominante nos Estados Unidos e opõe-se ao *stakeholder capitalism* (capitalismo de portadores de direitos), dominante no Japão e na Europa Ocidental, no qual não apenas os acionistas, mas todos os demais participantes da empresa têm direitos sobre ela. O neoliberalismo corresponde a um capitalismo de acionistas, a um capitalismo em que o conflito e o mercado são os princípios diretores. Aparentemente, sua superioridade foi confirmada pelo crescimento econômico ocorrido nos Estados Unidos nesta década, enquanto a Europa e o Japão viviam uma década de desemprego ou de crise. Mesmo entre as empresas, entretanto, a alternativa entre um capitalismo de acionistas e um capitalismo de portadores de direito está longe de estar resolvida. Minha convicção pessoal é de que o crescimento maior dos Estados Unidos em relação à Europa e o Japão nos últimos anos é devido mais a fatores conjunturais do que estruturais. A médio prazo, o capitalismo de portadores de direitos não é apenas mais justo: é também mais eficiente, porque induz a maior cooperação, porque é mais efetivo em motivar a todos.

Orientações teóricas

Existe, entretanto, espaço para debate entre as duas abordagens, no caso das empresas coordenadas pelo mercado. Já no caso da administração pública, entretanto, esse espaço de debate praticamente desaparece. Pensar em uma democracia de eleitores, na qual estes pagam (subornam, eu diria) os políticos e os burocratas para que não os enganem, como quer a teoria do principal-agente, é uma tragédia democrática e uma inviabilidade prática.

A Reforma Gerencial convive melhor com um capitalismo de portadores de direito, na medida em que o Estado, enquanto organização, é um sistema de cooperação, é um instrumento político (e não de mercado) de ação coletiva, que só pode funcionar bem se for capaz de limitar o conflito e promover a cooperação. Ao colocar o aumento da autonomia e da responsabilidade do administrador público e das agências descentralizadas que eles dirigem como ponto fundamental de sua proposta, a Reforma Gerencial está simplesmente reconhecendo que a motivação humana está baseada, de um lado, no sentido de missão e no interesse público e, de outro, na autonomia e responsabilidade, levando os dois fatores ao aumento da cooperação e à sensação de autorrealização. Esse processo motivacional já foi amplamente pesquisado e verificado no setor privado; no setor público, ele é necessariamente ainda mais forte. Está claro que é necessário também haver um sistema de punições, de motivação negativa, e que a motivação positiva de caráter remuneratório não pode ser esquecida, porém, mais importante é a motivação positiva relacionada com a autorrealização, o sentido de cooperar dentro de um grupo, e a busca do interesse público.

A administração pública é um ramo da teoria política, não da teoria econômica. Mesmo a empresa não pode ser reduzida à teoria econômica a não ser em suas relações externas, na medida em que ela opera no mercado e por ele é coordenada. Em suas relações internas, a empresa é uma organização, regida pelos princípios que vêm sendo desenvolvidos pela teoria das organizações. Já o Estado não pode ser reduzido ao mercado e à teoria econômica, mesmo em suas relações externas. O Estado é sempre uma organização política, em que o poder é democrático ou autoritário e a administração eficiente ou ineficiente, mas a lógica desse poder e dessa administração será sempre dominantemente política e não econômica. Podemos acreditar em um capitalismo de *shareholders* ou em um capitalismo de *stakeholders*, dependendo de nossa ideologia mais conservadora ou mais progressista, mas jamais poderemos reduzir o Estado a um problema de acionistas com seus interesses econômicos; ele será sempre um problema de cidadãos com direitos políticos.

Capítulo 6
FORMAS DE CONTROLE

Toda sociedade, para se coordenar, usa um conjunto de mecanismos de controle ou de coordenação, que podem ser organizados e classificados de muitas maneiras. Uma simplificação, a partir de uma perspectiva institucional, é afirmar que temos três mecanismos de controle fundamentais: o Estado, o mercado e a sociedade civil. No Estado, está incluído o sistema legal ou jurídico, constituído pelas normas jurídicas e instituições fundamentais da sociedade; o sistema legal é o mecanismo mais geral de controle, praticamente se identificando com o Estado, na medida em que estabelece os princípios básicos para que os demais mecanismos possam minimamente funcionar. O mercado, por sua vez, é o sistema econômico em que o controle se realiza por meio da competição. Finalmente, a sociedade civil — ou seja, a sociedade estruturada segundo o peso relativo dos diversos grupos sociais — constitui-se em um terceiro mecanismo básico de controle; os grupos sociais que a compõem tendem a se organizar, seja para defender interesses particulares, corporativos, seja para agir em nome do interesse público; em qualquer das hipóteses, são um mecanismo essencial de controle.[82]

Em vez do critério institucional, entretanto, podemos utilizar um critério funcional, que se sobrepõe ao anterior, mas não é inteiramente coincidente. Segundo esse critério, temos também três formas de controle: o controle hierárquico ou administrativo, que se exerce dentro das organizações públicas ou privadas, o controle democrático ou social, que se exerce em termos políticos sobre as organizações e os indivíduos, e o controle econômico via mercado. Esse segundo critério é talvez mais geral e nos permite compreender melhor o espaço que cabe aos mecanismos institucionais: ao Estado, ao mercado e à sociedade civil.

---

[82] Neste trabalho, não estou discutindo a importância relativa desses três mecanismos institucionais de controle. Está claro que a perspectiva dos economistas neoclássicos, que atribui ao mercado um papel absolutamente predominante, é reducionista. A perspectiva crítica dos economistas evolucionários, muito bem expressa por Delorme (1995), é mais instigante. Enfatiza o papel das instituições e organizações, e o caráter dinâmico marcado pela diversidade dos mecanismos de controle e do contexto sobre o qual eles operam.

A LÓGICA DO LEQUE DE CONTROLES

A partir do critério funcional, podemos dispor os mecanismos de controle relevantes para nossa análise em um leque que vai do mecanismo de controle mais difuso, automático, ao mais concentrado e fruto de deliberação; ou do mais democrático ao mais autoritário. Segundo esse critério, e dispostos nessa ordem, temos os seguintes mecanismos ou tipos de controle, além do sistema jurídico-legal: o controle por meio do mercado; o controle político-democrático, que pode realizar-se, por um lado, por meio dos mecanismos da democracia representativa, da democracia direta ou do controle social, e por outro, da transparência de informação e do controle por parte das mídias e da oposição; e o controle hierárquico, que pode ser gerencial, burocrático, ou tradicional.

O princípio geral é o de que será preferível o mecanismo de controle que for mais genérico, mais difuso, mais automático. Por isso, o mercado é o melhor dos mecanismos de controle, uma vez que por meio da concorrência obtêm-se, em princípio, os melhores resultados com os menores custos e sem a necessidade do uso do poder, seja ele exercido democrática ou hierarquicamente. Por isso, a regra geral é que, sempre que for possível, o mercado deverá ser escolhido como mecanismo de controle. Entretanto, há muita coisa que escapa ao controle do mercado, seja porque é necessária uma organização como o Estado que garanta institucionalmente o mercado, seja porque há outros valores além do econômico (e o mercado só controla a eficiência econômica), seja porque os custos de transação tornam mais eficiente a constituição de uma organização do que a operação de trocas no mercado, seja porque, mesmo no plano econômico, o mercado muitas vezes deixa de funcionar adequadamente em função de suas imperfeições e da existência de externalidades positivas, que não são remuneradas pelo mercado, ou negativas, que não são por ele punidas. Em consequência, é necessário recorrer a outras formas de controle.

A democracia direta ou o controle social é, em seguida, o mecanismo de controle mais democrático e difuso. Por intermédio do controle social, a sociedade se organiza formal e informalmente para controlar não apenas os comportamentos individuais, mas — e é isso que importa neste contexto — para controlar as organizações públicas. Pode ocorrer também no plano político, com o sistema de plebiscitos ou referendos. O controle social das organizações públicas pode ocorrer de duas maneiras: de baixo para cima, quando a sociedade se organiza politicamente para controlar ou influenciar instituições sobre as quais não tem poder formal; ou de cima para baixo, quando o controle social é exercido formalmente por conselhos diretores de instituições públicas não estatais. A democracia direta é a ideal, mas no plano nacional só pode ser praticada de maneira limitada, por meio de sistemas de consulta popular sobre temas muito claramente definidos. A consulta visa referendar ou orientar as decisões dos representantes democraticamente eleitos.

Em terceiro lugar, temos a democracia representativa. Por esse mecanismo, a sociedade se faz representar por intermédio de políticos eleitos, dotados de mandato. O Poder Legislativo, nas democracias modernas, é organizado segundo esse princípio. Com o parlamentarismo, procura-se, em parte, transpor para o Poder Executivo o mesmo princípio. As limitações desse tipo de controle são também evidentes, na medida em que só é adequado para definir leis gerais, não para executá-las.

Para a execução das decisões, a sociedade depende do controle hierárquico, que poderá ser gerencial (racional), burocrático (racional-legal) ou tradicional. Weber definiu com clareza os dois últimos tipos de poder hierárquico. O controle tradicional corresponde, na administração do Estado, ao patrimonialismo; o controle burocrático, à administração pública burocrática, em que os objetivos e os meios mais adequados para atingi-los são rigidamente definidos na lei; o controle gerencial, à administração pública gerencial que examinaremos com mais detalhe na próxima seção.

Esses seis tipos de mecanismos vêm geralmente combinados entre si nas formações sociais concretas. Em termos históricos, e a partir de uma perspectiva otimista da história, podemos pensar que nas sociedades primitivas predominaram o controle hierárquico tradicional e o social; nas sociedades pré-capitalistas complexas, o poder hierárquico tradicional expresso no patrimonialismo; no capitalismo liberal do século XIX, o controle burocrático combinado com a democracia representativa e o mercado; no capitalismo burocrático do século XX, o controle burocrático combinado com a democracia representativa e um mercado regulado; finalmente, no capitalismo globalizado que está emergindo conjuntamente com a reforma do Estado dos anos 90, predominarão, combinados, o controle hierárquico gerencial, a democracia representativa, a democracia direta ou controle social direto, e o mercado.

Nas sociedades primitivas e no patrimonialismo, o espaço público e o privado eram confundidos; no capitalismo liberal, o espaço privado se separa do público e ganha autonomia; no capitalismo burocrático, o espaço público volta a crescer, mas de forma estatal; no capitalismo do século XXI o espaço público voltará a crescer, mas agora no plano não estatal do controle social.

Essa lógica do leque de controle, que orienta a reforma do Estado, tem, portanto, um caráter histórico, ao mesmo tempo que obedece a alguns princípios gerais: o princípio da maior democracia, o princípio da maior difusão do poder, o princípio econômico da eficiência, o princípio da maior automaticidade dos controles, e o princípio do aumento do espaço público não estatal. A Reforma Burocrática ocorreu nos países centrais nos quadros do capitalismo e do Estado liberal, nos países em desenvolvimento, como o Brasil, já nos quadros do capitalismo burocrático e do Estado desenvolvimentista. A Reforma Gerencial é um fenômeno do capitalismo globalizado, pós-moderno, ou pós-industrial. É uma forma pela qual o Estado supera a crise fiscal endógena que tem início nos anos 70, reconstrói-se, e enfrenta os desafios de uma sociedade socialmente fragmentada, politicamente democrática, em mudança tecnológica acelerada, uma sociedade e uma economia na qual a tecnologia da informação integrou em tempo real mundialmente as informações.

Responsabilização democrática do administrador

O leque de mecanismos de controle que analisei na seção anterior e sua lógica histórica fazem parte e pretendem fornecer elementos explicativos para o sistema geral de coordenação do sistema econômico. Preside-o o critério de eficiência alocativa e o critério democrático. Esses mesmos critérios podem ser examinados em um nível de abstração mais baixo para compreendermos o sistema de controle das organizações e particularmente do Estado. Nesse caso, é necessário excluir o mecanismo do mercado, ficando apenas os dois controles relevantes no seio do Estado: o controle democrático e o controle gerencial. Nesta seção, examinarei o problema do controle democrático ou da responsabilização do administrador público, na seção seguinte, a questão do seu controle administrativo.

O controle democrático é um tema amplo, que envolve toda a problemática da governabilidade e da afirmação dos direitos de cidadania. As questões da representação política, da legitimidade dos governantes e da sua responsabilização são aqui centrais. No plano específico da administração pública, entretanto, a questão fundamental é como controlar a burocracia de forma que ela aja de acordo com ou visando ao interesse público. Ou, em outras palavras, a responsabilização do administrador público perante a sociedade. A resposta burocrática a essa questão, consagrada no direito administrativo, mas que também é com frequência encontrada nos textos recentes que usam a teoria do principal-agente, é tão simples quanto insatisfatória. Haveria controle democrático ou responsabilização quando o burocrata obedece às restrições impostas pela lei e, adicionalmente, dentro da discrição estabelecida pela lei, quando o burocrata (o agente) obedece às decisões do político eleito (o principal). A ideia de que o controle do burocrata pode ser conseguido pela previsão legal de suas ações leva a todas as distorções burocráticas que estamos analisando neste livro. Por outro lado, a perspectiva do principal-agente é apenas uma generalização interessante, obviamente não resolvendo o problema. A dificuldade de tornar o político mais responsabilizado perante a sociedade é talvez o maior desafio das democracias modernas.[83] Não bastasse isso, é um equívoco formalista pensar o que administrador público é apenas responsável perante os políticos e o Estado, ele é também responsável perante a sociedade, uma vez que além de agente burocrático ele é um agente político, exerce funções políticas.[84] Outro equívoco é imaginar que cabe ao político, enquanto representante do povo, formular políticas públicas, enquanto a tarefa do administrador público é executá-las. A pesquisa de Aberbach, Putnam e Rockman (1981) a respeito é definitiva. Esses três autores distinguiram quatro atividades relativas às políticas públicas — articulação de ideais políticos, intermediação de interesses, formulação, e implementação — e verificaram que a primeira é quase exclusiva dos políticos e a última, tarefa apenas dos burocratas; já as duas do meio são partilhadas entre os dois grupos.[85]

Gruber (1987) examinou o problema do controle democrático dos administradores públicos ou burocratas do ponto de vista da imposição de restrições. Não identificou, entretanto, as restrições às de caráter legal ou burocrática. Em vez disso, sugere que os controles ou tem um caráter mais procedimental, estabelecendo a forma pela qual as decisões sobre políticas públicas são tomadas, ou caráter substantivo, definindo os objetivos ou o âmbito da ação do administrador público. Todas as decisões envolvem um aspecto processual e um substantivo, e podem ser restringidos por mecanismos de controle específicos, que variam entre mais estritos ou mais frouxos. Dessa forma, a autora constrói um modelo a partir de duas coordenadas: a vertical, indicando as restrições processuais, e a horizontal, indicando as substantivas. E, dependendo do grau de utilização dessas restrições e da combinação entre elas, define cinco tipos de controle: (a) participatório, (b) por meio de relações de clientela, (c) pela busca do interesse público, (d) por meio de

[83] De acordo com a definição de Przeworski (1996: 20), "governos são "responsabilizáveis" se os cidadãos podem discernir se o governo está agindo de acordo com os melhores interesses dos cidadãos, e sancionam suas ações, de forma que nas eleições aqueles incumbentes que agem no melhor interesse dos cidadãos vencem eleições e aqueles que não agem assim, perdem-nas". Está claro por essa definição como é difícil alcançar esse objetivo democrático.

[84] Em um trabalho recente Peters (1996: 15), por exemplo, incluía entre as ideias que não são mais verdadeiras o pressuposto do serviço público apolítico.

[85] Para uma verificação empírica da autonomia política do burocrata, a partir do modelo do principal-agente, ver Wood (1988).

Formas de controle

responsabilização, e (e) autocontrole. Os proponentes do controle participatório acentuam o aspecto processual da decisão, enfatizando a importância da participação dos cidadãos na tomada de decisões. Os defensores do controle por meio de relações de clientela estão mais interessados nos resultados das decisões ou das políticas públicas, e no quanto elas atendem os interesses dos cidadãos. Os advogados do controle pela busca do interesse público contam com o controle dos políticos sobre os burocratas para que, substantivamente, o interesse público seja garantido. Os proponentes do controle por meio de responsabilização priorizam os controles procedimentais que envolvem formas de auditoria, estabelecimento de *ombudsmen*, de conselhos de administração e exigência de transparência. Finalmente, no caso do autocontrole, seus defensores contam com os valores profissionais do administrador público.

Na verdade, o controle democrático dos burocratas envolve a combinação de todos esses controles. Na democracia, os cidadãos não podem partir do pressuposto de que aos administradores públicos representam seus interesses, nem que os políticos o façam, embora em relação aos políticos eleitos exista, pelo menos, a pressuposição de que representam os eleitores. Os controles sobre a burocracia, entretanto, envolvem custos. Se forem controles principalmente procedimentais de caráter legal ou burocrata, tornam o serviço público menos eficiente. Se envolverem extensas auditorias, envolvem a contratação de outros burocratas para controlar burocratas. Por outro lado, se contarem com o espírito público dos políticos e seu poder sobre os burocratas, ou com o autocontrole dos próprios burocratas, não serão realistas. Finalmente, se contarem apenas com o controle social dos cidadãos, seja na definição das políticas, seja na avaliação dos resultados, poderão não ser efetivos em restringir os burocratas. A Reforma Gerencial envolve todos esses controles, que se somam, mas a partir de uma perspectiva pragmática, que conta com a iniciativa e o espírito público dos administradores públicos, com o controle de resultados formalmente contratados, e com a participação dos cidadãos tanto na decisão sobre as políticas públicas quanto na cobrança de sua realização.

Przeworski (1996) vê três tipos de relação principal-agente: governo-cidadãos, políticos-burocratas, e cidadãos-políticos. Na medida em que o governo é constituído por políticos, a relação entre cidadãos e políticos é portanto circular, os dois grupos controlando-se mutuamente. Já a relação políticos-burocratas seria linear, os políticos estabelecendo incentivos e punições para levar os administradores públicos a cumprir suas determinações. Na prática, não é isso o que ocorre. A relação entre políticos e administradores públicos é também circular, havendo controle mútuo. Por outro lado, os burocratas, por meio do controle social e do controle da imprensa, também respondem diretamente aos cidadãos.[86] A autonomia relativa dos administradores públicos deriva não apenas do fato de que, como lembra Przeworski (1996: 12), "é impossível legislar de forma a especificar as ações dos agentes em quaisquer circunstâncias", mas porque é muito mais racional dotar o administrador público de um razoável grau de autonomia e responsabilizá-lo *a posteriori*, com a utilização de mecanismos burocráticos (controle vertical dos próprios administradores públicos, controle horizontal dos órgãos especializados de controle) e de mecanismos políticos (controle hierárquico dos políticos no governo, controle dos políticos de oposição, controle social, controle da imprensa).

O critério de controle ou de responsabilização deverá ser antes político do que técnico (ou "racional"), não sendo legítimo justificar as políticas públicas simplesmente a partir da competência técnica. Cabe à sociedade, diretamente ou por intermédio de seus representantes políticos, definir os objetivos a serem alcançados. E seu controle se exercerá tanto sobre os políticos quanto sobre os administradores públicos. Para o controle dos primeiros, existem os mecanismos formais da democracia representativa; para o controle dos segundos, estão surgindo novos mecanismos de controle ou de responsabilização, que a Reforma Gerencial aproveita e aprofunda, institucionalizando-os. Conforme observa Sutherland:

"As próprias instituições públicas devem ser configuradas de forma que haja um caminho claro, constituído por instituições estabelecidas e conhecidas, para que o público possa obrigar o governo a cumprir a vontade pública" (1993: 25).

Exemplos de instituições que viabilizam a participação dos cidadãos ou o controle social dos serviços públicos e, mais amplamente, do Estado são os conselhos de administração em que a sociedade civil é efetivamente representada, os conselhos de usuários, os conselhos de pais e mestres em escolas, organizações não governamentais orientadas para o controle social etc. Instituições dessa natureza fazem parte do setor público não estatal "enquanto controle".[87] Elas são dotadas de diferentes graus de formalização, mas nas

---

[86] Conforme observa Franz (1996: 7): "O problema de reforma da burocracia é (e sempre será) o problema do *cidadão* controlar a burocracia. Quando discutimos reformas burocráticas alternativas, portanto, nós deveríamos avaliá-las em termos do principal em última instância, o cidadão".

democracias contemporâneas, especialmente no nível local, elas vêm adquirindo uma importância crescente na medida em que logram um controle efetivo da burocracia. A descentralização cada vez maior das atividades do Estado para o nível local é em parte resultado desse fato. O controle dos serviços públicos pelos representantes eleitos dos cidadãos no nível nacional ou central é sempre uma garantia democrática, mas só pode ser realizada em um nível muito geral. Por outro lado, a crença na possibilidade do planejamento e do controle central dos serviços do Estado por uma burocracia racional diminui a cada dia, enquanto aumenta a confiança de que, no nível local, cada vez mais, é e será possível controlar socialmente o Estado e a sua burocracia.

CONTROLES GERENCIAIS

Os controles políticos são próprios do Estado. Este, entretanto, como toda organização, necessita adicionalmente de controles administrativos, que são baseados sempre no princípio da hierarquia. Os controles administrativos clássicos ou burocráticos são de duas naturezas: verticais e horizontais. O controle vertical burocrático por excelência é o controle legal de procedimentos: para garantir sua racionalidade e evitar a arbitrariedade, os procedimentos são definidos pela lei, segundo o princípio geral da universalidade de procedimentos. Dessa forma, obtém-se a um tempo o controle administrativo e democrático do administrador público. O controle horizontal é o da divisão de poderes, do sistema de *checks and balances*, e dos sistemas de auditoria interna e externa. Dessa forma, procura-se evitar a corrupção, limitar o nepotismo e garantir o império da lei.

No caso da administração pública gerencial, os controles *pari passu* de procedimentos e o sistema de *checks and balances* continuam a ser utilizados, mas perdem importância relativa. No plano ainda hierárquico, são crescentemente substituídos pelo controle a *posteriori* de resultados previamente contratados; no plano dos quase mercados, pela competição administrada entre entidades às quais foi garantida autonomia gerencial; e no nível político, pelos controles democráticos: a transparência dos atos públicos, os controles realizados por organizações e conselhos públicos não estatais ou do terceiro setor, e o controle da imprensa e da oposição. Os controles sociais são essenciais na administração pública gerencial na medida em que compen-

[87] Ver Bresser-Pereira e Cunill Grau, orgs. (1998). Esse livro foi organizado a partir da existência de dois tipos de instituições no setor público não estatal: aquelas orientadas para o controle social e aquelas orientadas para a produção de serviços sociais. O texto que serviu de termo de referência para o livro (Bresser-Pereira e Cunill Grau, 1998) explicita a distinção.

sam a redução do controle legal de procedimentos e complementam o controle de resultados. Este, por sua vez, na medida em que define com mais precisão os indicadores de desempenho da organização, facilita o próprio controle democrático exercido pelos cidadãos (Levy, 1998).

A estratégia do controle de resultados foi desenvolvida nos anos 50 por Peter Drucker (1954, 1964), como um corolário da política de descentralização da autoridade para as unidades de negócio das empresas. A descentralização implica dar maior autonomia de gestão às unidades descentralizadas. Para isso, é necessário definir objetivos e metas precisos e estabelecer diretrizes claras que orientem os administradores no atingimento dos objetivos. Na administração pública gerencial, o controle de resultados substitui o controle de procedimentos legais, e utiliza como principal ferramenta o contrato de gestão no qual são definidos indicadores de desempenho claro para as instituições descentralizadas.[88]

RESULTADOS E PROCESSOS: GESTÃO DA QUALIDADE

Nas estratégias de gestão mais recentes, entretanto, a ênfase tem sido dada ao controle de processos. Seria isso uma volta à administração burocrática? Uma negação do controle de resultados? De forma alguma. Não devemos confundir controle de resultados com permanente definição e redefinição dos processos de trabalho, que é uma estratégia gerencial por excelência, com controle de procedimentos, que caracteriza a administração burocrática.

As estratégias mais bem-sucedidas de gestão, desenvolvidas no âmbito da administração de empresas, foram provavelmente a Gestão da Qualidade Total, que tem origem nos trabalhos de Deming (1982), desenvolvidos a partir dos anos 50 no Japão, e depois sistematizados pelos próprios japoneses, principalmente a JUSE (Japanese Union of Scientists and Engineers),[89] e a reengenharia, que foi sistematizada por Hammer (1990) e Hammer e Champy (1993, 1995). Nessas estratégias, e principalmente na gestão para a qualidade total, que vem sendo amplamente adotada nas reformas gerenciais em curso nos países da OCDE (Löffler, 1996), um fato que tem sido muito enfatizado

[88] Entre os estudos sobre eficiência e mensuração de resultados ver, entre outros, Zapico e Mayne (1995), PUMA (1997).

[89] Edward Deming foi um estatístico e engenheiro, consultor de empresas e professor da Universidade de Nova York que, a partir das pesquisas de Walter Shewhart sobre o controle de qualidade estatístico de processos de trabalho, iniciou, no Japão, o desenvolvimento de uma estratégia de gestão que os japoneses que a desenvolveram chamam de Controle de Qualidade Total (TQC — Total Quality Control). Para uma história de como surgiram e se desenvolveram essas ideias, ver Nancy R. Mann (1985).

Formas de controle

é que não basta basear a gestão nos resultados. Conforme observa Davidson (1997: 31), o foco nos resultados é necessário, mas não suficiente. As organizações precisam também compreender profundamente os processos formais (e informais) que utilizam para produzir resultados, e seus empregados precisam ter capacidade e condições para monitorar e ajustar esses processos.

Sobre o assunto, Deming é enfático, radical. Entre os catorze pontos que desenvolveu sobre a gestão para a qualidade total, o décimo-primeiro, na versão de 1985, diz: "Use métodos estatísticos para continuar a melhoria da qualidade e da produtividade, e elimine padrões de trabalho que prescrevem cotas numéricas". Na versão de 1986, aparece explicitamente: "Elimine a administração por objetivos".[90] Na verdade, Deming nada tem contra a administração por resultados, e não ignora a necessidade de definição de indicadores de desempenho quantitativos. Mas ele considera inaceitável a definição de objetivos ou de resultados para um trabalhador, um departamento, ou uma empresa, sem que a administração tenha definido com clareza quais as melhorias nos processos que permitirão alcançar esse objetivo. De acordo com Falconi Campos:

> "Os itens do controle de um processo são índices numéricos estabelecidos sobre os efeitos de cada processo para medir a sua qualidade total... Nunca se deve estabelecer um item de controle sobre algo de que não se possa 'exercer o controle', ou seja, atuar na causa do desvio" (1992: 19).

Para isso, a contínua revisão dos processos de trabalho, o chamado "ciclo Deming", visando ao aumento da produtividade, é essencial. Tal revisão deverá ocorrer com a participação, em cada nível, dos próprios trabalhadores que executam a tarefa. Por isso, o programa de qualidade do Governo Federal foi chamado Programa de Qualidade e Participação. Retirou-se a expressão "total", embora não se deva esquecer que com ela o que se quer é aperfeiçoar de tal forma o processo produtivo que os erros sejam mínimos, quase dispensando o controle de qualidade do qual nasceu a estratégia.

Por outro lado, é importante não esquecer que essa estratégia de gestão foi desenvolvida por engenheiros e estatísticos. Isso não os impediu de ter a visão da importância da participação dos trabalhadores na definição do processo de trabalho, como forma de motivação. Mas a gestão para a qualidade, devido à sua origem, é essencialmente uma estratégia de excelência na ma-

---

[90] Citados em Mann (1985: 27-29).

nufatura, na produção de bens e serviços. É uma estratégia de gestão que precisa ser adotada pela alta administração da organização, que envolve o planejamento estratégico. Assim, como é próprio do planejamento estratégico, envolve a definição da missão, das metas e dos macroprocessos, considerado o ambiente interno e especialmente o ambiente externo em que a organização opera. Mas a ênfase não está, em absoluto, no planejamento estratégico, mas no controle da qualidade, na revisão dos processos "até que se consiga ter um controle estatístico da qualidade". Quando se fala em planejamento estratégico é comum ficarmos com os grandes objetivos, com a visão geral da empresa, e deixarmos de lado o aumento da produtividade na produção. Na administração de empresas, é comum se afirmar que a abordagem pode ser de produção, financeira, ou mercadológica. A gestão pela qualidade adota uma abordagem de produção, embora não subestime a perspectiva do *marketing*. Conforme nos diz Falconi Campos (1992: 2-14, grifos do autor), "o verdadeiro critério da qualidade é a *preferência do consumidor*... A Qualidade está diretamente ligada à satisfação do cliente interno e externo". Não obstante, a mensagem principal que o setor privado recebeu de Deming e seus associados e que mais recentemente o setor público está recebendo é o fato de que é preciso e possível a excelência na produção, que será alcançada pela revisão contínua do processo de trabalho, com o emprego de técnicas estatísticas de controle de qualidade e processo.

Formas de controle

Capítulo 7
REFORMA GERENCIAL E DEMOCRACIA

A Reforma Gerencial ocorre hoje nos quadros do regime democrático. Se a globalização obriga as administrações públicas dos estados nacionais a serem modernas e eficientes, a revolução democrática deste século que está terminando as obriga a ser de fato públicas, voltadas para o interesse geral, ao invés de autorreferidas ou submetidas a interesses de grupos econômicos. Para que isso aconteça, Cunill Grau (1997) concentra a sua atenção no público não estatal enquanto controle social e propõe a ideia da "publificação" da administração pública — ou seja, tornar "pública" uma "administração pública" que na prática atende a interesses privados. Sua expectativa é a de que ocorra uma rearticulação das relações entre sociedade e Estado, que se transite de uma matriz Estado-cêntrica para uma matriz sociocêntrica, a partir de uma reforma administrativa que combata quatro pontos básicos: a apropriação privada do Estado; a atuação autorreferida da burocracia; a falta de responsabilidade pública (*accountability* ou responsabilização); e a ineficiência, ou seja, o mau uso dos recursos pelo Estado. Ora, são esses os objetivos básicos da Reforma Gerencial, que pressupondo o regime democrático e procurando, no seu âmbito, aprofundá-lo, recorre de forma crescente ao controle social, que não deve se limitar à execução das políticas públicas, mas também à sua formulação.

O combate à captura do Estado por interesses particulares, defender o patrimônio público, utilizar os recursos escassos dos contribuintes de forma a atender ao interesse geral, ou, em outras palavras, afirmar o direito de cidadania à *res publica*, é certamente o objetivo maior da Reforma Gerencial. Com a afirmação desses direitos ocorre, inclusive, a publificação da administração pública. A Reforma Burocrática tinha esse objetivo, mas, na medida em que ocorreu no âmbito de regimes políticos não democrático ou pré-democráticos, logrou-o de forma limitada. A Reforma Gerencial, que só faz sentido quando aprofunda as formas de democracia representativa e de democracia direta ou controle social, além de ser um instrumento de eficiência administrativa, é também um meio de afirmação democrática dos direitos de cidadania.[91]

---

[91] Não confundir a expressão "publificação", cunhada por Cunill Grau, com "publicização", por mim sugerida para significar a transformação de entidades estatais em entida-

Restrição-eficiência e restrição democrática

Embora a motivação inicial para a reforma do Estado hoje em curso em todo mundo tenha sido econômica, a restrição imposta pela eficiência não é a única a presidi-la; existe também a restrição democrática: se vivemos em democracia, a natureza e extensão da intervenção estatal dependerão naturalmente da vontade dos cidadãos. A restrição-eficiência parece hoje a única relevante; a lógica do uso mais econômico ou "mais racional" dos recursos, que se tornou dominante com a emergência do capitalismo, assumiu um papel fundamental no mundo contemporâneo porque o processo de globalização, que caracterizou o último quartel deste século, impôs aos países e às suas empresas um grau de competição nunca visto anteriormente, exigindo dos seus respectivos Estados padrões de eficiência jamais imaginados. Entretanto, essa lógica, que tem no mercado e na administração os principais instrumentos de economicidade ou eficiência, está muito longe de proporcionar a almejada eficiência — que está no plano da racionalidade instrumental ou da escolha dos meios mais adequados para atingir os fins visados —, e mais longe ainda de assegurar um critério para a correta escolha dos fins e das prioridades a serem estabelecida entre eles. Uma lógica ou uma restrição alternativa é a democrática.

Vivemos hoje, principalmente na Europa e nas Américas, em democracias. Esta foi a grande conquista política do século XX. Ora, em um regime democrático a restrição ou a lógica econômica não pode ser soberana. Será sempre importantíssima, mas a restrição democrática deverá prevalecer quando se trata de realizar ações coletivas por meio do Estado. As decisões políticas, que inclusive garantem o funcionamento do mercado e da administração, deverão ser necessariamente o resultado do debate público e da formação de consensos ou de maiorias. Só entenderemos a natureza das reformas por que estão passando os Estados nos anos 90, se compreendermos e integrarmos essas duas restrições.

A restrição econômica à reforma do Estado é bem conhecida. Os homens de negócio frequentemente pensam que é ela a única restrição possível; os tecnocratas, que é a única racional ou legítima. Mas há uma segunda restrição imposta aos processos de reforma do Estado que vêm ocorrendo neste final de século: a restrição política, e, mais especificamente, a restrição democrática. Muitas vezes esta restrição é confundida com formas populistas de resolver os conflitos, mas esta é uma simplificação perigosa. Se vivemos

des públicas não estatais, mais especificamente em organizações sociais. A ideia de publificação da administração pública reflete a necessidade de se combater a sua captura pelos interesses privados.

em democracias, as reformas só serão realizadas se tiverem o apoio da sociedade, dos cidadãos com poder de votar.

Talvez essa dificuldade em compreender a restrição democrática resulte do caráter historicamente recente da democracia. Ainda que possamos falar na democracia grega, a afirmação dos direitos políticos de votar e ser votado é um fenômeno do século XX, assim como a afirmação dos direitos civis — de liberdade e propriedade — só se tornou dominante no século XIX. O século XX foi marcado por guerras e genocídios atrozes, mas, em compensação foi o século da democracia. Mesmo nos países mais avançados politicamente, o regime democrático só se tornou dominante neste século. As democracias que prevaleceram na Grã-Bretanha, nos Estados Unidos e na França no século XIX eram muito relativas. Eram democracias censitárias e masculinas, em que a apenas a burguesia proprietária tinha direitos de cidadania. Só neste século a democracia generalizou-se como regime político: na primeira metade do século, nos países desenvolvidos; na segunda, nos países em desenvolvimento. Isso ocorreu na medida em que a apropriação do excedente pelo mercado tornou-se dominante com a emergência do capitalismo e do liberalismo. A partir desse momento, a democracia não apenas se tornou viável, mas se revelou, além de ser o regime político que melhor garante os direitos de cidadania, o regime político mais estável. No passado, a democracia não era o regime político preferido pelos filósofos políticos devido à instabilidade que nela observavam. A partir, entretanto, do momento em que o excedente econômico pôde ser apropriado sem o uso da violência direta, pelo mecanismo de mercado, foi possível estabelecer, de forma sólida e legítima, primeiro os princípios liberais e, em seguida, os da democracia representativa.

Ora, se a restrição política antecede a econômica, na medida em que o mercado e a administração só podem funcionar bem se a propriedade e os contratos forem garantidos pelo Estado, quando o regime político é democrático a restrição política torna-se decisiva, porque além da legitimação baseada no poder puro e simples, passa a haver a legitimação ética baseada no apoio popular. A restrição econômica está baseada na eficiência ou na racionalidade instrumental, enquanto a política, no poder. Quando o poder passa ter um embasamento ético, garantido pela democracia, a legitimidade da escolha dos fins e dos próprios meios para atingi-los aumenta. A restrição econômica continua fundamental, inclusive porque pretende ser, e muitas vezes é, racional, mas a restrição democrática será dominante. Quando há democracia a razão econômica subordina-se não apenas de fato, mas legitimamente, à política. E especialmente quando falamos em reformas, como é o caso deste livro, estamos nos referindo ao uso do poder político. Ora, o poder invocado em nome da razão pode ser forte, mas não tem a legitimidade do poder exercido em nome do *demos*.

DEMOCRACIA E MORALIDADE

Enquanto a Reforma Burocrática pressupunha um regime liberal, mas autoritário, a Reforma Gerencial pressupõe a existência de democracia. A transição do feudalismo, ou, mais amplamente, das formas patrimonialistas de dominação, para o capitalismo, foi ideologicamente presidida pelo liberalismo. Com a legitimação ideológica proporcionada pelo liberalismo, a separação entre o patrimônio do Estado e o patrimônio pessoal do príncipe foi consagrada, e a propriedade privada e os contratos foram garantidos, viabilizando o funcionamento do capitalismo ou da economia de mercado. Para que essa separação de patrimônios se completasse, entretanto, era necessário garantir o Estado contra o nepotismo e a corrupção do príncipe, ou, mais amplamente, dos políticos governantes. Foi para isso que se pensou a Reforma Burocrática. Por meio dela, definia-se um corpo de funcionários profissionais, escolhidos pelo critério do mérito, e dotados de estabilidade no emprego, que administrariam o Estado com o mínimo possível de autonomia, sempre de acordo com a lei e o regulamento. Isso era necessário porque não se contava com as instituições democráticas de uma imprensa, de uma oposição e de uma cidadania livres e atuantes para controlar o poder dos políticos. Utilizou-se, assim, os burocratas, tornados relativamente autônomos da política, mas com pouca autonomia para tomarem decisões, para realizar esse controle. Aos burocratas, cabia administrar "nos termos da lei", de acordo com o princípio da universalidade de procedimentos, sem o uso da discricionariedade. Dessa forma, ao mesmo tempo que se atribuía aos administradores públicos um papel de controle moral estratégico, subtraia-se deles a autonomia de tomarem decisões.

A garantia da moralidade pública caberia à lei, ou, mais amplamente, a um sistema institucional ao mesmo tempo liberal e burocrático, baseado em normas estritas e detalhistas, e em um sistema de divisão de poderes, de *checks and balances*, e de auditorias internas e externas. E também aos burocratas, na medida em que estes, apoiados em sua estabilidade no emprego, teriam condições de enfrentar a corrupção e o nepotismo clientelista dos políticos ou dos seus chefes burocratas. Com isso, entretanto, o Estado e os administradores públicos perdiam uma parte importante do seu próprio controle sobre os burocratas, que tanto podiam usar sua estabilidade para defender-se das pressões, como para não trabalhar, não cooperar.

A Reforma Gerencial não nega o papel de controle da moralidade pública atribuído aos servidores públicos e a todo um sistema de divisão de poderes ou de *checks and balances* que foi montado no Estado moderno para evitar a corrupção. Não rejeita, também, a necessidade de leis e regulamentos que ajudem a garantir a moralidade pública. Afirma, apenas, que existe uma correlação positiva entre autonomia do administrador público e eficiência, e um *trade-off* entre autonomia e corrupção. Quanto maior for a autonomia, quanto mais descentralizadas e desconcentradas as ações, quanto mais os controles forem *a posteriori*, por resultados e por competição administrada, mais eficientes serão os serviços públicos; em contrapartida, maior será o risco de corrupção e de clientelismo.

Entretanto, nesse *trade-off*, o pêndulo balança em direção à maior autonomia porque nas sociedades democráticas desenvolveram-se formas de controle *a posteriori* da atividade pública que são efetivas no controle da corrupção e do clientelismo. Além dos mecanismos burocráticos de controle externo e interno (tribunais de conta, sistemas de controle interno), temos os controles democráticos realizados pelo parlamento, particularmente pelos partidos de oposição, pelos conselhos formais e informais de controle social, e principalmente o controle realizado pela imprensa. Porque existem mecanismos democráticos de controle, ou, em outras palavras, porque administração pública gerencial pressupõe a existência de um regime democrático razoavelmente estabelecido, é possível conceder mais autonomia aos administradores públicos. Essa maior autonomia resulta não apenas em maior eficiência, mas também deve favorecer o aumento do nível de moralidade pública.

O pressuposto comportamental por trás dessa afirmação é o de que a autonomia é um fator não apenas motivador de eficiência. É também um estímulo ao respeito aos valores éticos, desde que haja um sistema *a posteriori* de controle. No momento em que o administrador público recebe autonomia gerencial, que passa a ser controlada por resultados, torna-se muito mais difícil para os seus superiores, burocratas ou políticos, justificarem políticas clientelistas. Elas são apenas formalmente incompatíveis com a administração pública burocrática, estão substantivamente em contradição com a autonomia e a responsabilidade gerencial.

Mesmo se tivermos uma visão cínica do ser humano, como se apenas motivado pelo autointeresse, não é difícil perceber que, no momento em que a sociedade lhe atribui autonomia e responsabilidade, ele passa a ter uma missão e tende a se tornar mais interessado em demonstrar um bom desempenho tanto no plano da eficiência quanto no da moral. Por outro lado, se, mais realisticamente, admitirmos que o ser humano também se motiva por razões nobres, que o interesse público também pode ser um fator motivador dos políticos e servidores públicos, o fato de que dispomos de um razoável grau de autonomia e de correspondente responsabilidade nos leva a perseguir com mais empenho os objetivos sociais.

Por outro lado, em relação ao problema da estabilidade no emprego dos servidores públicos, a Reforma Gerencial reduz essa estabilidade, aproxima o funcionário do trabalhador privado, para não incorrer no custo de funcionários desmotivados e desinteressados, que pouco ou nada trabalham, mas não podem ser exonerados. Pode fazê-lo, porque a necessidade de proteger a autonomia do Estado por meio da estabilidade dos servidores diminuiu muito, na medida em que temos agora regimes democráticos, na medida em que a imprensa é livre, e que a prática de demitir servidores por motivos políticos é socialmente considerada absolutamente inaceitável. Enquanto não tínhamos democracia, a estabilidade dos servidores era necessária; quando a democracia se estabelece, a estabilidade pode ser consideravelmente flexibilizada, devendo ser garantida parcialmente para as carreiras de Estado, e integralmente apenas para juízes e promotores.

Autonomia ou insulamento?

A Reforma Gerencial promove a autonomia administrativa das agências ou serviços públicos. Essa autonomia, entretanto, não deve ser confundida com o chamado "insulamento burocrático", que se define como a independência de certas agências burocráticas do poder político. Como a reforma é intrinsecamente democrática, obedece aos princípios do Estado de direito, logo respeita o princípio do "universalismo de procedimentos", mas este não é compatível com a ideia (ou a proposta) de insulamento burocrático. O universalismo de procedimentos, o império da lei, o Estado de direito, são essenciais à democracia. A administração pública burocrática, na medida em que é uma forma de dominação "racional-legal", é coerente com a democracia. No momento histórico em que foi implantada, constituiu-se em um instrumento fundamental contra o patrimonialismo então dominante. Nesse quadro, o insulamento burocrático só faz sentido se for entendido não como a conquista da autonomia pela burocracia — que seria portadora de valores "racionais" — contra os políticos — que representariam o clientelismo —, mas como a autonomia concedida de forma democrática, pelos políticos, à burocracia. Na verdade, a expressão surge em regimes autoritários, geralmente de caráter militar, nos quais a burocracia militar no poder decide preservar certas áreas de atuação do Estado da influência dos políticos que lhes servem de apoio. Hoje, entretanto, o regime autoritário foi substituído pelo democrático, e embora o patrimonialismo continue a existir no país, na forma do clientelismo, não é legítimo supor que seja a forma dominante de fazer política no país, nem é aceitável no insulamento democrático uma forma de garantir eficiência ou racionalidade à administração pública.

A legítima preocupação dos analistas do Estado brasileiro com o clientelismo, levou a uma identificação da administração pública burocrática com o universalismo de procedimentos e com o insulamento burocrático, que, em certos casos, provoca contradições curiosas. Edson Nunes (1984), em seu notável estudo do Estado brasileiro e de sua administração pública, procurou demonstrar como o insulamento burocrático e o universalismo de procedimentos, que caracterizariam a administração pública burocrática, constituíam uma alternativa ao clientelismo. Nas suas palavras:

> "O universalismo de procedimentos e o insulamento burocrático são muitas vezes percebidos como formas apropriadas de contrabalançar o clientelismo. O universalismo de procedimentos, baseado nas normas de impersonalismo, direitos iguais perante a lei, e *checks and balances*, poderia refrear e desafiar os favores pessoais. Do outro lado, o insulamento burocrático é percebido como uma estratégia para contornar o clientelismo por meio da criação de ilhas de racionalidade e de especialização técnica" (1984: 33-34).

Ora, o universalismo de procedimentos é uma característica essencial dos regimes democráticos, mas não implica a adoção da administração pública burocrática. A administração pública gerencial é tanto ou mais consistente com o Estado de direito, sem, no entanto, reduzir o administrador público à obediência de normas burocráticas rígidas. Quanto ao insulamento burocrático, essa é uma expressão datada, que reflete a preocupação dos economistas e cientistas políticos que estudam os países em desenvolvimento marcados pelo populismo e pelo clientelismo. Diante desse fato, a capacidade de algumas agências burocráticas de conseguirem "se insular", ou seja, de ficarem livres das influências políticas deletérias, tornou-se assim um objetivo a ser alcançado. Dessa forma, a burocracia pública, vista como cristalização da racionalidade, lograva levantar barreiras contra o clientelismo.[92] E se verificava na prática o problema da "autonomia relativa da burocracia", que foi um dos temas centrais da teoria política após a Segunda Guerra Mundial. Não cabe agora voltar a essa discussão mais ampla. Não há dúvida de que a burocracia, enquanto terceira classe social no capitalismo contemporâneo,

[92] Ver nessa direção Evans (1989) e Haggard (1990).

tem uma autonomia relativa que deriva de seu monopólio do conhecimento técnico e organizacional.[93] A defesa do insulamento burocrático, entretanto, não faz sentido em um Estado democrático. A autonomia das agências ou serviços públicos, nos quadros da democracia, só é legítima se for decidida pelos políticos, no parlamento, enquanto representantes do povo. Ou seja, se os políticos eleitos decidirem democraticamente conceder uma autonomia maior a determinadas agências. E nem garante racionalidade ou eficiência.

Schneider realizou, na primeira metade dos anos 90, uma pesquisa cujo pressuposto era de que "a autonomia burocrática contribui para a intervenção eficaz por parte do Estado". Entretanto, afinal concluiu pela "necessidade de revisar o argumento":

> "A autonomia burocrática por si pode não ser suficiente sem um clima geral de colaboração e comunicação entre o empresariado e a burocracia. Os Estados eficazes têm uma combinação de isolamento e colaboração, que Evans chama de 'Estado inserido'" (1995: 41).

A proposta central da Reforma Gerencial é a autonomia do gestor público, é garantir a ele maior autonomia decisória, sob um estreito controle da sociedade. Dessa forma, ele recebe não apenas uma maior delegação de autoridade do núcleo estratégico do Estado, mas também adquire maior autonomia em relação aos políticos clientelistas. Tal autonomia decisória é dada nos quadros do universalismo de procedimentos, por meio da lei. Em vez de o universalismo de procedimentos significar a obediência rígida de normas pelo administrador público, significa, no caso da administração pública gerencial, autonomia garantida pela lei. São os políticos democráticos que, pouco a pouco, à medida que se aperfeiçoa a democracia e que aumentam os controles da mídia e dos eleitores sobre eles, preferem conceder por meio de medidas legais — as instituições que afinal constituem ou viabilizam a Reforma Gerencial — a necessária autonomia para as agências do Estado. Essa autonomia geralmente começa pelas agências mais estratégicas, nas quais o conhecimento técnico é mais importante, e o perigo de crise generalizada em caso de má administração, maior. Nessas agências, o controle clientelista pode ser mais deletério — e afinal, politicamente mais negativo — como é o caso do Banco Central e dos órgãos reguladores. Aos poucos, a autonomia gerencial

---

[93] Tratei extensamente do tema em meus trabalhos sobre a tecnoburocracia escritos nos anos 70 e reunidos em *A sociedade estatal e a tecnoburocracia* (Bresser-Pereira, 1981).

e a autonomia em relação à política clientelista vão se estendendo às demais agências. Os setores que ficam por último são aqueles em que a partilha clientelista pode ser menos deletéria. Geralmente são os setores sociais que ficam por último, inclusive porque todos se julgam competentes em tomar decisões nessa área, e os prejuízos, ainda que graves, são sempre localizados. Nesses termos, a autonomia de gestão das agências é compatível com o universalismo de procedimentos. Na verdade, nas democracias, a autonomia é decidida pelo Poder Legislativo e garantida pelo Poder Judiciário. Entretanto, quando, em nome do combate ao clientelismo, o universalismo de procedimentos é levado ao extremo, na administração pública burocrática, impede que o administrador público tenha autonomia de gestão, confundida com discricionariedade ilegítima. A Reforma Gerencial afirma a autonomia de gestão e recusa o clientelismo de forma mais direta, menos contraditória.

Na verdade, é preciso distinguir com clareza dois tipos de autonomia do administrador público: autonomia gerencial em relação às pressões dos políticos clientelistas e autonomia gerencial em relação a procedimentos legais estritos. O segundo tipo de autonomia é central neste livro. É a autonomia obtida pela delegação de autoridade e pela flexibilização ou desburocratização de leis ou regulamentos excessivamente rígidos. Esta autonomia, entretanto, pressupõe a autonomia em relação às pressões clientelistas. Não faz qualquer sentido autonomia em relação a normas burocráticas sem autonomia em relação a pressões patrimonialistas. A Reforma Gerencial é uma forma mais avançada de combater o clientelismo porque, ao propor a autonomia em relação a normas, torna lógica e praticamente inevitável a decisão dos próprios políticos eleitos de não interferir de modo clientelista na agência autonomizada.

Como essa autonomia é obtida pelas agências públicas? Por meio de um processo de legitimação, derivado da pressuposição de competência técnica dos seus administradores profissionais. Na medida em que essas agências desempenham papéis estratégicos nas suas respectivas sociedades nacionais, os políticos são levados, por uma questão de sobrevivência política, a lhes conceder crescente autonomia. Uma autonomia que Peter Evans (1995) muito adequadamente chamou *embedded autonomy* (autonomia inserida), para salientar que as burocracias dos "Estados desenvolvimentistas", como aquelas existentes na Coreia, no Brasil ou na Índia (que ele opõe aos "Estados predadores"), embora relativamente autônomas, devem estar e geralmente estão inseridas na sociedade. Segundo Evans:

"A organização interna dos Estados desenvolvimentistas chega muito perto daquilo que se convencionou chamar burocracia weberiana. Recrutamento seletivo altamente meritocrático e recompensas de carreira no longo prazo criam compromisso e um sentido de coerência corporativa. Coerência corporativa dá a esses aparelhos uma espécie de 'autonomia'. Eles não são, todavia, insulados da sociedade como Weber sugere que deveriam ser. Pelo contrário, eles estão inseridos em um conjunto concreto de relações que ligam o Estado à sociedade e fornecem os canais institucionais para a contínua negociação e renegociação dos objetivos e políticas" (1995: 12).

Entretanto, equivocadamente, Evans chama essas burocracias de "weberianas", quando elas pouco têm a ver com o tipo de burocrata autoritário e rígido descrito por Weber no início do século. São antes burocracias desenvolvimentistas, que foram dominantes nos anos 60 e 70 na América Latina, ou burocracias crescentemente gerenciais, a partir da crise dos anos 80. Só poderiam ser chamadas de weberianas se dermos a este termo um sentido amplo, a-histórico, de corpo de servidores profissionais, recrutados por mérito e promovidos segundo uma carreira. Ora, a burocracia que Weber descreveu é muito mais do que apenas isso: é autoritária, apoiada no segredo, adstrita a normas rígidas, racional-legal no mais estrito sentido do termo. Weberiana é a burocracia a que se refere Putnam (1993: 50-51), reportando uma pesquisa realizada em 1971 sobre a elite burocrática italiana: "o membro típico da elite burocrática italiana é a própria essência do burocrata clássico-legalista, iliberal, elitista, hostil aos usos e práticas da política pluralista, fundamentalmente não democrático". Ora, a burocracia que Evans conheceu no Brasil (Evans, 1979), e que Ben Ross Schneider (1994, 1995) e Gilda Portugal Gouvêa (1994) analisaram, é muito diferente disso. Não é legalista, mas empreendedora, e seus recrutamento e carreira, como bem demonstrou Schneider, embora obedeçam aos princípios do mérito, estão longe da carreira burocrática clássica.

As burocracias desenvolvimentistas ou gerenciais, inseridas na sociedade como Evans assinala, têm um caráter não apenas técnico, mas político. Um dos papéis que desempenham, além do meramente técnico, é o de desenvolver estratégias de articulação entre os aparatos de Estado e a sociedade como forma de neutralização de pressões clientelistas ou mesmo de ampliação de seus recursos. Nesse sentido, a burocracia pode ser um ator político no contexto da democracia, valendo-se dos instrumentos que esta faculta. Ela respeita as decisões dos políticos eleitos, mas desenvolve estratégias de legitimação por meio das quais obtém autonomia dos próprios políticos, a partir da demanda ou do apoio da sociedade.

Parte 3
ANTES DA REFORMA

Capítulo 8
REFORMAS ADMINISTRATIVAS NO BRASIL

A partir deste capítulo, passo a tratar exclusivamente do Brasil. Neste capítulo, examinarei as reformas administrativas anteriores à Reforma Gerencial em curso. No seguinte, farei um diagnóstico da administração pública brasileira. Antes da Reforma Gerencial, houve no Brasil duas reformas administrativas, ou, mais precisamente, uma e meia, uma vez que a segunda não se completou e afinal foi desfeita pelos constituintes de 1988. A primeira, a partir de 1936, foi a Reforma Burocrática (que também pode ser chamada Reforma do Serviço Público), implantou um serviço público profissional e os princípios da administração pública burocrática; a segunda, a partir do Decreto-Lei nº 200, de 1967, foi a Reforma Desenvolvimentista, que promoveu a "administração pública para o desenvolvimento", foi anulada pelo retrocesso burocrático de 1988. A reforma que se inicia em 1995, no governo Fernando Henrique — a Reforma Gerencial —, é o tema deste livro. Está sendo realizada a partir da existência de um serviço publico profissional, cujas bases foram estabelecidas pela primeira reforma administrativa — bases que estão sendo fortalecidas e renovadas. A Reforma Gerencial visa implantar no país a administração pública gerencial; procura criar as condições institucionais para que os administradores públicos e os políticos administrem o Estado com mais autonomia e mais responsabilidade, e está apoiada em controles *a posteriori*: controle de resultados, controle social, controle por competição administrada.

A Reforma Burocrática de 1936
O patrimonialismo existente no Brasil possui raízes profundas no Estado patrimonialista português.[94] Nos anos 30, era ainda dominante, sob a forma do clientelismo. Nessa época, durante o governo de Getúlio Vargas, ocorreu a Reforma Burocrática, promovida por Maurício Nabuco e Luís Simões Lopes. A reforma, como ocorreu na Europa no século anterior, foi fruto de um regime autoritário. A diferença estava em que o regime autoritário

---

[94] A análise histórica do patrimonialismo no Brasil, a partir do molde português, foi realizada por Faoro (1957/75). Para a análise do patrimonialismo e a formação do Estado nacional na Argentina, ver Oslak (1997).

europeu era liberal, enquanto o brasileiro, intervencionista. Na verdade, conforme observa Falcão Martins (1997), desde os anos 30 até os anos 80,

"[...] a trajetória modernizante da administração pública brasileira representa a tentativa de substituição da administração patrimonial pela burocrática [...] Revela, na perspectiva do Estado, uma difícil compatibilização e uma relação de disfuncionalidade recíproca entre política e administração, entre burocracia e democracia" (1997: 175).

Durante o primeiro governo Vargas (1930-45), foi elaborada e implementada uma reforma que adotava os modelos prescritos nas teorias administrativas então predominantes nos países mais desenvolvidos. Sua concepção teórica estava inspirada nas melhores fontes disponíveis à época. A reforma inicia-se em 1936, com a criação do Conselho Federal do Serviço Público Civil, e consolida-se com sua transformação no DASP (Departamento Administrativo do Serviço Público), que se transformou em seu órgão formulador e, em grande parte, seu executor.[95] A criação do DASP representou a afirmação dos princípios centralizadores e hierárquicos da burocracia clássica. Beatriz Wahrlich, cujo livro *A reforma administrativa da era de Vargas* constitui a obra fundamental para a análise da Reforma Burocrática no Brasil, assim resume as principais realizações do DASP em sua fase pioneira:

"[...] a aplicação, geral e uniforme, dos critérios que presidiram à classificação de cargos estabelecida na Lei n° 284; sua insistência no 'sistema de mérito', já então não limitado aos concursos para ingresso em serviço (dos quais chegou a promover 20), mas também ampliando-se e estendendo-se mediante a avaliação do desempenho funcional, consagrada no Regulamento de Promoções de 1938; sua participação ativa na elaboração de um projeto de Estatuto dos Funcionários Públicos Civis; sua iniciativa no sentido de organizarem-se serviços de pessoal, nos quais, além das funções tradicionais, surgia pela primeira vez uma Seção de Assistên-

[95] O DASP foi criado pelo Decreto-Lei 579, de junho de 1938. Era, essencialmente, um órgão central de pessoal, material, orçamento, organização e métodos. Absorveu o Conselho Federal do Serviço Público Civil, que havia sido criado pela Lei n° 284, de outubro de 1936, a qual instituía também o primeiro plano geral de classificação de cargos e introduzia um sistema de mérito.

cia Social [...] sua iniciativa de propor a organização e execução, anualmente, a partir de 1939, de um programa de aperfeiçoamento de funcionários públicos no estrangeiro" (1983: 161).[96]

As principais áreas objeto da reforma burocrática foram: a administração de pessoal (com o sistema de mérito fundamentando a reforma); o orçamento e a administração orçamentária (concepção do orçamento como um plano de administração); a administração de material (especialmente sua simplificação e padronização); e a revisão de estruturas e racionalização de métodos. Além disso, o DASP cooperou no estabelecimento de uma série de órgãos reguladores (conselhos, comissões e institutos), nas áreas econômica e social. A partir desses órgãos foi criado um pequeno grupo de empresas de economia mista, dando origem assim ao núcleo estrutural do desenvolvimento econômico e social, que posteriormente teve grande expansão.

Como aspectos positivos da reforma burocrática cabe ressaltar, primeiramente, a difusão de ideias e práticas modernizadoras da administração. Merecendo destaque a preocupação com o sistema do mérito para ingresso e promoção no serviço público, a concepção do orçamento como plano de trabalho, e a adoção da simplificação, padronização e racionalização como normas para a aquisição de material. Também foram positivas: a institucionalização do treinamento e aperfeiçoamento dos funcionários públicos; a divulgação da teoria administrativa originada dos países mais adiantados do mundo ocidental (especialmente dos Estados Unidos, Inglaterra e França); e sua contribuição decisiva ao reconhecimento da existência das ciências administrativas, até então mero apêndice do direito administrativo. Além disso, teve repercussão positiva a formação de um pequeno grupo de especialistas em administração, que se espalharam por uma série de órgãos da administração pública, inclusive internacional, neles se tornando elementos de relevo. Por outro lado, já em 1938, temos um primeiro sinal de administração pública gerencial, com a criação da primeira autarquia. Surgia então a ideia de que os serviços públicos na "administração indireta" deveriam ser descentralizados e não obedecer a todos os requisitos burocráticos da "administração direta" ou central. Como aspectos negativos da primeira reforma administrativa, Wahrlich (1984) aponta: a pretensão de realizar demasiado

---

[96] Beatriz Wahrlich (1915-1994) foi uma das fundadoras da EBAP (Escola Brasileira de Administração Pública) da FGV. Pela qualidade de seus estudos, de sua pesquisa e de seu ensino, merece o título de patrona da Administração Pública no Brasil. Foi a principal teórica da Reforma Desenvolvimentista dos anos 60 e 70 (Wahrlich, 1970, 1984).

em pouco tempo, sendo uma reforma, concomitantemente, global e imediata; a ênfase exagerada no controle; a forte centralização "no DASP e pelo DASP"; e a estrita observância de "normas gerais e inflexíveis".

Graham (1968: 6), que realizou o estudo mais abrangente e profundo da Reforma Burocrática brasileira, observou que "a tentativa de formar o serviço público brasileiro através do uso de uma política de pessoal baseada no sistema americano levou à criação de um sistema administrativo caracterizado por um alto grau de formalismo, no qual há considerável discrepância entre as normas e a realidade". Não é surpreendente, portanto, que logo após o colapso do regime autoritário de Getúlio Vargas os fatores patrimonialistas ou clientelistas tenham novamente se feito sentir de forma poderosa. Vargas foi deposto em outubro de 1945, fazendo com que faltasse à reforma burocrática o respaldo que o regime autoritário lhe conferia. No novo regime democrático, o DASP foi reorganizado, com grande corte em suas atribuições (perdeu o controle sobre as atividades de administração de pessoal a cargo dos ministérios, tais como nomeações, transferências, promoções, licenças, medidas disciplinares etc.). Pelo mesmo ato, a Divisão de Material foi transferida do DASP para o Ministério da Fazenda. Nos cinco anos seguintes, a reforma administrativa seria conduzida como uma ação governamental rotineira e sem importância, enquanto práticas clientelistas ganhavam novo alento dentro do Estado brasileiro.

No período que se segue a esse lapso, Wahrlich (1984) detecta uma fase de "novas tentativas de retomada do ímpeto inicial", que se estende de 1951 a 1963. Nesta, os esforços envidados para a realização da reforma administrativa não alcançaram aprovação formal. Contudo, diversos estudos foram desenvolvidos nesse período, resultando mais tarde em medidas concretas em termos da organização e do funcionamento governamentais. Os primeiros desses estudos, elaborados pela assessoria de Vargas, de novo na Presidência da República, diziam respeito ao realinhamento e ao reagrupamento geral de departamentos executivos (ministérios), conselhos e comissões; à *descentralização gerencial* em todos os níveis, com o fortalecimento do papel dos ministros na relação com a Presidência da República; e a uma ampla revisão dos procedimentos contábeis e de auditoria. Já no governo Kubitschek, foi instituída em 1956 uma comissão especial para realizar estudos de reforma administrativa — a Comissão de Estudos e Projetos Administrativos,[97] que

---

[97] A Comissão de Estudos e Projetos Administrativos (CEPA) foi instituída pelo Decreto nº 39855, de 24 de agosto de 1956.

encaminhou análises e pareceres acerca da expansão do sistema do mérito e do fortalecimento da autoridade do DASP, mas não alcançaram aprovação formal. Outra medida com propósito reformista adotada no governo JK foi a criação da Comissão de Simplificação Burocrática,[98] junto ao DASP, à qual coube efetuar estudos sobre: delegação de competência; estruturas e rotinas dos ministérios; fixação de responsabilidades; reagrupamento de funções; e supressão de órgãos desnecessários. Os estudos dessa Comissão não chegaram a ter impacto efetivo sobre a administração.

A Reforma Desenvolvimentista de 1967

A Reforma Burocrática não se completara no Brasil, mas, desde o início dos anos 60, estava claro que a utilização dos princípios rígidos da administração pública burocrática constituíam-se em um empecilho ao desenvolvimento econômico do país. A reforma de 1967, realizada por meio do Decreto-Lei nº 200, reconheceu esse fato e procurou substituir a administração pública burocrática por uma "administração para o desenvolvimento": distinguiu com clareza a administração direta da administração indireta, e garantiu às autarquias e fundações desse segundo setor, e também às empresas estatais, uma autonomia de gestão muito maior do que possuíam anteriormente. Entretanto, seja porque essa reforma tenha sido de iniciativa do regime militar que então dirigia o país, seja porque lhe faltavam alguns conceitos essenciais para uma reforma gerencial, como os indicadores de desempenho e os contratos de gestão, seja finalmente porque não deu a devida importância ao fortalecimento do núcleo estratégico do Estado, o fato é que essa reforma foi anulada pelo novo regime democrático instalado no Brasil em 1985. A contrarreforma de 1988, entretanto, não obstante representasse um episódio de centralização ou concentração burocrática fora do tempo, apresentou avanços, como a exigência generalizada do concurso público, e a descentralização das ações sociais do Estado Federal para os estados e municípios. Essa contrarreforma, depois de ser desafiada de forma desordenada no início dos anos 90, é afinal sistematicamente criticada a partir de 1995, quando tem início a Reforma Gerencial no Brasil.

Desde os anos 50, havia uma clara insatisfação quanto à forma burocrática de administrar o Estado. Entretanto, enquanto no governo Kubitschek o desenvolvimento econômico ocorria de forma acelerada, as soluções encon-

---

[98] A Comissão de Simplificação Burocrática (COSB) foi criada pelo Decreto nº 39510, de 14 de julho de 1956.

tradas eram *ad hoc*, complementares ao planejamento econômico do Plano de Metas. Os grupos executivos setoriais são um exemplo disto. No momento, entretanto, em que a crise se desencadeia, no início dos anos 60, a problemática da reforma administrativa retorna. Guerreiro Ramos expressa a insatisfação com o modelo burocrático vigente:

"Modelo obsoleto de organização e burocracia configura a prática administrativa dominante. Consciente ou inconscientemente subjugados por interesses radicados, muitos administradores estão tentando resolver problemas de hoje com soluções de ontem" (1971: 19).

Na verdade, essa subjugação já não existia da forma dramática exposta por Guerreiro Ramos. Nos anos 60 e 70, estava ocorrendo a primeira reforma administrativa significativa depois daquela ocorrida nos anos 30. É a Reforma Desenvolvimentista de 1967, que, refletindo o caráter dominante dos problemas referentes à industrialização e o desenvolvimento econômico, faz uma crítica da administração burocrática e propõe uma alternativa. Formara-se, então, a convicção clara de que um serviço público profissional, competente e dotado de autonomia, desvencilhado das amarras burocráticas, seria essencial para a retomada do desenvolvimento, paralisado desde a crise econômica iniciada em 1961. Nos anos 70, essa convicção se tornará generalizada na América Latina. Conforme observa Spink (1998a: 154), nessa década, "reforma administrativa tornou-se a expressão de referência para mudanças globais na estrutura e no pessoal destinadas a servir de apoio a planos de desenvolvimento nacional".

No governo Goulart, em fevereiro de 1963, o deputado Amaral Peixoto foi nomeado Ministro Extraordinário para a Reforma Administrativa, com a incumbência de dirigir diversos grupos de estudos, encarregados da formulação de projetos de reforma.[99] No final desse ano, a Comissão apresentou quatro projetos importantes, tendo em vista: uma reorganização ampla e geral da estrutura e das atividades do governo; a expansão e o fortalecimento do sistema do mérito; novas normas de aquisição e fornecimento de material no serviço público; e a organização administrativa do Distrito Federal (Brasília). O primeiro projeto, voltado para a reforma administrativa "propriamente dita", denominava-se Anteprojeto de Lei Orgânica do Sis-

[99] Objetivando "a reforma dos serviços públicos federais", a Comissão Amaral Peixoto foi instituída pelo Decreto nº 51705, de 14 de fevereiro de 1963.

tema Administrativo Federal. Os quatro projetos foram encaminhados pelo Presidente Goulart ao Congresso, no início de 1964; mas nenhum deles foi convertido em lei. No entanto, serviram mais tarde como informação básica para estudos do Poder Executivo que deram origem ao Decreto-Lei nº 200, de 1967.

Após o golpe militar de 1964, o governo Castello Branco encontrou os projetos da Comissão Amaral Peixoto ainda em tramitação no Congresso. Possuindo ideias próprias acerca da reforma administrativa, deliberou com o presidente e o relator da comissão especial incumbida da matéria (deputados Gustavo Capanema e Amaral Peixoto, respectivamente), que esta voltaria ao âmbito do Poder Executivo, para nova análise. Assim foi instituída a COMESTRA — Comissão Especial de Estudos da Reforma Administrativa, sob a presidência do Ministro do Planejamento, Roberto Campos. Instalada em novembro de 1964, a comissão dedicou-se à análise dos projetos já existentes e à elaboração de outros "considerados essenciais à obtenção de rendimento e produtividade da Administração Federal". Essa comissão contou com a participação de Hélio Beltrão, cujas ideias e propostas pioneiras — de inspiração gerencial — alcançaram grande influência no projeto resultante. A comissão concluiu seus trabalhos, apresentando o Anteprojeto de Lei de Reforma Administrativa — documento que foi afinal transformado no Decreto-Lei nº 200 (Lei de Reforma Administrativa), depois de revisões efetuadas sob a orientação direta do Presidente Castelo Branco.[100] Em linhas gerais, o Decreto-Lei nº 200, de 1967, estabelece:

(a) cinco "princípios fundamentais da reforma": planejamento (que constitui o princípio dominante, voltado para o desenvolvimento econômico-social e a segurança nacional), descentralização (da execução das atividades programadas), delegação de competência (instrumento de descentralização administrativa), coordenação (especialmente na execução dos planos e programas da Administração) e controle;

(b) o planejamento para o desenvolvimento implicava, então, na expansão das empresas estatais (sociedades de economia mista e empresas públicas), enquanto a descentralização levava à disseminação dos órgãos dotados de ampla autonomia administrativa (fundações públicas de direito privado criadas pelo Estado) e semi-independentes (autarquias);

(c) a delegação de competência e autoridade requeria o fortalecimento e expansão do sistema do mérito, sobre o qual se estabeleciam diversas regras;

---

[100] No mesmo momento, foi emitido o Decreto-Lei nº 199, que estabelecia a Lei Orgânica do Tribunal de Contas, ou seja, as bases para o controle burocrático externo.

Reformas administrativas no Brasil

(d) nas disposições referentes ao pessoal civil foram estabelecidas diretrizes gerais para um novo Plano de Classificação de Cargos;

(e) quanto aos ministérios e respectivas áreas de competência, houve o reagrupamento de departamentos, divisões e serviços em 16 ministérios.

O aspecto mais marcante da Reforma Desenvolvimentista foi a descentralização para a administração indireta, particularmente para as fundações de direito privado criadas pelo Estado, as empresas públicas e as empresas de economia mista, além das autarquias, que já existiam desde 1938. Por intermédio das fundações (pioneiras das organizações sociais criadas na Reforma Gerencial de 1995), o Estado dava grande autonomia aos serviços sociais e científicos do Estado, que passavam a poder contratar empregados celetistas. Com a autonomia dada às empresa de economia mista, viabilizava-se o grande projeto de industrialização com base em grandes empresas estatais de infraestrutura e serviços públicos que já havia sido iniciado nos anos 40, com a criação da Companhia Siderúrgica Nacional, e acelerado nos anos 50, com a criação da Petrobrás, da Eletrobrás, e da Telebrás, ao mesmo tempo que o BNDES, também criado nos anos 50 se tornava a agência estratégica de desenvolvimento, e o Banco Central, um guardião da moeda *sui generis*, na medida em que realizava também tarefas de promoção do desenvolvimento. Algumas dessas agências e empresas, que Luciano Martins (1973, 1985) estudou em profundidade, transformam-se durante o regime militar que prevaleceu no Brasil entre 1964 e 1984, em exemplos de "insulamento burocrático".[101]

O Ministério do Planejamento e Coordenação Geral (posteriormente Secretaria de Planejamento da Presidência da República — SEPLAN) passou a dispor, potencialmente, de maior autoridade do que qualquer outro ministério. Isto deveu-se ao fato de este órgão desempenhar o papel de *agência central* no que concerne ao *sistema de planejamento* (mantendo unidades em cada ministério e em cada entidade da administração descentralizada, isto é, empresas estatais, fundações públicas e autarquias) e ao *sistema de contabilidade e auditoria interna* (anteriormente uma atribuição do Ministério da Fazenda). Mais tarde, a SEPLAN acumulou também a atribuição estratégica de exercer o *controle central* sobre todas as empresas estatais, fundações públicas e autarquias (função confiada à SEST); sobrepondo-se ao controle setorial exercido até então apenas pelos diversos ministérios.

---

[101] Importantes também são as teses de doutoramento sobre o assunto de Peter Evans (1979), Edson Nunes (1984) e Ben Ross Schneider (1994), estas duas últimas escritas na Universidade da Califórnia, Berkeley, nos anos 80.

Da edição do Decreto-Lei nº 200 até 1979, a reforma administrativa foi conduzida, em conjunto, pela SEMOR (Subsecretaria de Modernização e Reforma Administrativa, também subordinada à SEPLAN) e pelo DASP (somente na área de recursos humanos). Durante a década de 1970, a SEMOR teve o objetivo de promover revisões periódicas da estrutura organizacional existente e examinar projetos encaminhados por outros órgãos públicos, visando instituir novas agências e/ou programas. Procurou também dedicar atenção especial ao desenvolvimento de recursos humanos para o sistema de planejamento como um todo; bem como incentivar a elaboração e promover a publicação de trabalhos sobre as "bases teóricas para a modernização" e a "reforma dos serviços públicos", estimulando o debate acerca das metodologias então existentes.

A atuação do DASP nessa fase, sempre preso aos princípios da Reforma Burocrática, esteve voltada principalmente para a elaboração, aprovação e implementação de um novo *Plano de Classificação de Cargos*, o qual, entretanto, não logrou revigorar o enfraquecido sistema de mérito e de carreiras. O "conceito de carreira" manteve-se cingido aos escalões inferiores da estrutura de cargos, sem alcançar a gerência de nível médio nem os cargos de direção superior, que permaneceram sendo preenchidos a critério da Presidência da República, sendo o recrutamento realizado especialmente pelas empresas estatais, de acordo com a filosofia desenvolvimentista então vigente. O sistema do mérito tornou-se obrigatório apenas para os postos iniciais das carreiras.[102]

A partir de 1979, Wahrlich (1984) discerne uma fase de "novas prioridades, tendências e perspectivas", afirmando que, então, os esforços para a realização da reforma administrativa teriam se concentrado nos programas de desburocratização e desestatização. Hélio Beltrão, que havia participado ativamente da reforma administrativa de 1967, voltava agora à cena como Ministro da Desburocratização do governo Figueiredo. Entre 1979 e 1983, transformou-se em um arauto das novas ideias; criticando, mais uma vez, a centralização, o formalismo e a desconfiança (Beltrão, 1981). Definiu seu Programa Nacional de Desburocratização, lançado em 1979, como uma proposta política visando, por meio da administração pública, "retirar o usuá-

---

[102] O DASP foi extinto em 1986, dando lugar à SEDAP — Secretaria de Administração Pública da Presidência da República —, que, em janeiro de 1989, é extinta, sendo incorporada à Secretaria do Planejamento da Presidência da República. Em março de 1990, é criada a SAF — Secretaria da Administração Federal da Presidência da República, que, entre abril e dezembro de 1992, foi incorporada ao Ministério do Trabalho. Em janeiro de 1995, com o início do governo Fernando Henrique Cardoso, a SAF transforma-se em MARE — Ministério da Administração Federal e Reforma do Estado.

rio da condição colonial de súdito para investi-lo na de cidadão, destinatário de toda a atividade do Estado" (Beltrão, 1984: 11).

Em síntese, a Reforma Desenvolvimentista foi uma tentativa de superação da rigidez burocrática, podendo ser considerada como um primeiro momento da administração gerencial no Brasil. Toda a ênfase foi dada à descentralização mediante a autonomia da administração indireta, a partir do pressuposto da rigidez da administração direta e da maior eficiência da administração descentralizada.[103] O Decreto-Lei promoveu a transferência das atividades de produção de bens e serviços para autarquias, fundações, empresas públicas e sociedades de economia mista, consagrando e racionalizando uma situação que já se delineava na prática. Instituíram-se como princípios de racionalidade administrativa o planejamento e o orçamento, a descentralização e o controle dos resultados. Nas unidades descentralizadas, foram utilizados empregados celetistas, submetidos ao regime privado de contratação de trabalho. O momento era de grande expansão das empresas estatais e das fundações. Por meio da flexibilização de sua administração, buscava-se uma maior eficiência nas atividades econômicas do Estado, e se fortalecia a aliança política entre a alta tecnoburocracia estatal, civil e militar, e a classe empresarial.[104]

O Decreto-Lei nº 200 teve, entretanto, duas consequências inesperadas e indesejáveis. De um lado, ao permitir a contratação de empregados sem concurso público, facilitou a sobrevivência de práticas patrimonialistas e fisiológicas. De outro lado, ao não se preocupar com mudanças no âmbito da administração direta ou central, que foi vista pejorativamente como "burocrática" ou rígida, deixou de realizar concursos e de desenvolver carreiras de altos administradores. O núcleo estratégico do Estado foi, na verdade, enfraquecido indevidamente por meio de uma estratégia oportunista do regime militar, que, em vez de se preocupar com a formação de administradores públicos de alto nível selecionados por concursos públicos, preferiu contratar os escalões superiores da administração por intermédio das empresas es-

---

[103] Conforme Bertero (1985: 17), "subjacente à decisão de expandir a administração pública através da administração indireta, esta o reconhecimento de que a administração direta não havia sido capaz de responder com agilidade, flexibilidade, presteza e criatividade às demandas e pressões de um Estado que se decidira desenvolvimentista".

[104] Esta aliança recebeu diversas denominações e conceituações nos anos 70. Fernando Henrique referiu-se a ela com o conceito de "anéis burocráticos"; Guillermo O'Donnell interpretou-a por meio do "regime burocrático autoritário"; eu me referi sempre ao "modelo tecnoburocrático-capitalista"; Peter Evans consagrou o conceito de "tríplice aliança".

[105] Não obstante o Decreto-Lei nº 200 contivesse referências à formação de altos administradores (Art. 94, V) e à criação de um Centro de Aperfeiçoamento do DASP (Art. 121).

tatais.[105] Desta maneira, a reforma administrativa embutida no Decreto-Lei nº 200 ficou pela metade. Surgiu, com a contratação por empresas estatais, uma burocracia pública de alta qualidade, bem preparada, bem paga, que teve um papel fundamental na execução dos projetos de desenvolvimento industrial de então. Esta elite burocrática seguia uma carreira informal e muito flexível, que Schneider estudou de forma admirável.[106] Eram administradores públicos, principalmente engenheiros e economistas, que nada tinham a ver com o sistema burocrático de carreiras rígidas previsto pela Reforma do Serviço Civil. Os resultados que alcançaram em suas autarquias, fundação, empresas públicas e empresas de economia mista foram substanciais.

Entretanto, o modelo estatista de desenvolvimento adotado pelo regime militar nos anos 70, como uma extensão fora do tempo da estratégia de substituição de importações nacional-desenvolvimentista de Getúlio Vargas, entrava em crise final. Crise fiscal, crise do intervencionismo estatal e da exagerada proteção à indústria nacional. Entrava em crise a aliança burocrático-capitalista dominante desde 1964, na medida em que a burguesia rompia sua aliança política com a burocracia civil e militar no poder (Bresser--Pereira, 1978, 1985). A crise política, depois de um longo processo de negociação, levaria à transição democrática no início de 1985, era portanto também uma crise da burocracia estatal, na medida em que esta se identificava com o sistema autoritário em pleno processo de degeneração.

Volta ao passado: Constituição de 1988

A transição democrática, fruto de uma dura luta de muitos e muitos anos, não proporcionou, porém, o espaço para uma verdadeira reforma da administração pública, uma reforma que consolidasse a Reforma Burocrática e transformasse a Reforma Desenvolvimentista em uma Reforma Gerencial. Pelo contrário, significará no plano administrativo uma volta aos ideais burocráticos dos anos 30, e no plano político, uma tentativa de volta ao populismo dos anos 50. Os dois partidos que comandam a transição eram partidos democráticos, mas populistas. Não tinham, como a sociedade brasileira também não tinha, a noção da gravidade da crise que o país estava atravessando. Havia, ainda, uma espécie de euforia democrático-populista. Uma ideia

---

[106] É curioso, entretanto, observar que Schneider, que em seu estudo adotava linha semelhante ao trabalho de Peter Evans (1979) sobre a indústria petroquímica, e da aliança que então se estabelece entre a burocracia estatal, o empresariado nacional e as empresas multinacionais, não assinala, como Evans não havia assinalado, que essa burocracia desenvolvimentista e gerencial bem-sucedida pouco tinha a ver com o "burocrata weberiano".

de que seria possível voltar aos anos dourados da democracia e do desenvolvimento brasileiro, que foram os anos 50.

Nos dois primeiros anos do regime democrático — da chamada Nova República —, a crise fiscal e a necessidade de rever radicalmente a forma de intervir na economia foram ignoradas. A transição democrática havia ocorrido graças à aliança da burguesia (mais especificamente dos empresários industriais) com os grupos de classe média burocrática e de esquerda. Eram, basicamente, os grupos associados no pacto populista de Vargas e dos anos 50. Foi fácil, assim, para os novos dirigentes e para a sociedade em geral imaginar que seria possível promover a retomada do desenvolvimento e a distribuição da renda por meio do aumento do gasto público e da elevação forçada dos salários reais, ou seja, uma versão distorcida, populista e estatista, do pensamento keynesiano, em que a burocracia estatal deveria ainda desempenhar um papel estratégico. O modelo de substituição de importações foi mantido. O planejamento econômico, revalorizado, em detrimento do mercado. Os salários e o gasto público, aumentados. O resultado foi o desastre do Plano Cruzado. Um plano inicialmente bem-concebido que foi transformado em mais um clássico caso de ciclo populista. Logo após o fracasso do Plano Cruzado, houve uma tentativa de ajuste fiscal, iniciada durante minha rápida passagem pelo Ministério da Fazenda (1987), a qual, entretanto, não contou com o apoio necessário da sociedade brasileira, que testemunhava, perplexa, a crise. Em vez do ajuste e da reforma, o país, sob a égide de uma coalizão política conservadora no Congresso — o Centrão — mergulhou entre 1988 e 1989 em uma política populista e patrimonialista, que representava uma verdadeira "volta ao capital mercantil".[107]

O capítulo da administração pública da Constituição de 1988 será o resultado de todas essas forças contraditórias, em que a ideologia de esquerda capturada pela burocracia terá ainda um papel dominante. A centro-esquerda burocrática, desenvolvimentista e nacionalista, que estava em crise no Primeiro Mundo desde os anos 70, no Brasil continuava ainda poderosa. Só no final da década entraria em crise definitiva. Sua influência na Constituição de 1988 foi, portanto, dominante. Embora muitos de seus membros estivessem comprometidos com a onda de populismo e de fisiologismo que ocorre com o advento da democracia, esses grupos burocráticos aproveitam

---

[107] Examinei esse fenômeno da "volta ao capital mercantil" em um artigo em homenagem a Caio Prado Jr. (Bresser-Pereira, 1988a). A Grande Crise dos anos 80 está principalmente analisada em Bresser-Pereira (1996a). O primeiro documento do governo brasileiro que definiu a crise fiscal foi o *Plano de Controle Macroeconômico* (Ministério da Fazenda, 1987).

o fato para impor na nova constituição princípios burocráticos próprios do século passado, que a Reforma Desenvolvimentista de 1967 já havia desautorizado.[108] Por isso a constituição irá sacramentar os princípios de uma administração pública arcaica, burocrática ao extremo. Uma administração pública altamente centralizada, hierárquica e rígida, em que toda a prioridade será dada à administração direta ao invés da indireta.[109] A Constituição de 1988 ignorou completamente as novas orientações da administração pública. Os constituintes e, mais amplamente, a sociedade brasileira revelaram nesse momento uma incrível falta de capacidade de ver o novo. Perceberam apenas que a administração burocrática clássica, que começara a ser implantada no país nos anos 30, não havia sido plenamente instaurada. Viram que o Estado havia adotado estratégias descentralizadoras — as autarquias e as fundações públicas — que não se enquadravam no modelo burocrático-profissional clássico. Notaram que essa descentralização havia aberto espaço para o clientelismo, principalmente ao nível dos estados e municípios — clientelismo esse que se acentuara após a redemocratização. Não perceberam que as formas mais descentralizadas e flexíveis de administração, que o Decreto-Lei nº 200 havia consagrado, eram uma resposta à necessidade de o Estado administrar com eficiência as empresas e os serviços sociais. E decidiram completar a Reforma Burocrática e a ela se ater, ao invés de pensar nos princípios da administração pública gerencial, que estava sendo implantada em alguns países do primeiro mundo. Ao agirem assim aparentemente seguiram uma lógica linear compatível com a ideia de que primeiro seria necessário completar a revolução mecânica, para só depois participar da revolução eletrônica...

A partir dessa perspectiva, decidiram, com a instauração de um "regime jurídico único" para todos os servidores públicos civis da administração pública direta e das autarquias e fundações, tratar de forma igual faxineiros

[108] O regime militar sempre procurou evitar esses dois males. De um modo geral, logrou seu intento. O fisiologismo ou clientelismo, por meio do qual se expressa modernamente o patrimonialismo, existia na administração central no período militar, mas era antes a exceção do que e regra. Este quadro muda com a transição democrática. Os dois partidos vitoriosos — o PMDB e o PFL — fazem um verdadeiro loteamento dos cargos públicos. A direção das empresas estatais, que tendia antes a permanecer na mão dos técnicos, é também submetida aos interesses políticos dominantes.

[109] Segundo Marcelino (1987: 11, citado por Pimenta, 1994: 155): "havia um claro objetivo de fortalecer e modernizar a administração direta, a partir do diagnóstico de que houve uma fuga ou escapismo para a chamada administração indireta, por motivos justificados ou não".

Reformas administrativas no Brasil

e professores, agentes de limpeza e médicos, agentes de portaria e administradores da cultura, policiais e assistentes sociais; com uma estabilidade rígida, ignorando que este instituto fora criado para defender o Estado, não os seus funcionários; com um sistema de concursos públicos ainda mais rígido, inviabilizar que uma parte das novas vagas fossem abertas para funcionários já existentes; com a extensão das novas regras a toda a administração pública, eliminar toda a autonomia das autarquias e fundações públicas.

Por outro lado, e contraditoriamente com seu espírito burocrático racional-legal, a Constituição de 1988 permitiu que uma série de privilégios fossem consolidados ou criados. Privilégios que foram ao mesmo tempo um tributo pago ao patrimonialismo, ainda presente na sociedade brasileira, e uma consequência do corporativismo que recrudesceu com a abertura democrática, levando todos os atores sociais a defender seus interesses particulares como se fossem interesses gerais. O mais grave dos privilégios foi o estabelecimento de um sistema de aposentadoria com remuneração integral, sem nenhuma relação com o tempo de serviço prestado diretamente ao Estado. Este fato, mais a instituição de aposentadorias especiais, que permitiram aos servidores aposentarem-se muito cedo, em torno dos 50 anos, e, no caso dos professores universitários, acumular aposentadorias, elevou violentamente o custo do sistema previdenciário estatal, representando um pesado ônus fiscal para a sociedade.[110] Um segundo privilégio foi ter permitido que, de um golpe, mais de 400 mil funcionários celetistas das fundações e autarquias se transformassem em funcionários estatutários, detentores de estabilidade e aposentadoria integral.[111]

---

[110] Tais privilégios, entretanto, não surgiram por acaso: fazem parte da herança patrimonialista herdada pelo Brasil de Portugal. Conforme observa Luís Nassif (1996): "A análise da formação econômica brasileira mostra que uma das piores pragas da herança colonial portuguesa foi o sonho da segurança absoluta, que se entranhou profundamente na cultura social brasileira. No plano das pessoas físicas, a manifestação máxima dessa síndrome foi o sonho da aposentadoria precoce e do emprego público".

[111] Na verdade, a constituição exigiu apenas a instituição de um regime jurídico único. A lei definiu que esse regime único seria estatutário. Em alguns municípios, a lei definiu para regime único o regime celetista. A constituição, além disso, no Art. 19 do ADCT, quando conferiu estabilidade a celetistas com mais de cinco anos, não os transformou em ocupantes de cargos públicos. Bem ao contrário, exigiu, para que fossem os mesmos instalados em cargos públicos, que prestassem "concurso de efetivação". Neste concurso de efetivação, o tempo de serviço seria contado como "título". O STF tem concedido liminares sustando a eficácia das leis estaduais que repetiram o modelo da lei federal que transformou celetistas em estatutários "de chofre". Porém, até o momento, ninguém se dispôs a arguir a inconstitucionalidade da Lei 8.112, um monumento ao corporativismo.

O retrocesso burocrático ocorrido em 1988 não pode ser atribuído a um suposto fracasso da descentralização e da flexibilização da administração pública que o Decreto-Lei nº 200 teria promovido. Embora alguns abusos tenham sido cometidos em seu nome, seja em termos de excessiva autonomia para as empresas estatais, seja em termos do uso patrimonialista das autarquias e fundações (nas quais não havia a exigência de processo seletivo público para a admissão de pessoal), não é correto afirmar que tais distorções possam ser imputadas como causas desse retrocesso. Na verdade, ele foi o resultado, em primeiro lugar, de uma visão equivocada das forças democráticas que derrubaram o regime militar sobre a natureza da administração pública então vigente. Na medida em que, no Brasil, a transição democrática ocorreu em meio à crise do Estado, esta última foi equivocadamente identificada pelas forças democráticas como resultado, entre outros, do processo de descentralização que o regime militar procurara implantar. Em segundo lugar, foi a consequência da aliança política que essas forças foram levadas a celebrar com o velho patrimonialismo, sempre pronto a se renovar para não mudar. Em terceiro lugar, resultou do ressentimento da velha burocracia contra a forma pela qual a administração central fora tratada no regime militar: estava na hora de restabelecer a força do centro e a pureza do sistema burocrático. Essa visão burocrática concentrou-se na antiga SAF, que se tornou o centro da reação burocrática no país contra uma administração pública moderna.[112] Finalmente, um quarto fator relaciona-se com a campanha pela desestatização que acompanhou toda a transição democrática: este fato levou os constituintes a aumentar os controles burocráticos sobre as empresas estatais, que haviam ganhado grande autonomia graças ao Decreto-Lei nº 200.

Em síntese, o retrocesso burocrático da Constituição de 1988 foi uma reação ao clientelismo que dominou o país naqueles anos, mas também foi uma afirmação de privilégios corporativistas e patrimonialistas incompatíveis com o *ethos* burocrático. Foi, além disso, uma consequência de uma atitude defensiva da alta burocracia, que, sentindo-se acuada, injustamente acusada, defendeu-se de forma irracional.

Tais circunstâncias contribuíram para o desprestígio da administração pública brasileira, não obstante o fato de que os administradores públicos brasileiros são majoritariamente competentes, honestos e dotados de espíri-

---

[112] Conforme observa Pimenta (1994: 161): "O papel principal da SAF no período estudado foi o de garantir o processo de fortalecimento e expansão da administração direta e defender os interesses corporativistas do funcionalismo, seja influenciando a elaboração da nova Constituição, seja garantindo a implantação do que foi determinado em 1988".

to público. Estas qualidades, que eles demonstraram desde os anos 30, quando a administração pública profissional foi implantada no Brasil, foram um fator decisivo para o papel estratégico que o Estado desempenhou no desenvolvimento econômico brasileiro. A implantação da indústria de base nos anos 40 e 50, o ajuste nos anos 60, o desenvolvimento da infraestrutura e a instalação da indústria de bens de capital nos anos 70 novamente o ajuste e a reforma financeira nos anos 80 e a liberalização comercial nos anos 90 não teriam sido possíveis, não fosse a competência e o espírito público da burocracia brasileira.[113]

A EVOLUÇÃO RECENTE

A crise fiscal e a crise do modo de intervenção do Estado na economia e na sociedade começaram a ser percebidas a partir de 1987. É nesse momento, depois do fracasso do Plano Cruzado, que a sociedade brasileira se dá conta, ainda que de forma imprecisa, de que estava vivendo fora do tempo, que a volta ao nacionalismo e ao populismo dos anos 50 era algo espúrio além de inviável.[114] Os constituintes de 1988, entretanto, não perceberam a crise fiscal, muito menos a crise do aparelho do Estado. Não se deram conta, portanto, de que era necessário reconstruir o Estado. Que era preciso recuperar a poupança pública. Que era preciso dotar o Estado de novas formas de intervenção mais leves, em que a competição tivesse um papel mais importante. Que era urgente montar uma administração não apenas profissional, mas também eficiente e orientada para o atendimento das demandas dos cidadãos.

Será só depois do episódio de hiperinflação, em 1990, no final do governo Sarney, que a sociedade abrirá os olhos para a crise. Em consequência, as reformas econômicas e o ajuste fiscal ganham impulso no governo Collor. Será esse governo contraditório, senão esquizofrênico — que afinal se perdeu em meio à corrupção generalizada —, que dará os passos decisivos no sentido de iniciar a reforma da economia e do Estado. É nesse governo que, afinal, ocorre a abertura comercial — a mais bem-sucedida e impor-

[113] Sobre a competência e o espírito público da alta burocracia brasileira, ver Schneider (1994), Gouvêa (1994), Hochman (1992). Escrevi os prefácios dos dois livros em 1994, antes de pensar em ser Ministro da Administração Federal.

[114] Foi nesse momento, entre abril e dezembro de 1987, que assumi o Ministério da Fazenda. Embora tenha estado sempre ligado ao pensamento nacional-desenvolvimentista, não tive dúvida em diagnosticar a crise fiscal do Estado e em propor o ajuste fiscal e a reforma tributária necessários ao enfrentamento do problema. O relato dessa experiência encontra-se em Bresser-Pereira (1992).

tante reforma que o país conheceu desde o início da crise. É nele que a privatização ganha novo impulso. É no governo Collor que o ajuste fiscal avançará de forma decisiva, não apenas por meio de medidas permanentes, mas, também, de um substancial cancelamento da dívida pública interna.

Na área da administração pública, porém, as tentativas de reforma do governo Collor foram equivocadas. Nessa área, da mesma forma que no que diz respeito ao combate à inflação, o governo fracassará devido a um diagnóstico equivocado da situação, e/ou, porque não teve competência técnica para enfrentar os problemas. No caso da administração pública, o fracasso deveu-se, principalmente, à tentativa desastrada de reduzir o aparelho do Estado, demitindo funcionários e eliminando órgãos, sem antes assegurar a legalidade das medidas com a reforma da constituição. Afinal, além de uma redução drástica da remuneração dos servidores, sua intervenção na administração pública desorganizou ainda mais a já precária estrutura burocrática existente, e desprestigiou os servidores públicos, de repente acusados de todos os males do país e identificados com o corporativismo. Na verdade, o corporativismo — ou seja, a defesa de interesses de grupos como se fossem os interesses da nação — não é um fenômeno específico dos funcionários, mas um mal que caracteriza todos os segmentos da sociedade brasileira.[115]

A preocupação exclusiva do governo Collor em relação à administração pública era cortar custos, reduzir o tamanho da máquina do Estado, demitir. Mas já havia preocupações gerenciais, como demonstra a extensão para o setor público do Programa Brasileiro de Qualidade e Produtividade do Setor Público, sob a liderança de Dorothea Werneck e Antônio Maciel Netto. A Gestão para a Qualidade torna-se, então, muito popular na alta burocracia brasiliense, que percebe nessa estratégia de gestão privada uma enorme potencialidade para a administração pública. Temos também nessa época trabalhos pioneiros na direção da administração pública gerencial (Nilson Holanda, 1993). Entretanto, a preocupação central do governo Collor será com a redução do número de servidores públicos. Ora, embora houvesse excessos localizados de pessoal na Administração Pública Federal, o problema fundamental não era de tamanho excessivo, mas de ineficiência generalizada. Conforme declarara então Fernando Henrique Cardoso (1991: 32) "o tamanho do Estado brasileiro não é assustador; o que é assustador é sua incompetência". Para o futuro presidente, já estava claro então o problema

---

[115] A incompetência técnica na área da estabilização econômica revelou-se na incapacidade do governo de diagnosticar a alta inflação então existente como uma inflação inercial, que exigia remédio específico, que combinasse heterodoxia e ortodoxia.

central da administração pública brasileira. Não era aprofundar a Reforma Burocrática, mas modernizar o Estado a partir da crítica da visão burocrática:

"Nós não estamos mais em uma época em que se possa imaginar a racionalidade formal como sendo o eixo da modernização da administração [...] Se eu fosse seguir pelo eixo weberiano com a ideia de que modernizar significa aumentar a racionalidade formal, fazendo com que haja uma burocracia impessoal, capaz de servir a fins, independentemente do contexto patrimonial e das pressões políticas, eu talvez me equivocasse" (1991: 30-31).

No início do governo Itamar, a sociedade brasileira começa a se dar conta da crise da administração pública. Há, entretanto, ainda muita perplexidade e confusão. Um documento importante dessa fase é o estudo realizado pelo Centro de Estudos de Cultura Contemporânea — CEDEC — para a Escola Nacional de Administração Pública — ENAP (Andrade e Jaccoud, orgs., 1993). Na introdução de Régis de Castro Andrade, o resumo do diagnóstico:

"A crise administrativa manifesta-se na baixa capacidade de formulação, informação, planejamento, implementação e controle das políticas públicas. O rol das insuficiências da administração pública do país é dramático. Os servidores estão desmotivados, sem perspectivas profissionais ou existenciais atraentes no serviço; a maior parte deles não se insere num plano de carreira. Os quadros superiores não têm estabilidade funcional. As instituições de formação e treinamento não cumprem seu papel. A remuneração é baixa" (1993: 26).

Esse diagnóstico era em grande parte verdadeiro, mas pecava por uma falha fundamental. O mal maior a ser atacado segundo o documento era "o intenso e generalizado patrimonialismo no sistema político"; o objetivo fundamental a ser atingido, estabelecer uma administração pública burocrática, ou seja, "um sistema de administração pública descontaminado de patrimonialismo, em que os servidores se conduzam segundo os critérios de ética pública, de profissionalismo e eficácia" (Andrade, 1993: 27). Ora, não há qualquer dúvida quanto à importância da profissionalização do serviço público e da obediência aos princípios da moralidade e do interesse público. É indiscutível o valor do planejamento e da racionalidade administrativa. Entretanto, ao reafirmar valores burocráticos clássicos, o documento não se dava conta de que assim inviabilizava os objetivos a que se propunha. Não se dava conta da necessidade de uma modernização radical da administração pública — modernização que só uma perspectiva gerencial poderá proporcionar. Conforme observou Hélio Beltrão (1984: 12), "existe entre nós uma curiosa inclinação para raciocinar, legislar e administrar tendo em vista um *país imaginário*, que não é o nosso; um país dominado pelo exercício fascinante do planejamento abstrato, pela ilusão ótica das decisões centralizadas...". Ora, quando começamos a trabalhar com mitos ou com um país imaginário, a nossa capacidade de agir sobre a realidade diminui radicalmente.

Na verdade, o documento da ENAP de 1993 expressava uma ideologia burocrática, que se tornou dominante em Brasília a partir da transição democrática (1985) até o final do governo Itamar. Essa perspectiva burocrática levou à transformação da FUNCEP — Fundação Centro de Formação do Servidor Público — na ENAP, tendo como modelo a ENA — École Nationale d'Administration — da França. Levou, em seguida, à criação da carreira dos gestores públicos (especialistas em políticas públicas e gestão governamental) — uma carreira de altos administradores públicos, que obviamente fazia falta no Brasil, mas que recebeu uma orientação rigorosamente burocrática, voltada para a crítica do passado patrimonialista, ao invés de voltar-se para o futuro e para a modernidade de um mundo em rápida mudança, que se globaliza e se torna mais competitivo a cada dia.[116]

Sob essa ótica, o documento da Associação Nacional dos Especialistas em Políticas Públicas e Gestão Governamental (1994: 7-8), que reúne os gestores governamentais públicos, afirmava: "o verdadeiro problema a ser enfrentado é a pesada herança de um processo de recrutamento e alocação dos quadros marcado simultaneamente pela falta de critérios, clientelismo e heterogeneidade na sua constituição". Ora, esse é sem dúvida um problema grave, que o documento aponta bem. Mas é um problema antigo e óbvio, que, embora devendo ser equacionado, dificilmente poderá se transformar no centro de uma proposta de reforma. Mais adequada é a afirmação, nesse documento contraditório e abrangente, de que a reforma do Estado no Brasil deverá refletir as novas circunstâncias emergentes, entre as quais:

"Novos Paradigmas Gerenciais: a ruptura com estruturas centralizadas, hierárquicas, formalizadas e piramidais e sistemas de

---

[116] Um exemplo competente dessa perspectiva ou ideologia burocrática encontra-se na análise abrangente realizada por um jovem gestor, Aldino Graef (1994), envolvendo "uma proposta de reforma administrativa democrática".

controle 'tayloristas' são elementos de uma verdadeira revolução gerencial em curso, que impõe a incorporação de novos referenciais para as políticas relacionadas com a administração pública, virtualmente enterrando as burocracias tradicionais e abrindo caminho para uma nova e moderna burocracia de Estado" (1994: 3).

Nesse texto, da Associação Nacional dos Especialistas em Políticas Públicas e Gestão Governamental, seus autores percebiam a importância de uma nova administração pública. Compreendiam que a burocracia weberiana clássica estava superada e que era preciso encontrar um novo paradigma. Não obstante, nem mesmo os gestores se davam conta da dimensão da tarefa a ser realizada. Em Brasília, no momento em que Fernando Henrique Cardoso é eleito Presidente da República, continuava dominante uma cultura fortemente burocrática. O inimigo fundamental continuava a ser o patrimonialismo, e não a própria administração burocrática, racional-legal, e portanto legalista, baseada no controle rígido de processos. A este inimigo acrescentara-se outro — a corrupção —, que no governo Collor atingiu um nível inimaginável. Patrimonialismo e corrupção foram identificados, e, no governo Itamar Franco, a resposta encontrada foi mais burocratismo, mais controles formais, mais controles de processos. Essa resposta expressou-se, fundamentalmente, em duas instituições novas: a nova lei de licitações, Lei 8666, de 1993, e a criação da Secretaria Federal de Controle. A nova lei de licitações, ao formalizar o sistema de compras do Estado a um nível inimaginável, encarecerá extraordinariamente o processo de compra, sem por isso reduzir a corrupção. A criação da nova secretaria, embora em princípio uma boa ideia, apenas acentua a tendência ao controle formal do gasto público, ao controle dos processos, uma vez que não havia objetivos, metas e indicadores de desempenho definidos que pudessem ser controlados.

Em 1995, Fernando Henrique Cardoso assume a Presidência da República e nomeia Ministro da Administração Federal e Reforma do Estado o autor deste livro. Sob o comando do novo presidente, profundamente comprometido com a reforma do Estado, começava a Reforma Gerencial.

Capítulo 9
DIAGNÓSTICO: AS DISTORÇÕES

A partir desse breve histórico, estamos agora em condições de fazer um diagnóstico da situação da administração pública brasileira no momento em que o governo Fernando Henrique tem início, em janeiro de 1995. Em termos gerais, o grande problema do aparelho do Estado brasileiro, quando pensado no nível federal, não era o tamanho excessivo, mas sua ineficiência e a ineficácia, bem como os profundos desequilíbrios salariais existentes. O número de funcionários federais, que chegou a alcançar 713 mil em 1989, baixou em 182 mil nos oito anos seguintes, reduzindo-se a 531 mil funcionários estatutários no final de 1997 (Tabela 9.3). Houve, portanto, uma redução substancial, que se deveu em grande parte à não reposição de servidores quando se aposentavam, seja porque as funções haviam sido transferidas para os estados e municípios, seja porque podiam ser terceirizadas, seja porque havia, de fato, excesso de pessoal naquele setor. A ineficiência do setor público brasileiro, entretanto, é enorme, principalmente na área social. É uma ineficiência que deriva diretamente do burocratismo combinado, ainda que de maneira decrescente, com o clientelismo. Os desequilíbrios salariais, por sua vez, derivaram principalmente da alta inflação que dominou o país desde os anos 60 até 1994 e da crise fiscal discutida anteriormente. Neste capítulo vou, inicialmente, apresentar um quadro da escolaridade e das carreiras existentes no serviço público federal, para depois examinar o comportamento da folha de pagamento, as distorções de remuneração, e os mitos burocráticos relativos às carreiras e aos cargos de confiança.

A REMUNERAÇÃO E A FOLHA

A inexistência de uma política remuneratória para os servidores públicos federais durante o período autoritário não foi corrigida no retorno à democracia. As distorções salariais, que já eram grandes, apenas se aprofundaram, enquanto o total de gastos, que aumentou durante o governo Sarney, foi violentamente reduzido pelo governo Collor, com uma grande redução dos salários médios reais. No governo Itamar o nível de salários é recuperado, ao mesmo tempo que o total de gastos com pessoal cresce de forma explosiva. Conforme demonstra a Tabela 9.1, os salários, que haviam sido

Diagnóstico: as distorções

reduzidos para a metade entre 1989 e 1992, voltam para um nível superior ao pico anterior (1990) em 1995. O governo procurou então, por meio de um programa de "isonomia salarial", corrigir as profundas distorções na remuneração dos servidores que se acumularam a partir da segunda metade dos anos 80. O resultado, entretanto, foi apenas um forte aumento nos gastos com pessoal, que alcançaram um pico histórico em 1995, sem que as distorções fossem eliminadas.

Tabela 9.1

REMUNERAÇÃO MÉDIA REAL

DOS SERVIDORES DO EXECUTIVO (1989 = 100)

	Índice PCC – nível superior	Índice ponderado*
1989	100	100
1990	106	121
1991	70	79
1992	62	71
1993	82	83
1994	99	96
1995	117	128
1996	101	111
1997	97	106

* O Índice Ponderado foi construído a partir do índice das principais carreiras ponderado pelo número de ocupantes de cada carreira. Foi destacado o Índice do Nível Superior do PCC (Plano de Classificação de Cargos), porque essa é a carreira mais representativa do serviço público brasileiro.

Fonte: MARE - Ministério da Administração Federal e da Reforma do Estado (dez/97).

O aumento das remunerações ocorrido no governo Itamar, somado a alguns aumentos adicionais realizados nos três primeiros meses do governo Fernando Henrique, provocaram um violento aumento dos salários médios reais e uma explosão correspondente dos gastos totais com pessoal no Governo Federal. A Tabela 9.2 apresenta os principais dados a respeito da despesa global. Em 1995, o gasto com pessoal alcançou, em reais corrigidos até dezembro de 1997, um pico absoluto: R$ 46,6 bilhões, importando em aumento real de 30% de 1994 para 1995, porcentagem semelhante ao aumento do salário médio real nesse período de um ano, que foi de 33%. Em termos de participação da folha no PIB, porém, o pico continuou a ser 1989, em consequência do aumento dos salários que o governo que então se encerrava concedeu aos servidores federais. Em 1995, ainda tivemos outro grande pico, ano em que foi concedido o último reajuste salarial linear. Só em 1996 os salários e a folha de pagamento do governo ficaram sob controle, como pode ser observado nas tabelas 9.1 e 9.2.

Tabela 9.2

GASTOS COM PESSOAL FEDERAL (CIVIL E MILITAR)

	R$ bilhões*	Índice (1987 = 100)	% do PIB
1987	19,7	100,0	3,46
1988	24,2	122,7	4,26
1989	29,9	151,6	6,68
1990	34,4	174,7	6,42
1991	28,2	143,3	4,83
1992	23,0	116,7	4,58
1993	31,1	157,7	4,89
1994	35,9	181,9	5,06
1995	46,6	236,5	5,76
1996	45,3	229,8	5,43
1997	45,7	231,7	5,74

* Corrigidos pelo IGP-DI/FGV até dez/97. Valores apurados pelo critério de competência.
Fonte: MARE - Ministério da Administração Federal e Reforma do Estado (dez/97).

QUANTITATIVO

Esse crescimento da folha não se deveu ao aumento do número de funcionários. Dada a necessidade de ajuste fiscal, que ficou patente a partir de 1987, e o custo elevado que passou a representar a contratação de novos servidores públicos, os concursos públicos foram quase totalmente suspensos a partir de 1988, de forma que o número total de funcionários diminuiu. Na verdade, conforme pode ser observado pela Tabela 9.3, o número de funcionários ativos, que chegou a alcançar 713 mil em 1989, baixou para 567 mil em 1995, e 531 mil em 1997. Se considerados também os funcionários das empresas estatais, a queda foi ainda maior, dado o fato adicional das privatizações.

Diagnóstico: as distorções

Tabela 9.3

EVOLUÇÃO DO NÚMERO DE SERVIDORES DA UNIÃO

	Civis do Poder Executivo*	Civis do Executivo + empregados das estatais**
1988	705.548	1.442.657
1989	712.740	1.488.608
1990	628.305	1.312.682
1991	598.375	1.238.817
1992	620.870	1.261.037
1993	592.898	1.236.538
1994	583.020	1.216.058
1995	567.689	1.140.711
1996	545.656	1.058.983
1997	531.725	994.805

* Civis da administração direta, autarquias e fundações do Poder Executivo.
** Inclui, além dos civis do Executivo, os funcionários das estatais. Fonte: MARE (dez/97).

A explicação para o aumento da folha tem de ser encontrada no aumento dos salários a partir de 1993 e no custo crescente dos servidores inativos e pensionistas. O elevado valor das aposentadorias e o fato de os servidores poderem se aposentar muito cedo, levou a uma explosão do custo dos inativos. Conforme vemos pela Tabela 9.9, os inativos e pensionistas, que já representavam 30% do custo da folha de pessoal entre 1991 e 1993, passam a representar 41% em 1997.

Distorções na remuneração

No Brasil, não há nada parecido com um sistema universal e padronizado de remuneração de servidores, do tipo existente nos países desenvolvidos, onde a administração pública burocrática alcançou pleno desenvolvimento. Ou melhor, existe o Plano de Cargos e Carreiras — PCC, que poderia preencher esse papel, mas que na verdade é apenas a situação da qual todos querem sair para integrar carreiras específicas que, graças a seu sistema de gratificações especiais, acabam sendo razoavelmente remuneradas. No geral, o que existe é um sistema de remunerações extremamente distorcido, em que algumas carreiras, especialmente as jurídicas e, em segundo plano, as econômicas, são bem remuneradas, em função de gratificações que visariam premiar desempenho, enquanto os demais cargos, especialmente os de nível superior do PCC, são mal pagos. São também muito bem remuneradas, quando comparadas com o setor privado, as funções operacionais, que exigem baixa qualificação.

Os aumentos salariais realizados no governo Itamar não lograram reduzir as distorções salariais existentes no serviço público federal. Estas distorções podem ser avaliadas sob dois ângulos. De um lado, temos os desequilíbrios em relação ao mercado de trabalho privado; de outro, os desequilíbrios internos, com alguns setores ganhando muito bem e outros muito mal.

Existe no país uma crença generalizada de que a remuneração dos servidores públicos é baixa. A verdade não é essa. Elas são baixas para alguns setores, altas para outros. A Tabela 9.4 baseia-se em uma comparação entre os salários do setor público e do setor privado, na qual foram confrontadas as remunerações de cargos com atribuições semelhantes nos dois mercados. Os resultados mostram que, enquanto os executivos e profissionais de nível superior recebem salários mais elevados no setor privado, os funcionários menos qualificados do setor público (como os que trabalham em atividades auxiliares da administração, digitação, estoques, manutenção, instalação, vigilância, portaria, limpeza e copa, entre outros) têm remuneração substancialmente maior do que no setor privado. Dessa forma, o setor público corrige o forte desnivelamento existente entre os altos ordenados e os baixos salários do setor privado, que explica boa parte da alta concentração de renda existente no país, mas o faz criando uma outra distorção: a incomunicabilidade entre os mercados público e privado de trabalho.

Tabela 9.4

SALÁRIOS MÉDIOS: SETOR PÚBLICO E PRIVADO (R$/MAIO 1995)

	Salário médio setor privado	Salário médio setor público	Diferença público/privado
Cargos executivos	7.080	6.069	-14%
Cargos nível superior	1.899	1.814	-5%
Cargos nível técnico/médio	926	899	-3%
Cargos operacionais	437	635	45%

Fonte: MARE (1995), SIAPE e Coopers & Lybrand.
Método: Inicialmente foram levantados os cargos com atribuições semelhantes no setor público e no privado. Para calcular a remuneração média de cada cargo, foi utilizado, no setor privado, o salário médio, independentemente do porte e da localidade das empresas; para o setor público, foi considerada a estrutura de remuneração e a distribuição de frequência dos servidores na escala salarial de cada cargo. Para os executivos, foi feita uma amostra do valor de remuneração dos ocupantes de DAS de diversos níveis, considerando o diretor-presidente como DAS de Natureza Especial. Diretores como DAS-6, Gerentes como DAS-5, exceto para os cargos da área jurídica, que têm uma estrutura hierárquica um pouco distinta. Não estão incluídos benefícios indiretos dos cargos.

Diagnóstico: as distorções

Confirmando a pesquisa do MARE, um estudo conduzido pelo Banco Mundial (1997b: 34) demonstrou que os salários médios no setor público eram, em 1995, 48% maiores do que os salários médios no setor privado. Entretanto, como o nível de escolaridade no setor público é maior do que no setor privado, o estudo controlou essa e outras características, obtendo os diferenciais de salário que aparecem na Tabela 9.5. O estudo faz uma análise por setores ou áreas de atividade da administração pública. Enquanto os salários na Administração Federal e principalmente os salários médios dos poderes Judiciário e Legislativo são consideravelmente mais altos do que os salários médios do setor privado, o inverso ocorre em relação aos salários médios dos servidores municipais e dos servidores nas áreas de educação e saúde, considerando-se os três níveis da federação. São desequilíbrios perversos, especialmente o último, que deverão ser atacados em qualquer proposta de reforma do setor público brasileiro.

Tabela 9.5

DIFERENCIAIS DE SALÁRIO

ENTRE O SETOR PÚBLICO E O PRIVADO

Setor ou atividade	Diferença %
Administração federal	28,9
Administrações estaduais	-3,8
Administrações municipais	-22,4
Judiciário e Legislativo	55,9
Militares	5,7
Educação e Saúde	-15,6

Fonte: Banco Mundial (1997b: 34-37)

Por outro lado, analisando a estrutura relativa dos salários no serviço público federal, encontramos também enormes disparidades entre as remunerações: funcionários com qualificações muito semelhantes, que realizam tarefas parecidas, não obstante, recebem remunerações muito diferentes. Essas distorções internas tiveram origem no regime militar, quando o serviço público foi relegado a segundo plano e a burocracia do Estado passou a ser recrutada pelas empresas estatais. A consequência foi uma forte redução dos salários dos servidores estatutários, que até hoje se reflete na baixa remuneração dos participantes no Plano de Classificação de Cargos e Carreiras, que então pretendia ser o sistema universal de carreira e remuneração dos servidores federais.

Para fugir a essa situação (ou ao PCC), dois tipos de estratégias foram adotadas: o Poder Judiciário, o Ministério Público e o Poder Legislativo, tornados fortemente autônomos do ponto de vista administrativo a partir de 1988, trataram de aumentar por conta própria, independentemente do Poder Executivo, sua remuneração. Por outro lado, no Poder Executivo, as categorias tradicionalmente mais poderosas — os procuradores, os delegados de polícia, os diplomatas, os auditores fiscais —, e as novas carreiras de administradores-economistas criadas depois da abertura democrática — os analistas do tesouro e do orçamento e os gestores — passaram a ter "gratificações de produtividade", que, na verdade, não eram outra coisa senão uma estratégia para corrigir seus salários sem que fosse necessário aumentar a remuneração de todo o funcionalismo público de nível superior.

Dado seu caráter *ad hoc*, essas duas estratégias, perfeitamente compreensíveis e até certo ponto necessárias para que o Estado pudesse voltar a recrutar pessoal de bom nível nos setores estratégicos da administração, tiveram como resultado o aprofundamento das distorções no sistema remuneratório dos servidores.

A terceira origem das distorções do sistema remuneratório federal corresponde à possibilidade de "incorporações de vantagens", como "quintos",[117] somada à possibilidade de acumulação de cargos e seus respectivos proventos por servidores ativos e inativos. Essas incorporações e acumulações, habilmente manipuladas, permitiram que um número crescente de servidores passasse a ganhar altos salários, surgindo então a expressão "marajás" para identificar tais funcionários. A Constituição de 1988 procurou enfrentar o problema por meio de um "teto de salários", correspondente à maior remuneração em cada um dos poderes (Ministros de Estado, Deputados Federais e Senadores, e Ministros do Supremo Tribunal Federal), mas interpretações judiciais permitiram que esse teto fosse contornado. Em consequência, o Ministério da Administração Federal e da Reforma do Estado divulgou, no final de 1995, uma lista com os nomes de mais de 10 mil funcionários ganhando acima do pretendido teto legal, e de mais de mil funcionários, principalmente inativos, ganhando mais do que o Presidente da República (R$ 8.500).[118]

---

[117] A cada ano, incorporava-se à remuneração do funcionário um quinto da gratificação por ocupação de cargo de direção (DAS). Em 1995, passaram a se incorporar "décimos".

[118] O "teto legal" para servidores do executivo seria 80% do salário de ministro, correspondendo a 6.400 reais. Os dez mil funcionários que recebem remunerações ou proventos superiores a esse valor, entretanto, fazem-no legalmente, uma vez que interpretações da lei tornaram o teto sem efeito. Daí a pressão, especialmente dos governadores, para que esse teto fosse revisto por emenda constitucional, de forma a se tornar efetivamente aplicável.

Diagnóstico: as distorções

Finalmente, outra fonte de distorções remuneratórias no serviço público surge das sentenças judiciais, principalmente aquelas associadas ao pagamento, julgado inconstitucional pelo Supremo, de planos econômicos. Apesar dos recursos bem-sucedidos impetrados pela União, existem muitas sentenças antigas já transitadas em julgado que permitem a um servidor ganhar mais que seu colega ocupante de cargo semelhante e que desempenha as mesmas atribuições, o que se constitui num forte desestímulo à busca de qualificação por parte do funcionário. Na Polícia Federal, por exemplo, a participação das despesas com sentenças na folha de pagamentos supera 50%, e o salário médio global nesse órgão é um dos mais elevados dentre os observados no Poder Executivo, situando-se em torno de R$ 4.000.

Pode-se argumentar, no entanto, que o leque salarial (a distância entre o menor e o maior salário) é muito grande no setor privado e, consequentemente, a estrutura salarial do setor público estaria contribuindo para melhorar o perfil da distribuição da renda no país. Isto é em parte verdade. Entretanto, a ordenação dos salários (do maior para o menor) não é semelhante nos dois setores: esta última característica contribui decisivamente para a desmotivação do servidor, gera distorções na produtividade e desestimula o ingresso no setor público. Na verdade, a inexistência tanto de uma política de remuneração adequada (dada a restrição fiscal do Estado), como de uma estrutura de cargos e salários compatível com as funções exercidas, e a rigidez excessiva do processo de contratação e demissão do servidor (agravada a partir da criação do Regime Jurídico Único), tidas como as características marcantes do mercado de trabalho do setor público, terminam por inibir o desenvolvimento de uma administração pública moderna, com ênfase nos aspectos gerenciais e na busca de resultados.

Escolaridade e perfil ocupacional

O servidor público possui, em média, um nível de escolaridade superior ao do trabalhador no setor privado. A Tabela 9.6 mostra que, enquanto a maioria dos empregados na região metropolitana de São Paulo (onde o acesso à educação, ao que tudo indica, é mais facilitado) não concluiu o 2º grau, os servidores públicos federais possuem, predominantemente, curso superior completo. Se considerarmos que a informação relativa aos servidores reflete, via de regra, o seu nível de estudo quando do ingresso nos quadros de pessoal da União (haja vista que é rara a atualização destes dados cadastrais), essa disparidade pode ser ainda maior.[119]

---

[119] Esta seção baseia-se em Marconi (1997).

Tabela 9.6

ESCOLARIDADE SERVIDORES X TRABALHADORES DO SETOR PRIVADO

	Trabalhadores do setor privado	Servidores federais
Analfabeto	5%	1%
1º grau incompleto	43%	14%
1º grau completo	12%	9%
2º grau incompleto	7%	4%
2º grau completo	16%	25%
Superior incompleto	4%	5%
Superior completo	12%	42%
Total	100%	100%

Fonte: Boletim Estatístico do MARE (a partir de dados do SEADE e do próprio ministério).
SEADE: dados de 1995; MARE: dados de fev./97.
(1) Inclui os trabalhadores da região metropolitana de São Paulo.
(2) Servidores civis do Poder Executivo (adm. direta, autarquias e fundações).

Não há, entretanto, correspondência entre o nível de escolaridade dos servidores civis do Executivo e o perfil dos cargos ocupados pelos mesmos. Apenas 34% dos servidores ocupam cargos cujas atribuições exigem formação superior, enquanto a maior parte — 60% — ocupa cargos que exigem 2º grau para o seu desempenho e 6% exercem atribuições que demandam somente o 1º grau.[120] Se considerarmos que a maioria das atividades finalísticas e de apoio dos órgãos são atribuídas, respectivamente, aos ocupantes de cargos que requerem formação superior e de nível médio, pode-se afirmar que há um excesso de funcionários nas áreas de suporte e escassez nas áreas finalísticas dos diversos órgãos.

Como o processo de reforma do Estado levará o Governo Federal a centrar suas atividades em áreas consideradas finalísticas — formulação, fomento e execução de tarefas nas quais exerce o seu poder extroverso —, deduz-se que a atual composição da estrutura de cargos do Executivo é incompatível com o papel que lhe está sendo atribuído na esfera federal. Isso confirma, portanto, o necessário fortalecimento do sistema de contratação e de carreiras nas áreas consideradas relevantes sob o ponto de vista da gestão de recursos humanos, ainda mais se considerarmos que o perfil da distribuição de

[120] Os dados cadastrais demonstram que 42% dos servidores possuem curso superior. Como esta informação pode estar subestimada, uma vez que não é atualizada periodicamente, e apenas 34% do total de cargos ocupados requerem formação de nível superior para o seu desempenho, torna-se evidente a inconsistência entre o grau de escolaridade dos servidores e o perfil dos cargos ocupados atualmente.

Diagnóstico: as distorções

servidores em carreiras apresenta sérias distorções. Do total de funcionários civis estatutários, cerca de 69% estão agrupados fora de carreiras específicas, sem definição de atribuições, alocados no Plano de Cargos e Carreiras — PCC, enquanto existe um número reduzido de servidores nas áreas que pressupõem poderes de Estado: apenas 7% do total de servidores atua nas áreas de fiscalização, polícia, diplomacia, jurídica e de orçamento, planejamento e gestão pública.

Dois mitos burocráticos

Na medida em que a Constituição de 1988 representou um retrocesso burocrático, revelou-se irrealista. Em um momento em que o país necessitava urgentemente reformar a sua administração pública, de forma a torná-la mais eficiente e de melhor qualidade, aproximando-a do mercado privado de trabalho, o inverso foi realizado. O serviço público tornou-se mais ineficiente e mais caro e o mercado de trabalho público separou-se completamente do mercado de trabalho privado. A separação foi proporcionada não apenas pelo sistema privilegiado de aposentadorias do setor público, mas também: pela exigência de um regime jurídico único, que levou à eliminação dos funcionários celetistas na administração descentralizada; pela afirmação constitucional de um sistema de estabilidade rígido, que tornou inviável a cobrança de trabalho dos servidores; pelo fim do mecanismo da ascensão funcional (promoção via concurso interno para outro cargo, que estimulava o servidor a buscar o seu desenvolvimento profissional), devido às irregularidades observadas no uso de tal instrumento; e pela disseminação exagerada, baseada numa interpretação distorcida, do princípio da isonomia, que enrijece por completo a política remuneratória e, na prática, obriga, em última instância, a pagar de forma semelhante os desiguais.

A estabilidade dos funcionários é uma característica das administrações burocráticas. Foi uma forma adequada de proteger os funcionários e o próprio Estado contra as práticas patrimonialistas que eram dominantes nos regimes pré-capitalistas. No Brasil, por exemplo, havia, durante o Império, a prática da "derrubada". Quando caía o governo, eram demitidos não apenas os portadores de cargos de direção, mas também muitos dos funcionários comuns.

A estabilidade, entretanto, implica um custo. Impede a adequação dos quadros de funcionários às reais necessidades do serviço, ao mesmo tempo que inviabiliza a implantação de um sistema de administração pública eficiente, baseado em um sistema de incentivos e punições. Era justificável enquanto o patrimonialismo era dominante e os serviços do Estado liberal, limitados; deixa de sê-lo quando o Estado cresce em tamanho, passa a realizar um grande número de serviços e a necessidade de eficiência para esses serviços torna-se fundamental, ao mesmo tempo que o patrimonialismo perde força, deixa de ser um valor para ser uma mera prática, de forma que a demissão por motivos políticos se torna algo socialmente inaceitável. Se, além de socialmente condenada, a demissão por motivos políticos for tornada inviável devido a uma série de precauções como aquelas presentes na proposta de emenda constitucional do governo Fernando Henrique, não haverá mais justificativa para se manter a estabilidade de forma absoluta, como ocorre na burocracia clássica.[121]

No Brasil, a extensão da estabilidade a todos os servidores públicos, em vez de limitá-la apenas às carreiras nas quais se exerce o poder de Estado, e o entendimento dessa estabilidade, de uma forma tal que a ineficiência, a desmotivação, a falta de disposição para o trabalho não pudessem ser punidos com a demissão, implicaram um forte aumento da ineficiência do serviço público. Conforme observa o documento da Associação Nacional dos Especialistas em Políticas Públicas e Gestão Governamental (1994: 19):

"Relativamente à questão da estabilidade, é essencial a revisão da sua sistemática de aquisição e manutenção. Mantida, como deve, a regra de que os servidores somente podem ser demitidos por processo judicial ou administrativo, onde lhes seja assegurada ampla defesa, impõe-se tornar o processo administrativo mais ágil e flexível e menos oneroso [...]".

O grande mérito da Constituição de 1988 foi ter tornado obrigatório o concurso público para a admissão de todo e qualquer funcionário. Este foi sem dúvida um grande avanço, na medida em que dificultou o empreguismo público. Também aí, entretanto, verificaram-se exageros. Acabou-se com a prática condenável dos concursos internos, mas isso implicou a impossibilidade de se promoverem funcionários internamente. Enquanto no setor pri-

---

[121] Ou melhor, as justificativas só poderão ser dogmáticas como, por exemplo, a encontrada em Gurgel (1995: 85): "A ideia de flexibilizar a estabilidade no serviço público, mantendo-a apenas para algumas funções designadas como funções de Estado, confunde Estado com República. Não percebe que, além e acima do Estado, as funções que se destinam a atender a necessidades ou direitos públicos são funções separadas do privado e devem ser cumpridas com isenção e equidade. Devem ser conduzidas com impessoalidade — preservadas das pressões políticas e sociais [...] A questão da impunidade dos servidores desidiosos ou o problema do excesso de contingente não podem ser argumentos para uma medida que põe "em cheque" um princípio da moderna burocracia".

Diagnóstico: as distorções

vado a promoção interna é uma prática consagrada, no serviço público brasileiro tornou-se inviável. Por outro lado, nos cargos para os quais seria mais apropriado um processo seletivo ainda mais flexível do que público e transparente se passou a exigir todas as formalidades do concurso. Autarquias, fundações e até empresas de economia mista foram constrangidas a realizar concursos, quando poderiam ter sido simplesmente obrigadas a selecionar seus funcionários de forma pública e transparente.

A promoção interna foi reservada exclusivamente para a ascensão dentro de uma carreira. Tal reserva partiu do pressuposto de que para a instauração de um regime burocrático clássico é essencial o estabelecimento de um sistema formal de ascensão burocrática, que começa por um concurso público, e depois passa por um longo processo de treinamentos sucessivos, avaliações de desempenho e exames formais. Ocorre, entretanto, que carreiras burocráticas dignas desse nome não foram instaladas no serviço público brasileiro. Apenas entre militares pode-se falar de carreira no Brasil.[122]

Uma carreira burocrática propriamente dita dura em média trinta anos, ao final dos quais o servidor deverá estar ganhando cerca de três vezes mais do que começou a ganhar no início da carreira. Para chegar ao topo da carreira, ele demorará no mínimo vinte anos.[123] Esse tipo de carreira está obviamente superado em uma sociedade tecnologicamente dinâmica, em plena Terceira Revolução Industrial. Nem a Constituição de 1988, nem os servidores federais e políticos brasileiros, entretanto, foram capazes de reconhecer abertamente este fato. Continuaram a afirmar que o estabelecimento de carreiras, acompanhado de um correspondente sistema de treinamento e de avaliação, resolveria, senão todos, a maioria dos problemas da administração pública brasileira. A carreira tornou-se, na verdade, o grande mito de Brasília. Mito porque prega a instauração das carreiras, ao mesmo tempo que, de fato, ninguém acredita nelas, e na prática são destruídas.[124] A destruição das car-

---

[122] Era possível também se falar em carreira entre os diplomatas. A introdução de uma gratificação de desempenho em 1995, porém, reduziu drasticamente a amplitude da carreira diplomática que, assim, ficou equiparada às demais carreiras civis.

[123] Na França, por exemplo, a diferença entre o salário inicial de um egresso da ENA e o salário no final da carreira, descontados os adicionais por ocupação de cargo de direção, é de duas vezes e meia.

[124] Segundo Abrucio (1993: 74), por exemplo, "na administração pública federal brasileira a questão dos planos de carreira é fundamental na medida em que a maioria dos servidores públicos brasileiros carece de um horizonte profissional definido". Nesse trabalho o autor enumera de forma realista os obstáculos à existência de carreiras. Não percebe, porém — como, aliás, praticamente ninguém percebia no Brasil na época —, que esses obstáculos derivavam menos do patrimonialismo ou da incompetência dos dirigentes políticos, e

reiras se dá pela introdução de gratificações de desempenho que reduzem radicalmente a amplitude das carreiras — ou seja, a distância percentual entre a remuneração inicial e a final. Essa amplitude deveria ser de 200 ou 300%, mas nos últimos anos passou a girar no Brasil em torno de 20%, exceto no caso das carreiras militares. A amplitude da carreira de auditor do tesouro nacional, por exemplo, reduziu-se a 6%. A de carreiras criadas há cerca de dez anos, como a dos gestores, dos analistas do tesouro e dos analistas de orçamento, reduziu-se a 26%.[125] Através desse processo de redução da amplitude das carreiras, elas foram na prática reduzidas a simples cargos. A desfiguração da clássica carreira burocrática também ocorreu graças à redução drástica do número de níveis de algumas carreiras, que passaram a ter três ou quatro níveis apenas, em vez dos vinte níveis existentes no Plano de Carreiras e Cargos.[126]

Por que ocorreu esse fato? Por duas razões: porque assim é possível estabelecer um salário de entrada relativamente alto, que atrai mais e melhores candidatos ao concurso; e, principalmente, porque Brasília na verdade não acredita no seu próprio mito. Porque, em um mundo em transformação tecnológica acelerada, no qual a competência técnica não tem qualquer relação com a idade dos profissionais, os servidores jovens não estão dispostos a esperar vinte anos para chegar ao topo da carreira. Diminuindo-se a amplitude, ou, mais diretamente, diminuindo-se o número de níveis da carreira, o jovem administrador chega mais depressa à remuneração máxima da carreira — que, afinal, não é muito deferente da inicial,[127] mesmo porque um aumento acentuado do salário máximo impacta fortemente a despesa com inativos (que quando se aposentaram se situavam nos níveis mais elevados).

Outro fator que demonstra como opera o mito das carreiras é verificar o que ocorre com as avaliações de desempenho no serviço público brasileiro. Não há nada mais avesso à cultura nacional do que a avaliação de méri-

---

mais das mudanças tecnológicas dramáticas ocorridas no mundo, com profundas implicações na reformulação da administração pública.

[125] Em 1997, logrou-se aumentar a amplitude para 56%. Ainda um número estritamente insuficiente para caracterizar uma carreira burocrática.

[126] As carreiras de advogados da União, assistente jurídico e procurador da fazenda nacional e defensor público têm apenas três níveis; as de auditor e de técnico do tesouro nacional, quatro.

[127] A crise da concepção clássica de carreira não é, obviamente, um problema apenas brasileiro. Sobre a Argentina, ver Bonifácio (1995). O autor, entretanto, tem dificuldade em compreender que a crise do sistema de carreiras não é uma distorção conjuntural, mas um sinal claro da superação do modelo burocrático de administração pública.

to. Lívia Barbosa faz uma análise do problema da avaliação de desempenho e mais amplamente da meritocracia, demonstrando que o problema é antigo (no Brasil já está presente na Constituição de 1824) e está longe de ser trivial, constituindo, na verdade, menos um sistema de ordenação social, e mais uma ideologia burocrática. No Brasil, os planos para se estabelecer um sistema de avaliação que garanta promoções por mérito são recorrentes e sempre falham, na medida em que ninguém quer avaliar ninguém, nem ser avaliado por ninguém no país. Um sistema de avaliação sistemática dos funcionários nunca chegou a ser implantado, embora formalmente exista. Os avaliadores dão sempre, ou quase sempre, a nota máxima para os avaliados, anulando assim a avaliação. Barbosa tem uma explicação antropológica para o fato. No Brasil, ao contrário do que acontece, por exemplo, nos Estados Unidos, a igualdade é encarada não apenas como um direito, mas como um fato, uma realidade indiscutível, derivada de um princípio moral. Em consequência, as desigualdades e os diferentes desempenhos dos indivíduos são determinados pelas condições sociais que cada um enfrenta, em vez de poderem ser atribuídas ao mérito individual.

> "Se, na prática, somos desiguais, as desigualdades que se estabelecem entre os indivíduos são tidas exclusivamente, como oriundas das condições sociais dos indivíduos, não se relacionando com o esforço ou a vontade de realizar de cada um [...] Devido a essa concepção de desempenho, na sociedade brasileira esperamos sempre que nossas produções individuais sejam avaliadas no contexto em que foram produzidas [...] Essa ênfase na justificativa do desempenho, fruto de uma ótica igualitária radical, dificulta a construção de hierarquias baseadas no mérito" (Barbosa, 1996: 87-88).

Em outras palavras, como as carreiras, a avaliação de mérito é também um mito no Brasil. Isso não significa, entretanto, que não existam carreiras na administração pública brasileira. Sem dúvida elas existem. Existem formalmente, constituindo-se, afinal, a não ser no caso dos militares e da diplomacia, corpos de funcionários admitidos por concurso e recebendo uma remuneração praticamente igual, independentemente do seu estágio na "carreira". E existem carreiras reais, percorridas mediante a ocupação de cargos nas diversas agências do Estado, conforme muito bem as analisou Ben Ross Schneider (1994, 1995). São antes carreiras pessoais do que carreiras formais. São carreiras extremamente flexíveis, constituídas por funcionários que formam a elite do Estado. Tais funcionários circulam intensamente entre os diversos órgãos da administração, e, ao se aposentarem, tendem a ser absorvidos pelo setor privado. Se Schneider acrescentasse que a ocupação de DAS faz parte integrante desse processo instável e flexível, embora mais baseado no mérito do que ele supõe, teríamos um bom quadro do sistema de carreiras informais existentes na alta burocracia brasileira. Um quadro que poderá ser aperfeiçoado com a adoção de uma concepção moderna de carreira que compreenda: ampla mobilidade do servidor, possibilidade de ascensão rápida aos mais talentosos; estruturas em "Y" que valorizem tanto as funções de chefia quanto de assessoramento; versatilidade de formação e no treinamento permitindo perfis bem diferenciados entre os seus integrantes.

A relação entre os DASs e as carreiras nos leva a um outro mito burocrático de Brasília: o mito de que os DASs são um mal. Seriam a forma pela qual o sistema de carreiras seria minado, abrindo espaço para a contratação, sem concurso, de pessoal sem competência. Na verdade, os DASs, ao permitirem a remuneração adequada de servidores públicos — que constituem 75% do total de portadores de DAS, conforme podemos verificar pela Tabela 9.7, constituem-se em uma espécie de carreira muito mais flexível e orientada para o mérito. Existe em Brasília um verdadeiro mercado de DASs, pelo qual os ministros e altos administradores públicos, que dispõem dos DASs, disputam com essa moeda os melhores funcionários brasileiros. É como se os DASs fossem o instrumento de ascensão funcional de que dispõe o servidor atualmente. Se for concretizado o plano, ainda em elaboração, de reservar de forma crescente os DASs para servidores públicos, o sistema de DAS, que hoje já é um fator importante para o funcionamento da Administração Pública Federal, transformar-se-á em um instrumento estratégico da administração pública gerencial.

A Tabela 9.7 nos oferece, aliás, um bom quadro da alta Administração Pública Federal presente no Poder Executivo. A remuneração média dos administradores varia entre a média de R$ 2.665 para os portadores de DAS-1 e R$ 6.339 em média para os portadores de DAS-6. A porcentagem média de portadores de DAS que são servidores públicos baixa de 78,5% para o DAS-1 para 48,4% para os portadores de DAS-6. O nível de educação aumenta com o aumento do DAS enquanto a porcentagem de mulheres diminui à medida que transitamos de DAS-1 para DAS-6. No total são 17.227 os portadores da DAS, correspondendo a cerca de 3% do total de servidores ativos.

Diagnóstico: as distorções

Tabela 9.7

OCUPANTES DE DAS

	Qtde. servidores	Idade média	Sexo feminino	Nível superior	Servidores públicos	Remuneração média
DAS-1	7.206	41	45,2%	50,8%	78,5%	2.665
DAS-2	5661	42	39,0%	61,8%	77,7%	3.124
DAS-3	2.265	44	36,0%	71,0%	71,4%	3.402
DAS-4	1.464	46	28,8%	81,3%	65,4%	4.710
DAS-5	503	48	17,3%	86,1%	60,6%	6.018
DAS-6	128	50	16,4%	85,9%	48,4%	6.339
Total	17.227	42	39,5%	61,0%	75,5%	3.112

Fonte: MARE (nov./97). Inclui remuneração do cargo e da função; estão considerados no cálculo somente os servidores efetivos.

Com seus mitos, Brasília justifica a ineficiência e a baixa qualidade do serviço público federal. Ao mesmo tempo, entretanto, revela a falta de uma política clara para o serviço público. Enquanto se repetem mitos burocráticos, como é o caso do mito positivo da carreira e do mito negativo de que os DASs constituem um mal, o serviço público brasileiro não logra se tornar um sistema plenamente burocrático, uma vez que esse é um sistema superado, que está sendo hoje abandonado em todo o mundo, em favor de uma administração pública gerencial. E por esse mesmo motivo não consegue fazer a sua passagem para uma administração pública moderna, eficiente, controlada por resultados, voltada para o atendimento do cidadão-cliente ou cidadão-usuário. Em vez disso, fica acariciando um ideal superado e irrealista de implantar no final do século XX um tipo de administração pública que se justificava na Europa, na época do Estado liberal, como um antídoto ao patrimonialismo, mas que hoje não mais se justifica.

PREVIDÊNCIA PÚBLICA

Os sistemas de previdência básica são geralmente sistemas de repartição nos quais é preciso que haja um equilíbrio entre o número de jovens, que pagam o sistema em termos correntes, e o número de velhos beneficiados pela aposentadoria. Nos últimos anos, verifica-se um crescente desequilíbrio financeiro na Previdência Básica brasileira, que é administrada pelo INSS, devido ao sistema de aposentadoria por tempo de serviço, que permite aposentadorias precoces, e principalmente porque está ocorrendo uma mudança da pirâmide etária, com o aumento da porcentagem de aposentados em relação aos trabalhadores ativos que financiam o sistema. Não existem, porém, na área da Previdência Básica privilégios escandalosos. Já a Previdência Pública é essencialmente um sistema de privilégios. Em consequência, o desequilíbrio financeiro é enorme, dada a possibilidade de aposentadoria precoce e o preceito constitucional de que o servidor tem direito à aposentadoria plena, equivalente ao seu último salário, sem qualquer relação atuarial com sua eventual contribuição.

Os servidores públicos brasileiros contam, provavelmente, com o mais generoso sistema previdenciário do mundo. Enquanto nos demais países a aposentadoria ocorre aos 60, ou mais frequentemente aos 65 anos, aqui ela ocorre, em média, aos 53, subindo para 54 anos quando não se consideram as aposentadorias proporcionais, em que o funcionário se aposenta antes de completar o número de anos exigido; e há muitos casos de aposentadorias de funcionários com cerca de 40 anos. Enquanto nos demais países a porcentagem com que o funcionário se aposenta em relação a seu último salário varia de 50 a 75%, aqui era até recentemente de 120%. Hoje é de 112%.[128] Os trabalhadores rurais, que são os mais pobres, aposentam-se em média aos 63 anos com um salário mínimo. Os trabalhadores urbanos aposentam-se um pouco mais cedo, e com uma aposentadoria maior, mas muito distante das aposentadorias do setor público. Na verdade, o privilégio dos servidores públicos está se escondendo atrás das limitações de recursos que impedem maiores salários e maiores aposentadorias no setor privado.

Tabela 9.8

APOSENTADORIAS MÉDIAS UNIÃO/INSS

	Em salários mínimos	Vezes
INSS	1,8	1,0
Executivo	14,4	8,0
Legislativo	34,9	19,4
Judiciário	33,6	18,7

Fonte: MARE e Ministério da Previdência Social (nov./97).

[128] Com a eliminação da promoção automática no momento da aposentadoria e com a cobrança de contribuição previdenciária para os aposentados do setor público, ocorridas em 1996, essa porcentagem voltou para os 100% previstos na Constituição de 1988. Esta cobrança, entretanto, que vinha sendo contestada na Justiça, foi recentemente eliminada por acordo feito pelo governo para obter a aprovação dos demais dispositivos da reforma da previdência. Como essa contribuição para os servidores ativos é em média de 11%, deixando um valor líquido para o servidor na ativa de 89%, o provento do aposentado que não mais recolhe aqueles 11% corresponde a 112% do último salário (11/89). Nos países da OCDE, essa porcentagem varia entre 50 e 70%.

Diagnóstico: as distorções

A Tabela 9.8 dá uma ideia do privilégio representado pelo atual sistema de aposentadorias do setor público, quando comparado com o do setor privado. O valor das aposentadorias dos funcionários do Legislativo é 19,4 vezes maior do que a aposentadoria dos beneficiários do INSS. No caso do Judiciário, 18,7 vezes, e do Executivo, 8 vezes. Como o número de funcionários dos dois primeiros poderes é pequeno, a média geral é 8,3 vezes maior que o benefício médio pago no INSS. É certo que, desde 1993, os servidores vêm contribuindo para seu sistema de previdência. Em média, contribuem com 11% do seu salário, sem limite de remuneração, enquanto no caso do INSS a contribuição e o benefício estão limitados a 10 salários mínimos. Por isso, os servidores contribuem, em média, com mais do que os trabalhadores do setor privado. Os cálculos realizados, entretanto, mostram que sua contribuição média é apenas 3,4 vezes maior do que a contribuição média para o INSS, enquanto o benefício é 8 vezes maior. A contribuição média dos servidores, considerando uma teórica contrapartida da União, corresponde a 21,5% do benefício médio aferido pelos mesmos, enquanto tal relação atinge 52% no INSS.

Tabela 9.9

PARTICIPAÇÃO DOS INATIVOS
NA DESPESA COM PESSOAL DA UNIÃO

Ano	Porcentagem
Média 1991/93	29,6
Média 1994/95	41,8
1996	40,5
1997	41,2

Fonte: MARE - Ministério da Administração Federal e da Reforma do Estado (dez./97).
É importante citar que a despesa com pessoal não se divide apenas entre ativos e inativos; um percentual ao redor de 5 a 6% é destinado às transferências intragovernamentais (para outras esferas de governo).

A consequência desse sistema de privilégio é uma participação crescente dos inativos na despesa total da União, que em 1997 já alcançava 41,2%, como se pode verificar na Tabela 9.9. E no plano das finanças públicas, um desequilíbrio fiscal de proporções gigantescas. Na verdade, se considerarmos também os estados e municípios, o desequilíbrio do sistema previdenciário brasileiro é, do ponto de vista das finanças públicas, gravíssimo, constituindo-se sua solução uma condição fundamental para a superação da crise fiscal. O custo global do sistema pode ser avaliado pelos dados da Tabela 9.10.

O custo total com os 16,6 milhões de aposentados e pensionistas do INSS é de US$ 41 bilhões, contra um custo de US$ 44,3 bilhões para os 2,9 milhões de aposentados e pensionistas do setor público.

Tabela 9.10

GASTOS PREVIDENCIÁRIOS TOTAIS — 1996 (US$)

Inativos e pensionistas	Gasto anual		Nº beneficiários		Gasto anual/
	US$ bi	% Total	Milhares	% Total	US$/benef.
INSS	41,0	48%	16.586	85%	2.472
União	16,4	19%	855	4%	19.219
Estados/ Municípios	27,9	33%	2.000	10%	13.950
União/ Estados/ Municípios	44,3	52%	2.873	15%	15.428
Total	85,3	100%	19.459	100%	4.385

Fonte: INSS, Ministério da Fazenda e MARE.

Se pensarmos em termos, não de custo total, mas, de déficit de caixa, ou seja, de diferença entre contribuições e benefícios pagos, enquanto a previdência geral apresentou em 1997 um déficit de cerca de R$ 2,9 bilhões, para a previdência pública dos servidores da União o déficit em 1997 foi de 15,9 bilhões de reais.[129] O déficit previdenciário do setor público como um todo, considerando-se adicionalmente os estados e os municípios, foi estimado para 1996 em R$ 40,7 bilhões, correspondendo a cerca 5% do PIB.[130] Estimativas para 1998 elevam esse número para R$ 47 bilhões. Vemos, por esses números, como o desequilíbrio de caixa da previdência pública é muito mais grave do que o da previdência dos trabalhadores do setor privado.

[129] Este número deriva de uma despesa com aposentados e pensionistas da União, em 1997, de R$ 19,5 bilhões e de uma receita com contribuições dos servidores estimada em R$ 1,8 bilhões, equivalente a 7,5% de uma folha de ativos. A alíquota média de contribuição para o Plano de Seguridade Social do Servidor é de 11,5%, dos quais 4% foram reservados para despesas com saúde. Este número foi multiplicado por dois, resultando no valor de R$ 3,6 bilhões, considerando como razoável uma contrapartida de recursos no mesmo montante, por parte da União.

[130] Em 1996, para um gasto total de R$ 48,7 estimou-se uma contribuição dos servidores dos três níveis da federação de RS$ 8 bilhões.

Diagnóstico: as distorções

Parte 4
REFORMA GERENCIAL NO BRASIL

Capítulo 10
REFORMA CONSTITUCIONAL DA ADMINISTRAÇÃO

A Reforma Gerencial no Brasil, que a partir deste capítulo passarei a descrever, foi pensada e planejada durante os seis primeiros meses do governo Fernando Henrique Cardoso e assumiu a forma de dois documentos básicos: a proposta de emenda constitucional do capítulo da administração pública, que ficou chamada pela imprensa de "a reforma administrativa", e o *Plano Diretor da Reforma do Aparelho do Estado*, em que fiz o diagnóstico da crise da administração pública brasileira e propus a sua reforma no sentido de uma administração pública gerencial. Este plano, aprovado pelo Presidente da República, por intermédio da Câmara da Reforma do Estado, estabelecia as diretrizes da reforma e já listava os principais projetos que a consubstanciariam, a partir da própria emenda constitucional. E desde então é esse plano, com pequenas alterações, que vem sendo cumprido pelo governo, de forma que, até maio de 1998, parece claro que nessa área o governo fez um plano e o cumpriu. A Reforma Gerencial não está terminada — este é um processo que levará anos —, mas os passos que foram previstos no início do governo foram todos dados.

Apenas no Ministério da Administração Federal e Reforma do Estado, entre 1995 e 1998, estavam listados os seguintes projetos prioritários, todos seguindo as diretrizes definidas no *Plano Diretor*: reforma da Constituição no capítulo da administração pública, a elaboração de projetos de leis complementares à reforma constitucional, programa de reestruturação e qualidade nos ministérios, programa de organizações sociais, programa de agências executivas, sistema de contabilidade gerencial, sistema de informações gerenciais da administração pública, fortalecimento do núcleo estratégico por meio da política de carreiras, reformulação do sistema de remuneração dos cargos em comissão do Governo Federal, plano nacional de capacitação, programa de redução dos custos de pessoal e eliminação de privilégios, principalmente os contidos na lei do Regime Jurídico Único, revisão e desburocratização da lei de licitações, aperfeiçoamento do sistema de serviços gerais do Governo Federal, estabelecimento da rede do governo (*intranet* do Governo Federal), integração dos sistemas administrativos informatizados do Governo Federal, projeto de lei sobre processo administrativo, fortalecimento da *internet* como canal de comunicação do governo com os cidadãos, reestruturação e qualidade interna do MARE.

Todos esses projetos envolvem ou facilitam a descentralização, a desburocratização e o aumento da autonomia de gestão. Entretanto, a reforma proposta não pode ser classificada como centralizadora, como foi a de 1936, ou descentralizadora, como pretendeu ser a de 1967. Nem, novamente, centralizadora, como foi a contrarreforma embutida na Constituição de 1988. Com essa reforma, não se está simplesmente seguindo o processo cíclico que caracterizou a administração pública brasileira (Pimenta, 1994), alternando períodos de centralização e de descentralização, mas, a um tempo, busca-se fortalecer a competência administrativa do centro e a autonomia dos órgãos descentralizados. O elo de ligação entre os dois sistemas será o contrato de gestão, que o núcleo estratégico deverá capacitar-se para definir e controlar, e as agências executivas e organizações sociais, aprender a executar.[131]

Dentre os projetos no Governo Federal que, somados, constituem a Reforma Gerencial, o mais importante, com ampla repercussão nos governos estaduais e municipais, foi o da emenda reformulando o capítulo da administração pública da Constituição de 1988. Esta emenda, promulgada em maio de 1998, foi objeto de debate nacional durante três anos. Sua importância deriva da profundidade da mudança institucional envolvida, viabilizando a implementação da Reforma Gerencial. Deriva também de seu caráter emblemático. Com ela, a opinião pública, que tem uma noção vaga do que é uma reforma gerencial, mas que apoiou a mudança de forma inequívoca, manifestou seu desejo de ter um Estado mais moderno, ou, mais concretamente, ver os serviços por ele prestados serem realizados de forma mais eficiente. Sua indignação contra os privilégios existentes no setor público, contra a incompetência e desmotivação de uma parte da burocracia, e contra a má qualidade dos serviços públicos se traduziu no apoio à reforma.[132] O sentido emblemático da "reforma administrativa" (como ficou conhecida

---

[131] Segundo Pimenta (1994: 154): "A institucionalização da função-administração no Governo Federal ocorre durante todo o período republicano brasileiro de forma cíclica [...] O Brasil viveu um processo de centralização organizacional no setor público nas décadas de 30 a 50, com o predomínio da administração direta e de funcionários estatutários. Já nas décadas de 60 a 80 ocorreu um processo de descentralização, por meio da expansão da administração indireta e da contratação de funcionários celetistas. O momento iniciado com a Constituição de 1988 indica a intenção de se centralizar novamente (regime jurídico único — estatutário)".

[132] No último capítulo, apresento os resultados de pesquisas de opinião sobre a reforma que demonstram esse apoio.

a emenda constitucional) é, portanto, muito forte. Além de seu significado administrativo, ela tem um conteúdo político evidente. Quando se discutia, por exemplo, a flexibilização da estabilidade dos servidores públicos, o tema real era a modernização do Estado. No momento em que, afinal, a reforma foi aprovada, preservando quase na íntegra a proposta original do governo, abriu-se espaço para uma administração pública gerencial. Assim, a sociedade e seus representantes políticos sinalizam seu compromisso com uma administração pública renovada, com um novo Estado moderno e eficiente.

Quando iniciei a elaboração da emenda, com meus assessores, meu primeiro movimento foi no sentido da desconstitucionalização. Era o movimento lógico. Se a Constituição de 1988 é detalhista, reformá-la significa reduzir o número de seus artigos, de seus dispositivos, deixar para a lei ordinária temas que exijam adaptações mais frequentes a uma realidade em permanente mudança. Assim, e como foi feito no caso da emenda da previdência social, comecei o trabalho por cortar incisos do Art. 37. Uma hora depois, entretanto, quando me dispunha a propor a eliminação de artigos, ficou claro para mim que esse tipo de reforma era tão fácil quanto inviável do ponto de vista político. O Congresso e a própria opinião pública jamais a aceitariam. Os parlamentares entenderiam que o governo estaria pedindo a eles um "cheque em branco". A partir desse raciocínio, mudei radicalmente a estratégia e procurei elaborar um texto que fosse o mais claro possível em relação aos objetivos a serem alcançados. Além disso, a emenda deveria envolver mudanças razoáveis, que não violentassem as concepções jurídicas e administrativas dominantes do país, mas as mudassem em um sentido que já estava presente na sociedade. Clareza, simplicidade, gradualidade, razoabilidade tornaram-se as diretrizes centrais do projeto. E graças a estas qualidades, mais o grande debate nacional que se estabeleceu em torno dos principais pontos da reforma, principalmente o da quebra da estabilidade no caso de excesso de quadros e de sua flexibilização, no caso de insuficiência de desempenho, a reforma originalmente proposta pelo governo foi afinal aprovada com modificações pouco significativas.[133]

[133] As alterações propostas pelo relator na Câmara dos Deputados, Wellington Moreira Franco, ou foram no sentido de aperfeiçoar alguns pontos, ou no sentido de acrescentar alguns dispositivos de caráter programático. Entre as propostas do governo, a única que afinal não foi adequadamente atendida pelo Congresso foi a da possibilidade de o Governo Federal e os governos estaduais estabelecerem, abaixo do teto geral de remuneração, que se aplica aos "membros de poder", ou, mais especificamente, ao Presidente e seus ministros, aos deputados e senadores, e aos ministros do Supremo Tribunal Federal, um subteto para seus servidores.

Os principais pontos da reforma constitucional são a previsão de mecanismos de flexibilização da estabilidade, com a possibilidade de perda do cargo por insuficiência de desempenho ou por excesso de quadros, o fim da obrigatoriedade do Regime Jurídico Único, a disponibilidade do servidor com remuneração proporcional ao tempo de serviço, a exigência de avaliação para alcançar estabilidade no final do estágio probatório, a proibição de aumentos em cascata, a eliminação da expressão "isonomia salarial" do texto constitucional; o reforço do teto e do subteto de remuneração dos servidores, a exigência de projeto de lei para aumentos de remuneração nos três poderes. Farei neste capítulo uma apresentação dessas modificações, começando pela mudança no estatuto da estabilidade.[134] Em seguida, classificarei as demais mudanças em duas seções, uma em que a ênfase é gerencial, de melhoria da eficiência e qualidade do serviço público, e outra enfatizando a redução de custos. Essas duas ênfases, aliás, já estão presentes na mudança da estabilidade. Quando a emenda estabelece a possibilidade de demissão por insuficiência de desempenho, reforça o caráter gerencial da administração pública, enquanto, ao prever a possibilidade de perda de cargo por excesso de quadros, permite uma imediata redução de custos.[135]

Estabilidade

O sistema anterior, definido em 1988, era rígido: todos os funcionários tinham na prática uma estabilidade quase absoluta, a qual só poderia ser rompida por um processo administrativo em que se provasse falta grave ou em razão de uma decisão judicial. A enumeração das faltas que podiam ser consideradas graves era ampla, incluindo a desídia. Na verdade, entretanto, alguém só era demitido se furtasse, se ofendesse grave e publicamente, ou se abandonasse o emprego. Se algo desse tipo tivesse acontecido e pudesse ser provado, o funcionário poderia ser demitido sem nenhum direito. Nos demais casos, fosse por dificuldade de provar, fosse porque havia uma cumplicidade generalizada que inviabilizasse a demissão, ninguém era demitido. Na proposta de reforma, o governo abandonou esse tudo ou nada, segundo o qual ou o servidor conserva o emprego ou perde todos os seus direitos, e parte

---

[134] Para escrever este capítulo, contei com a colaboração de Paulo Modesto.

[135] No direito administrativo brasileiro, tradicionalmente, fala-se em "demissão" quando se quer referir à perda de cargo público decorrente de punição, vale dizer, para denominar a sanção aplicada pela prática de uma falta grave do servidor público. A palavra "exoneração" é reservada para desligamentos sem caráter punitivo. A expressão "perda de cargo público" é empregada para ambas as formas de desligamento.

para um sistema gradualista, semelhante ao já adotado pelo setor privado. São criadas duas novas causas para perda de cargo público além da falta grave: a demissão por insuficiência de desempenho e a exoneração por excesso de quadros. No segundo caso, o servidor tem direito a indenização.

A demissão por insuficiência de desempenho dar-se-á caso a caso. Será apurada mediante procedimento de avaliação periódica e não apenas mediante identificação de uma isolada falta grave. O servidor terá sempre direito a um processo administrativo com ampla defesa. Tal dispositivo visa permitir a cobrança de trabalho pelos administradores públicos. A motivação dos servidores deve ser principalmente positiva — baseada no sentido de missão, nas oportunidades de promoção, e no reconhecimento salarial —, mas é essencial que haja também a possibilidade de punição. Dessa forma, será possível ao administrador público cobrar trabalho do funcionário, viabilizando assim a administração pública gerencial.

Já o desligamento por excesso de quadros será impessoal e voltado para a demissão de grupos de funcionários. Os critérios terão de ser objetivos como, por exemplo, alcançar os servidores com menor tempo de serviço, ou os mais jovens, ou os que obtiverem nota menor em avaliação objetiva de conhecimentos relativos ao cargo. Uma alternativa seria combinar os critérios impessoais com avaliação de desempenho. Embora essa alternativa seja atrativa, ela é na verdade incompatível com o desligamento por excesso de quadros, que acabaria reduzido à demissão por insuficiência de desempenho. Todos os funcionários atingidos imediatamente arguiriam que estavam sendo vítimas de perseguição política, teria início uma longa ação judicial, e os objetivos desse tipo de exoneração — reduzir quadros e adequar receita e despesa — seriam frustrados. De acordo com a proposta do governo, uma vez decidida a exoneração de um determinado número de servidores, os respectivos cargos serão automaticamente extintos, não podendo ser recriados dentro de quatro anos. Dessa forma, procura-se evitar a exoneração por motivos políticos.

A exoneração por excesso de quadros está condicionada ao cumprimento da lei complementar que fixa limite de 60% para despesa com pessoal ativo e inativo (Lei Camata). Antes do desligamento de servidores estáveis, exigem-se as seguintes medidas: redução de pelo menos 20% das despesas com cargos em comissão e funções de confiança e exoneração dos servidores não estáveis, assim considerados aqueles admitidos na administração sem concurso público após o dia 5 de outubro de 1983. Está prevista uma indenização, que corresponderá a um salário por ano trabalhado. Seguindo os princípios da Reforma Gerencial, que busca fortalecer o núcleo estratégico e as carreiras

Reforma constitucional da administração

de Estado, a lei federal disporá acerca dos critérios e garantias especiais para exoneração dos servidores das atividades exclusivas de Estado.

Enquanto a demissão por insuficiência de desempenho viabiliza a administração gerencial, a exoneração por excesso de quadros permitirá a redução do déficit público e o cumprimento dos limites constitucionais de despesa com pessoal, por meio da adequação do número de funcionários às reais necessidades da administração. Dessa forma, os contribuintes não serão obrigados a pagar por funcionários dos quais o Estado não tenha necessidade. No Governo Federal, não haverá exonerações desse tipo, uma vez que a despesa de pessoal é inferior a 60% da receita. Nos estados e municípios, entretanto, existe um grande número de casos em que essa porcentagem é excedida. Cálculos sobre a economia que poderia ser conseguida caso os excedentes sejam demitidos sobem a aproximadamente 1% do PIB.

Tais mudanças não se fizeram apenas para atender o interesse público e o da cidadania, mas também em benefício do funcionário. Todo servidor competente e trabalhador, que valoriza seu próprio trabalho, será beneficiado. Saberá que está realizando uma tarefa necessária. E, ao mesmo tempo, readquirirá o respeito da sociedade — um respeito que foi perdido quando uma minoria de funcionários desinteressados, cujo trabalho não pode ser cobrado, estabeleceu padrões de ineficiência e mau atendimento para todo o funcionalismo.

É importante, entretanto, observar que a estabilidade do servidor, embora flexibilizada, é mantida, continua prevista e contemplada expressamente na Constituição, sendo em alguns aspectos regulada na lei ordinária. Caso haja algum abuso com as novas hipóteses de perda do cargo ou com as antigas formas, o servidor sempre poderá ser reintegrado pela Justiça, ao contrário do que acontece no setor privado, no qual não existe estabilidade, e o empregado demitido tem apenas direito a indenização. A manutenção da estabilidade do servidor não apenas reconhece o caráter diferenciado da administração pública em relação à administração privada, mas, também, a maior necessidade de segurança que caracteriza em todo o mundo os trabalhos dos servidores públicos. Estes tendem a ter uma vocação para o serviço público, estão dispostos a ter uma vida modesta, mas em compensação esperam maior segurança. Uma segurança maior, por exemplo, do que a dos políticos ou dos empresários. Essa segurança, entretanto, não pode ser absoluta. O Estado garante estabilidade aos servidores porque assim assegura maior autonomia ou independência à sua atividade pública, ao exercício do poder de Estado de que estão investidos; não a garante para atender a uma necessidade extremada de segurança pessoal, muito menos para inviabilizar a cobrança de trabalho, ou para justificar a perpetuação de situações de excesso de quadros.

Redução de custos

Entre as medidas, além da exoneração por excesso de quadros, cuja ênfase está na redução de custos, merecem destaque:

Disponibilidade: O servidor pode ser colocado em disponibilidade com remuneração proporcional ao tempo de serviço, em vez de com remuneração plena, como estava previsto anteriormente. Na verdade, o entendimento dos constituintes de 1988 era o da remuneração proporcional. Entretanto, o texto não estava claro, e o Supremo Tribunal Federal definiu o dispositivo de forma restritiva. A mudança é importante. Com ela, abre-se a possibilidade de o Governo Federal resolver problemas de excesso de quadros em cargos ou áreas específicas.

Teto de remuneração: Foram afinal fechadas todas as brechas à eficácia plena do teto de remuneração no setor público. A previsão de uma remuneração máxima para os servidores públicos já existia na Constituição de 1988, mas se tornou ineficaz devido à decisão do Supremo Tribunal Federal de excluir do teto as vantagens pessoais. Agora estas vantagens foram especificamente incluídas no cálculo do abate-teto. No cálculo, deverá ser computada a soma dos valores percebidos como remuneração/subsídio e provento de aposentadoria/pensão nos três Poderes. O teto foi unificado no subsídio dos Ministros do Supremo Tribunal Federal, eliminando a existência de múltiplos tetos (todos sem limite: Prefeitos, Governadores, Deputados, Senadores, Presidente da República). Com a previsão da definição da relação entre a maior e a menor remuneração dos servidores públicos na União, nos Estados, no Distrito Federal e Municípios, foi estabelecido um subteto — um valor abaixo do teto para se constituir como limite de remuneração dos servidores públicos federais ou para os servidores dos estados e municípios.

Eficiência e qualidade

As mudanças orientadas para a melhoria da qualidade e eficiência do serviço público são muitas. Algumas implicando em mudanças fundamentais, outras tendo um caráter mais programático.

Regime jurídico único: O fim da obrigatoriedade do regime único foi uma mudança essencial para a Reforma Gerencial. A obrigatoriedade prevista no texto de 1988 resultou em um aumento de custos imenso para o setor público, na medida em que uma enorme quantidade de funcionários celetistas (na União, cerca de 400 mil) foram de um dia para outro transformados em servidores estatutários, passando a ter direito a todos os privilégios envolvidos, especialmente a aposentadoria integral e precoce. E como se isso não bastasse, foi permitido a tais servidores retirar seu fundo de garantia de tempo de serviço. Continuar adotando ou romper com o Regime Jurídico Único passa a ser uma decisão política autônoma da União, dos Estados e Municípios. Agora será novamente possível contratar funcionários celetistas ou criar um regime especial de emprego público para atividades não exclusivas de Estado.

Sistema de remuneração: Foram introduzidos aperfeiçoamentos no sistema de remuneração no setor público. Eliminou-se do texto constitucional o termo "isonomia", que apenas criava problemas nos tribunais toda vez que se procurava corrigir desequilíbrios na remuneração de servidores, além de se estabelecer uma base constitucional para reivindicações salariais encadeadas. Estabeleceu-se uma proibição abrangente de que os acréscimos pecuniários percebidos por servidor público sejam acumulados para fins de concessão de acréscimos ulteriores (supressão da exigência de serem os acréscimos ulteriores "sob mesmo título ou idêntico fundamento", o que reduzia a eficácia do disposto na Constituição e permitia gratificações em cascata). Passou a haver exigência de lei específica para a aprovação de qualquer aumento de remuneração nos três Poderes, eliminando-se o aumento das distorções já graves de remuneração entre os Poderes. Estabeleceu-se a obrigatoriedade dos membros de Poder, dos detentores de mandato eletivo, dos Secretários estaduais e municipais, dos promotores e procuradores de justiça, dos procuradores de Estado, defensores públicos e policiais serem remunerados exclusivamente por subsídio (valor único), vedando-se o acréscimo de qualquer gratificação, adicional, abono, prêmio, verba de representação ou outra espécie remuneratória (não confundir com parcela indenizatória). Para tornar mais transparente o serviço público, exige-se a publicação anual, pelos Poderes Executivo, Legislativo e Judiciário, dos valores do subsídio e da remuneração dos cargos e empregos públicos.

Estágio probatório: Passa a durar três e não dois anos. O mais importante, entretanto, é que a estabilidade só será alcançada depois de avaliação de desempenho no estágio probatório, em vez de ser por decurso de prazo, como hoje ocorre. Permanecem com estágio probatório de dois anos os magistrados e membros do Ministério Público.

Acesso a cargo público: A exigência de concurso público — a mais importante contribuição da Constituição de 1988 para a formação de um serviço público profissional — foi mantida. Devido ao fato de que esta exigência levou a uma excessiva rigidez na contratação e na promoção de pessoal, pensou-se inicialmente na adoção de um sistema mais flexível, mas sempre público: o processo seletivo público, mas a resistência do Congresso foi muito forte nessa área. Pensou-se também, inicialmente, em permitir que 20% das vagas em cada novo concurso público fossem reservadas para concurso interno, mas também esta flexibilização não logrou aprovação. A única coisa que se conseguiu nessa área foi obrigar que o concurso público se adapte à natureza e à complexidade dos cargos ou empregos, constitucionalizando, de modo expresso, o entendimento majoritário no STF. Por outro lado, para fortalecer o serviço público, previu-se reserva às funções de confiança apenas para os ocupantes de cargo efetivo, e percentuais mínimos para preenchimento de cargos em comissão por servidores ocupantes de cargo efetivo (servidores de carreira).

Descentralização: A descentralização de atividades para estados e municípios encontra hoje dificuldades, particularmente relativas à transferência de pessoal. O novo texto constitucional prevê lei para disciplina dos consórcios públicos e convênios de cooperação entre os entes federados, autorizando a gestão associada de serviços públicos, bem como a transferência total ou parcial de encargos, serviços, pessoal e bens essenciais à continuidade dos serviços transferidos.

Participação popular e proteção do usuário: Uma lei deverá disciplinar as formas de participação popular na administração pública. Dessa forma, o controle social, que é essencial na Reforma Gerencial, ganhará novo impulso. Deverá também estabelecer medidas de defesa do usuário de serviços públicos.

Ética e conflito de interesses: Uma lei disciplinará os requisitos e restrições ao ocupante de cargo ou emprego da administração direta e indireta que possibilite o acesso a informações privilegiadas. Dessa forma, os problemas éticos relativos a conflitos de interesse, particularmente um sistema de quarentena, poderão ser melhor equacionados.

Contrato de gestão: É outra instituição fundamental da administração pública gerencial. Uma lei deverá ampliar a autonomia gerencial, orçamentária e financeira dos órgãos e entidades da administração direta e indireta mediante contrato, que tenha por objeto a fixação de metas de desempenho.

Empresas estatais: Uma lei deverá disciplinar do estatuto jurídico da empresa pública, da sociedade de economia mista e de suas subsidiárias que explorem atividade econômica de produção ou comercialização de bens ou de prestação de serviços, inclusive em matéria de licitação e contratação de obras, serviços, compras e alienações. As empresas estatais custeadas majoritariamente com recursos do Tesouro deverão perder o caráter de empresa até dois anos após a promulgação da emenda.

Ex-territórios: Regulariza a situação dos servidores federais nos ex-territórios federais transformados em Estados pela Constituição de 1988.

DIREITO ADQUIRIDO?

Um problema jurídico central relativo à emenda diz respeito à tese de que os servidores teriam direito adquirido à estabilidade. Durante a discussão da emenda, deixei claro a todos os interlocutores que o problema só seria válido após a promulgação da emenda. Esta em nenhum caso fazia afirmações do tipo "não prevalecerá o direito adquirido", porque se o fizesse estaria implicitamente admitindo que esse direito existe e o legislador quer tirá-lo, nem do tipo "será garantido o direito adquirido", porque se o fizesse estaria implicitamente admitindo o inverso. O direito adquirido está assegurado de forma muito clara na Constituição brasileira. Não cabe, entretanto, à lei ficar afirmando em cada caso se prevalecerá ou não esse direito. Esta é uma questão de princípios gerais de direito, que o Poder Judiciário deverá decidir, a partir da discussão entre os juristas.

Entretanto, se o Governo tivesse dúvidas quanto à existência de direito adquirido provavelmente não teria feito tanto esforço para aprovar a emenda, da mesma forma que, se os seus opositores estivessem convencidos da existência desse direito, não teriam se oposto tão fortemente a ela. O Governo não tinha dúvida porque a jurisprudência do Supremo Tribunal Federal é pacífica a respeito (Modesto, 1995, 1998).[136] Pelo princípio do direito adquirido, procura-se proteger contra uma nova lei o cidadão que, de acordo com a lei anterior, tenha consumado "ato jurídico perfeito". Entretanto, conforme Tércio Sampaio Ferraz Jr.:

"A eficácia retroativa da lei nova, possível em tese, é inadmissível desde que a incidência da lei antiga tenha ocorrido plenamente [...] O *princípio do direito adquirido* não protege, porém, o sujeito contra os efeitos retroativos de uma lei que no que diz respeito à incidência de novas *normas de conduta*" (1987: 250-151, grifos do autor).

---

[136] Além de listar a jurisprudência a respeito, Modesto (1998: 14-15), apoiado em Bandeira de Mello (1991), afirma que "a situação legal que o servidor mantém com o Estado é legal ou estatutária, ou seja objetiva, impessoal, e unilateralmente alterável pelo poder público". De acordo com Bandeira de Mello (1991: 19): "O funcionário se encontra debaixo de uma situação legal [...] imposta unilateralmente pelo Estado, e por isso mesmo suscetível de ser, a qualquer tempo, alterada por ele sem que o funcionário possa se opor [...]".

Por outro lado, conforme nos lembra Paulo Modesto, apoiado nos princípios de direito e na jurisprudência do Supremo Tribunal Federal,

> "[...] contra a Constituição inexiste o princípio do direito adquirido e tampouco o princípio da irretroatividade [...] havendo compatibilidade (com o novo texto constitucional), o direito precedente é recepcionado pela nova ordem constitucional. Havendo contrariedade, prevalece a norma constitucional [...]" (1998: 8).

Este princípio geral ganha maior força quando se trata de relações contra o Estado. José Afonso da Silva observa que não é correta a tese de que não há direito adquirido em face de toda lei de ordem pública (esta seria uma tese extrema), mas, a partir do pressuposto de que o direito público expressa o interesse público, acrescenta: "não ocorre o direito adquirido contra o interesse coletivo, porque aquele é manifestação do interesse particular que não pode prevalecer sobre o interesse geral". Nesse momento entramos na confluência entre a ética e o direito. Cabe aos juristas e aos tribunais, seguindo os princípios gerais de direito, também distinguir com clareza o direito do privilégio adquirido. O direito adquirido contra o interesse coletivo é um privilégio.

Em síntese, inexistência de direito adquirido em relação a estabilidade decorre do fato de não haver esse tipo de direito contra a Constituição, de o princípio do direito adquirido não proteger o indivíduo contra novas normas de conduta (no caso o regime de trabalho), e porque, em relação ao regime jurídico dos servidores, a jurisprudência do Supremo é clara e definitiva.

Capítulo 11
REESTRUTURAÇÃO E QUALIDADE

O *Plano Diretor da Reforma do Aparelho do Estado*, aprovado pela Câmara da Reforma do Estado em setembro de 1995, definia três dimensões para a Reforma Gerencial da administração pública brasileira: institucional, cultural e de gestão.[137] No capítulo anterior, examinei a reforma constitucional da administração pública que, finalmente aprovada em março de 1998, está ainda dominada pela dimensão institucional. A dimensão cultural está em toda a reforma e, principalmente, no amplo debate que a tramitação da emenda constitucional propiciou. Nos capítulos seguintes, a dimensão da gestão já estará fortemente presente. Neste capítulo, trato do seu aspecto mais geral: a decisão de adotar a "gestão pela qualidade total" — uma estratégia gerencial desenvolvida no setor privado, mas muito adequada para o setor público desde que devidamente adaptada — como estratégia gerencial básica do governo. Na medida em que a gestão pela qualidade adota uma série de critérios intermediários de excelência, além do lucro, esses critérios tornam-se muito atrativos para a administração pública.

Dois programas representam a decisão de usar a administração para a qualidade como estratégia básica de gestão no Governo Federal: o Programa de Qualidade e Participação, de caráter mais geral, e o Programa de Reestruturação e Qualidade dos Ministérios, voltado a assistir os ministérios para que estes, por sua iniciativa, promovam a adequação de sua estrutura organizacional de acordo com as diretrizes do *Plano Diretor* e a melhoria da qualidade de sua gestão.[138] O dois programas validam iniciativas de melhoria

[137] A Câmara da Reforma do Estado é presidida pelo Presidente da República, coordenada pelo Ministro-chefe da Casa Civil, e tem como membros os ministros da Administração Federal e Reforma do Estado, da Fazenda, do Planejamento, do Trabalho, do Estado Maior das Forças Armadas, e o Ministro-chefe da Secretaria Geral. O Comitê da Reforma do Estado é constituído pelos respectivos secretários executivos e pela Secretária da Reforma do Estado.

[138] A reestruturação dos ministérios, começou, na verdade, ao iniciar-se o governo Fernando Henrique, com a extinção de dois ministérios (Ministério da Integração Regional e Ministério do Bem-Estar Social) e das fundações Legião Brasileira de Assistência e Centro Brasileiro para a Infância e Adolescência. Em seguida, nos primeiros meses do governo, foi organizado, por iniciativa do MARE e sob a coordenação da Casa Civil, um grupo de traba-

da gestão já em curso nos ministérios, ainda que de forma pouco sistemática, desde o início dos anos 90, com base nos princípios e práticas da gestão pela qualidade. A proposta da Reforma Gerencial prevista no *Plano Diretor* foi a de valorizar e fortalecer estes princípios e práticas: liderança, planejamento estratégico, controle de resultados, revisão e aperfeiçoamento contínuo dos processos de trabalho, participação dos funcionários na redefinição e gerência dos processos de trabalho em que eles próprios estejam envolvidos, motivação do pessoal através de incentivos morais relacionados com a missão da organização e o interesse público, reservando um papel secundário aos incentivos monetários, e foco no cidadão-cliente.

A decisão do Governo foi, portanto, usar a gestão pela qualidade como a estratégia a ser utilizada pelos órgãos do Estado no processo da Reforma Gerencial. O PBQP — Programa Brasileiro de Qualidade e Produtividade, desde maio de 1991, já contava com um subprograma de qualidade na administração pública. Com a reestruturação do PBQP, em novembro de 1995, os subprogramas foram substituídos por projetos estratégicos, um dos quais foi o projeto de avaliação e prêmio para a administração pública. Em consequência do projeto, foi solicitada à Fundação para o Prêmio Nacional da Qualidade a criação da categoria Administração Pública no Prêmio Nacional da Qualidade, estabelecida então em dezembro de 1996. Dessa forma, uma fundação de direito privado escolherá a organização do governo que merecerá esse prêmio.[139] Em 3 de março de 1998, para estimular a disputa pelo Prêmio Nacional, foi criado pelo Ministério da Administração Federal e Reforma do Estado o Prêmio Qualidade do Governo Federal, que concederá seis prêmios intermediários, seguindo os critérios de excelência da gestão adotados pela Fundação para o Prêmio Nacional da Qualidade. Em maio de 1998, foi definida como "meta mobilizadora" do PBQP para a administração pública o aumento do nível de satisfação dos usuários com os serviços do Estado a uma taxa anual de 10% ao ano até atingir o nível de 70% de satisfação

---

lho interministerial para estudar e propor a extinção adicional de uma série de órgãos. Em função desses estudos, foram extintos a SUNAB (Superintendência Nacional do Abastecimento), a CEME (Central de Medicamentos) e o INAN (Instituto Nacional de Alimentação e Nutrição), sendo suas competências absorvidas, respectivamente, pelos Ministérios da Fazenda (SUNAB) e Saúde (CEME e INAN). A FAE (Fundação de Assistência ao Estudante) foi também extinta e suas atividades assumidas pelo FNDE (Fundo Nacional do Desenvolvimento da Educação), autarquia vinculada ao Ministério da Educação e do Desporto.

[139] No primeiro ano de funcionamento do prêmio, 1997, nenhuma organização pública logrou alcançar os pontos mínimos para ganhar o Prêmio Nacional da Qualidade. Seis organizações públicas conseguiram, entretanto, se qualificar ao prêmio.

em 2002. Com isso, fica estabelecida uma meta própria da Reforma Gerencial para a administração pública de todos os níveis da federação.

Programa de Qualidade e Participação na Administração Pública

Nos termos do *Plano Diretor*, o Programa da Qualidade e Participação na Administração Pública é um instrumento para a mudança de uma cultura burocrática para uma cultura gerencial, necessária à implementação de um novo modelo de gestão do Estado, que valorize a participação e a iniciativa de cada servidor público. Preserva, assim, as características do PBQP, traduzindo-as para o âmbito específico da administração pública. Os termos "qualidade" e "participação" definem, respectivamente, a orientação e a ênfase que se deseja dar às ações que são desenvolvidas pelo programa. Nesse sentido, a estratégia de implementação do programa observa os princípios e as diretrizes da "qualidade", interpretados e aplicados segundo a ótica da administração pública. A ênfase na participação representa o envolvimento de todos os servidores, independentemente de nível, cargo ou função, na melhoria do serviço público, e o compromisso de cooperação entre gerentes e gerenciados na busca do aperfeiçoamento contínuo, com a satisfação dos clientes internos e externos da organização. A adoção da qualidade como instrumento de reforma da administração pública brasileira leva em conta simultaneamente a sua dimensão formal — que se refere à competência para produzir e aplicar métodos, técnicas e ferramentas —, e a sua dimensão política — que se refere a competência para levar as organizações públicas a atender às necessidades dos cidadãos-clientes.[140]

A Reforma Gerencial, em geral, e o Programa da Qualidade e Participação, em particular, têm sido orientados pela decisão estratégica da opção pelo cidadão-cliente, decisão que serve de princípio geral para a condução de todas as demais decisões e ações relativas à busca da excelência na administração pública. Nesse contexto, a gestão pela qualidade constitui-se no principal instrumento para a internalização dos princípios da administração pública gerencial, voltada para o cidadão e orientada para resultados. A gestão pela qualidade é a prática gerencial que apoia a ação de reforma, antecedendo e dando movimento às novas instituições que definem o novo espaço institucional-legal da administração pública, contribuindo para o aumento da capacidade administrativa e financeira (governança) do Estado e confe-

---

[140] Para escrever esta seção e a seguinte, contei com a colaboração de Paulo Daniel Barreto Lima e Valéria Alpino Salgado.

rindo-lhe maior legitimidade (governabilidade). Destarte, implantar a gestão pela qualidade nos órgãos e entidades da administração pública é um fator crítico para o sucesso da reforma do aparelho do Estado.

O Programa tem como desafio a implantação de programas da qualidade e participação em todos os órgãos e entidades do Poder Executivo Federal, fortalecendo as iniciativas já existentes e estimulando novos esforços em busca da melhoria da ação governamental, em especial no que se refere à redução de custos e à qualidade do atendimento prestado ao cidadão. Para tanto, o programa propõe a adoção de um modelo referencial de administração pública gerencial, que sinalize para as organizações públicas as características da gestão pela excelência.[141]

Programa de Reestruturação e Qualidade dos Ministérios

Tomando como base esse modelo, a estratégia de implantação de programas de qualidade e participação foi estruturada por meio da definição e implementação do Programa de Reestruturação e Qualidade dos Ministérios, que parte da avaliação do grau de consistência do estado atual da gestão de cada órgão governamental em relação às práticas consideradas de excelência. Seu objetivo é reestruturar os ministérios nos termos do *Plano Diretor* e implantar neles a gestão pela qualidade.

Em sua reestruturação, cada ministério deverá conferir especial atenção a dois temas: a distribuição de papéis entre a União, os Estados e os Municípios e as transformações organizacionais a serem feitas no aparelho do Estado, de maneira a tornar a sua atuação mais racional e eficiente. O princípio que orienta o primeiro tema, desde o final dos anos 80, é a descentralização da execução dos serviços sociais do Estado. Em relação ao segundo tema, devem ser distinguidas as ações a serem realizadas diretamente pelo aparelho de Estado, as ações apenas garantidas pelo Estado e aquelas em que a presença do poder público se dará na forma de regulação, orientação e fomento para a iniciativa privada.

O programa está baseado na adesão voluntária dos ministérios. Por um lado, esta abordagem visa estimular o efetivo engajamento (e não o mero cumprimento de uma formalidade), por parte da mais alta direção, no desafio de rever estruturas organizacionais, alterar procedimentos, redimensionar a força de trabalho, reduzir custos e estabelecer mecanismos de avaliação de

---

[141] Este modelo está fundamentado no modelo preconizado pela Fundação para o Prêmio Nacional da Qualidade, já consolidado junto às empresas da iniciativa privada e referendado pelo Programa Brasileiro da Qualidade e Produtividade

desempenho focalizados na consecução de resultados. Por outro lado, ao se colocar a iniciativa e a condução do processo sob controle do próprio ministério, busca-se adequar a proposta ao grau de amadurecimento e de receptividade da organização para o tratamento de tais questões.

Embora se possa imaginar que antes seria necessário realizar as mudanças institucionais que definem e constituem a Reforma Gerencial para depois se pensar na estratégia de gestão, na verdade a dimensão da gestão deve caminhar conjuntamente com a dimensão institucional e a dimensão cultural da reforma. Assim, nos ministérios em que o Programa de Reestruturação e Qualidade começou a ser implantado, foi criado um Comitê Estratégico, composto pela alta direção do ministério, responsável pela tomada de decisões e pelo estabelecimento de diretrizes para o trabalho; e um Grupo Técnico de Apoio, indicado pela alta direção do ministério, encarregado de assessorar o Comitê Estratégico. Ao comitê, cabe o planejamento estratégico, ao grupo técnico, implementar iniciativas de reorganização institucional e de melhoria da qualidade da gestão. Ao Ministério da Administração Federal e Reforma do Estado, coube a assessoria técnica e o fornecimento de recursos para pagar a assessoria necessária, a partir do projeto de financiamento da reforma do Estado aprovado junto ao BID — Banco Interamericano de Desenvolvimento.

Os ministérios que se envolveram mais diretamente no programa foram o próprio Ministério da Administração Federal e Reforma do Estado, o Ministério do Trabalho, o Ministério de Minas e Energia, o Ministério da Saúde e o Ministério dos Transportes, sem prejuízo para as ações de reforma que se tomavam nos demais ministérios. A metodologia que vem sendo empregada nessas experiências e os parâmetros gerais dos planos de reestruturação e melhoria da gestão que têm sido elaborados são abordados em seguida.

METODOLOGIA

As bases estabelecidas para o Programa (adesão voluntária dos ministérios, atendimento às diretrizes do *Plano Diretor*, fortalecimento das ações de melhoria da gestão já em curso no órgão) exigem o emprego de metodologia que seja, ao mesmo tempo, flexível o suficiente para adaptar-se às especificidades de cada órgão e capaz de oferecer um referencial compartilhável pelos diferentes ministérios para o diagnóstico, para a análise de alternativas e para a proposição de mudanças nas organizações, seja em termos do seu arranjo institucional, seja em termos da melhoria da gestão.

A metodologia proposta prevê o desenvolvimento de quatro grandes produtos. Primeiramente, o estabelecimento de um marco referencial — abrangendo o Governo Federal como um todo, visa ao exame e à identificação das competências e dos objetivos de governo, de maneira a delimitar o alcance e a natureza das mudanças a serem propostas no arranjo do setor e/ou ministério.

Em segundo lugar, a proposição de um arranjo institucional para o setor — considerando o conjunto composto pelo ministério e seus órgãos e entidades vinculados, visa, a partir do estabelecimento da missão, da visão de futuro e dos objetivos estratégicos para o setor, identificar as grandes funções que devem ser obrigatoriamente exercidas pelo Governo Federal e o tipo de organização mais adequado a cada uma dessas funções.

Em terceiro, a avaliação do modelo de gestão — focalizado no ministério, este trabalho tem por objetivo verificar o grau de atendimento, pela organização, dos critérios de excelência da gestão preconizados pela Fundação para o Prêmio Nacional da Qualidade (FPNQ).

Finalmente, a formulação de um plano de reestruturação e melhoria da gestão — a ser elaborado especificamente para o ministério, reflete o desdobramento das grandes funções setoriais para o âmbito da organização singular e o resultado da análise da qualidade da gestão do órgão — ou seja, deve definir a estrutura e o modelo de gestão que o ministério deverá adotar para melhor exercer as funções de sua competência e adequar-se ao *Plano Diretor*. Os subsídios fornecidos pelos três produtos anteriores constituem o referencial básico para a elaboração do plano de reestruturação e melhoria da gestão.

PLANO

O Plano de Reestruturação e Melhoria da Gestão é o documento que orienta a redefinição da estrutura e do modelo de gestão do ministério, para que este possa melhor exercer as funções de sua competência e adequar-se ao *Plano Diretor*. Mais do que uma coletânea de diagnósticos e de proposições de medidas corretivas, o Plano representa o compromisso da organização com as mudanças propostas. Para tanto, é necessário que o Plano resulte de um processo metodologicamente consistente, conte com o respaldo político da alta direção e apresente metas viáveis (ainda que desafiadoras) — de maneira a conferir legitimidade às propostas junto à organização. Com base nesses predicados, o Plano será o passo inicial de um processo contínuo e sistematizado de melhoria do desempenho do ministério.

Assim, o Plano identifica o ponto de partida, ou seja, o atual modelo de gestão e os macroprocessos setoriais; aponta o caminho para a busca de uma maior efetividade das ações do ministério, por meio do estabelecimento de metas de reestruturação e melhoria da gestão do órgão; e cria mecanismos para a correção da rota, com verificação dos indicadores e revisão periódica das metas e de seus cronogramas. Os ministérios têm liberdade para definir o grau de detalhamento e o alcance do documento, ainda que deva ser assegurada uma estrutura mínima, com a abordagem dos seguintes pontos: (a) missão e visão de futuro do ministério; (b) diagnóstico — deve tanto abordar os aspectos do modelo de gestão, como oferecer um contexto em termos da atuação do ministério, ou seja, apontar as suas incoerências ("o que o ministério faz, mas não deveria fazer; o que o ministério deveria fazer, mas não faz") e as suas virtudes; (c) objetivos estratégicos; (d) arranjo institucional (macroprocessos e seus respectivos processos); (e) metas de melhoria da gestão (incluindo indicadores); (f) metas de reestruturação (incluindo indicadores); (g) projetos (incluindo indicadores); (h) cronogramas; e (i) responsáveis (áreas ou gerentes).

Especial atenção é conferida à estratégia de implementação do Plano e à seleção das ações prioritárias. A estratégia de implementação do Plano deve ser baseada em uma criteriosa definição de passos, que concilie duas dimensões frequentemente antagônicas: de um lado, devem ser obtidas algumas melhorias concretas no curto prazo, como fator de reconhecimento e de aceitação do plano junto à organização e à sua clientela; por outro lado, deve ser focalizada a mudança da cultura da organização, de maneira a assegurar a continuidade do processo, a despeito de eventuais mudanças de dirigentes.

Em ambos os casos, o aspecto mais relevante, e talvez o de mais difícil tratamento, consiste na sensibilização do corpo de funcionários para as propostas do Plano. Nesse sentido, um grande esforço é dedicado ao progressivo engajamento dos funcionários de todas as áreas do ministério na implementação do Plano. Além disso, o cuidado no processo de comunicação e divulgação do Plano é extremamente importante — pois os indivíduos (e setores do ministério) que não querem as mudanças, uma vez que se percebem ameaçados, tendem a mobilizar-se e a fazer ecoar as suas posições, enquanto o segmento favorável à mudança tende a não se manifestar.

Na estratégia de implementação do Plano — e, em especial, em relação às iniciativas voltadas para a descentralização de competências —, deve-se destacar a necessidade de preparar todos os agentes envolvidos para o exercício de novos papéis. Como se trata fundamentalmente de adotar uma atitude de mudança, essa transição deve ser cuidadosamente manejada, em especial no que se refere a recursos humanos, de maneira que estes possam efetivamente conduzir o processo de mudança. Tal esforço é necessário tanto para fortalecer os órgãos descentralizados, que passarão a assumir a execução de atividades anteriormente a cargo do ministério (implementação de políticas, operação de sistemas e prestação de serviços), como para qualificar o ministério para assumir o papel de supervisor das ações delegadas (focalizando o seu "negócio" no planejamento e na formulação). Entretanto, ainda que essa nova distribuição de papéis seja um dos grandes avanços propiciados pela reforma, cabe alertar que não deve se tornar uma regra demasiadamente rígida, pois, em alguns casos, a implementação de uma política pode ser mais bem conduzida pelo próprio ministério.

O fortalecimento dos núcleos formuladores exige que se tornem capazes de avaliar riscos, de presumir cenários futuros e de estimar o impacto de determinada política em diferentes cenários. Além disso, é preciso destacar a capacidade de analisar de forma prospectiva o ambiente, como um instrumento de avaliação das políticas públicas — pois muitas políticas, que parecem corretas à época de sua formulação, mostram-se inadequadas poucos anos depois, devido a alterações na economia, a avanços tecnológicos ou mesmo a mudanças de hábitos e costumes da população. São também desenvolvidas habilidades quanto à gestão de políticas, em especial no desenvolvimento de métodos de julgamento que permitam verificar se o impacto de determinada política é o esperado em um certo período. Tais habilidades, extremamente importantes, não são naturais nem comuns nos ministérios. Isso constitui um aspecto crítico, na medida em que todas as políticas públicas envolvem ações que não estão diretamente ligadas ao seu formulador — ou seja, embora os recursos sejam providos pelo Governo, a implementação da política se dará por meio de diferentes atores, fora do estreito controle do ministério.

A implementação do Plano é condicionada, fundamentalmente, pelo estabelecimento de metas (de reestruturação e de melhoria da gestão) e de indicadores que permitam monitorar a sua consecução. Cada órgão tem total liberdade na formulação do seu respectivo Plano e flexibilidade para definir o grau de detalhamento das metas e dos indicadores; entretanto, exige-se o atendimento ao requisito básico de que metas e indicadores devem ser objetivamente descritos e mensuráveis.

Quanto à definição de prioridades, inicia-se pela delimitação do espaço concreto de ação que o ministério apresenta — ou seja, um mapeamento dos aspectos que estejam condicionados única e exclusivamente pelas decisões do próprio ministério, e agilizar a implementação das propostas situadas nesse espaço. Por outro lado, são evitadas ou, pelo menos, consideradas como questões que não serão tratadas a curto prazo, as iniciativas que dependam de decisões de agentes externos ao ministério e/ou envolvam mudanças no marco legal vigente, em especial no texto constitucional. Outra referência para o estabelecimento de prioridades consiste em efetuar a distinção entre os problemas que tendem a ser causa e aqueles que tendem a ser efeito, e focalizar nas causas as prioridades do Plano.

Capítulo 12
AGÊNCIAS EXECUTIVAS

Nos termos do *Plano Diretor*, temos dois tipos de agências executando atividades exclusivas de Estado: as "agências executivas" e as "agências reguladoras". Ambas são, em princípio, autarquias que foram dotadas de uma autonomia especial ao serem qualificadas como executivas ou como reguladoras. Em alguns casos, entretanto, algumas das atuais fundações públicas executam atividades exclusivas do Estado, podendo, também, ser qualificadas como agências executivas.[142]

As agências reguladoras são mais autônomas do que as agências executivas, na medida em que a autonomia das primeiras deriva do fato de executarem políticas permanentes do Estado, enquanto as últimas devem realizar políticas de governo. Algumas autarquias estão sendo transformadas ou criadas como agências reguladoras; todas as demais deverão, gradualmente ser transformadas em agências executivas. As agências reguladoras executam uma política de Estado, prevista na lei de sua criação, que em princípio não deve variar com a mudança de governo. Em geral regulam preços, e sua missão é, em um mercado monopolista, estabelecer preços como se houvesse mercado competitivo. O governo pode mudar, mas a expectativa dos agentes econômicos, que investiram no setor regulado, é que seja mantida a política de garantir a concorrência ou fazer com que a lei do valor prevaleça. Já as agências executivas, embora tenham também objetivos definidos em lei, devem variar suas políticas em função das prioridades estabelecidas pelo partido ou pela coalizão partidária no poder. Está claro que embora se possa estabelecer esse critério distinguindo os dois tipos de agência, na prática existem muitas áreas cinzentas entre elas.

A característica essencial das agências executivas é uma maior autonomia de gestão e uma maior responsabilidade pelos resultados institucionais apresentados. Com a ampliação de sua autonomia de gestão, busca-se oferecer às instituições qualificadas como agências melhores condições de adaptação às alterações no cenário em que atuam e às demandas e expectativas

---

[142] Para escrever este capítulo, contei com a colaboração de Helena Pinheiro.

de seus usuários, e um melhor aproveitamento de oportunidades favoráveis ao melhor gerenciamento dos recursos públicos. A ampliação de sua autonomia por meio da concessão de flexibilidades gerenciais, entretanto, está subordinada à assinatura de contrato de gestão com seu ministério supervisor, no qual se firmarão, de comum acordo, compromissos de resultados. Já as agências reguladoras, dada sua maior autonomia em relação às agências executivas, dado o fato de que não cumprem políticas do governo, mas do Estado, não terão, em princípio, contrato de gestão.[143]

Agências executivas e agências reguladoras

A condição de que a agência realize "atividade exclusiva de Estado" é de verificação relativamente simples. Agências que, no que se refere à implementação de políticas públicas, exerçam tarefas como arrecadação de impostos, promoção da seguridade social básica, garantia da segurança pública, fiscalização do cumprimento de determinações legais, bem como regulamentação e regulação de mercados, podem ser definidas como agências executivas.

As instituições responsáveis por atividades de regulamentação e regulação de mercados, entretanto, merecem um nome diferente — Agências Reguladoras. Poderiam ser entendidas como uma espécie de agência executiva, dotada de autonomia maior, uma vez que sua administração deve seguir princípios muito semelhantes. Entretanto, devem ser tratadas separadamente, pois terão, por lei — e não por mera delegação do Presidente da República — uma relativa independência em relação ao governo. A diferença entre os dois tipos de agência está no fato de que, embora as duas gozem de maior autonomia administrativa, as agências reguladoras são entes públicos mais autônomos em relação ao governo, uma vez que a elas compete cumprir políticas de Estado, de caráter mais amplo e permanente, em defesa do cidadão, não devendo, por isso, estar subordinadas a prioridades e diretrizes de um governo específico. Seus dirigentes são detentores de mandato e têm sua indicação aprovada pelo Congresso, o que não acontece com os dirigentes das agências executivas, que são de livre nomeação e exoneração pelo Presidente da República.

Em princípio, as agências reguladoras regulam preços de serviços públicos monopolistas. Sua política permanente — uma política de Estado — é determinar o preço que seria o de mercado se houvesse mercado. Não cabe

---

[143] Não obstante, a ANEEL incluiu contrato de gestão na sua lei de criação. O não cumprimento do contrato seria uma razão legítima para definição de diretor com mandato.

ao governo definir uma política de preços para elas. Os bancos centrais, por exemplo, são agências reguladoras cuja missão permanente, que deve independer de qual partido esteja no governo, é garantir a estabilidade da moeda.

Nem sempre é fácil saber com clareza se uma agência deve ser reguladora ou executiva, embora os critérios gerais sejam claros. Da mesma forma, nem sempre é possível identificar, prontamente e de forma inequívoca, a característica de exclusividade de alguns serviços e atividades hoje a cargo de entidades estatais. Haverá sempre áreas cinzentas, entre as atividades exclusivas de Estado e os serviços sociais e científicos que o Estado promove ou financia.

No governo Fernando Henrique Cardoso, as agências reguladoras assumiram um papel fundamental, na medida em que se eliminou o monopólio da Petrobrás sobre o petróleo e se iniciou a privatização dos serviços públicos monopolistas de comunicações e de energia elétrica. Depois de um debate no governo e no Congresso, sobre o grau de autonomia de que deveriam gozar essas agências, no qual o Conselho da Reforma do Estado teve um papel importante, advogando a autonomia como uma garantia para os investidores, uma autonomia limitada, mas efetiva, foi afinal aprovada para as três agências reguladoras criadas por lei (ANP — Agência Nacional do Petróleo, ANATEL — Agência Nacional de Telecomunicações e ANEEL — Agência Nacional de Energia Elétrica). O governo brasileiro, que já contava com duas agências reguladoras — o Banco Central e o CADE — Conselho Administrativo de Defesa Econômica —, passou a contar com cinco agências reguladoras.

QUALIFICAÇÃO COMO AGÊNCIA EXECUTIVA

A clara separação entre as secretarias formuladoras de políticas públicas, situadas no núcleo estratégico do Estado, e as agências executivas é uma característica fundamental da Reforma Gerencial que está sendo implementada. Quando atividades de prestação de serviços estão sendo realizadas no âmbito das secretarias de um ministério, é necessário que se promova a discussão sobre a possibilidade de sua transferência para uma instituição descentralizada já existente e que atue em área compatível. Com isso, evita-se a criação desnecessária de novas instituições, racionalizando a ação do Estado, evitando superposições e concentrando, numa mesma entidade e sob a supervisão de um mesmo ministério, atividades e serviços que estejam a ele subordinados. Na impossibilidade de agregá-los em uma instituição já existente, torna-se necessária a criação, em princípio, de uma autarquia a ser qualificada como agência executiva.

Agências executivas

Desonerado das atividades de execução, o núcleo estratégico tem melhores condições de se dedicar às suas atividades precípuas, que são, fundamentalmente, formulação e avaliação de diretrizes e políticas públicas e acompanhamento e avaliação das instituições descentralizadas sob sua supervisão, de forma a garantir a implementação das políticas e a observância das diretrizes por ele formuladas. Assim, o núcleo estratégico se fortalecerá de duas maneiras: concentrando atenção na função principal de formulador e avaliador de políticas e dispondo de instrumentos e ferramentas para realizar um acompanhamento e uma supervisão efetivos das instituições descentralizadas a ele vinculadas.

O processo de qualificação de uma autarquia ou fundação se dá em quatro etapas: decisão do ministério supervisor da instituição a ser qualificada; assinatura de protocolo de intenções, com a constituição de comissão coordenadora, que será responsável pela condução do processo de transformação; assinatura de contrato de gestão; e decreto de qualificação da instituição como Agência Executiva. No caso de atividades e serviços que venham sendo executados pelo próprio ministério, o processo incluirá uma etapa de criação de autarquia ou fundação.

A denominação Agência Executiva é uma qualificação a ser concedida, por decreto presidencial específico, a autarquias e fundações públicas responsáveis por atividades e serviços exclusivos do Estado. O Projeto Agências Executivas gerenciado pelo Ministério da Administração Federal e Reforma do Estado, portanto, não institui uma nova figura jurídica na administração pública, nem promove qualquer alteração nas relações de trabalho dos servidores das instituições que venham a ser qualificadas. A transformação de uma entidade em agência executiva se dá por adesão, ou seja, os órgãos e entidades responsáveis por atividades exclusivas do Estado candidatam-se à qualificação, se assim o desejar a própria instituição e, obviamente, seu ministério supervisor.

Plano, indicadores e contrato

Não basta, entretanto, a manifestação da vontade das instituições e respectivos ministérios. A qualificação de uma instituição como agência executiva, exige, como pré-requisito básico, que a instituição candidata tenha um plano estratégico de reestruturação e desenvolvimento institucional em andamento, uma definição clara dos indicadores de desempenho e um contrato de gestão, firmado com o ministério supervisor. O plano estratégico visa garantir que a agência parta de bases firmes, com sua missão e seus macroprocessos bem definidos, com uma estrutura organizacional e um quadro de pessoal adequado, tanto do ponto de vista qualitativo como do quantitativo. O contrato de gestão é o principal instrumento para garantir ao ministério supervisor melhores condições de acompanhamento e supervisão dos resultados das agências executivas. O contrato de gestão estabelecerá metas e objetivos estratégicos a serem atingidos pela instituição em determinado período de tempo, assim como os indicadores que permitirão mensurar seu desempenho na consecução dos compromissos pactuados no contrato.

Da mesma forma que acontece no Programa de Reestruturação e Qualidade dos Ministérios, a primeira condição para a declaração de uma entidade do Estado como agência executiva é a de que tenha se reestruturado de acordo com um plano estratégico. Para que uma instituição cumpra com efetividade sua missão, é imprescindível que suas ações decorram de um planejamento em permanente processo de revisão. Não se trata de lograr o plano perfeito, ou o plano de "voo cruzeiro" da instituição, uma vez que isso não existe na prática. O administrador público, da mesma forma que o gerente privado, sabe que a realidade à sua volta e dentro da organização está sempre mudando, exigindo dele sentido de oportunidade, agilidade para se integrar de forma interativa. É preciso evitar o "planejamento ocasional" que não é outra coisa senão a falta de planejamento. Mas é preciso não acreditar demais no planejamento, não pensá-lo como algo imutável; o planejamento é no máximo um exercício permanente e sistemático, que, para ser bom, deve estar sempre se modificando, ajustando-se à realidade interna e externa em mudança.

A existência de metas e principalmente de indicadores de desempenho claros para as entidades descentralizadas é essencial para o controle de resultados. Se os objetivos estratégicos são resultados de dimensão mais geral pretendidos pela instituição, as metas de desempenho são ações mais concretas e objetivas, necessárias ao atingimento dos objetivos estratégicos e que vão constituir a matéria-prima da avaliação do desempenho institucional. As metas devem declarar os níveis de desempenho minimamente aceitáveis e devem ser preferencialmente quantificáveis. Em alguns casos, pode-se admitir uma data de conclusão como medida de atingimento de uma meta. As metas devem ser realistas, mas desafiadoras, encorajando o progresso em relação aos níveis históricos de desempenho. Metas não realistas ou que não representem desafio podem levar à perda de credibilidade e à desmotivação em relação ao seu atingimento. As metas devem ser escritas de forma que, mesmo pessoas não familiarizadas com a organização sejam capazes, apenas pela leitura, de entender os resultados esperados. No processo de definição de metas, deve-se evitar a tentação de querer medir tudo, restringindo a mensuração às atividades críticas, isto é, aquelas que tenham um impacto direto e mais forte no resultado do processo como um todo.

Definidas as metas, será possível definir os indicadores de desempenho, expressos em unidades de medida que sejam as mais significativas para aqueles que vão utilizá-los, seja para fins de avaliação seja para subsidiar a tomada de decisão com base na informação por eles gerada. Um indicador de desempenho é composto de um número, ou percentual, que indica a magnitude (quanto), e uma unidade de medida, que dá ao número ou percentual um significado (o quê). Para medir o desempenho institucional é necessário coletar os dados. Entretanto, desenvolver novos sistemas de coleta de dados pode ser dispendioso; o tempo e o esforço devem ser comparados com os benefícios. Por isso, o entusiasmo pela construção de um novo sistema deve ser contido pela realidade dos custos da coleta e do processamento dos dados. Normalmente, pode ser feita uma melhoria nos sistemas de coleta e processamento já existentes, a um custo razoável.

Definidos os indicadores de desempenho, temos condições de estabelecer o contrato de gestão, por meio do qual o ministério supervisor exercerá o acompanhamento e a avaliação do desempenho institucional das entidades descentralizadas, sejam elas agências executivas ou organizações sociais. O contrato de gestão constitui-se no principal instrumento de gestão estratégica das entidades descentralizadas. Para garantir que as políticas públicas formuladas pelo núcleo estratégico sejam implementadas e as demandas e expectativas da sociedade atendidas, a dinâmica de monitoramento do contrato de gestão torna possível a identificação — preferencialmente de forma antecipada — de eventuais dificuldades ou desvios, a tempo de se promoverem as alterações necessárias, seja nas condições, seja nos objetivos e metas, ou na sua forma de implementação.

Na elaboração do contrato de gestão, a instituição e o ministério supervisor buscam assegurar que os objetivos e metas tenham coerência com a missão institucional, que tenham sido identificadas as fontes básicas de dados que permitirão definir e acompanhar os indicadores de desempenho, e que a linguagem utilizada possa ser compreendida por todos, inclusive as pessoas que não pertençam à instituição.

Na execução do contrato de gestão, uma peça essencial são os relatórios dos resultados alcançados. Os relatórios vincularão as informações sobre o desempenho alcançado à missão e aos objetivos estratégicos. Sem o entendimento desse vínculo, os usuários das informações podem não ser capazes de julgar o progresso em direção aos resultados esperados. Os dados do relatório devem ater-se às questões cruciais, relativas ao cumprimento da missão institucional e ser apresentados de forma concisa e compreensível, inclusive para quem não pertence à instituição, de forma a aumentar a transparência da administração e facilitar o controle social.

Os relatórios, além de prestar contas sobre a atuação da instituição, precisam conter informações que sejam úteis para a tomada de decisões, com vistas à eliminação de fatores que tenham sido identificados como constrangedores a um melhor desempenho institucional, sempre com o foco no atendimento às diretrizes governamentais e às necessidades dos usuários/clientes. Merecem especial atenção os dados relativos aos motivos pelos quais os prazos ou os resultados alcançados diferem, positiva ou negativamente, das metas estabelecidas. No caso de não cumprimento das metas, essa explicação é fundamental para que a unidade descentralizada, o ministério supervisor, o Congresso e outras instituições públicas possam decidir o que fazer. No caso de superação de metas, as informações poderão servir de exemplos a serem seguidos para que se alcancem resultados semelhantes. Além de explicitar os motivos pelos quais metas e prazos não foram cumpridos, o relatório deve conter informações sobre as ações que estão sendo, serão ou devam ser tomadas pela instituição ou por outros órgãos para corrigir esses desvios.

Autonomias ou flexibilidades e controle

Visando dotar as agências executivas da agilidade e da flexibilidade indispensáveis para garantir efetividade às suas ações, no cumprimento de sua missão, o Programa de Agências Executivas prevê a concessão de algumas autonomias ou flexibilidades especiais para as agências, como condição intrínseca ao modelo de gestão que se pretende ver implementado e mantido. As autonomias propostas relacionam-se à gestão dos recursos colocados à disposição das instituições, em relação a três áreas, basicamente: orçamento e finanças; gestão de recursos humanos; e serviços gerais e contratação de bens e serviços.

A lógica que sustenta a proposta de ampliação da autonomia gerencial das agências é a de que, para se responsabilizar pelos resultados demandados e acordados em um contrato de gestão e pelo uso dos recursos públicos colocados à sua disposição (financeiros e não financeiros), as instituições precisam ter um maior poder de decisão sobre os meios de atingi-los. É mais importante cobrar o "quê", deixando a cargo das instituições a decisão sobre o "como", obviamente exigindo de seus dirigentes a observância das leis. Com isso, a administração pública foge de um ciclo vicioso — e perverso para a sociedade —, no qual as instituições argumentam que não podem apresentar melhores resultados porque não detêm o controle dos "meios" e os controladores dos "meios" argumentam que não podem passar para as instituições o seu controle porque elas não apresentam resultados.

No que se refere ao aspecto orçamentário-financeiro, pretende-se que as agências executivas tenham seu orçamento disposto de uma forma mais agregada, com os recursos alocados em apenas um projeto ou subatividade, respeitada a distinção entre os grupos de despesa (pessoal e outros custeios e capital). Além disso, para que os resultados pactuados possam efetivamente ser alcançados, é preciso garantir às instituições que os recursos constantes do orçamento sejam efetivamente disponibilizados, afastando-se, portanto, a possibilidade de cortes ou contingenciamentos que inviabilizariam a consecução dos compromissos acordados no contrato de gestão. Entretanto, se obtiverem da Câmara dos Deputados orçamento maior do que aquele proposto pelos ministérios da área econômica, essa garantia deixa de existir para os valores adicionais.

Em relação à gestão de recursos humanos, busca-se uma relação com os servidores baseada no desempenho e no mérito, com a definição de mecanismos financeiros de reconhecimento como, por exemplo, a concessão de formas de bonificação por desempenho. Também se pretende que as agências executivas contem com autorização prévia para realizar concursos e nomear os candidatos aprovados, desde que existam vagas e recursos orçamentários necessários ao custeio do gasto. Para isso, é imprescindível que a instituição já tenha definidos os perfis profissionais requeridos para a execução de suas atividades e os quantitativos necessários.

Quanto à gestão dos serviços gerais e contratação de bens e serviços, objetiva-se dotar as agências executivas de um mínimo essencial de autonomia de gestão. A concessão de um limite diferenciado de dispensa de licitação para contratação de serviços, compras e obras de engenharia é uma das medidas de organização administrativa que estão disponibilizadas para as agências. Além disso, parte do esforço empreendido no sentido de dotá-las de maior autonomia e agilidade nas ações do dia a dia, compreende a permissão para que possam, mediante edição de regulamento próprio, dispor sobre assuntos relacionados a alguns itens, tais como opcionais de segurança a serem instalados em veículos automotores de carga, fiscalização, pesquisa ou de transporte de servidores, e fixação de limites para atendimento de despesas de pequeno vulto.

A dispensa, para as agências executivas, da obrigatoriedade da firmatura de termos aditivos a convênios de vigência plurianual — quando destinados exclusivamente à indicação do crédito orçamentário que dará suporte ao gasto no exercício — é, também, medida de racionalização administrativa e as poupará de atividades meramente burocráticas, substituídas pela publicidade dada às notas de movimentação de crédito ou de empenho emitidas.

As agências executivas deverão contar, ainda, com maior autonomia para adaptar suas estruturas organizacionais às suas necessidades de funcionamento. Definidos os cargos da alta administração, será atribuição de cada Agência, aí consideradas as suas peculiaridades de atuação, ajustar o restante da estrutura livremente, respeitando o quantitativo de cargos em comissão disponível. A critério dos ministérios supervisores poderá, também, ser delegada ao dirigente máximo das agências executivas competência para readequação ou aprovação de suas estruturas regimentais ou de seus estatutos.

A EXPERIÊNCIA DA IMPLEMENTAÇÃO — DIFICULDADES

No processo de implementação do Projeto Agências Executivas com unidades-piloto, a primeira constatação foi a de que o grande fator motivador da adesão das instituições era a possibilidade de ampliação de sua autonomia de gestão, devido ao fato de as organizações se sentirem sufocadas pelos entraves da burocracia da administração pública. Entretanto, o processo de reestruturação institucional, necessário para que uma instituição seja qualificada como agência, exige uma reflexão por parte das organizações. Na implementação do projeto, o que se constata é que as instituições estão muito pouco preparadas para essa reflexão, seja sob o aspecto da competência e da habilidade para a condução de um planejamento consistente, seja no que diz respeito à determinação necessária para levantar questões difíceis de serem enfrentadas, principalmente as relativas à revisão de estruturas organizacionais e de pessoal.

Ao promover a reflexão sobre missão, visão de futuro, macroprocessos e objetivos estratégicos, o Projeto Agências Executivas enfrenta, ainda, a questão da falta de integração entre as diversas áreas das instituições que, em boa parte dos casos, atuam de forma estanque, como se fossem, cada qual, instituições distintas e, muitas vezes, rivais. Isso faz com que se torne difícil a revisão de processos, procedimentos e rotinas necessária à melhoria do processo produtivo das instituições. A tendência que se nota é a manutenção das atuais tarefas/atividades, de forma a se manter os "poderes" e espaços conquistados, com grande impacto, inclusive, sobre iniciativas de informatização. Outra questão que tem apresentado dificuldades é a que se refere às informações e aos processos de comunicação interna e externa das instituições. Uma boa gestão depende, fortemente, da qualidade e do fluxo de informações institucionais. Para que uma instituição formule um bom contrato de gestão e possa cumpri-lo adequadamente, por exemplo, ela precisa ter um efetivo sistema de informações gerenciais que possibilite o acompanhamento de seu desempenho e subsidie o processo decisório. Além disso, ela precisa compartilhar e trocar informações com todos os seus funcionários, que são, afinal, os responsáveis pelas ações. Da mesma forma, é preciso estar em permanente contato com os clientes e usuários que são os principais juízes do desempenho da instituição.

Em outro sentido, a implementação do Projeto Agências Executivas busca o fortalecimento dos Ministérios, no que diz respeito à sua função de supervisão de suas vinculadas e à sua relação com essas organizações, que deve ser de estreita parceria para que se garanta o sucesso da implantação de uma administração gerencial e, consequentemente, a qualidade dos serviços prestados ao cidadão. Sob esse aspecto, o projeto enfrenta dificuldades importantes exatamente na integração dos dirigentes dos ministérios supervisores das instituições candidatas à qualificação. Em sua grande maioria, esses dirigentes conhecem pouco, ou mesmo desconhecem, o Plano Diretor e, portanto, os objetivos específicos do projeto. Além disso, mesmo os Ministérios assinando protocolos de intenções, não tem ocorrido uma efetiva integração de seus dirigentes ao processo de transformação de suas vinculadas, notando-se pouco comprometimento com o acompanhamento das ações previstas no protocolo de intenções e que são pré-requisitos básicos e fundamentais para que a qualificação das instituições como agências executivas seja possível.

Capítulo 13
AS ORGANIZAÇÕES SOCIAIS

Na Reforma Gerencial em curso no Estado brasileiro, a instituição que provavelmente terá maior repercussão é a das organizações sociais. A proposta da reforma é a transformação dos serviços sociais e científicos, que o Estado hoje presta diretamente, em entidades públicas não estatais, entidades sem fins lucrativos, do terceiro setor. Ao serem qualificadas como organizações sociais, as novas entidades públicas, mas de direito privado, poderão celebrar um contrato de gestão com o respectivo ministério supervisor e terão direito de participar do orçamento do Estado. Em princípio, qualquer entidade pública não estatal poderá ser qualificada como organização social, desde que cumpra os requisitos necessários.[144] E no futuro isto deverá ocorrer para as instituições prestadoras de serviços mais significativas do setor público não estatal. Em um primeiro momento, entretanto, a política do governo será limitar essa qualificação às entidades que possam absorver as atividades não exclusivas de Estado executadas atualmente por entidades estatais.[145]

A aposta do governo Fernando Henrique Cardoso nas organizações sociais parte, de um lado, da verificação de que a adoção da propriedade pública não estatal para a realização de serviços sociais de saúde, educação, cultura e pesquisa científica tende a ser cada vez mais generalizada em todo o mundo, e, de outro, da convicção de que esse tipo de entidade, além de se constituir em um espaço intermediário entre o Estado e o mercado, contribuindo para o fortalecimento das instituições democráticas, é mais eficiente e garante melhor qualidade para a realização desses serviços do que as organizações estatais ou privadas.

Entre o Estado e o mercado: o público não estatal

No capitalismo contemporâneo, as formas de propriedade relevantes não são apenas duas, como geralmente se pensa, e como a divisão clássica do Direito entre Direito Público e Privado sugere, mas quatro: a propriedade privada, voltada para a realização de lucro (empresas) ou de consumo priva-

---

[144] Estes dizem respeito, principalmente, à composição do Conselho de Administração da organização (com participação do Estado e da sociedade) e à confirmação em estatuto de seus atributos como fundação ou associação civil sem fins lucrativos.

[145] Para redigir este capítulo, contei com a colaboração de Humberto Falcão Martins.

As organizações sociais

do (famílias); a propriedade pública estatal; a propriedade pública não estatal; e a propriedade corporativa, que caracteriza os sindicatos, associações de classe e clubes.[146]

A limitação a dois tipos de propriedade deriva da divisão bipartite do Direito e da utilização do critério de regime jurídico (público ou privado) para definir o caráter da propriedade.[147] Minha classificação, em quatro tipos, obedece ao critério da finalidade; e, para distinguir a pública estatal da não estatal, ao critério do regime jurídico. É privada a propriedade que está voltada para o lucro ou o consumo privado; é pública a que está voltada para o interesse público, é corporativa a destinada a defender os interesses de um grupo. O critério de fins lucrativos, entretanto, não define as entidades públicas, uma vez que os sindicatos, associações de classe e os clubes não têm como objetivo o lucro, e no entanto não são exemplos de propriedade pública mas de propriedade corporativa. Entre as organizações públicas, enquanto voltadas para o interesse público, é estatal a que for parte integrante do aparelho do Estado e subordinar-se ao Direito Público, enquanto é pública não estatal aquela que, embora buscando o interesse geral, não faz parte do aparelho do Estado e se subordina ao Direito Privado.

Estou afirmando, portanto, que o público não se confunde com o estatal. O espaço público é mais amplo do que o estatal, uma vez que pode ser estatal ou não estatal. Por outro lado, no plano do dever-ser, o estatal é sempre público, mas na prática, não é: o Estado pré-capitalista era, em última análise, privado, uma vez que existia para atender às necessidades do príncipe; no mundo contemporâneo, o público foi conceitualmente separado do privado, mas vemos todos os dias as tentativas de captura privada do Estado. É público o espaço que é de todos e para todos. É estatal uma forma es-

---

[146] As organizações corporativas defendem interesses dos seus associados, seja no plano político (sindicatos), seja na organização de seu consumo (clubes).

[147] Conforme observa Bandeira de Mello (1975: 14), para o jurista, a definição de propriedade privada ou pública deriva do regime jurídico: um regime de equilíbrio comutativo entre iguais (regime privado) ou um regime de supremacia unilateral, caracterizado pelo exercício de prerrogativas especiais de autoridade e contenções especiais ao exercício das ditas prerrogativas (regime público): "Saber se uma atividade é pública ou privada é mera questão de indagar do regime jurídico a que se submete. Se o regime que a lei lhe atribui é público, a atividade é pública; se o regime é de direito privado, privada se reputará a atividade, seja, ou não, desenvolvida pelo Estado. Em suma: não é o sujeito da atividade, nem a natureza dela que lhe outorgam caráter público ou privado, mas o regime a que, por lei, for submetida". Reconheço este fato ao considerar a propriedade pública não estatal como regida pelo Direito Privado; ela, portanto, é pública do ponto de vista dos seus objetivos, mas privada sob o ângulo jurídico.

pecífica de espaço ou de propriedade pública: aquela que faz parte do Estado. É privada a propriedade que se volta para o lucro ou para o consumo dos indivíduos ou dos grupos. Uma fundação, embora regida pelo Direito Civil e não pelo direito administrativo, é uma instituição pública, na medida em que está voltada para o interesse geral. Em princípio, todas as organizações sem fins lucrativos não corporativas são ou devem ser organizações públicas não estatais.[148]

Podemos ver o público não estatal enquanto forma de controle social e enquanto produção de bens e serviços sociais e científicos. Nesta segunda acepção, podemos encontrar os seguintes tipos de Organizações Públicas não estatais — OPNEs: as comunidades de moradores (*grassroots*), que estão na confluência entre a propriedade pública não estatal e a propriedade corporativa;[149] as antigas entidades de caridade; as organizações de classe média vocacionadas para o controle social mas que geralmente também produzem serviços chamadas ONGs (organizações não governamentais);[150] as fundações, geralmente criadas por empresas ou por capitalistas, voltadas para a realização de serviços sociais ou para o financiamento de outras atividades de interesse público; e finalmente as instituições escolares, universitárias, de pesquisa, e hospitalares constituídas como fundações ou como sociedades civis, que podemos chamar de Organizações de Serviço Públicas não estatais — OSPNEs. Assim, o espaço público não estatal está dividido em entidades de controle social e Organizações Públicas não estatais — OPNEs. Estas, por sua vez, podem ser associações comunitárias, associações de caridade, ONGs, fundações empresariais e Organizações de Serviço Públicas não estatais — OSPNEs.

O reconhecimento de um espaço público não estatal tornou-se particularmente importante no momento em que a crise do Estado aprofundou a dicotomia Estado-mercado, levando muitos a imaginar que a única alternativa à propriedade estatal é a propriedade privada. A privatização é uma alternati-

---

[148] "São ou devem ser" porque uma entidade formalmente pública e sem fins lucrativos pode, na verdade, tê-los. Nesse caso, trata-se de uma falsa entidade pública. São comuns casos desse tipo.

[149] Em geral, entretanto, é possível distinguir com clareza uma organização pública não estatal de uma organização corporativa. Também é fácil distingui-la de uma organização privada, embora, nos países em que o Estado não está devidamente organizado, seja possível encontrar muitas organizações que, para se beneficiar de isenções fiscais, se apresentam como públicas não estatais embora sejam, de fato, organizações privadas.

[150] Essas instituições são impropriamente chamadas de ONGs — organizações não governamentais — na medida em que os cientistas políticos nos Estados Unidos geralmente confundem governo com Estado.

As organizações sociais

va adequada quando a instituição pode gerar todas as suas receitas da venda de seus produtos e serviços, e o mercado tem condições de assumir a coordenação de suas atividades. Quando isso não acontece, está aberto o espaço para a propriedade pública não estatal (ou para o terceiro setor) e para a propriedade corporativa, que, conjuntamente constituiriam a sociedade civil, no sentido que esse termo vem sendo empregado cada vez mais nos últimos tempos.[151] Na verdade, o espaço para a propriedade corporativa já existe desde o final do século passado, quando os sindicatos e outras formas de associativismo visando defender interesses começaram a se generalizar. Neste final de século, desde o início dos anos 70, os sindicatos particularmente perderam grande parte de sua importância. Como terminou o tempo do *big business*, terminou também o do *big labor*. Já a ampliação do espaço público não estatal, seja para produção de bens e serviços por meio de organizações públicas não estatais (que é o nosso tema neste capítulo), seja da constituição de conselhos formais e informais e mesmo organizações orientadas para o controle social, é um fenômeno que ganhou grande impulso na segunda metade do século XX. Tudo indica que no século XXI o público não estatal, seja como forma de propriedade e de produção de serviços sociais e científicos, seja como meio de controle social, terá um papel decisivo.

No momento em que a crise do Estado exige o reexame das relações Estado-sociedade e Estado-mercado, o espaço público não estatal tem um papel de intermediação, podendo facilitar o aparecimento de formas de controle social direto e de parceria, que abrem novas perspectivas para a democracia. Conforme observa Cunill Grau (1995: 3), "A introdução do "público" como uma terceira dimensão, supera a visão dicotômica que enfrenta de maneira absoluta o "estatal" com o "privado"".

Na mesma direção, Bresser-Pereira e Cunill Grau afirmam que a existência de um espaço público não estatal entre o Estado e o mercado, entre o Estado e a sociedade, permite a constituição de um círculo virtuoso de caráter democrático:

---

[151] "Sociedade civil" até o século XVIII era praticamente sinônimo de sociedade política, opondo-se ao "estado de natureza". A partir da consolidação do Estado capitalista, Hegel passa a utilizar "sociedade civil" em oposição ao Estado ou à sociedade política. É assim que eu usei o termo, especialmente em meus trabalhos sobre a transição democrática no Brasil, quando a sociedade civil desempenhou um papel importante, e em um trabalho conceitual sobre o Estado, a sociedade civil e a legitimidade democrática (Bresser-Pereira, 1995a). "Sociedade civil" como constituída das entidades sem fins lucrativos é uma tendência recente, e, a meu ver, um uso pouco feliz da expressão, que já tem um conceito consagrado há quase dois séculos.

"De um lado, a sociedade civil será tanto mais democrática quanto as organizações corporativas forem mais representativas. Entretanto, será ainda mais democrática na medida em que organizações de serviço público não estatais, de defesa de direitos, e de prática do controle social logrem um maior desenvolvimento" (1998: 6).

Nessa mesma direção, Ostrom desenvolve o conceito de "o espaço público aberto", o identifica com o conceito de sociedade civil, como um espaço que é público mas está fora da jurisdição do Estado, e, usando a comparação clássica de Tocqueville do sistema americano com o francês, assinala como esse espaço público é parte da *common law* anglo-saxã (e diferentemente da *civil law*, codificada, de origem francesa), abrindo a possibilidade de que a sociedade civil se engaje em contratos e seja origem legítima da lei, independentemente do Estado. A partir daí Ostrom (1991: 211) observa que "é o espaço público aberto e a forma pela qual ele se liga com as formas mais estruturadas do Estado que torna o processo de governo acessível aos cidadãos". A partir dele, os membros da sociedade aprendem o que significa viver em uma sociedade democrática, a opinião pública se fortalece, o espírito público se desenvolve e uma cultura de investigação e pesquisa (*culture of inquiry*) se estabelece.

Manuel Castells declarou em um seminário no Brasil (em 1994) que as ONGs eram instituições quase públicas. De fato são, na medida em que estão a meio caminho entre o Estado e a sociedade. As organizações públicas não estatais realizam atividades públicas e são diretamente controladas pela sociedade por meio de seus conselhos de administração. Existem, no entanto, outras formas de controle social direto e de definição de espaço público não estatal. No Brasil, a partir da experiência de Porto Alegre, uma instituição interessante é a dos orçamentos participativos, mediante a qual os cidadãos participam diretamente da elaboração do orçamento municipal.[152] Conforme observa Tarso Genro (1996), com as organizações públicas não estatais, a sociedade encontra uma alternativa à privatização. Esta pode ser a forma adequada de propriedade se a empresa tem condições de se autofinanciar no mercado. Todas as vezes, entretanto, que o financiamento de uma determi-

---

[152] O orçamento participativo foi introduzido pelo prefeito Olívio Dutra (1989-1992) e continuado pelo prefeito Tarso Genro (1993-1996), ambos do Partido dos Trabalhadores — PT. Sobre a experiência, ver Zander Navarro (1998).

nada atividade depender de doações ou de transferências do Estado, isso significará que é uma atividade pública, que, não precisando ser estatal, pode ser pública não estatal, e assim, mais diretamente controlada pela sociedade que a financia e dirige. Ora, em uma situação na qual o mercado é claramente incapaz de realizar uma série de tarefas, mas que o Estado também não se demonstra suficientemente flexível e eficiente para realizá-las, abre-se espaço para as organizações públicas não estatais.[153]

MELHOR QUALIDADE E MAIOR EFICIÊNCIA

Nesta segunda metade do século XX, o crescimento das organizações públicas não estatais enquanto produção e enquanto controle social tem sido explosivo. Tal fato, adicionado ao aumento das formas corporativas de associação, contribui para o fortalecimento do capital social existente, com efeitos virtuosos para o desenvolvimento econômico da região ou país onde isso ocorre. Os estudos de Putnam (1993) sobre a Itália são definitivos a esse respeito.[154] Nesse quadro, entretanto, o que é particularmente interessante é o crescimento das organizações de serviço públicas não estatais (OSPNEs), que derivam suas receitas dos serviços que produzem, de doações e de contribuições do Estado, e em menor grau do trabalho voluntário.[155]

O crescimento das OSPNEs decorre da melhor qualidade e da maior eficiência dos serviços sociais e científicos por elas produzidos. Serviços que não envolvem atividade exclusiva de Estado, não empregam poder de Estado, e portanto não são intrinsecamente monopolistas. Por isso não precisam estar dentro do aparelho do Estado. Não precisam, nem devem, uma vez que a forma de propriedade mais apropriada para eles é a pública não estatal e não a estatal. Dessa maneira, podem gozar da maior flexibilidade de gestão que caracteriza as instituições de direito privado, e podem ser controlados por meio da estratégia de competição administrada, que se aplica mal a entidades estatais, por natureza monopolistas.

[153] Examinei originalmente esse assunto em um trabalho sobre a transição para o capitalismo das sociedades ex-comunistas. Propus que os grandes serviços públicos monopolistas não fossem, pelo menos inicialmente, privatizados, mas transformados em organizações públicas não estatais (Bresser-Pereira, 1992).

[154] Este autor aponta a importância do associativismo, ou do "capital social", já presente nas "sociedades corais" do período medieval, para a aceleração e consolidação do desenvolvimento econômico.

[155] Sobre o público não estatal enquanto produção, ou seja, sobre as organizações públicas não estatais prestadoras de serviços, ver o tratamento sistemático de Morales (1998).

Mas por que não poderiam ser os prestadores de serviços sociais e científicos empresas privadas? Em princípio, não, porque são serviços em boa parte subsidiados pelo Estado, na medida em que atendem a direitos básicos de cidadania, que o Estado democrático deve garantir de forma universal, como a educação básica e a saúde. Ora, serviços subsidiados não devem ser privados. Devem ficar por conta de organizações de serviço públicas não estatais.

Essa política, entretanto, só faz sentido se a produção de serviços sociais por meio de entidades públicas não estatais for mais eficiente e garantir melhor qualidade do que a produção privada ou a produção estatal. Para examinarmos esta questão é preciso raciocinar em duas etapas. Em primeiro lugar, é preciso saber se a garantia da universalidade da educação básica e da saúde é dever do Estado ou não. Em segundo lugar, independentemente da resposta que se dê à primeira pergunta, coloca-se o problema da qualidade e da eficiência.

A resposta à primeira pergunta é antes de mais nada uma questão de valores éticos ou de ideologia política. Eu parto do pressuposto social-democrático e social-liberal de que educação básica e saúde são direitos sociais de cidadania de caráter universal. Sendo assim, cabe ao Estado financiar ou subsidiar esses serviços, independentemente da contribuição de cada um. Essa tarefa será realizada pelo Estado diretamente, como aconteceu no Estado do Bem-Estar do século XX, ou por intermédio de organizações públicas não estatais, com a Reforma Gerencial. Em princípio, não faz sentido a utilização de entidades privadas, orientadas para o lucro, uma vez que se trata de entidades subsidiadas pelo Estado.

Mas, suponhamos que esses serviços não fossem ou não precisassem ser subsidiados. Ainda assim, as OSPNEs garantem, em princípio, melhor qualidade e mais eficiência na prestação de serviços sociais e científicos. A melhor qualidade e a maior eficiência dos serviços derivam do fato de que as OSPNEs lidam com direitos humanos fundamentais, como a educação e a saúde, com os quais o critério do lucro não é o melhor para garantir a qualidade dos serviços. Serviços dessa natureza envolvem confiança, dedicação, solidariedade, que só serão compatíveis com o critério do lucro se o cidadão--usuário tiver plena informação sobre o preço e a qualidade, sobre os insumos e os resultados dos serviços (Weisbrod, 1988; Rose-Ackerman, 1996), e plena capacidade de "sair", nos termos de Hirschman, caso não esteja satisfeito. Estas duas condições, que são condições de mercados eficientes, não estão presentes de forma satisfatória nesse tipo de serviço. Quando colocamos uma criança em uma escola, as informações que temos sobre tal instituição são limitadas, imprecisas, e nossa capacidade de controlar a qualidade do

As organizações sociais

serviço ainda mais limitada, e a possibilidade de sair, pequena. Quando entramos em um hospital, nossa capacidade de informação e de saída é ainda mais limitada: muitas vezes quando a alcançamos já é tarde demais. Enquanto para escolher a marca de roupa ou de carro, ou o nome do supermercado em que comprarei, tenho ampla informação e fácil capacidade de saída, em serviços delicados, como os de educação, saúde e cultura — serviços orientados para pessoas —, precisamos poder contar, além da informação, com o pressuposto de que os membros da organização estão voltados primordialmente para o interesse público e não para o lucro privado.[156] Conforme observa Mintzberg:

"Não está claro que aqueles serviços profissionais amplamente aceitos como públicos — certos níveis mínimos de educação e saúde, por exemplo —, sejam particularmente efetivos quando oferecidos diretamente pelo Estado e principalmente por empresas privadas. Nenhum dos dois é capaz de dar conta de todos os requisitos nuançados presentes nesses serviços profissionais. Mercados são insensíveis, hierarquias são grosseiras. Organizações sem-proprietários, ou, em certos casos, cooperativas podem nos servir melhor nesses casos, desde que financiadas pelo Estado de forma a assegurar equidade na distribuição" (1996: 78).

Mintzberg afirma a superioridade em termos de qualidade e eficiência das organizações públicas não estatais, mas não deixa, como é natural, de exigir financiamento do Estado para elas.

As organizações sociais
O processo de ampliação do setor público não estatal ocorre a partir de duas origens: de um lado, a partir da sociedade, que cria continuamente entidades dessa natureza; de outro lado, a partir do Estado, que, nos processos de reforma deste último quartel do século XX, se engaja em processos de publicização de seus serviços sociais e científicos. Isto ocorreu de forma dramática na Nova Zelândia, na Austrália e no Reino Unido. Também está acontecendo em vários outros países europeus e mais recentemente nos Estados

---

[156] Sei muito bem que esse raciocínio não faz sentido para um economista neoclássico, ou para um economista ou cientista político da escola da escolha racional, para os quais a ideia do espírito público está excluída. Mas não é esta a hora de discutir esse tema. Já o fizemos nos dois capítulos iniciais deste livro.

Unidos no nível do ensino fundamental, em que surgem escolas gratuitas de caráter comunitário, financiadas pelo Estado. No Reino Unido, as universidades e hospitais do *National Health Service*, que eram estatais, foram transformados em *quangos* (*quasi autonomous non-governmental organizations*). No Brasil, o programa de publicização em curso prevê a transformação desses serviços em organizações sociais — uma entidade pública de direito privado que celebra um contrato de gestão com o Estado e assim é financiada parcial ou mesmo totalmente pelo orçamento público.

De acordo com o *Plano Diretor*, no setor dos serviços não exclusivos de Estado, a propriedade deverá ser em princípio pública não estatal e assumir a forma de organizações sociais. O fato de ser pública não estatal implicará a necessidade de a atividade ser controlada de forma mista pelo mercado e pelo Estado. O controle do Estado, entretanto, será necessariamente antecedido e complementado pelo controle social direto, derivado do poder dos conselhos de administração constituídos pela sociedade. E o controle do mercado se materializará na eventual cobrança de serviços prestados e principalmente na competição entre as entidades. Dessa forma, a sociedade estará permanentemente atestando a validade dos serviços prestados, ao mesmo tempo que se estabelecerá um sistema de parceria ou de cogestão entre o Estado e a sociedade civil.

A cobrança é eventual e pode não acontecer. Se uma escola primária é uma organização pública não estatal, deverá receber recursos por aluno na mesma proporção que recebem as escolas estatais, desde que nada cobre de seus alunos. Nesse caso, a não cobrança é uma condição para que a entidade possa ser qualificada como organização social. Nos hospitais, o princípio da saúde universal também implica que não haja cobrança. Conforme veremos no capítulo sobre os serviços de saúde, o pagamento ao hospital ou ao ambulatório especializado deverá ser feito pelo próprio Estado, preferivelmente no âmbito do município e com base no procedimento realizado.

As organizações sociais devem, em princípio, ter alguma receita própria. Existem casos, entretanto, em que ela pode ter receita própria zero. É o caso, por exemplo, de escolas de primeiro grau qualificadas como organizações sociais. Segundo a constituição brasileira, o Estado tem obrigação de fornecer de forma universal e gratuita educação básica. Esta educação, entretanto, não precisa ser oferecida por escolas estatais; pode perfeitamente ser oferecida por escolas públicas não estatais, desde que nada cobrem de seus alunos. Na Espanha, diante do fato de que um quarto dos estudantes de primeiro grau estudava em escolas comunitárias, principalmente religiosas, e do direito previsto na nova Constituição de ensino básico gratuito, essas escolas passaram a receber, por aluno, o mesmo valor que o Estado paga para financiar as escolas estatais, desde que o seu ensino passasse a ser gratuito. Nos Estados Unidos, escolas comunitárias estão surgindo nessas condições, sendo chamadas *chartered schools*.

Na União, os serviços não exclusivos de Estado mais relevantes são as universidades, as escolas técnicas, os centros de pesquisa, os hospitais e os museus. Sua transformação em organizações sociais já começou, desde que foi editada a Medida Provisória nº 1.591, de 9 de outubro de 1997, hoje já transformada em lei. Esse estatuto legal, além de definir e estabelecer os requisitos gerais para que uma entidade pública não estatal de direito privado possa ser declarada organização social, definiu as duas primeiras instituições cujas atividades seriam absorvidas por OPNEs qualificadas como OS: a Fundação Roquette Pinto, um centro de produção e veiculação de televisão educativa, no Rio de Janeiro; e o Laboratório Nacional de Luz Síncrotron, um centro de pesquisa de alta tecnologia do CNPq, em Campinas. O INCA — Instituto Nacional do Câncer, no Rio de Janeiro, e a ENAP — Escola Nacional de Administração Pública, vinculada ao Ministério da Administração Federal e Reforma do Estado, estão preparando-se para que suas atividades sejam absorvidas por organizações sociais.

O surgimento das organizações sociais, entretanto, não está se limitando ao Governo Federal. Uma preocupação natural minha e de toda a minha equipe envolvida na Reforma Gerencial é que esta se torne irreversível. As indicações nesse sentido, especialmente o apoio que vem recebendo da alta administração pública brasileira, são muito fortes. No caso das organizações sociais, entretanto, o fato se tornou ainda mais evidente quando os estados, a começar pelo Pará, passando por Bahia, Ceará, São Paulo, e suas capitais, a partir de Curitiba, passaram a enviar e fazer aprovar, em suas assembleias legislativas ou câmaras de vereadores, projetos de lei autorizando a qualificação como organizações sociais de entidades cujas atividades eram previamente desenvolvidas no âmbito de órgãos estatais ou de entidades originalmente públicas não estatais.

Os serviços sociais e científicos realizados pelo Governo Federal estarão sendo absorvidos por organizações sociais de forma gradativa e voluntária. A decisão do governo é não impor a instituição, mas transformá-la em uma demanda dos membros da organização e dos seus cidadãos-clientes. Na medida em que elas garantem maior autonomia para as entidades, seus dirigentes e funcionários dotados de espírito público tendem a adotar a proposta. Embora muitos mantenham um receio irracional de que, ao se transformarem em organização social, perderão a "proteção do Estado" e ficarão mais vulneráveis, depois de algum tempo percebem que o receio é infundado. Na verdade, é mais fácil extinguir uma organização estatal do que tirar do orçamento público uma organização social. No primeiro caso, basta uma medida provisória; já no segundo, será preciso discutir previamente o assunto no Congresso, que aprova o orçamento. Quando ouço esse tipo de receio — que vem diminuindo a cada dia —, respondo sempre que a garantia de sobrevivência e de expansão de uma organização pública não está no fato de ela fazer parte do aparelho do Estado, de ser constituída de servidores públicos com estabilidade, mas na sua utilidade social. Organizações inúteis ou altamente ineficientes acabam, mais dia menos dia, sendo extintas, e seus servidores, redistribuídos. A absorção das atividades de uma entidade por uma organização social dá mais segurança à entidade, não tanto porque é mais difícil para o governo tirar-lhe o apoio (e impossível, extingui-la), mas principalmente porque ela se torna legítima perante a sociedade à medida que passa a atender os cidadãos-clientes com qualidade e eficiência.

O projeto das organizações sociais tem sido objeto de amplo debate e de apoio generalizado. Excetuam-se certos setores corporativos do funcionalismo, que se pretendem de esquerda, e alguns juristas comprometidos com uma visão estritamente burocrática da administração pública. Já os apoios vêm de todos os lados. Talvez o que pessoalmente mais tenha me sensibilizado tenha sido dado por Herbert de Souza (o "Betinho"), que afirmou sobre elas:

> "Eis aí algo de novo que pode dar certo. Na verdade, essas organizações sociais de caráter público constituem uma espécie de ONG de novo tipo, nascidas do Estado e não da sociedade, com forte apoio estatal e participação da sociedade civil. Poderão somar vantagens dos dois lados e nos liberar dessa armadilha entre o estatal e o privado" (1995: 3).

Quando a proposta das organizações sociais foi lançada, no início de 1995, o Ministério da Educação viu inicialmente de forma positiva a ideia. Entretanto, diante de uma forte reação de vários reitores de universidades federais, que preferiram a crítica ideológica — principalmente a afirmação de que se estava "privatizando" a universidade — em vez do debate,[157] o Ministério da Educação, embora concordando com o diagnóstico e com a necessidade de tornar as universidades mais autônomas e responsáveis, resol-

---

[157] Tentei inúmeras vezes fazer um debate com o Fórum dos Reitores, mas seu presidente, em 1995, resistiu à ideia.

veu retirar seu apoio ao projeto, argumentando que este era muito genérico, sendo necessário um projeto mais específico para conceder autonomia às universidades. Em 1996, apresentou proposta de emenda constitucional concedendo efetiva autonomia administrativa às universidades, particularmente em relação à administração de seu pessoal, que passará a ser responsabilidade das próprias universidades e não do Estado. Determinou, também, que os novos professores e funcionários sejam regidos por um novo regime híbrido de trabalho; e, do lado da receita, estabeleceu uma subvinculação para as universidades federais de 75 dos 18% que a União é constitucionalmente obrigada a gastar com educação. Os atuais professores e funcionários continuarão com o regime de trabalho atual, sendo diretamente pagos pelo Tesouro. À medida que forem se aposentando, como acontece nas organizações sociais, o orçamento das universidades irá aumentando proporcionalmente para financiar a contratação dos novos funcionários e professores. Conforme observou Silva Pereira (1997), os dois projetos são semelhantes, tendo como diferença principal o fato de que a organização social está fora do aparelho do Estado, enquanto a universidade, quando a emenda vier a ser aprovada, continua dentro. Essa diferença, entretanto, é relativa. As organizações sociais estão claramente em uma situação híbrida entre o direito público e o privado, entre o estatal e o privado. A ideia fundamental é que a instituição qualificada como organização social seja, além de administrativamente autônoma, responsável pelo seu pessoal. Isto significa que sua luta deixa de ser por aumentos de salários a serem pagos pelo Tesouro. Em vez disso, as universidades conseguirão melhorar a remuneração de seus professores e funcionários na medida em que, de um lado, consigam orçamento maior (o que é pouco provável) ou receitas próprias mais amplas; e, de outro, que aumentem a eficiência, levem todos a trabalhar mais, e distribuam as economias alcançadas para melhorar os salários dos que realmente contribuem para a instituição. No caso da emenda da autonomia das universidades, ela só representará um avanço efetivo se tal responsabilidade for alcançada, como pretende o Ministério da Educação.

Publicização: alternativa ao estatismo e à privatização

A transformação dos serviços não exclusivos de Estado em propriedade pública não estatal e sua declaração como organização social se faz mediante um programa de "publicização", que constitui uma alternativa ao estatismo, que pretende tudo realizar diretamente pelo Estado, e a privatização, pela qual se pretende tudo reduzir à lógica do mercado e do lucro privado. As novas entidades conservarão seu caráter público e seu financiamento pelo Estado. O processo de publicização assegura o caráter público mas de direito privado da nova entidade, leva a uma maior autonomia administrativa e garante o fornecimento de recursos orçamentários.

O processo de publicização começa com a decisão da entidade e do ministro supervisor de caminhar nessa direção. Tomada a decisão, é necessário extinguir a entidade estatal que realiza as atividades a serem publicizadas para que estas possam ser absorvidas por uma associação ou fundação de direito privado, criada por pessoas físicas. Dessa forma, se evitará que as organizações sociais sejam consideradas entidades estatais, como aconteceu com as fundações de direito privado instituídas pelo Estado, e assim submetidas a todas as restrições da administração estatal que a reforma constitucional administrativa reduzirá mas não eliminará. As novas entidades não estatais receberão por cessão precária os bens da entidade estatal extinta. Os atuais servidores da entidade integrarão quadro em extinção[158] no ministério supervisor e ficarão à disposição da nova entidade. O orçamento da organização social será global; a contratação de novos empregados será pelo regime da Consolidação das Leis do Trabalho; as compras deverão estar subordinadas aos princípios da licitação pública, mas poderão ter regime próprio. O controle dos recursos estatais postos à disposição da organização social será feito por meio de contrato de gestão, além de estar submetido à supervisão do órgão de controle interno e do Tribunal de Contas.

Apesar do cuidado em extinguir a entidade estatal, e em reconhecer como organização social uma entidade de direito privado criada por personalidades da sociedade civil, não faltarão objeções ao modelo jurídico adotado. A partir de uma perspectiva burocrática, que está entranhada no direito brasileiro, argumentar-se-á que a nova entidade não passa de uma transformação indevida (ou inconstitucional) da entidade extinta. Foi assim que, depois da Constituição de 1988, as fundações de direito privado criadas pelo Estado perderam toda a autonomia que o Decreto-Lei nº 200 lhes concedia, foram reduzidas a autarquias e obrigadas a adotar o Regime Jurídico Único, por isso tendo de arcar com gravíssimos prejuízos. Dessa vez, entretanto, uma interpretação desse tipo dificilmente vingará no Supremo Tribunal Federal, não apenas porque o estatuto jurídico das organizações sociais foi cuidadosamente preparado para evitar esse tipo de desqualificação, mas tam-

---

[158] Os servidores que integrarem quadro em extinção deterão os mesmos direitos, vantagens e prerrogativas dos demais servidores públicos. A diferença é que, quando da vacância do cargo (por aposentadoria ou desligamento de seu ocupante), este cargo será automaticamente extinto.

bém porque os tempos são outros, e a importância das organizações sociais está sendo reconhecida em toda parte. Paulo Modesto afirmou o caráter nem privado nem público estatal das organizações sociais, com um argumento negativo e outro positivo. O argumento negativo: as organizações sociais não são autarquias veladas, não terão qualquer prerrogativa de direito público, não serão instituídas por lei. E o positivo: as organizações sociais são parcerias:

> "Em sentido abrangente, as organizações sociais representam uma forma de parceria do Estado com as instituições privadas de fins públicos (perspectiva *ex-parte principe*), ou, sob outro ângulo, uma forma de participação popular na gestão administrativa (perspectiva *ex-parte populi*)" (1997: 31-34).

O aumento da esfera pública não estatal aqui proposto não significa, portanto, a privatização de atividades do Estado. Ao contrário, trata-se de ampliar o caráter democrático e participativo da esfera pública, subordinada a um Direito Público renovado e ampliado. A impossibilidade de captura privada ou privatização da entidade (que assim se transformaria em uma falsa OSPNE, como existem ainda muitas no Brasil) está automaticamente garantida pelo contrato de gestão e pela própria natureza da entidade. Não obstante, uma série de cautelas legais e administrativas foi adotada, particularmente a exigência do contrato de gestão, o permanente controle dos resultados pelo ministério supervisor e pelos órgãos de controle interno e externo e a própria constituição do conselho de administração, no qual a presença de personalidades da sociedade eleitas e de representantes natos da sociedade civil permitirá um maior controle social.

É preciso, entretanto, considerar outras formas de controle social além daquela institucionalizada no conselho, uma vez que as organizações sociais são, antes de mais nada, instituições da sociedade e por ela controladas o mais diretamente possível. Conforme frisa Barreto (1998), a participação social alcança alta relevância no modelo das organizações sociais, pois compete à sociedade civil "exercer um duplo papel: de um lado, atuar como canal de explicitação e reivindicação das demandas sociais; de outro, funcionar como importante fator de contenção da atuação de grupos de interesse públicos ou privados". Nesse sentido, é preciso considerar que os problemas de ação coletiva — ou seja, as dificuldades de cooperação — envolvidos na operação das organizações sociais são relevantes. Conforme observa Nassuno:

"As áreas de atuação das organizações sociais são diversificadas e com clientelas de diferentes características no que diz respeito ao seu tamanho e ao grau de concentração dos benefícios, exigindo uma análise mais detalhada dessas áreas e sua respectiva clientela. Com base na 'lógica da ação coletiva' não existem garantias de que as entidades representantes dos usuários participem do conselho de administração das organizações sociais, se o único instrumento previsto para implementar a participação for a previsão de representantes de entidades da sociedade civil nesse conselho" (1997: 37).

Para que o mecanismo de controle social previsto no projeto das organizações sociais garanta qualidade e eficiência na prestação de serviços públicos, são necessários outros requisitos, além da organização da ação coletiva dos usuários. Em primeiro lugar, a instituição deve contar com instrumentos de gestão flexíveis que permitam uma resposta rápida às demandas da clientela, mais presentes com a implantação de instrumentos de controle social. Isso significa que é preciso dotar a instituição de instrumentos de gestão de compras, de pessoal e de recursos financeiros menos rígidos do que os atualmente disponíveis para a administração pública. Em segundo lugar, os canais de comunicação entre os usuários de serviços públicos e os políticos devem ser aperfeiçoados, de forma a permitir que informações referentes ao desempenho da instituição prestadora de serviços e seus funcionários cheguem aos políticos. Essas informações auxiliarão os políticos no controle das instituições, colocando os problemas a ela associados numa esfera mais ampla de discussão. Assim, a criação de instrumentos de controle social deve ser acompanhada pelo fortalecimento das instituições políticas tradicionais (Nassuno, 1998).

Entretanto, se não há risco de captura privada, existe o risco de "feudalização". Entendo por feudalização de uma organização pública não estatal o fato de ela ser dominada permanentemente por um determinado grupo. Esse grupo não privatiza a instituição, não a usa para seu enriquecimento, mas detém o poder mesmo que a instituição esteja tendo mau desempenho, mesmo que seus dirigentes tenham perdido condições para continuar no poder. No estatuto legal das organizações sociais, há toda uma série de exigências para garantir seu caráter público e para evitar que a mesma seja feudalizada. O requisito principal é o de que, no estatuto da entidade, o poder não esteja concentrado nos sócios (se se tratar de uma associação), mas no Conselho de Administração. Se se tratar de uma fundação, o poder já está, por definição, localizado no conselho. Por outro lado, este conselho deverá ter uma composição tal de membros natos e eleitos, e de representantes do governo (minoritários) e representantes da sociedade, que evite que um determinado grupo se perpetue no poder.[159] Quando temos conselhos formados por membros eleitos pelos sócios da entidade, ou eleitos entre si, não havendo um número dominante de conselheiros natos, a probabilidade de feudalização aumenta.

Como nas agências executivas, nas organizações sociais, o tipo de controle realizado é principalmente um controle de resultados, que tem no contrato de gestão seu principal instrumento. Os contratos de gestão já assinados no âmbito da reforma contêm cláusulas que tratam dos seguintes aspectos: (a) disposições estratégicas: objetivos da política pública à qual se vincula a instituição, sua missão, objetivos estratégicos e metas institucionais; (b) indicadores de desempenho; (c) meios e condições necessários à execução dos compromissos pactuados: estimativa dos recursos orçamentários disponíveis; (d) sistemática de avaliação: definição das instâncias da instituição, do ministério supervisor ou de natureza coletiva, responsáveis pelo acompanhamento do desempenho institucional, da periodicidade (minimamente semestral) e dos instrumentos de avaliação e de comunicação dos resultados; (e) condições de revisão, suspensão e rescisão do contrato; (f) definição de responsáveis e de consequências decorrentes do descumprimento dos compromissos pactuados; (g) obrigações da instituição, do ministério supervisor e dos ministérios intervenientes; (h) condições de vigência e renovação do contrato; (i) mecanismos de publicidade e controle social.

---

[159] Membro nato é aquele que representa determinada entidade que faz parte do conselho. Mudando o seu titular (governamental ou de uma organização da sociedade civil), muda automaticamente o membro do conselho. Eleitos são os membros eleitos pelos seus pares.

Capítulo 14
REFORMA GERENCIAL NA SAÚDE

Na primeira reunião da Câmara da Reforma do Estado, em fevereiro de 1995, quando o governo Fernando Henrique começava, declarei que pretendia, na reforma da administração pública, dar prioridade à área social. Argumentei, para justificar minha opção, com o fato de que isso seria consistente com um governo social-democrático.[160] Meu principal argumento, entretanto, foi o de que esse era o setor que mais necessitava de reforma, e no qual uma administração pública moderna poderia ter efeitos extraordinários. Enquanto a área econômica tinha economistas, e a área de infraestrutura, engenheiros funcionários das empresas estatais, que são bons administradores e relativamente bem pagos, bons administradores na área social são uma raridade, e os salários, muito baixos.

Por outro lado, as economias ou os ganhos de produtividade que se podem realizar com uma boa gestão da política social são imensos. Para isso, entretanto, é preciso valorizar os aspectos gerenciais do problema. Kliksberg (1997: 119) aponta, com muita propriedade, um dos mitos existentes entre os responsáveis por políticas sociais. É o "mito da dicotomia formulação--gestão", segundo o qual "o problema central circunscreve-se ao campo do planejamento e da formulação de estratégias. Superado esse problema, mediante uma concepção adequada das políticas públicas, empreender-se-ia a etapa administrativa de "pura implementação", durante a qual as dificulda-

---

[160] O jornal inglês *The Guardian* resumiu os princípios do novo trabalhismo britânico, que sob muitos aspectos tem servido de referência para as reformas empreendidas no governo Fernando Henrique, nos seguintes termos: política econômica prudente e estável; ênfase nos investimentos em educação, treinamento profissional e infraestrutura e não em política industrial; renovar o *Welfare State* senão a direita acaba com ele; *reinventar o governo e descentralizar de forma que o que conta no Estado* (a área social, além das funções clássicas de garantia da propriedade e dos contratos) *funcione*; ser internacionalista, opondo-se ao isolacionismo da direita inglesa (citado em *Folha de S. Paulo*, 8/2/1998; os itálicos e a frase entre parênteses são meus). Vemos, por esses pontos, que a reforma gerencial (reinventar o governo, descentralizar) para viabilizar a ação social é central nos novos programas da centro-esquerda social-democrática ou social-liberal. O governo Blair durante a campanha eleitoral fez críticas à reforma nos moldes da "nova gestão pública", mas no governo a está confirmando com modificações menores.

des, embora possíveis, seriam secundárias". Ora, este é um equívoco muito grande. A política pode estar corretíssima, mas se não for bem administrada pode se tornar muito ineficiente (muito cara em relação ao serviço prestado), seja porque grande parte dos recursos alocados para aquela política são gastos com a própria burocracia e seus controles, seja porque, apesar dos controles, a corrupção, ou, mais amplamente, a captura do patrimônio público por interesse privados não é superada. E, além de ineficiente, torna-se inefetiva porque, como os recursos são limitados, o número de cidadãos atendidos com qualidade acaba sendo muito menor do que poderia se uma administração gerencial competente estivesse sendo aplicada.

Um exemplo dramático das economias que podem ser realizadas na área das políticas sociais com a adoção de uma estratégia de administração gerencial nos é dada pelo caso do National Health Service — NHS, na Grã-Bretanha, sistema que, desde o final de 1996, começou a ser introduzido no Brasil. A reforma gerencial do SUS, consubstanciada na NOB-96,[161] está baseada no modelo inglês de administração no National Health Service, que, nos últimos anos, vem sendo adotado por um número crescente de países. São quatro as ideias básicas: descentralizar a administração e o controle dos gastos com a saúde, que serão distribuídos aos municípios de acordo com a população existente e não com o número de leitos; criar um quase mercado entre os hospitais e ambulatórios especializados, que passam a competir pelos recursos administrados localmente; transformar os hospitais em organizações públicas não estatais (*quangos* na Grã-Bretanha, organizações sociais no Brasil); e criar um sistema de entrada e triagem constituído por médicos clínicos ou médicos de família, que podem ser funcionários do Estado ou podem ser contratados pelo Estado e pagos de acordo com o número de pacientes que livremente se inscrevem em suas clínicas (como é o caso dos *general practitioners* na Grã-Bretanha). Para se ter uma medida das economias que um modelo gerencial desse tipo traz, citarei aqui uma matéria especial do *The Economist* (1997) sobre o NHS. Nessa matéria, a revista, notável por sua competência e pelo liberalismo de suas posições, afirma, surpreendentemente, que o NHS, porque não conta com recursos orçamentários suficientes, está "ameaçado de privatização" (sic). Privatização, explica, é o controle do sistema de saúde por empresas seguradoras e de convênios, e "nós sabemos como esse sistema é ineficiente, basta ver o que ocorre nos Estados Unidos",

[161] NOB-96 — Norma Operacional Básica do Sistema Único de Saúde-1996, Brasília, Ministério da Saúde, Portaria do Ministro da Saúde publicada no *Diário Oficial da União*, 6/11/1996.

enquanto o sistema britânico "é muito eficiente". Para demonstrar este fato, compara o sistema americano (privado, baseado em empresas de seguro), o francês (basicamente estatal), e o britânico (financiado pelo Estado, mas provido por organizações públicas não estatais competitivas): o último custou (1996) US$ 1.300 por habitante ano, contra o dobro (US$ 2.600) para o sistema de saúde estatal francês e quase o triplo (US$ 3.800) para o sistema privado americano. Em termos de despesa em relação ao PIB, os Estados Unidos gastam 14,5 do seu produto interno com saúde contra 6,8% na Grã-Bretanha. Os números *per capita* e em relação ao PIB não são perfeitamente coerentes, mas sem dúvida revelam uma diferença dramática. Para uma qualidade de saúde que eu acredito ser superior na Grã Bretanha, uma vez que esta dispõe de um sistema universal de saúde enquanto nos Estados Unidos 20% de sua população não têm cobertura médico-hospitalar, os britânicos economizam mais de 7 pontos percentuais do PIB. Sem dúvida, como afirma o próprio *The Economist*, deveriam gastar um pouco mais, uma vez que o fato de o NHS estar subfinanciado vem prejudicando a qualidade de seus serviços, e "ameaçando-o de privatização", com o aumento do número de famílias que recorre a seguros privados.[162]

Uma economia desse montante, decorrente de um sistema gerencial competente, tem consequências importantes: com a mesma quantidade de recursos, um número maior de cidadãos pode ser atendido com qualidade, ao mesmo tempo que recursos orçamentários para a área social são legitimados perante a sociedade. Uma das resistências da sociedade a pagar impostos, além do natural individualismo, é a convicção de que o dinheiro recebido pelo Estado é mal gasto. Na medida em que se verifica o contrário, o pressuposto neoliberal da ineficiência intrínseca do Estado é refutado, e abre-se espaço para uma ação social efetiva do Estado.

Reforma no SUS

Na área social, o ministério mais difícil é o da Saúde. É diretamente responsável pela manutenção de um sistema de atendimento médico e hospitalar que a Constituição determina ser universal e gratuito — o Sistema Único de Saúde —, mas não dispõe, para isso, nem de recursos orçamentários suficientes, nem de pessoal administrativo competente, nem de um modelo de administração do SUS adequado para executar a tarefa, que possa garantir um mínimo de eficiência e efetividade para o sistema. Além disso, como

---

[162] A literatura sobre o NHS é imensa. Ver, entre outros, a perspectiva crítica de Klein (1995) e a favorável de Warner (1995).

trata de um direito humano fundamental, e com grandes somas de recurso, é um ministério altamente politizado e ideologizado, o que dificulta em muito sua administração. Finalmente, a responsabilidade direta do ministério pelo atendimento de saúde, em uma federação com quase seis mil municípios, representa uma dificuldade a mais para o estabelecimento de um sistema de saúde efetivamente universal e de boa qualidade. A consequência é que o ministério está constantemente nos jornais, na medida em que falhas muitas vezes dramáticas do sistema de saúde são descobertas e denunciadas pela imprensa.

No governo Fernando Henrique, embora o problema não tenha sido resolvido — é impossível resolvê-lo em quatro anos —, uma reforma gerencial, consubstanciada na Norma Operacional Básica do Sistema Único de Saúde 1996 (NOB-96), abriu uma perspectiva concreta de implantar no país um sistema administrativo baseado na descentralização para os municípios e na competição administrada, nos moldes que diversos países desenvolvidos vêm adotando de forma bem-sucedida, a partir da experiência britânica.

Este livro não pretende narrar a história de minha administração à frente do Ministério da Administração Federal e Reforma do Estado, mas apresentar as bases históricas e teóricas da Reforma Gerencial em curso no país, descrever as principais instituições que foram criadas, e dar uma informação sobre o início da sua implantação. Considero, entretanto, o fato de haver conseguido convencer os médicos sanitaristas que dirigem o Ministério da Saúde da superioridade do modelo proposto uma das maiores vitórias de meu ministério.

O SUS, quando iniciou o governo Fernando Henrique, era administrado segundo a NOB-93,[163] que previa a municipalização "semiplena" da saúde. Por esse sistema, que vinha sendo implantado lentamente, alcançando pouco mais de 100 municípios, estes, ao serem colocados nessa condição, passavam a receber um orçamento proporcional ao número de leitos hospitalares, ficando autorizados a gastar os recursos de forma mais autônoma. O sistema semipleno já era um avanço, mas havia uma imensa dificuldade de generalizá-lo. Na prática, o sistema continuava centralizado em Brasília, e, quando aparentemente descentralizado, não se estabelecia a responsabilidade da administração municipal pelos cidadãos residentes no município. A

---

[163] NOB-93 — Norma Operacional Básica do Sistema Único de Saúde-1993, Brasília, Ministério da Saúde, Portaria do Ministro da Saúde publicada no *Diário Oficial da União*, 24/5/1993.

responsabilidade continuava com um super-homem encarregado de uma missão impossível: o Ministro da Saúde.

Em minha viagem à Inglaterra, em abril de 1995, conheci o sistema gerencial implantado pelo governo britânico para administrar o National Health Service, baseado na descentralização, no controle pelo lado da demanda ao invés do controle pelo lado da oferta, e em um sistema de competição administrada entre os hospitais, responsáveis pela oferta de serviços, transformados em organizações sociais (*quangos* — *quasi autonomous non-governamental organizations*, na terminologia britânica). Convenci-me imediatamente da extraordinária superioridade administrativa e democrática do sistema britânico sobre o sistema estatal e centralizado existente no Brasil, que era baseado na crença de que seria possível, a partir de Brasília, planejar e implantar um "sistema hierarquizado e regionalizado" de oferta de serviços de saúde para todos os brasileiros. E passei à tarefa de persuasão do Ministro Adib Jatene, de seu Secretário Executivo, José Carlos Seixas, e do Secretário diretamente responsável pelo SUS, Eduardo Leukowitz. Para isso, pronunciei duas conferências para o pessoal da saúde, escrevi um *paper*,[164] conversei várias vezes com o Ministro Adib Jatene, e mantive duas longas conversações com José Carlos Seixas. A partir destas, e feito o acordo entre nós de que não usaríamos as palavras "oferta" e "demanda" no documento, começamos a escrever juntos, ainda em 1995, a minuta da NOB-96. Depois que Eduardo Leukowitz se convenceu do sistema, assumiu o trabalho ao lado de Seixas. O projeto passou, então, por um ano de discussões no Conselho Nacional de Saúde e nas comissões bipartites e tripartites, sempre com o apoio de Jatene e do Presidente da República. No final, formou-se um grande consenso em torno da proposta, que permitiu a Jatene assinar a NOB-96 em dezembro de 1996. Com a saída de Jatene, o novo ministro, Carlos César Albuquerque, experiente administrador da área de saúde, adotou o projeto, e conseguiu, em 1997, implantar sua primeira fase, o PAB — Piso Assistencial Básico —, financiando com R$ 10 por habitante a instalação dos sistemas municipais de entrada e triagem, condição preliminar para a plena implantação do sistema, que ocorrerá quando também os recursos destinados ao atendimento hospitalar e de ambulatórios especializados passarem a ser distribuídos aos municípios de acordo com sua população.[165] Ao assumir o mi-

---

[164] Ver Bresser-Pereira (1995b). Para desenvolver esse trabalho, contei também com a colaboração de Luiz Arnaldo Pereira da Cunha e Ana Teresa da Silva Pereira.

[165] Segundo a *Mensagem ao Congresso Nacional de 1998*, do Presidente Fernando Henrique Cardoso (1998: 61), a Norma Operacional Básica — NOB-96 permitirá fortale-

nistério em abril de 1998, o senador José Serra, reconhecido por sua competência econômica e administrativa, decidiu continuar e aprofundar a reforma.

Bases da Reforma

A Reforma Gerencial do SUS, contida na NOB-96, leva à efetiva municipalização da saúde pública por meio do fortalecimento do sistema de atendimento básico municipal, que será a porta de entrada obrigatória na rede hospitalar, e da transferência para os municípios do credenciamento, controle e pagamento dos serviços prestados pelos hospitais e ambulatórios especializados aos cidadãos do município. Para isso, a estratégia consiste em distribuir aos municípios os recursos da União disponíveis para a saúde na proporção do seu número de habitantes, em vez de distribuí-los na proporção dos leitos hospitalares existentes no município, como hoje ocorre. Dessa forma, será possível às autoridades de saúde locais e a seus respectivos conselhos municipais de saúde assumir a responsabilidade da saúde de seus munícipes. O controle será realizado a partir da demanda, representada pelas autoridades municipais, e não pela oferta constituída pelos hospitais. Assim, do ponto de vista político, o novo sistema de controle municipal do SUS, ao permitir a efetiva responsabilização de cada prefeito e de cada conselho municipal de saúde, permitirá uma parceria maior entre o Governo Federal e os governos municipais no financiamento da saúde. Os governos estaduais também deverão participar do sistema, embora devam ter sua função reduzida, uma vez que não há razão para intermediação estadual na distribuição das verbas orçamentárias *per capita*. O Estado poderá, entretanto, receber uma parte dos recursos federais para atender a eventualidades ou casos de emergência.

Dois são os pressupostos dessa reforma. Primeiro, que a oferta de leitos hospitalares é hoje muito maior do que a demanda. Existem hoje no país cerca de 25 mil leitos hospitalares, mas os internamentos estão em torno de 13 mil. Segundo, que o controle descentralizado, municipal, desses fornecedores de serviços de saúde, é muito mais efetivo do que o controle federal. A velha estratégia de montar centralmente um sistema de oferta jamais funcionou. No fundo, representava uma ideia de planejamento central hoje superada. A nova ideia é concentrar os esforços do governo no financiamento e no controle dos

cer a gestão municipal e estimular a participação da comunidade na definição e no acompanhamento da implantação das políticas no setor. Em 1998, 3.300 municípios já serão enquadrados no PAB. A distribuição dos recursos para financiar as internações em hospitais e ambulatórios especializados, de acordo com a população de cada município, deverá ser implantada a partir de 1999.

serviços prestados por esses fornecedores descentralizados, em vez do seu oferecimento direto pelo Estado. A organização da oferta com apoio do Estado continuará nos hospitais universitários e de maior complexidade. Ocorrerá, ainda, subsidiariamente naqueles locais onde existe deficiência de equipamentos hospitalares e ambulatoriais, por meio de consórcios municipais. Os hospitais e ambulatórios deverão ser, em princípio, organizações sociais, competindo entre si no fornecimento de seus serviços ao SUS; embora também possam continuar a ser organizações estatais, filantrópicas e privadas. O importante é competirem entre si, não havendo monopólio para nenhum deles, inclusive para os hospitais e ambulatórios pertencentes ao município ou ao estado. O objetivo é sempre montar um sistema hierarquizado e regionalizado, mas a partir da demanda dos serviços controlada pelo Estado por intermédio dos municípios. As ações, pelo lado da oferta, serão, portanto, pontuais e complementares.

As ideias-força do novo sistema são: (a) tetos físicos e financeiros de gastos em saúde (Autorizações de Internação Hospitalar — AIHs) distribuídos aos municípios, por meio dos estados, de acordo com a população residente; (b) responsabilização compartilhada da União, dos estados e dos municípios pela saúde; (c) municipalização do controle dos hospitais, desde o seu credenciamento até a aprovação das contas; (d) prioridade na capacitação das prefeituras para desenvolver seus sistemas de atendimento básico, que serão a porta de entrada para os hospitais e ambulatórios especializados; (e) entrega do Cartão Municipal de Saúde para cada cidadão; (f) transformação dos hospitais estatais em organizações públicas não estatais, competitivas com as entidades filantrópicas e privadas; (g) reafirmação da prioridade para as áreas sanitária e preventiva.

No sistema que está terminando, os hospitais recebiam diretamente do Ministério da Saúde as quotas de AIHs. Era a raposa dentro do galinheiro. Isto só não acontecia nos poucos municípios em que já havia sido instalada a "administração semiplena", mas ainda nesse caso os municípios recebiam e repassavam para os hospitais a verba federal segundo os leitos neles existentes, não segundo os serviços prestados à população. Agora, cada município pagará aos hospitais que prestarem serviço à sua população, estejam eles no próprio município ou nos municípios vizinhos, desde que os pacientes tenham sido por ele encaminhados. Os hospitais só poderão atender diretamente nos casos de emergência.

A reforma do SUS, definida pela Norma Operacional Básica 1996 do Ministério da Saúde, nada tem a ver com o PAS — Plano de Atendimento de Saúde, implantado no município de São Paulo em 1996. Neste sistema, não há separação entre oferta e demanda. O atendimento de saúde básico e os serviços hospitalares menos complexos são privatizados, com a formação de cooperativas de médicos. Como as cooperativas recebem do município por cidadão residente em sua área, e não por serviços prestados, cada uma delas seria, em princípio, um sistema de seguro subsidiário ao SUS. Na verdade, não é isso que acontece, uma vez que a cooperativa não é obrigada nem tem condições de oferecer atendimento integral. Como cooperativas são organizações privadas, que distribuem seu excedente entre os cooperados, o estímulo implícito é para atender o mínimo, transferindo para fora do PAS, para os hospitais do Estado ou da União, os atendimentos mais complexos. Temos, assim, um sistema caro e perverso, que não garante o uso ótimo dos recursos escassos existentes, e permite ganhos descontrolados aos membros das cooperativas.

Os opositores da Reforma Gerencial do SUS são aqueles hospitais particulares ou pretensamente filantrópicos que fraudam o SUS, com a desculpa de que os preços pagos pela União são irrisórios.[166] De fato, são. Mas se os recursos forem complementados pelos estados e municípios, de acordo com o que a reforma em vias de ser implantada estimula, e se forem mais bem controlados por meio de um sistema municipal como o descrito, o círculo vicioso em que nos encontramos será rompido, podendo-se, assim, garantir um atendimento infinitamente melhor para a grande maioria da população brasileira, que não tem acesso a seguros de saúde privados.

Reforma administrativa da Saúde[167]

A Constituição Brasileira de 1988 inscreveu a saúde entre os direitos sociais, reconhecendo-a como um direito de cidadania estendido a todos os

[166] Uma experiência pessoal que tive nesse sentido foi a audiência que concedi, em 1996, ao Sr. Mansur José Mansur, presidente da Associação de Hospitais do Estado do Rio de Janeiro, que veio a meu gabinete para manifestar sua oposição ao controle municipal que o Ministério da Saúde está planejando. Usou como argumento que o sistema, para ser racional, "deve ser hierarquizado e regionalizado a partir de Brasília...". Diante da minha discordância radical, esse senhor, que depois eu viria a saber ser o proprietário do Asilo Santa Genoveva, onde ocorreu o escândalo da morte de um grande número de velhos por mau tratamento, retirou-se manifestando a meus assessores sua decepção pela falta de apoio do ministro a tão nobres ideias...

[167] O leitor pode terminar aqui a leitura deste capítulo. Entretanto, se quiser ter uma visão mais detalhada da reforma, poderá ler as seções que se seguem, que reproduzem o *paper* de 1995 (Bresser-Pereira, 1995b), não publicado anteriormente, no qual a proposta original foi apresentada. Além dos trabalhos citados nesse *paper*, sobre o sistema de saúde brasileiro, ver Cohn (1995) e Mendes (1996).

brasileiros. Em 1990, na sua regulamentação, por meio da Lei Orgânica da Saúde, foi instituído o Sistema Único de Saúde — SUS. Iniciava-se, então, uma reforma sanitária de grande envergadura, definida a partir dos seguintes princípios: (a) universalidade de cobertura, ou seja, atendimento integral gratuito, e equidade; (b) descentralização dos serviços para os estados e municípios, que participarão do financiamento; (c) não concorrência, mas unidade e hierarquização entre as ações de saúde da União, dos estados e dos municípios; (d) participação complementar do setor privado na oferta de serviços; (e) prioridade para as atividades preventivas; e (f) controle social por intermédio dos Conselhos de Saúde e participação da comunidade.

O SUS tornou-se, assim, o sistema integrado de assistência à saúde garantido pelo Estado brasileiro. A responsabilidade pela administração do SUS foi atribuída ao Ministério da Saúde, mas as secretarias de saúde estaduais e municipais, e os centros de pesquisa sobre saúde também são parte integrante do sistema. O sistema de financiamento não foi definido, embora ficasse clara a responsabilidade dos três níveis de Estado, com ênfase na União.

Conforme observa precisamente um documento básico do Ministério da Saúde (1993), o SUS tem como objetivo a saúde como um todo, definida não apenas pela medicina curativa, mas a saúde entendida como um requisito para o exercício pleno da cidadania, que começa a ser garantida pelos serviços preventivos de vigilância sanitária, e se completa pela efetiva proteção da saúde de cada cidadão.

Neste relatório, farei uma proposta de reforma administrativa do sistema de saúde, particularmente na parte que diz respeito ao sistema de assistência médico-hospitalar. A proposta em parte reproduz a experiência de outros países. Conforme observam Dilulio e Nathan (1994), a maioria das atuais reformas dos serviços de saúde nos países desenvolvidos está baseada na descentralização para entidades regionais e na formação de uma espécie de mercado, que promova a competição entre os supridores de serviços, com o objetivo de reduzir custos e aumentar a qualidade dos serviços prestados.

Por outro lado, os pressupostos da reforma são cinco. Primeiro, pressupõe-se que a descentralização permite um controle muito melhor da qualidade e dos custos dos serviços prestados localmente. Segundo, que a descentralização acompanhada de controle social por parte da comunidade atendida pelo serviço torna-se duplamente efetiva. Terceiro, que a separação clara entre a *demanda* e a *oferta* de serviços permite, entre os fornecedores dos serviços médico-hospitalares, o surgimento de um mecanismo de competição administrada altamente saudável. Quarto, que o sistema de encaminhamento via postos de saúde e clínicos gerais evitará uma grande quantidade de internações hospitalares inúteis. Quinto, que, a partir da efetiva responsabilização dos prefeitos e dos Conselhos Municipais de Saúde, a auditoria realizada pelo Ministério da Saúde nos hospitais passará a ter caráter complementar à auditoria permanente realizada no município, no qual, de resto, há muito mais fiscalização e participação comunitária.

Diagnóstico sumário

A criação do SUS foi sem dúvida a política social mais importante e inovadora adotada pelo Estado brasileiro desde a transição democrática ocorrida em 1985. Entretanto, a implementação do programa realizou-se de forma parcial. Tanto assim que em 1993 o Ministério da Saúde publicou um relatório com o título significativo: "Descentralização dos serviços de saúde: a ousadia de cumprir e fazer cumprir a lei". Esse documento estabeleceu as bases para a descentralização dos serviços de saúde, definindo três situações transicionais de descentralização: "transicional incipiente, transicional parcial e transicional semiplena".

A descentralização, entretanto, vem caminhando lentamente. Na verdade, a situação atual do Sistema Único de Saúde é profundamente preocupante, não obstante a enorme quantidade de energia que os responsáveis pela saúde pública no Brasil dedicaram a ele. Tal fato é verdadeiro principalmente em relação ao atendimento ambulatorial e hospitalar da população. Embora dedicando mais de 80% do seu orçamento à medicina curativa, hospitalar e ambulatorial, que, dessa forma, absorve uma parte dos recursos escassos que deveriam estar destinados às ações preventivas, os resultados deixam muito a desejar.

No plano da vigilância sanitária, a situação é melhor. Os avanços realizados desde o início do século foram enormes. Mas mesmo esse setor foi atingido pela crise do sistema de financiamento do SUS, ocorrida nos últimos anos, como se pode observar pelo ressurgimento de endemias e o aumento da mortalidade infantil no Nordeste (Medici, 1995: 133).

Em qualquer ação de governo, estão envolvidos três aspectos: a definição da política, seu financiamento e sua administração. Nesta exposição, pretendo limitar-me a examinar o problema administrativo da medicina ambulatorial e hospitalar. Entendo que a definição da política do governo em relação à saúde está bem definida, pelo menos em suas linhas gerais, pela criação dos SUS. O financiamento, por outro lado, está sendo agora encarado de forma corajosa e realista pelo Ministro da Saúde, com a proposta de recriação da Contribuição Provisória sobre Circulação Financeira, vinculada à Saúde. A proposta de reforma que aqui farei reconhece o caráter prioritário da vigilância sanitária, mas só se refere às ações de vigilância sanitária em termos residuais, na medida em que propõe que todas as verbas que forem economizadas pelos municípios na medicina hospitalar e ambulatorial deverão ser recebidas pelos mesmos e destinadas às ações preventivas, de caráter eminentemente sanitário.

O problema fundamental enfrentado pela medicina ambulatorial e hospitalar é o da baixa qualidade dos serviços. Estes não estão disponíveis para a população nem na quantidade nem na qualidade minimamente desejável. O cidadão é obrigado a filas imensas e a um atendimento sempre precário. Não é por outra razão que os sistemas privados de medicina em grupo — os convênios — floresceram, financiados não apenas individualmente, mas principalmente pelas empresas. A grande massa da população brasileira, entretanto, continua a depender do SUS, que, carente de recursos, e com um sistema administrativo ainda indefinido, não realiza os objetivos a que foi proposto. Na prática, não é universal, não garante a equidade, é muito limitadamente descentralizado, e não conseguiu eliminar complemente as competências concorrentes da União, dos estados e dos municípios. Além disso, favorece desnecessariamente as internações hospitalares em detrimento do tratamento ambulatorial, que é mais barato e eficiente.

São inúmeras as razões para tal situação. A principal delas é naturalmente financeira. As políticas de redução do gasto público, adotadas como resposta às diversas crises econômicas que o país atravessou, têm afetado, de modo geral, os programas sociais e, em particular, os da área de saúde, acarretando um decréscimo drástico e persistente do aporte real de recursos financeiros para o setor. Por outro lado, a grande elevação de custos advinda do aumento da complexidade e sofisticação tecnológica dos tratamentos médicos e hospitalares tem um papel relevante na crise financeira do sistema. Em consequência, conforme observa o relatório do Banco Mundial (1994), a erosão do valor dos reembolsos diante da alta inflação e o fato de que o valor dos reembolsos não toma em consideração o custo das novas tecnologias, dos novos procedimentos médicos e dos novos medicamentos, levaram a uma séria insuficiência de pagamento dos hospitais e à redução dos honorários médicos. A resposta dos hospitais privados e filantrópicos, que respondem por 80% da oferta de serviços hospitalares, foi o aumento das fraudes e a baixa da qualidade dos serviços.

As causas de caráter administrativo da crise do atendimento hospitalar, entretanto, são também fundamentais. Entre elas, posso salientar duas: o fato de que o sistema continua centralizado no Governo Federal, e de que não há uma clara distinção, dentro do governo, entre a *demanda* dos serviços realizada por uma autoridade de saúde que paga pelos serviços em nome da população e a *oferta* de serviços hospitalares, de responsabilidade de entidades hospitalares estatais, públicas não estatais (comunitárias ou filantrópicas) e privadas.

A municipalização do sistema está sendo implementada por meio da descentralização nas condições de gestão "incipiente, parcial e semiplena". Mas o processo é lento, por duas razões: porque se exigem pré-condições de competência muito elevadas para os municípios, resultando daí um gradualismo sem fim; e porque se pretende englobar no processo de descentralização todos os aspectos da saúde ao invés de separar os problemas e atacá-los individualmente. No relatório de 1993 do Ministério da Saúde, a descentralização é afinal encarada como uma concessão da União aos municípios, desde que eles preencham determinados requisitos, ficando em segundo plano a ideia de que é um objetivo fundamental da própria União, que assim poderia cortar definitivamente seu vínculo direto com os hospitais.

Já a ideia da separação entre demanda e oferta não foi ainda discutida. Essa é uma proposta que viabiliza a implementação do SUS, ao tornar muito mais rápida e efetiva a descentralização, na medida em que concentra a atenção sobre a *demanda* ou compra de serviços de saúde hospitalares por parte do Estado, em nome da população. A *oferta* de serviços hospitalares é estimulada e parcialmente controlada pela demanda. Além disso, torna-se possível promover uma forma de competição administrada entre os hospitais, que facilitará o seu controle pelas autoridades de saúde do SUS.

A centralização ainda dominante e a falta de distinção entre a oferta e a demanda de serviços hospitalares determinam uma dificuldade essencial em controlar ou auditar os hospitais, facilitando a corrupção (que é estimulada pelos preços irrealisticamente baixos pagos pelo governo para os diversos tipos de ação médico-hospitalar) e a baixa qualidade dos serviços prestados.

A REFORMA

A partir desse diagnóstico sumário, o governo Fernando Henrique Cardoso, por intermédio de seu Ministério da Saúde, com o apoio técnico do Ministério da Administração Federal e da Reforma do Estado, está desenvolvendo uma proposta de reforma administrativa na área da compra ou demanda de serviços hospitalares e ambulatoriais, que dará uma nova vida e força aos propósitos de descentralização, integralidade, equidade e eficiência do SUS.

O que se está procurando, com essa reforma, não é abranger todo o SUS, mas uma parte fundamental do mesmo — e certamente a mais cara: a assistência hospitalar. A metodologia de gestão operacional e administrativa proposta tem as seguintes características básicas:

(a) clara separação entre *demanda* de serviços de saúde, constituída por um Sistema Nacional de Demanda de Serviços de Saúde, abrangendo as esferas federal, estadual e municipal, e *oferta* de serviços de saúde, constituída pelos hospitais públicos estatais (de caráter federal, estadual ou municipal), os hospitais públicos não estatais (hospitais públicos filantrópicos como as Santas Casas e as Beneficências), hospitais privados;

(b) aprofundamento da atual política do Ministério da Saúde, de descentralização e municipalização, de forma que a responsabilidade direta pela saúde dos residentes em cada município seja do Conselho Municipal de Saúde e do Prefeito;

(c) aproveitamento de todas as economias realizadas pelos municípios na assistência médica para utilização adicional nas ações de medicina sanitária.

Para viabilizar a reforma, serão essenciais a utilização do estoque de informações gerenciais disponíveis no DATASUS e o aproveitamento das enormes facilidades de controle e comunicação de dados que foram proporcionadas pelos recentes desenvolvimentos da informática, particularmente em termos de barateamento dos equipamentos e simplificação das operações.

Examinarei mais detidamente cada um dos três pontos da reforma. Esta começará pela criação de um Sistema Nacional de Demanda de Serviços de Saúde (Sistema de Demanda), que englobará uma secretaria no nível da União, uma subsecretaria em cada um dos Estados, e uma subsecretaria ou diretoria em cada município, dependendo de seu tamanho.

O Sistema de Demanda, no nível federal, contará com um orçamento que será uma parte do orçamento da União para o SUS. O orçamento do SUS é mais amplo, envolvendo a vigilância sanitária e a pesquisa. No nível estadual e municipal, o Sistema de Demanda contará com uma suplementação orçamentária correspondente às disponibilidades e prioridades atribuídas ao programa pelas respectivas assembleias legislativas e câmaras municipais.

Nos municípios, onde se realizarão as ações de saúde, farão ainda parte do Sistema de Demanda, e portanto da demanda de serviços de saúde, os postos de saúde e/ou os ambulatórios públicos e os médicos clínicos vinculados aos postos, que serão a única forma regular de admissão nos hospitais e ambulatórios (quando o posto de saúde não for ele próprio um ambulatório).

Isso significa que os hospitais não receberão Autorizações de Internação Hospitalar (AIHs). As AIHs, que não são outra coisa senão a dotação orçamentária para custear a internação e as cirurgias, serão distribuídas mensalmente às prefeituras, de acordo com o número de residentes no município e

Reforma gerencial na Saúde

o perfil epidemiológico. Não haverá, assim, razão para que um município receba AIHs em proporção maior do que outro porque tem um hospital e o outro não tem. O município receberá AIHs basicamente proporcionais à sua população e encaminhará os doentes para os hospitais que julgar conveniente.

Será mantida uma reserva de AIHs para os Estados (para atendimento emergencial às prefeituras) e outra ao Ministério da Saúde (para atendimento emergencial aos Estados).

Caberá aos postos de saúde ou aos clínicos gerais que fazem parte do Sistema de Demanda encaminhar os pacientes, com a respectiva AIH, aos hospitais credenciados da região. Estes não farão parte do Sistema de Demanda, ou seja, não estarão subordinados a ele, uma vez que estarão do lado da oferta, competindo entre si para oferecer os melhores serviços. Os hospitais estatais existentes em cada esfera também estarão do lado da oferta, competindo com os hospitais privados e filantrópicos.

Caberá à autoridade municipal do Sistema de Demanda credenciar os hospitais, negociar com eles as condições dos serviços e eventuais pagamentos suplementares com recursos do próprio município, encaminhar aos hospitais credenciados os pacientes, aprovar as contas correspondentes às AIHs enviadas, debitá-las à verba mensal e encaminhá-las por via eletrônica à Secretaria Central do Sistema de Demanda, em Brasília, que, por intermédio do Banco do Brasil, autorizará imediatamente o pagamento ao hospital, respeitados os limites de dotação mensal do município. Caso o limite tenha sido ultrapassado, caberá à autoridade municipal do Sistema de Demanda solicitar à autoridade estadual suplementação emergencial.

Se, ao invés de falta, houver sobra de recursos — devido às economias realizadas pelo município —, este terá direito à diferença, que poderá ser utilizada para complementar seu orçamento de ações sanitárias de saúde.

Toda a operação da autoridade municipal de saúde do Sistema de Demanda será controlada por um Conselho Municipal de Saúde.

Observe-se que, em termos de modelo de descentralização, a reforma corresponde aproximadamente ao sistema descentralizado parcial hoje em uso. Não se propõe o sistema semipleno porque se quer promover, de uma só vez, a descentralização para cerca de dois mil municípios. Só assim será possível afirmar, no momento do lançamento da reforma, que a partir daquele dia os prefeitos e os conselhos municipais de saúde tornaram-se responsáveis pela saúde da grande maioria dos cidadãos brasileiros, solidariamente com o Presidente da República, seu Ministro da Saúde, os governadores dos estados e seus respectivos secretários de saúde.

A implantação do Sistema de Demanda será precedida de um período de treinamento intensivo. Não obstante, uma parte dos municípios escolhidos terá dificuldades, inicialmente, em se adaptar à reforma. É preferível, entretanto, enfrentar as dificuldades e resolvê-las no processo, ao invés de ficar adiando a descentralização indefinidamente em nome do habitual argumento centralizador: "os agentes aos quais se quer delegar autoridade não estão ainda preparados".

A OFERTA

Observe-se que esta proposta de reforma não se concentra no fomento da *oferta*, com a construção e o equipamento de novos hospitais públicos. Isto não significa que essa tarefa não é importante. Simplesmente, que não é prioritária no momento. Conforme observa Hésio Cordeiro (1991), no regime autoritário toda a ênfase foi dada à oferta de serviços de saúde. Desde meados dos anos oitenta, entretanto, as pressões de demanda passaram a ser dominantes.

É preciso, entretanto, reconhecer que nos municípios mais pobres existe um problema real de oferta. A prática de consórcios, que o Ministério da Saúde vem adotando com êxito, é uma resposta adequada ao problema. Por outro lado, ainda no plano da oferta, os estados e os hospitais universitários continuarão a ter um papel fundamental na oferta de serviços terciários.

Em cada nível da federação, haverá uma autoridade responsável pelos hospitais públicos e mais amplamente, pela *oferta* de serviços hospitalares (que não poderá ser a autoridade do Sistema de Demanda). Os hospitais públicos deverão, em princípio, ser transformados em organizações sociais, ou seja, em entidades públicas não estatais de direito privado, com autorização legislativa para celebrar contrato de gestão com o poder executivo e assim participar do orçamento federal, estadual ou municipal. Essa publicização dos hospitais estatais, entretanto, não faz parte integrante da reforma administrativa ora proposta. O que é essencial para ela é simplesmente a clara separação dos hospitais estatais — que fazem parte da oferta de serviços hospitalares — do Sistema de Demanda, de forma que caiba a este credenciar e contratar os serviços dos hospitais estatais, que competirão com os hospitais públicos não estatais e mesmo com os hospitais privado em termos de qualidade e custo dos serviços.

Naturalmente, os hospitais universitários e os hospitais que tenham um papel relevante na pesquisa médica deverão continuar a ter prioridade por parte do Estado, e, portanto, deverão receber, como organizações sociais, dotações orçamentarias, além das receitas provenientes dos serviços contratados pelo Sistema de Demanda do SUS.

Conclusão

Ao privilegiar a descentralização, o Governo Federal se alinhará com as mais modernas tendências de gestão do Estado, reconhecendo e valorizando o papel dos governos locais na provisão dos serviços públicos essenciais, com maior racionalidade e controle operacional e social. Ao privilegiar a qualidade do atendimento ao cidadão, o Governo Federal se alinhará com as mais modernas técnicas de gestão, valorizando a competição e a busca por resultados, com foco central no cidadão. Ao privilegiar a compra ou demanda de serviços de saúde, o Governo Federal reduzirá os custos operacionais do SUS, otimizando sua gestão operacional e administrativa. Ao garantir que as economias realizadas pelos municípios sejam canalizadas para sua própria medicina sanitária, o Governo Federal estará reconhecendo a prioridade desses gastos em um país pobre como o Brasil, onde os ganhos com ações de saúde preventivas são ainda enormes.

Capítulo 15
A NOVA POLÍTICA DE RECURSOS HUMANOS

Desde o início dos anos 70, vivemos em todo o mundo um período de profunda mudança nos mercados de trabalho e nas correspondentes políticas de recursos humanos. Essas mudanças ocorreram, em um primeiro momento, no setor privado; mais recentemente, tendem a ser transferidas para o setor público. No setor privado, foram consequência da perda de poder dos sindicatos, do processo generalizado de redução do número de trabalhadores sindicalizados e do aumento da competição internacional, que enfraqueceram as instituições protetoras do trabalho presentes na legislação trabalhista e nas políticas das grandes empresas capitalistas burocraticamente organizadas. A partir dos anos 80, as mudanças no setor público passam a ocorrer em função da crise do Estado e da demanda, por parte da sociedade, de que as administrações públicas sejam mais eficientes, e os salários dos servidores públicos, mais compatíveis com os do setor privado.[168]

Conforme observam os autores de um *survey* realizado em nome da *Industrial Relations Research Association* (Belman, Gunderson e Hyatt, 1996: 2-3), as pressões no sentido de mudar as relações de trabalho no setor público são hoje muito fortes, e concentram-se principalmente em: (a) ampliar e enriquecer a definição das funções, (b) aumento do trabalho temporário, (c) pagamento por desempenho, (d) aumento da participação dos empregados e diminuição da supervisão, e (e) aumento das formas de cooperação entre a gerência e os empregados. O encaminhamento dessas pressões, por outro lado, vem se realizando segundo duas estratégias: uma, aumentar a eficiência do Estado "por meio de formas inovadoras e de um movimento para sair das amarras do modelo burocrático do serviço público"; outra, que "envolve ênfase em cortes de custos — cortes que podem ir muito além do que poderia ser considerado eficiente".

A Reforma Gerencial no Brasil inclui-se claramente na primeira categoria. Ela aprofunda e renova a Reforma Burocrática, propondo uma forma mais flexível e descentralizada de administrar os recursos humanos, e defi-

---

[168] Para escrever este capítulo, contei com a colaboração de Nelson Marconi, Marianne Nassuno e Marcelo de Matos Ramos.

nindo um novo perfil para o servidor público, cuja ação deverá se concentrar na administração dos órgãos específicos do núcleo estratégico do Estado (particularmente as secretarias formuladoras de políticas públicas), e na gestão das agências reguladoras e executivas.

A adequação dos recursos humanos ao novo Estado que está surgindo constituiu-se em tarefa prioritária no atual contexto de mudança, implicando o estabelecimento de uma política voltada para a captação de novos servidores, o desenvolvimento ou capacitação do pessoal, a implantação de um sistema remuneratório adequado que estimule o desempenho por meio de incentivos e a instituição de carreiras compatíveis com a necessária reconstrução do aparelho do Estado.

Neste capítulo, apresentarei as principais diretrizes da nova política de recursos humanos implementada pelo MARE. Será ressaltado o seu duplo aspecto: de política voltada para o fortalecimento do núcleo estratégico do Estado — por meio das carreiras — e de política destinada ao desenvolvimento do potencial profissional dos servidores públicos — por intermédio da capacitação. Abordarei também a necessidade de correção das distorções existentes na remuneração dos servidores públicos, a partir do pressuposto de que é conveniente aproximar, no que for possível, o mercado de trabalho do setor público com o do setor privado. Finalizando, serão apresentados alguns avanços na implementação da nova política de recursos humanos; tanto em termos da criação e restruturação das carreiras "típicas de Estado", quanto na correção de salários e na tarefa ampla e permanente de capacitação do conjunto dos servidores públicos.

A proposta central da nova política de recursos humanos do Governo Federal está na prioridade dada ao recrutamento, capacitação e adequação da remuneração dos servidores de nível superior que realizam atividades exclusivas de Estado, fazendo, assim, parte das "carreiras de Estado". Com a delimitação da área de atuação do Estado às atividades que envolvem o uso do poder de Estado, ficarão concentradas no Estado atividades relacionadas com formulação, controle e avaliação de políticas públicas, com a fiscalização da execução das leis, a regulação e controle de mercados, com a polícia, a defesa, a procuradoria ou advocacia pública, a assessoria direta aos parlamentares, a direção dos órgãos do Poder Judiciário. O pressuposto é de que o Estado não necessitará de outro tipo de funcionário, ou necessitará deles em volume consideravelmente menor, uma vez que a maioria das atividades auxiliares ou de apoio deverá ser terceirizada, e a execução de serviços sociais e científicos, publicizada, ou seja, transferida para organizações públicas não estatais. Os profissionais atuando em serviços auxiliares ou de apoio terceirizados serão trabalhadores do setor privado, celetistas. Ou, então, serão empregados públicos regidos principalmente pelas normas da Consolidação das Leis do Trabalho.[169] No caso dos serviços sociais e científicos, que serão publicizados em vez de terceirizados, seus funcionários serão integralmente celetistas.

Essa política é parte integrante da Reforma Gerencial em curso. O objetivo, assim, é dotar os administradores públicos de competência gerencial, em um quadro de relações de trabalho muito mais flexível e inseguro do que era no passado, e em um quadro externo de extrema complexidade e mudança rápida. Nesse ambiente, o perfil do gerente público, apesar do caráter antes político do que econômico do seu trabalho, deve ser semelhante ao do gerente privado. Principalmente, deve ser capaz de trabalhar e tomar decisões em um quadro no qual não apenas os dados da realidade externa mudam rápida e permanentemente, mas também no qual o desenvolvimento tecnológico e as novas formas de gestão estão surgindo a todo instante. A capacidade de aprender torna-se, então, estratégica. Conforme observa Fleury (1996: 189), "ocorreria assim um processo de reestruturação de toda a atividade organizacional sobre uma base comunicacional. A aprendizagem aconteceria pela troca de experiências comuns de pessoas que têm saberes, pontos de vistas diferentes, mas complementares".

A política de recursos humanos da Administração Pública Federal, visando dotar o Estado de um quadro de pessoal capacitado para desempenhar suas novas funções, inclui quatro elementos básicos: a política de concursos, a revisão da política remuneratória das carreiras de Estado, a reorganização das carreiras e a política de capacitação.

Concursos

Desde 1995, o Ministério da Administração Federal e Reforma do Estado, que tem a responsabilidade de autorizar concursos públicos, inaugurou para as carreiras de Estado a política de realizar concursos anuais, com a previsão em portaria dos quantitativos para os próximos anos, e a exigência de que os concursos sejam seletivos, de forma que só são aprovados os que, além de atingir notas mínimas, tenham se classificado dentro do núme-

---

[169] Ainda não houve a definição do que virá a ser o "emprego público", viabilizado pela emenda constitucional da reforma administrativa. A ideia é que as normas a serem aplicadas sejam as trabalhistas, dos trabalhadores privados, mas não está claro se poderão ser considerados estritamente como empregados privados, ou se sua relação de trabalho continuará pública.

ro de vagas previsto. Só em casos excepcionais e urgentes, tem autorizado concursos para atividades não exclusivas de Estado. O objetivo dessa política é a constante renovação do quadro de pessoal, o fortalecimento e a valorização das carreiras de Estado. Tradicionalmente, essa prática só existia para os militares e os diplomatas. A definição de vagas do concurso tendo em vista as necessidades do órgão e considerando as vagas existentes no momento de sua realização, representa uma inovação em relação ao passado, quando os concursos eram realizados esporadicamente e em quantitativos superiores ao de cargos vagos, não havendo aproveitamento integral de todos os aprovados na primeira convocação. Os aprovados que excediam o número de vagas existentes ficavam numa lista de espera até que vagassem novos cargos. Nessa antiga sistemática, existia a possibilidade de integração no quadro do serviço público de pessoal menos qualificado — os últimos colocados da lista — e como agravante, dado o período de tempo entre a realização do concurso e a convocação, quando o aprovado finalmente começava a trabalhar, as qualificações que o permitiram ser aprovado no concurso nem sempre atendiam aos interesses da administração no momento de ingresso. A sistemática de realização de concursos em quantitativos superiores ao de vagas existentes e da ocorrência de concursos esporádicos e não planejados teve também como resultado a existência de diferenças etárias muito acentuadas entre os componentes do quadro de pessoal do Governo Federal, com implicações sobre questões como motivação, relacionamento, aposentadorias e a transferência de experiências entre os integrantes das carreiras. Com a previsão anual de concursos, os candidatos podem se preparar antecipadamente, inclusive na própria universidade, para o concurso. Por outro lado, a alta administração pública passa a saber de antemão os quantitativos adicionais de pessoal com que poderá contar, e assim pode planejar melhor a distribuição das tarefas, a estrutura de recursos humanos, bem como os gastos adicionais com pessoal.

Para a definição dos quantitativos para os concursos, a regra fundamental é estimar a lotação necessária para cada carreira, e em seguida dividir esse número por trinta (que é o número médio de anos que um servidor permanece no serviço público). Entretanto, como havia faltas importantes em determinadas carreiras, ou estas acabaram de ser criadas, foram considerados diversos fatores adicionais, como o tempo em que o órgão deixou de realizar concursos, a previsão de aposentadoria dos servidores em exercício, as necessidades do órgão e as vagas disponíveis no momento da realização do concurso. Nesses casos, a portaria geral de autorização de concursos estabelece um número decrescente de vagas, convergindo para o número básico de um trinta avos da lotação necessária.

A necessidade de fortalecimento das carreiras de nível superior voltadas para as novas funções de Estado é agravada pelo diagnóstico do atual quadro de pessoal. Os cargos de nível superior ocupados representavam, em janeiro de 1998, apenas 34% do total de servidores civis do Poder Executivo Federal. Apenas no Ministério da Educação e no Ministério das Relações Exteriores, a relação entre o número de servidores de nível superior e o total de servidores do órgão era superior a 50%. Adicionalmente, existe um número reduzido de servidores nas áreas formuladoras de políticas e que pressupõem poderes de Estado: em junho de 1997, apenas 6% do total de servidores atuava nas áreas de fiscalização, polícia, diplomacia, jurídica e orçamento, planejamento e gestão pública.[170]

REMUNERAÇÃO

A ideia mais geral que orienta a política remuneratória do Governo Federal é substituir uma política de indexação por uma política de salários. Assim, as ações implementadas visam a correção de distorções específicas na grade salarial da Administração Pública Federal. A indexação de salários é inaceitável. Foi a causa básica da inercialização da inflação brasileira a partir dos anos 60. Depois que o Plano Real conseguiu neutralizar a inércia inflacionária e afinal estabilizar os preços, qualquer volta à indexação é impensável. Desde janeiro de 1995, o Governo Federal não faz um aumento linear de salários. Provavelmente, não o fará em 1998, porque enfrenta limitações fiscais e porque, conforme vimos no Capítulo 9, o nível geral de salários do funcionalismo federal mantém-se alto, seja quando comparado em termos históricos ou quando comparado com o setor privado. Em níveis históricos, os salários médios reais no Governo Federal estão aproximadamente no mesmo nível do pico alcançado em 1989 e quase o dobro do fundo do poço de 1992. Em termos comparativos com o setor privado, apenas os servidores de nível superior exercendo atividades nas áreas exclusivas de Estado ganham em média menos que seus pares no setor privado, ao contrário do que está ocorrendo com a grande maioria dos servidores localizados nos níveis médio e operacional.

A revisão da política remuneratória das carreiras de nível superior visa: diminuir a diferença salarial existente entre os servidores do setor público e os seus equivalentes do setor privado; aperfeiçoar os instrumentos que asso-

---

[170] Um diagnóstico detalhado do quadro de pessoal do serviço público já foi apresentado no Capítulo 9, tendo fornecido, em grande medida, a base para elaboração das diretrizes ora apresentadas.

A nova política de recursos humanos

ciam a remuneração ao desempenho do servidor; e manter sob controle o impacto dos gastos com pessoal no orçamento.

Na remuneração do servidor das carreiras de Estado, o valor do salário inicial dessas carreiras é fundamental para a atração de pessoas qualificadas. Isso provoca uma distorção, na medida em que reduz a amplitude salarial dessas carreiras, que, como vimos no Capítulo 9, já é muito pequena. Não há, porém, alternativa fácil para o problema.[171] Os jovens não estão dispostos a iniciar com um salário baixo e passar por uma longa carreira que os leve, em cerca de vinte anos, a aproximadamente triplicar sua remuneração, como é próprio das carreiras burocráticas clássicas. Querem começar ganhando bem, e chegar logo ao topo. De qualquer forma, espero que no futuro venha a ser possível aumentar um pouco a amplitude das carreiras, com o aumento da remuneração para os últimos níveis.

A correção das distorções salariais beneficiou com aumentos, a partir de 1995, praticamente todas as carreiras de Estado.[172] O índice de reajuste não foi uniforme, tendo sido definido com base em dois critérios: comparação com os salários do setor privado e definição de salários iguais para carreiras e cargos com atividades iguais ou semelhantes. A inflação passada foi ignorada. A revisão da remuneração foi complementada com o aperfeiçoamento dos instrumentos que associam a remuneração ao desempenho do servidor, em conformidade com os princípios da administração gerencial, voltada para resultados. Nesse sentido, julgou-se relevante que parte do salário do servidor seja associado a prêmios por desempenho e que um número de vagas de cargos em comissão seja ocupado exclusivamente por servidores públicos efetivos, tendo em vista que os cargos em comissão — DAS — são um instrumento de que a administração pública dispõe atualmente para premiar os melhores funcionários, alçando-os aos mais altos postos.

Estão também sendo realizadas correções, embora com menor prioridade, para as carreiras que não são de Estado. Até agora, esse foi o caso, principalmente, das carreiras da área de ciência e tecnologia.

---

[171] O número elevado de aposentados nas classes finais das carreiras é um elemento complicador para o aumento da sua amplitude remuneratória, uma vez que aumentos do valor do teto têm um impacto financeiro expressivo.

[172] Receberam reajustes, entre outras, a Carreira de Auditor do Tesouro Nacional, a Carreira de Policial Federal, as carreiras da Advocacia Geral da União, as "carreiras do ciclo de gestão" (os Especialistas em Políticas Públicas e Gestão Governamental, os Analistas de Finanças e Controle, os Analistas de Planejamento e Orçamento, os Técnicos de Planejamento, e os Técnicos de Planejamento e Pesquisa), a carreira de Nível Superior do IPEA, a Carreira de Diplomata e o pessoal de fiscalização do Ministério do Trabalho.

CARREIRAS

Em relação às carreiras de Estado, trabalhou-se com a política de privilegiar as "carreiras horizontais", que têm atribuições mais amplas e genéricas, não sendo exclusivas de órgãos específicos, com salários e condições de acesso e promoção uniformes. No limite, o ideal seria termos, como acontece no *civil service* britânico, relativa facilidade para os admitidos no serviço público mudar de uma para outra função, permitindo o remanejamento dos servidores em resposta às necessidades do Estado, de forma que se tivesse uma efetiva administração dos recursos humanos do setor público. No Brasil, que seguiu a tradição francesa de múltiplas carreiras (tradição que os franceses estão hoje procurando mudar) e no qual, como agravante, foram criados diversos planos de cargos específicos por órgãos, de forma a se ter várias denominações diferentes para cargos com atribuições iguais, é impossível alcançar esse objetivo. É possível, entretanto, caminhar na direção de um número menor de carreiras civis, mais amplas, como a dos gestores, fiscais, policiais, diplomatas e procuradores. Para isso, serão necessários ajustamentos gradativos. Quando, por exemplo, elaborou-se a proposta de criação de novas carreiras, como a de Analista de Comércio Exterior ou a dos Especialistas em Regulação, a ideia foi de assegurar a elas exatamente a mesma remuneração e as mesmas condições que têm os gestores públicos em sentido amplo.[173] Assim caminhava-se na direção da uniformização.[174] A mesma política foi adotada em relação aos reajustes de salários.

Uma carreira pode ser caracterizada por três elementos. Primeiro, refere-se a um conjunto de cargos que se submetem a regras comuns no que diz respeito ao ingresso, à promoção entre as diversas classes, à lotação e movimentação entre órgãos do Poder Executivo Federal e à remuneração dos seus integrantes. Segundo, seus integrantes detêm um repertório comum de qualificações e habilidades. Terceiro, esse sistema organizado de regras aplica-se aos servidores que representam o quadro de pessoal permanente do Estado, exercendo portanto atividades típicas de Estado.

Na reorganização do sistema de carreiras de nível superior, enfrenta-se o desafio de conciliar o caráter permanente das carreiras com o caráter mutável

---

[173] No conceito de gestores em sentido amplo, ou de "ciclo de gestão", estão englobados, como referi acima, os Especialistas em Políticas Públicas e Gestão Governamental (ou "Gestores"), os Analistas de Finanças e Controle, os Analistas de Planejamento e Orçamento, os Técnicos de Planejamento e os Técnicos de Planejamento e Pesquisa.

[174] As medidas na direção de cargos mais amplos não se restringem apenas às carreiras de Estado. Nas áreas de apoio, está sendo estudado o agrupamento de cargos que tenham denominação e atribuições semelhantes em cargos mais genéricos.

A nova política de recursos humanos

das necessidades do Estado, derivado das alterações no ambiente no qual exerce suas atividades; ou seja, enfrenta-se o desafio de fazer coexistir um sistema de regras organizado e geral com a necessidade de flexibilizar a gestão de pessoal. A conciliação do caráter permanente das carreiras com as crescentes mudanças no ambiente no qual o Estado exerce suas atividades foi processada de duas formas: pela definição de regras genéricas, embora flexíveis, para as carreiras e pelo aumento da capacidade de seus integrantes para adaptar-se a novas situações.

Para flexibilizar as regras gerais relativas às carreiras, foram definidas atribuições amplas e com elementos comuns e regras gerais e uniformes relativas à remuneração, promoção e aposentadoria. Com isso, aumenta-se o campo de atuação de seus integrantes, facilitando o seu remanejamento e a administração da carreira, de acordo com as necessidades do Estado. Esse processo envolve tanto carreiras que estão sendo ainda criadas quanto carreiras já existentes. Uma vez que as atribuições amplas possibilitam aos integrantes das carreiras ter exercício em diversos órgãos do Poder Executivo Federal, foram criados instrumentos que garantem a unidade da carreira, bem como a sua consolidação em cada órgão. Foi definido um Órgão Supervisor para as carreiras, visando garantir parâmetros uniformes nos aspectos relacionados a concurso, capacitação profissional e acompanhar o desenvolvimento profissional de seus integrantes, elementos que caracterizam uma carreira como tal. O Órgão Supervisor será responsável pela organização da carreira do ponto de vista profissional, em decorrência de sua maior proximidade com as atividades específicas desempenhadas por seus integrantes. Adicionalmente, propõe-se que o órgão de lotação dos integrantes das carreiras seja o mesmo que o órgão de exercício. Essa coincidência entre órgão de lotação e de exercício atua, juntamente com a avaliação de desempenho individual, para aumentar o compromisso do servidor com o órgão em que estiver exercendo atividades, permitindo a consolidação da carreira no órgão.

O aumento da capacidade de adaptação dos integrantes das carreiras de Estado às novas demandas está relacionado com uma maior qualificação e capacitação profissional.[175] Por essa razão, e devido ao enorme desenvolvimento ocorrido nos últimos trinta anos no sistema de pós-graduação brasileiro, estão sendo exigidos nos concursos para provimento dos cargos de carreiras estratégicas, além de diploma de nível superior, conhecimentos de

---

[175] Entende-se que a capacidade de adaptação a novas situações está relacionada com a capacidade de aprendizado, que os indivíduos com maior qualificação detêm.

nível de pós-graduação e a conclusão com aproveitamento de um curso de formação, em seguida e como segunda parte do concurso.

Atenção especial foi dada pelo Ministério da Administração Federal e Reforma do Estado para a consolidação e valorização das carreiras de administradores públicos. Tradicionalmente, nunca se deu importância aos administradores. Mais importantes, no Poder Executivo, eram os procuradores, os fiscais, os policiais, e os diplomatas. No final dos anos 80, contudo, foram criadas as primeiras carreiras do ciclo de gestão — Gestores, Analistas de Finanças e Controle, e Analistas do Orçamento, que, entretanto, foram prejudicadas por uma visão burocrática do serviço público, tendo como fonte de inspiração os "enarcas" da École National d'Administration — ENA. A ideia, desde o início do governo Fernando Henrique, era retomar os concursos para essas carreiras e melhorar sua remuneração, assinalando o caráter central que devem ter em um Estado moderno.

Essas foram as três primeiras carreiras para as quais se previram concursos públicos anuais. Os concursos exigem nível de conhecimento de pós-graduação em administração pública, em economia ou em ciência política. Embora sem qualquer monopólio legal, a perspectiva é de que esses profissionais ocupem os cargos superiores de todos os setores da administração pública, nos quais são necessários administradores generalistas, administradores financeiros e de controle, e administradores do orçamento e programação econômica. Seu recrutamento se dará, principalmente, nos cursos de mestrado profissional. Buscou-se, portanto, um modelo de recrutamento e formação misto, mais próximo ao modelo norte-americano — que recruta seus altos administradores nos cursos de pós-graduação existentes no país — do que do francês — que usa principalmente a ENA para essa finalidade. Nesse modelo, a Escola Nacional de Administração Pública — ENAP — passou a ter um papel estratégico. Devido ao nível de pós-graduação exigido, o tempo do curso de formação dos administradores foi reduzido para cerca da metade do tempo que era exigido no final dos anos 80, quando a carreira de Gestor foi criada. Mas, na medida em que a ENAP se transformava no principal núcleo de pensamento e debate sobre a Reforma Gerencial no país, a formação complementar dos novos Gestores concentrou-se na apresentação e discussão dos processos de mudança que estão ocorrendo no Estado e na sociedade neste final de século e dos princípios da reforma.

O fato de se dar ênfase às carreiras de Estado, e procurar dar a elas um caráter horizontal, não significou, entretanto, abandonar as demais atividades. Atividades consideradas estratégicas foram valorizadas com a criação de gratificações de desempenho específicas para aqueles que as exercem. Na medida em que seja viável do ponto de vista fiscal, esse processo poderá ter continuidade em outros órgãos, desde que tenham sido reestruturados. De qualquer forma, uma ideia central que deve nortear a criação e reestruturação de carreiras e cargos é evitar a experiência dos últimos trinta anos em que foram instituídos planos de cargos específicos por órgão, resultando em mais de quatro mil denominações de cargos diferentes. Essa situação inviabilizou a gestão e o controle dos recursos humanos do Estado, impossibilitando a sua melhor alocação: tem-se excesso de servidores em algumas áreas e escassez em outras. Carreiras estão associadas à questão mais ampla da definição da trajetória profissional de um indivíduo dentro de uma organização para que esta alcance os seus objetivos e não podem ser reduzidas a um mero mecanismo para a melhora da remuneração de grupos de servidores, uma prática comum na Administração Pública Federal. Permanece, no entanto, o desafio de encontrar instrumentos inovadores para se proceder à correção das distorções salariais verificadas, sobretudo, entre os cargos de nível superior. O ideal seria termos um sistema de remuneração universal, como foi pensado originalmente o PCC, situando as carreiras de caráter horizontal em faixas na grade geral de remuneração. Não existem, entretanto, condições fiscais mínimas para a implantação de um sistema dessa natureza no serviço público federal brasileiro.

Capacitação

A política de capacitação é outro componente relevante da política de recursos humanos. Quando teve início o governo Fernando Henrique, uma lei sem aplicabilidade prática determinava que 1% dos gastos com pessoal do Governo Federal fossem vinculados a um fundo para financiar a capacitação dos servidores públicos: o FUNDASE — Fundo Especial de Formação, Qualificação, Treinamento e Desenvolvimento do Servidor Público.[176] Cabia à ENAP — Escola Nacional de Administração Pública — receber os projetos relativos ao fundo e, transformada em cartório burocrático, aprová-los ou não. Na prática, menos de 1% do valor teórico do fundo estava sendo aplicado. Isso se devia, de um lado, à inexistência de recursos orçamentários para o fundo: a lei fora aprovada, mas não previra a fonte dos recursos; de outro, ao reduzido número de projetos que eram apresentados. A lei exigia que os ministérios apresentassem projetos, caso desejassem recursos do fundo

---

[176] O FUNDASE, destinado a centralizar recursos e financiar as atividades do Programa Nacional de Treinamento do Servidor Público, foi instituído pelo Art. 8º da Lei nº 8.627, de 19 de fevereiro de 1993.

para capacitação; era muito mais simples para eles financiar seus gastos com capacitação, que eram pequenos, com seus próprios recursos orçamentários.

Em substituição a esse tipo de lei cartorial e autoritária, que acaba se tornando letra morta,[177] o Ministério da Administração Federal e Reforma do Estado elaborou uma política ampla definindo as diretrizes para a capacitação dos servidores públicos federais. A ideia geral que a inspirou é que, em um mundo em que o emprego é cada vez menos seguro, uma das funções do Estado é proporcionar aos seus cidadãos, e, em particular, a seus funcionários, condições de empregabilidade. Está claro que não é função do Estado oferecer empregos, mas criar condições macro e microeconômicas para o pleno emprego.[178] As condições econômicas, entretanto, não bastam. Uma parte importante do desemprego hoje existente no mundo, é tecnológico, deriva da mudança tecnológica incrivelmente rápida em curso, que torna obsoletas atividades e profissões de uma hora para outra. Não se trata de um desemprego permanente — ao contrário de uma crença hoje amplamente difundida, especialmente na Europa —, mas temporário. Desde que haja crescimento econômico, haverá sempre demanda por trabalhadores, que só trabalharão menos a partir de uma escolha entre mais salário ou mais lazer.[179] Essa demanda, entretanto, está mudando de qualidade com extraordinária velocidade, exigindo que os trabalhadores se preocupem ativamente com sua empregabilidade, e se capacitem para as novas exigências. Nesse quadro, a reciclagem e capacitação dos trabalhadores em geral, e, em especial, dos servidores públicos, coloca-se como uma questão de Estado. A constante requalificação do pessoal que trabalha no Estado é exigida em decorrência da permanente mudança nas demandas pelos serviços prestados pelo Estado.

A nova política de capacitação tem como objetivo central o aumento da competência e da empregabilidade dos servidores, e, como diretrizes básicas,

[177] Os brasileiros têm uma expressão para isto: "a lei não pegou".

[178] Por condições macroeconômicas entendo a estabilidade de preços, o equilíbrio fiscal, taxa de câmbio realista e taxa de juros modesta, claramente inferior à taxa de lucro esperada. Por condições microeconômicas, uma razoável flexibilidade nas leis regulamentando o trabalho, que garanta direitos básicos e uma renda mínima, mas ao mesmo tempo estimule o emprego ao promover tanto a oferta quanto a demanda de trabalho.

[179] Não cabe aqui discutir em profundidade a tese de que o desemprego, embora tecnológico, não é permanente, não deriva das tecnologias poupadoras de trabalho que inevitavelmente levarão ao desemprego permanente e em massa. Assinale-se, entretanto, que enquanto na Europa Ocidental o desemprego está em média em torno dos 11%, nos Estados Unidos está em torno de 4, configurando uma situação de pleno emprego. Ora, o nível de desenvolvimento tecnológico nos Estados Unidos é igual, senão superior ao existente na Europa.

possibilitar o acesso dos servidores interessados a programas de capacitação e dar autonomia e responsabilidade aos ministérios e órgãos vinculados na capacitação de seu pessoal. É destinada a todos os servidores públicos, e não apenas às carreiras de Estado. Prevê dois tipos de cursos: cursos genéricos com conteúdos uniformes para diferentes públicos-alvo (gerentes, pessoal de apoio etc.), e cursos específicos, relativos à sua área de atuação dos órgãos e dos servidores. O conteúdo dos cursos genéricos será definido pelo Ministério da Administração Federal e Reforma do Estado em conjunto com os demais ministérios, visando garantir uma uniformidade na formação dos servidores e no desempenho, de acordo com os princípios da administração gerencial, de atividades relacionadas com a administração da máquina pública. Os cursos específicos serão definidos pelos órgãos de exercício dos servidores. Maior ênfase está sendo dada a cursos de curta duração — os cursos de educação continuada —, pois a formação prévia dos servidores já será razoável, devido aos requisitos prévios presentes nos concursos públicos. Os cursos não terão como principal objetivo completar a formação dos servidores, mas assegurar sua permanente atualização.

Está sendo prevista a criação de uma rubrica orçamentária específica para os gastos com capacitação, o que possibilitará maior acompanhamento e controle desses gastos e tornará desnecessária a realização de controle *a priori* das autorizações para cursos, pois estes deverão estar previstos e planejados no orçamento do órgão para o ano. Finalmente, demonstrando a importância dada à capacitação, a antiga licença-prêmio — um privilégio de que o servidor dispunha após determinado tempo de serviço — foi substituída pela licença-capacitação. Após cinco anos de exercício, o servidor terá direito a um período de três meses para a realização de curso pago parcialmente pelo Governo Federal e com recebimento de vencimentos integrais.

A política de capacitação representa um complemento importante dos instrumentos que associam a remuneração ao desempenho do servidor, no sentido de que as avaliações de desempenho serão feitas tendo como base a qualificação do servidor para o desempenho das suas tarefas e o programa de capacitação suprirá as insuficiências detectadas nas avaliações de desempenho. A avaliação de desempenho, estando associada à remuneração e à capacitação, assume um papel fundamental na política de recursos humanos atualmente proposta.

A política de recursos humanos tem, assim, uma função prioritária no atual contexto de mudança, possibilitando a adequação dos recursos humanos e das regras a eles relativas às funções assumidas pelo Estado. A despeito do fato de que as ações têm lugar em uma situação de ajuste fiscal, a política atualmente implementada, ao tratar de questões como a captação de novos servidores, o desenvolvimento ou capacitação do pessoal, a implantação de um sistema remuneratório adequado que estimule o desempenho por meio de incentivos, e a instituição de carreiras compatíveis com a necessária reconstrução do aparelho do Estado, contribuirá para o fortalecimento do Estado enquanto pessoal, resultado necessário para que a reforma atualmente em curso se consolide. A situação financeira do Estado exige a definição de diretrizes claras para nortear as ações a serem tomadas, uma vez que possibilita a definição de prioridades, viabilizando o emprego dos recursos escassos na correção das situações em que se verificam distorções.

Capítulo 16
ELIMINAÇÃO DE PRIVILÉGIOS E REDUÇÃO DE CUSTOS

No diagnóstico da administração pública brasileira, realizado no *Plano Diretor da Reforma do Aparelho do Estado* e ampliado no Capítulo 9 deste livro, estava claro que, não obstante a crise do Estado e de sua burocracia que precedeu e foi uma das causas da restauração do regime democrático no Brasil, ocorreu a partir da transição democrática um retrocesso burocrático acompanhado, contraditoriamente, da criação de uma série de privilégios para os servidores públicos, que constaram da Constituição de 1988 e, principalmente, da lei que estabeleceu o Regime Jurídico Único (Lei nº 8.112, de 11 de dezembro de 1990). Neste capítulo, descreverei como uma série desses privilégios foram eliminados. Ao mesmo tempo, o Ministério da Administração Federal e Reforma do Estado realizava uma ampla auditoria na folha de pagamento do Governo Federal, glosando, dessa maneira, uma série grande de vantagens indevidas. O resultado dessas duas medidas foi uma substancial diminuição dos custos de pessoal. Um relato destas economias constituirá a segunda seção do capítulo.[180]

REDUÇÃO DE CUSTOS E AUDITORIA DA FOLHA

Para a redução de custos de pessoal, uma medida decisiva foi a severa auditoria da folha de pagamento dos servidores civis do Poder Executivo, que o Ministério da Administração Federal e Reforma do Estado administra por intermédio do SIAPE — Sistema Integrado de Administração de Recursos Humanos. O SIAPE é um sistema descentralizado: as informações sobre os servidores, muitas das quais levando a pagamento, são introduzidas pelas coordenadorias de pessoal dos ministérios, órgãos vinculados e delegacias nos estados. Essa é a única maneira razoável de executar uma folha de pagamento de mais de 1.100.000 contracheques, referentes a um número equivalente de funcionários ativos e inativos e pensionistas. Entretanto, se não houver um cuidadoso recadastramento e uma ainda mais efetiva auditoria da folha, acompanhada da introdução de "filtros" que automatica-

---

[180] Para redigir as seções seguintes deste capítulo, contei com a colaboração de Ethel Airton Capuano, Nelson Marconi, Germínio Zanardo e Luiz Carlos de Almeida Capella.

mente façam os controles necessários, teremos uma grande quantidade de pagamentos indevidos.

No início do governo Fernando Henrique, quando as despesas de pessoal continuavam a crescer em função dos aumentos de salários concedidos pelo governo Itamar Franco, a área econômica do governo alertou para a crise fiscal que voltava a se manifestar. Coube então à Secretaria de Recursos Humanos do MARE uma série de medidas de contenção de despesas com pessoal. A principal diretriz nessa área de controle dos gastos foi a adoção da política de folha única para todos os órgãos públicos do Poder Executivo Federal. A primeira medida nesse sentido foi a integração das 24 universidades federais (de um total de 52), que ainda não tinham sua folha controlada pelo SIAPE.[181] Em seguida, 17 empresas públicas e sociedades de economia mista, que dependem de dotações do orçamento da União para atender parcial ou totalmente às suas despesas com pessoal, foram integradas ao SIAPE.[182] Em termos de economia com a folha de pessoal, o retorno com a integração das universidades ao SIAPE foi algo expressivo. Verificou-se, logo no primeiro mês em que suas folhas de pagamento foram processadas no sistema oficial, uma redução de mais de R$ 40 milhões nos repasses financeiros do Tesouro Nacional a título de "despesas com pessoal", estimando-se, atualmente, que tal medida resulta em economias anuais da ordem de R$ 500 milhões.[183] Na situação anterior, antes da integração ao SIAPE, as universidades federais se utilizavam de dotações específicas de pessoal para atender a outras despesas. Ao final do processo de integração, apenas deixaram de ser controladas pelo MARE as despesas com pessoal de servidores em exercício no exterior, as referentes à folha do pessoal de inteligência, e os militares.

---

[181] Em duas tentativas anteriores, a antiga Secretaria de Administração Federal da Presidência da República — SAF/PR havia falhado na tentativa de integrar essas Instituições Federais de Ensino ao SIAPE, ficando assim "ao largo" dos controles normativos do órgão central de pessoal civil.

[182] Estas estatais não são economicamente autônomas, contrariando, de certa forma, o espírito original desse tipo de instituição. São elas: Cia. Brasileira de Trens Urbanos, Cia. de Desenvolvimento de Barbacena, Cia. de Desenvolvimento do Vale do São Francisco, Cia. de Colonização do Nordeste, Cia. Nacional de Abastecimento, Cia. de Pesquisa de Recursos Minerais, Empresa Brasileira de Pesquisa Agropecuária, Empresa de Navegação da Amazônia, Cia. de Navegação do São Francisco, Emp. Bras. Planejamento de Transporte, Hospital de Clínicas de Porto Alegre, Indústrias Nucleares do Brasil, Nuclebrás Equipamentos Pesados, Emp. Brasileira de Comunicações, Serviço Federal Processamento de Dados, Emp. Trens Urbanos de Porto Alegre e VALEC — Eng. e Construção de Ferrovias.

[183] Vide a Nota Técnica n° 035 GAB/SFC/MF, de 30.08.95, da Secretaria Federal de Controle do Ministério da Fazenda.

Nesse ínterim, denúncias de fraudes, burlas e erros na folha de pagamentos começaram a chegar ao MARE na forma de relatórios de auditorias executadas em anos anteriores por técnicos da própria Secretaria de Recursos Humanos e pelos órgãos de controle interno (CISETs). Nesses documentos eram apontados, com frequência, vários casos de interpretação casuística da legislação de pessoal que geravam despesas excessivas na folha de pagamento dos órgãos. Muitas dessas irregularidades eram de amplo conhecimento entre os anteriores dirigentes do órgão central do Sistema Integrado do Pessoal Civil — SIPEC e da comunidade de recursos humanos sediada em Brasília. Pode-se classificar os casos mais evidentes de ilícitos administrativos auditados no período 1995-97 em: (a) extensão administrativa de vantagens a categorias de servidores não previstas na lei original de criação; (b) criação de vantagens pessoais administrativamente, sem amparo legal; (c) criação de efeito-cascata em gratificações concedidas por decisões judiciais; (d) concessão de biênios e triênios sem o correspondente tempo de serviço; (e) ingresso de servidores sem concurso público após a Constituição de 1988; (f) efetivação de prestadores de serviço como servidores públicos após a Constituição de 1988; (g) criação de funções e gratificações sem amparo legal; e (i) reintegração de celetistas como estatutários sem amparo legal.

E a explicação para tanto é que, no período de 1985 a 1994, a política de recursos humanos primava pela descentralização da gestão sem preocupação com controles eficazes. Os órgãos da administração indireta defendiam esse *laissez faire* que, evidentemente, lhes assegurava — ainda que muitas vezes ilicitamente — liberdade de ação; enquanto os órgãos de controle e, decisivamente, a área econômica do governo jamais foram favoráveis a esse tipo de descentralização. O problema é que a folha de pagamentos dos servidores públicos, no Brasil, constitui uma espécie de "caixa de ressonância" da política, assumindo funções estranhas à administração, desde o emprego pelo emprego — que é uma preocupação social muito latente em tempos de crise fiscal — até questões de autonomia de políticas salariais e o exercício do corporativismo, do clientelismo e do patrimonialismo. Essa "crise de (falta) de controles", na verdade, começou logo após a abertura política de 1984, e culminou após a promulgação da Constituição de 1988. Havendo o novo governo democrático assumido compromissos muito difusos, típicos de uma coalizão de sustentação política, ao assumir o poder logo se viu às voltas com pressões insuportáveis pela ampliação dos gastos públicos, situação que criava um conflito distributivo insolúvel na medida em que as demandas eram infinitas e os recursos públicos escassos. Na tese de muitos economistas, tais pressões contribuíram para o recrudescimento da inflação no final da década de 80.

As irregularidades que acabei de descrever estão, de alguma maneira, relacionadas com a relativa descentralização da folha de pagamento do Governo Federal. Não podem, entretanto, ser atribuídas à descentralização, e sim à dificuldade em se fazer valer as leis. No Brasil, como já aludi, é frequente o caso de leis que se transformam em letra-morta, ora por serem irrealistas, ora porque os beneficiados pela nova lei são menos poderosos do que os prejudicados ou controlados, ou porque ela não foi complementada com regulamentos e instrumentos eficazes de controle. No caso específico da legislação que ampara a remuneração dos servidores públicos federais, o que se tem verificado são abusos de toda espécie, interpretações casuísticas, senão burlas e fraudes, que têm origem em duas causas imediatas. Primeiramente, na excessiva vulnerabilidade dos dirigentes de recursos humanos a pressões clientelistas, principalmente pelo fato de que os cargos de direção nessa área são de livre nomeação e exoneração por decisões *interna corporis* nos ministérios; e, por outro lado, no desconhecimento do ordenamento jurídico correlato à interação administração-servidores (para uma perfeita gestão da área de pessoal, no aspecto jurídico-legal, seria necessário que os dirigentes e técnicos envolvidos tivessem conhecimentos básicos de direito constitucional, direito administrativo, direito do trabalho, direito civil, direito processual civil, direito penal e direito orçamentário e financeiro, além da legislação complementar e ordinária correlata).

Desse modo, os dirigentes de recursos humanos são, muitas vezes, levados a cometer atos ilícitos; ou a adotar "interpretações alternativas" de um mesmo diploma legal.[184] Some-se a isto o fato de que raras são as equipes que demonstram capacitação técnica adequada para a compreensão do cipoal legislativo. Finalmente, há os casos de burlas e fraudes premeditadas, que têm gozado do benefício da impunidade, mesmo quando há evidências de dolo.

Nos estados e municípios, a situação não foge à regra, sendo comum verificar-se que as auditorias na folha de pagamento de seus servidores revelam os mesmos tipos de irregularidades observadas no SIAPE. Interessante mencionar que há uma estatística infalível: todas as folhas de pagamento auditadas nos estados e municípios têm revelado um índice de pagamentos irregulares, em termos financeiros, da ordem de 5%, aproximadamente, do montante global dos gastos com pessoal. Isso corresponde a despesas públi-

---

[184] É algo comum encontrar, principalmente em órgãos da administração indireta, várias interpretações diferentes para um mesmo artigo de lei, de decreto etc. No caso das Instituições Federais de Ensino Superior — IFES, havia ocasiões em que um mesmo dispositivo legal era aplicado com interpretação diferente em cada unidade auditada.

cas anuais no país equivalentes a 0,5% do PIB, ou US$ 3,8 bilhões, executadas sem o conhecimento e a autorização dos parlamentares e, muitas vezes, dos próprios governantes.

Nesses últimos três anos, o trabalho da Secretaria de Recursos Humanos para enfrentar esses problemas foi imenso. Foi um trabalho de unificação da folha, de auditoria, e do uso dos recursos da tecnologia da informação para desenvolver filtros de controle. A informática, particularmente, tem oferecido soluções satisfatórias para o problema, automatizando a maioria dos controles essenciais em áreas antes sem nenhum tipo de controle eficaz. No Governo Federal, os controles financeiro e de folha de pagamento têm sido fortalecidos, nos últimos dez anos, à custa de automação de processos e "escravização" dos sistemas às normas jurídicas vigentes. Isso quer dizer que os sistemas informatizados devem trazer, embutidos no seu *software*, os controles de acesso, filtros, bloqueios e parâmetros de cálculos de pagamentos, com vistas ao controle *ex ante* dos atos administrativos. O caminho dos controles automatizados, porém, não se realiza de um dia para o outro. Na esfera federal, o conceito de controle informatizado das ações dos agentes públicos foi inaugurado, há dez anos, com a implantação do Sistema Integrado de Administração Financeira — SIAFI, vindo a seguir o Sistema Integrado de Dados Orçamentários — SIDOR e, três anos depois do SIAFI, o Sistema Integrado de Administração de Recursos Humanos — SIAPE. O SIAFI e o SIAPE são produtos do Serviço Federal de Processamento de Dados — SERPRO. Atualmente, outros sistemas estão incorporando a abordagem *slave-system*, na qual os controles normativos são embutidos no *software*.

Até o início do atual governo, o SIAPE era uma folha em que 60% dos pagamentos eram inseridos nas fichas financeiras dos servidores públicos sem nenhum tipo de filtro lógico para verificação da legalidade e da exatidão dos valores, situação caótica que era sempre alvo de críticas dos órgãos de controle na medida em que a isto se deviam os erros, as fraudes, as burlas e os excessos administrativos.[185] Em 1996, concluiu-se a primeira fase de implantação dos filtros de controle de pagamentos, quando o SIAPE propiciou uma economia da ordem de R$ 1 bilhão na folha de pagamentos dos servidores sem a alteração de um parágrafo de lei sequer — esta economia decorreu unicamente da correta contabilização das despesas com pessoal e da suspen-

---

[185] Vide o Relatório de Acompanhamento nº 002/96, de maio de 1996, da Secretaria de Controle Interno do Ministério da Administração Federal e Reforma do Estado — CISET/MARE.

Eliminação de privilégios e redução de custos

são de inúmeros pagamentos que vinham sendo concedidos por diversos órgãos sem o devido amparo legal. Os gastos com pessoal da União naquele ano, inicialmente previstos como R$ 42 bilhões, terminaram em cerca de R$ 40,9 bilhões — vale reiterar, graças ao potencial da informática enquanto instrumento de controle preventivo de operações.

Ainda, como medida de organização entre as instâncias de controle, adotou-se um esquema de trabalho entre a SRH/MARE e as unidades de administração de recursos humanos dos mais de duzentos órgãos integrantes do SIAPE, no qual várias operações de atualização de dados continuaram descentralizadas, mas as operações de atualização de tabelas essenciais e a manipulação de dispositivos de controle sistêmico de pagamentos foram fortemente centralizadas, por meio de uma portaria do MARE.[186] O efeito indesejável dessa medida foi, obviamente, violenta reação dos servidores públicos atingidos pelas medidas de controle, muitas vezes com a conivência corporativa de dirigentes dos órgãos descentralizados na estrutura administrativa. Somente nos primeiros três meses após a implantação dos novos dispositivos de controle no SIAPE, o titular do Departamento de Sistemas e Controle de Cadastro e Pagamentos da Secretaria de Recursos Humanos foi alvo de mais de trezentos mandados de segurança por aquilo que era visto pelos servidores como "abuso de poder". As ações do MARE se deram, na maioria dos casos, no sentido de sustar pagamentos ilícitos. Era comum dirigentes argumentarem que vinham efetuando pagamentos com base em pareceres jurídicos de isenção discutível. Ou em sentenças judiciais que a União muitas vezes perdia devido à deficiência de pessoal da nova Advocacia Geral da União, criada pela Constituição de 1988, que retirou do Ministério Público essa tarefa.

O resultado das medidas tomadas pela Secretaria de Recursos Humanos em termos de moralização da folha de pagamentos e de economia de gastos de pessoal foi impressionante. A Tabela 16.1 mostra a variação da despesa de pessoal real do Poder Executivo entre 1997 e 1995. A redução foi de R$ 1,829 bilhões, correspondendo a 7,3% do valor inicial. A Tabela 16.2 explica a variação. O principal fator que proporcionou a economia foi a decisão de não indexar os salários dos servidores: devido à inflação ocorrida no período, estimou-se esta economia, em termos reais, como da ordem de R$ 4,229 bilhões. A outra economia importante foi a proporcionada pelo pro-

---

[186] Esta decisão foi formalizada com a edição de um regulamento ministerial — a Portaria nº 978/MARE, de 29/3/1996.

grama de auditoria de pessoal e inclusão de órgãos no SIAPE, que representou R$ 1,037 bilhão. A economia total seria de R$ 5,266 bilhões. Entretanto, custos adicionais, principalmente as sentenças judiciais, no valor de R$1,692 bilhão e outros custos administrativos provocados pelos aumentos concedidos às carreiras de Estado, pelos novos concursos (ambos contribuindo para a melhoria da gestão de recursos humanos), pela elevação do teto e pelo crescimento vegetativo, no valor de R$ 1,781 bilhão, reduziram a economia para R$ 1,829 bilhão, ficando uma redução de gastos de R$ 36 milhões como resíduo não explicado.

Tabela 16.1

VARIAÇÃO DO GASTO COM PESSOAL CIVIL

DO EXECUTIVO — 1997/1995

Ano	Folha nominal	Folha real
1995	20,227	24,982
1996	20,824	23,072
1997	22,566	23,153
Variação total	2,339	-1,829

(1) Valores em R$ bilhões de dez./97 — corrigidos pelo IGP-DI-FGV; (2) Dados do SIAPE.

Tabela 16.2

EXPLICAÇÃO DA VARIAÇÃO (R$ BILHÕES — VALORES REAIS)

Fatores	97 (-) 95
Economia MARE	-1,037
Sentenças judiciais	1,692
Outros custos	1,781
Economia de não indexação	-4,229
Resíduo não explicado	-0,036
Economia líquida	-1,829

(1) Valores positivos correspondem a aumento de despesas e valores negativos a redução de despesas.; (2) Valores em R$ bilhões de dez./97 — corrigidos pelo IGP-DI-FGV. (3) Dados do SIAPE.

Na redução de custos, não aparecem as reduções cujos efeitos se farão sentir a médio prazo. Esse é o caso da eliminação dos privilégios. E em certos casos, como foi o do Programa de Demissões Voluntárias, implica, num primeiro momento, um custo adicional de indenização. Esse programa, que levou cerca de 8.500 servidores a pedirem demissão, foi realizado no final de 1996 e início de 1997. O número relativamente pequeno de servidores que decidiu sair derivou, de um lado, do fato de que não houve qualquer pressão do governo sobre eles, e, de outro, do fato de que os salários que receberão no setor privado serão provavelmente menores, em função do diferencial hoje existente.

Na Reforma Gerencial, a preocupação com custos é essencial. Administrador que não se preocupa em reduzir custos não é administrador, não tem noção do que seja gerenciar. As economias alcançadas com auditoria, com a eliminação de privilégios e com a suspensão da indexação salarial são apenas um exemplo desse tipo de preocupação. A necessidade de ajuste fiscal não pode, porém, levar à decisão de não se incorrer em custos necessários, como o resultante da política de concursos e de reajustes das carreiras de Estado. Deveria, entretanto, ser possível evitar custos desnecessários derivados de deficiências do sistema legal.[187]

ELIMINAÇÃO DE PRIVILÉGIOS

Para obter a redução dos custos de pessoal, foi necessário também proceder à eliminação de uma série de privilégios que haviam sido criados principalmente no âmbito da lei do Regime Jurídico Único. Foram alterados 59 dos seus 253 artigos originais e, ainda, revogados outros 6 artigos e 13 alíneas, incisos e parágrafos.

Concebido no contexto do retrocesso constitucional verificado em 1988, o Regime Jurídico Único possuía acentuado caráter protecionista, quando não criava, diretamente, privilégios. Assim, a estratégia empreendida na reformulação do Regime Jurídico Único procurou conseguir economias com as despesas de pessoal, corrigir distorções e privilégios sem similares no mercado de trabalho privado, e apoiar a implementação do modelo de administração gerencial. A seguir são apresentadas as principais mudanças.

Em relação às férias, duas mudanças foram empreendidas. Quando entrava de férias um ocupante de cargo em comissão de nível hierárquico elevado, tinha início uma corrente de substituições fictícias e em cascata, impli-

[187] Conforme relatou *O Estado de S. Paulo* (11/5/1998), a partir de relatório do Banco Mundial (1997b) e dos levantamentos que o próprio jornal realizou, o fator que mais contribuiu para o ajuste fiscal no governo Fernando Henrique Cardoso foi o controle da folha de salários. Este controle, que não se limitou à não concessão de reajustes a partir de 1996, mas compreendeu também a eliminação de uma série de privilégios, foi a "variável-chave" na busca do equilíbrio das contas públicas.

cando a possibilidade do pagamento de substituições a todos os servidores. Tal possibilidade foi eliminada, ficando o pagamento de substituição restrito ao período que exceder ao trigésimo dia de substituição ininterrupta. Por outro lado, as férias podem agora ser parceladas em até três etapas.

Na jornada de trabalho do servidor público, foi eliminado o limite de 60 minutos de atrasos, ausências e saídas antecipadas, permitindo-se, porém, a compensação de horários até o mês subsequente, com a anuência da chefia imediata. O servidor portador de deficiência passou a ter o direito a horário especial, independentemente de compensação, evitando-se segregações e aposentadorias precoces. Também passou a ser concedido horário especial ao servidor que tenha cônjuge, filho ou dependente portador de deficiência física, exigindo-se, porém, a compensação de horário.

Quando um servidor ocupante, por exemplo, de dois cargos (sendo um de professor) passava a exercer um cargo em comissão, a legislação obrigava o afastamento de ambos os cargos com remuneração. Isto é, a administração pagava e o servidor não trabalhava. E o mais grave ainda: por vezes, contratava um outro professor para substituir o servidor afastado. Essa distorção foi corrigida.

A licença-prêmio — três meses de remuneração sem trabalhar — que era conferida ao servidor a cada cinco anos ininterruptos de efetivo exercício, com a possibilidade de contagem em dobro para aposentadoria caso não fosse gozada, foi transformada em licença-capacitação — até três meses remunerados para o servidor se capacitar. Essa reformulação lançou as bases para a adoção de uma nova Política Nacional de Capacitação dos servidores, que deverá ser lançada em 1998. Ainda em relação a licenças, foram tomadas várias medidas no sentido de limitar o benefício a parentes de servidor afastado por doença. Havia, em relação ao tema, grande liberalidade. Foi também reduzido o prazo da licença para atividade política. Segundo dados colhidos junto ao TSE, nas eleições de 1994, considerando-se 24 das 27 unidades da Federação, mais de 100 mil servidores públicos federais, estaduais e municipais foram candidatos a cargos eletivos. A licença para mandato classista em confederação, federação, associação de classe de âmbito nacional, sindicato representativo da categoria ou entidade fiscalizadora da profissão continuou sendo permitida, porém sem remuneração e sendo limitado o número de servidores em licença segundo o porte da entidade. Foi estabelecido ainda que o período considerado de efetivo exercício, no caso de servidor em licença para tratamento da própria saúde, é de vinte e quatro meses cumulativos ao longo do tempo de serviço público prestado à União. Finalmente, foi estabelecido que se o servidor, dentro do período de um ano,

Eliminação de privilégios e redução de custos

ficar mais de 30 dias de licença, será submetido à junta médica oficial. Essas duas últimas medidas buscam reduzir a taxa de absenteísmo, frequentemente disfarçado na forma de licença de saúde.

No campo das reposições ao tesouro efetuadas pelos servidores que, por algum motivo, receberam valores indevidos, havia inúmeros abusos. Estabeleceram-se regras visando reduzir o tempo de reposição e tornar os dispositivos a respeito mais precisos. Em relação ao pagamento de ajuda de custo, foi vedado o duplo pagamento, a qualquer tempo, para o casal de servidores que passar a ter exercício em nova sede. Não raro ocorria de um dos cônjuges servidores mudar de sede, receber ajuda de custo e logo em seguida o outro requerer a mudança e também perceber ajuda de custo. O dispositivo que trata de diárias foi modificado para se evitar, por exemplo, duplicidade de gastos, restringindo-se o seu pagamento dentro da mesma região metropolitana.

Foi introduzida a vedação de qualquer incorporação aos vencimentos da retribuição devida pelo exercício de função de direção, chefia ou assessoramento. A despesa mensal com a incorporação anual de décimos (em dez anos incorporando-se toda a vantagem) era de R$ 44 milhões (24 milhões com servidores ativos e 20 milhões com inativos e pensionistas). Existiam 200 mil frações de décimos incorporados sendo pagas a servidores ativos e 78 mil a inativos e pensionistas. Existem na estrutura do Governo Federal 71.357 cargos e funções passíveis de incorporação. Essa vantagem seguia o conceito de que o servidor devia ser remunerado pelo que foi no passado e não pelo que é no presente. Um diretor de determinado departamento continuaria ganhando pelo resto de sua vida funcional parte da remuneração de diretor mesmo tendo sofrido decesso para chefe de divisão, por exemplo.

Anteriormente, na hipótese de uma empresa privada ter transferido de localidade de trabalho um empregado seu e, sendo esse, cônjuge ou companheiro de servidor ou servidora pública, a legislação obrigava a administração a conceder remoção ao seu servidor ou servidora, muitas vezes para órgãos públicos nos quais não havia compatibilidade entre as atribuições do cargo e o serviço público ali prestado. Não raro essas remoções se davam para cidades turísticas ou litorâneas. Foi incluída na lei a condição restritiva de que o cônjuge ou companheiro também seja servidor público para que seja efetivada a remoção.

No âmbito do processo administrativo disciplinar, foi instituído rito sumário para apuração dos casos de acumulações ilícitas de cargos, empregos ou funções, de abandono de cargo e da inassiduidade habitual, preservando o princípio do contraditório e da ampla defesa do acusado e possibilitando a ação dinâmica do Estado nos casos de irregularidades comprovadas.

Além das alterações dos dispositivos da Lei n° 8.112, de 1990, outras medidas foram adotadas visando produzir os cinco efeitos práticos imediatos referidos inicialmente: Foram extintas as gratificações pelo exercício em determinadas zonas ou locais.[188] A extinção proposta visou evitar a concessão indiscriminada de gratificações pelo exercício em localidades interioranas, inóspitas e de precárias condições de vida, quer pelas distorções de interpretação do que sejam essas condições, quer pela descaracterização que as mesmas sofreram ao longo dos anos, desde que foram criadas na década de 70, quando o país possuía outro estágio de desenvolvimento. No momento da extinção, aproximadamente 18% da força de trabalho estava percebendo uma das três gratificações. O auxílio alimentação foi convertido em dinheiro, gerando economias imediatas em decorrência da eliminação dos procedimentos burocráticos para a sua aquisição, guarda, distribuição e controle. Foi instituída a atualização cadastral anual para aposentados e pensionistas, medida que reduz drasticamente a possibilidade de fraudes na concessão e pagamentos de aposentadorias e pensões.

Mas não foram apenas mudanças legais. Houve também a simples aplicação da lei que não estava sendo cumprida. Talvez o caso mais emblemático tenha sido o da jornada de trabalho. A lei exige que os servidores públicos federais trabalhem oito horas por dia ou quarenta horas por semana. Abre exceções para alguns casos especiais, em que a jornada é reduzida para seis e quatro horas. Tais exceções, entretanto, haviam sido generalizadas, de forma que todos os servidores federais estavam na prática obrigados apenas a seis horas. Um decreto resolveu o assunto, estabelecendo com clareza o horário de oito horas e exigindo registro eletrônico de ponto. Foi, entretanto, flexibilizado o horário diário, permitindo-se que as quarenta horas sejam cumpridas de várias maneiras, de acordo com os interesses do trabalho e do servidor. Nos dezoito meses que se seguiram à medida, cerca de seis mil servidores demitiram-se voluntariamente. Uma grande parte dessas demissões provavelmente se deveu à exigência das oito horas e da instalação do relógio-ponto.

---

[188] Respectivamente previstas no Decreto-Lei n° 1.341/74, na Lei n° 6.861 de 26 de novembro de 1980, e no Art. 17 da Lei n° 8.270 de 17 de dezembro de 1991.

Capítulo 17
SIMPLIFICAÇÃO DAS COMPRAS E TERCEIRIZAÇÃO

O Ministério da Administração Federal e Reforma do Estado é responsável pela política administrativa relativa aos "serviços gerais". Isso significa que a política de compras (licitações) e de terceirização faz parte de suas funções. Desde os primeiros dias do governo Fernando Henrique, deixei claro que desejava uma nova lei de licitações, uma vez que aquela recentemente aprovada era o protótipo da lei burocrática, e portanto incompatível com a Reforma Gerencial. Por outro lado, o ministério já estava envolvido em um processo de tornar eletrônicos os processos de cadastramento de fornecedores. Além de determinar a continuação desse programa, solicitei uma política ativa de terceirização das atividades de apoio.[189]

UMA NOVA LEI DE LICITAÇÕES
Um novo anteprojeto de lei de licitações foi elaborado por um grupo de trabalho coordenado pela Casa Civil. A atual lei nº 8.666 é de 1993, mas hoje existe uma quase unanimidade nacional de que precisa ser profundamente mudada, senão substituída por uma lei nova. Por que falhou a 8.666? Essencialmente, porque, ao adotar uma perspectiva estritamente burocrática, ao pretender regulamentar tudo, tirando autonomia e responsabilidade do administrador público, atrasou e encareceu os processos de compra do Estado e das empresas estatais, sem garantir a redução da fraude e dos conluios. Seu erro fundamental foi ter concentrado toda a sua atenção na tarefa de evitar a corrupção, por meio de medidas burocráticas estritas, sem preocupar-se em baratear as compras do Estado, nem permitir que o administrador público tome decisões. Partiu-se do pressuposto de que todo servidor público é corrupto e assim lhe foi retirada qualquer capacidade de negociação, deixando tudo por conta da lei. Reduziu-se, assim, o espaço do administrador eventualmente corrupto, mas a um custo altíssimo: tornou-se quase impossível que administrador honesto — que é a maioria — faça a melhor compra para o Estado. Por outro lado, as possibilidades de acordos de preço entre fornecedores continuaram intocadas, uma vez que é impossível para uma lei

---

[189] Para escrever este capítulo, contei com a colaboração de Carlos César Pimenta.

evitá-las através de procedimentos administrativos. A única forma de reduzir os cartéis é penalmente, e nessa área a 8.666 revelou-se surpreendentemente tímida.

Seu segundo erro foi usar como padrão, ou base de referência, a licitação de obras e serviços de engenharia. Ora, esse é um processo de compra complexo por definição, pois depende de projetos, de avaliação de competência técnica e de capacidade financeira. Não pode, portanto, servir de parâmetro para a compra de uma grande quantidade de outros bens e serviços padronizados e/ou de pronta entrega que o Estado está permanentemente comprando. Seu terceiro erro foi, ao procurar garantir corretamente o acesso dos pequenos às licitações, não ter assegurado ao Estado que a obra contratada seja concluída com segurança. Esse erro foi menos da lei e mais de um veto que retirou da lei qualquer exigência de verificação da capacidade técnico-operacional para se participar de uma licitação.

Em consequência desses equívocos, o processo licitatório tornou-se lento e caro. As estimativas sobre o encarecimento das compras do governo, embora precárias, variam entre 10 e 20% do seu custo. Encarecimento para o Estado, que deverá observar minuciosamente, desde o momento do edital, os dispositivos formais da lei, bem como as planilhas de preços, e discriminar rigorosamente e *a priori* cada parafuso que será necessário na futura obra ou quantas latas de cera ou vassouras serão gastas no serviço de limpeza. Encarecimento para o licitante decorrente da exigência de documentos desnecessários, dos prazos demorados, da facilidade, senão do incentivo, para impugnações administrativas e judiciais. Encarecimento para todos: devido ao detalhismo da lei, tais impugnações transformaram-se em uma indústria. Devido ao rigor formal da lei, é impossível o edital perfeito, havendo, pois, sempre ensejo a impugnações meramente protelatórias. Qualquer empresa que perde a licitação pode entrar em juízo sem quase nenhum custo, uma vez que o ônus de demonstrar que não há irregularidade é da administração em vez de ser do demandante.

Existe hoje uma unanimidade no governo e no serviço público, em todos os seus níveis, de que é preciso reformar essa lei. Só não compartilham dessa convicção burocratas empedernidos e principalmente alguns pequenos empreiteiros que se beneficiaram indevidamente da radical eliminação das exigências de capacidade técnica ocasionada pelo veto do Presidente Itamar Franco. Essas pessoas argumentam que o grande problema é evitar a corrupção do administrador público. E para isso bastaria estabelecer regras detalhadas na lei de forma a cercear ao máximo o subjetivismo dos administradores públicos nas licitações, tirando-lhes todo o poder de decidir. Assim, não adiantaria corromper um funcionário do Estado. Ele se tornaria tão incorruptível quanto um robô... Esta é uma pregação arcaica e burocrática, indigna de um empresário moderno. Parte do princípio de que o administrador público não deve decidir, apenas cumprir fielmente o regulamento. É claro que a administração da *res publica* — do patrimônio público — exige cautelas, não se podendo comprar no Estado com a mesma liberdade com que se compra no setor privado, mas daí a condenar o Estado, suas empresas, autarquias e fundações a comprar ineficiente e irracionalmente vai uma distância muito grande.

O novo projeto evita ou diminui cinco custos: o custo do conluio entre comprador e vendedor (corrupção); o custo do conluio entre os vendedores (cartel); o custo de receber um bem ou serviço com qualidade inferior ao que foi contratado (fraude); o custo de simplesmente não receber o bem ou serviço contratado devido à incapacidade do vencedor da licitação; e o custo do encarecimento e atraso da compra devido às exigências burocráticas excessivas e à possibilidade de impugnações judiciais levianas, meramente protelatórias.

A Lei nº 8666 preocupou-se apenas com o primeiro custo, retirando qualquer possibilidade de decisão por parte das comissões de licitação, não resolveu o segundo, e deixou em total segundo plano os três últimos custos. A fraude na qualidade do serviço contratado está diretamente relacionada com a rígida adoção do princípio do menor preço. O custo de não receber o bem ou serviço contratado deriva da não exigência de qualificações e garantias mínimas dos fornecedores. O custo do encarecimento da compra é consequência das exigências de documentos e prazos, das possibilidades de impugnações e adiamentos, do atraso do governo no pagamento. Todos esses custos acabam sendo assumidos pelo Estado, uma vez que os fornecedores não têm outra alternativa senão incluí-los no preço ofertado.

O NOVO ANTEPROJETO DE LEI

Uma primeira versão do novo anteprojeto foi publicada no Diário Oficial e na *internet*, em fevereiro de 1997, a fim de que pudesse receber sugestões dos interessados. As sugestões foram muitas. A mais importante foi aquela desaconselhando nossa ideia inicial de fazer duas leis: uma geral, curta, e outra disciplinando as compras do Governo Federal a partir da primeira. Esta segunda serviria como *default*, enquanto Estados, Municípios e empresas estatais não preparassem seus respectivos regulamentos da lei geral. Em vez disso, decidimos fazer uma única lei, mas muito menor, deixando eventuais detalhamentos para o nível de decreto caso isto fosse considerado necessário nos diversos níveis de governo. Minha orientação para a comissão foi a de que reduzisse para a metade a lei. Esse objetivo foi alcançado e o anteprojeto de lei apresentado pelo grupo de trabalho é 70% menor do que a lei atual. Conforme podemos observar no Quadro 17.1, uma comparação entre a lei atual e o Anteprojeto de Lei de Licitações revela que o número de dispositivos no anteprojeto baixou para a metade, e o número de caracteres usados, para menos de um quinto em relação aos existentes na lei atual.

Quadro 17.1

COMPARATIVO DA LEI ATUAL
E DO ANTEPROJETO DE LEI DE LICITAÇÕES

	Lei nº 8.666	Anteprojeto
Dispositivos	682	276
Caracteres	210.285	52.061

Fonte: Lei nº 8.666 e Anteprojeto de Lei de Licitações e Contratos.
"Dispositivos" corresponde ao somatório de artigos, parágrafos, incisos e alíneas.

São as seguintes as principais modificações introduzidas na lei:

A lei classificará os objetos de contratação em: (a) obras ou bens sob encomenda, (b) bens padronizados e (c) demais bens, e (d) serviços de engenharia, (e) serviços técnico-especializados, (f) serviços continuados (g) serviços técnicos "intermediados", como publicidade e turismo, e (h) demais serviços. Esta classificação de bens e serviços segue o critério de maior para menor complexidade. Nesses termos, será possível diferenciar os processos de compra conforme sua complexidade e valor, com exigências proporcionais quanto aos documentos, garantias e prazos.

O caso das agências de turismo e das empresas de publicidade, que adotam comissões padronizadas, encarecendo indevidamente as compras do Estado, exigirá tratamento especial. Deverá ser utilizada preferencialmente a licitação do tipo técnica-e-preço, sendo possível estabelecer um desconto máximo ou uma comissão mínima, para evitar concorrência predatória. Em caso de empate de preço, prevalecerá o critério técnico.

Nas grandes obras — que poderão ser realizadas pelo critério de técnica com melhor preço, e não apenas de preço —, caso o detentor da melhor técnica não apresente o melhor preço, a comissão de licitação terá condições de negociar e obter uma baixa do preço para o menor preço. Hoje isso é quase impossível, porque a lei determina que as licitações de melhor técnica ou de técnica e preço sejam "utilizadas *exclusivamente* para serviços de natureza predominantemente intelectual". A atual lei contém um dispositivo que, excepcionalmente, permite esse procedimento, mas as exigências ou condições são tantas que se torna impraticável. Sabe-se que tal rigor e detalhamento foi introduzido na legislação por ser entendimento que as obras licitadas no tipo "técnica" ou "técnica e preço" eram em muitos casos dirigidas, devido ao caráter subjetivo da avaliação técnica. Da forma que está posto na nova lei, esse risco desaparece. A técnica superior permite apenas ao seu detentor ter a oportunidade de poder baixar seu preço.

Por outro lado, para as pequenas compras, os mecanismos de compra serão simplificados. Nessa direção, os cadastros, preferivelmente eletrônicos, serão valorizados. O cadastramento prévio de fornecedores, dos bens, e dos preços praticados eliminará a exigência de documentação no momento da licitação; padronizará um número maior de produtos; tornará os preços de mercado mais facilmente acessíveis e conhecidos; permitirá cadastramento automático de quem se habilita para a licitação; tornará possível a verificação direta e eletrônica dos certificados negativos de débitos. Tal cadastramento, assim como os demais dispositivos da nova lei, tornará muito mais rápida a compra, diminuirá os custos de fornecer ao Estado, tornará as licitações mais simples, reduzirá a oportunidade de recursos judiciais, e simplificarão a exigência de documentos de habilitação na coleta de preços e nas concorrências.

Na proposta, diminuiu-se uma modalidade de compra: o convite. Houve a unificação dos valores limite, atualmente diferenciados para obras e serviços de engenharia e compras e demais serviços. E foi ampliado o limite de dispensa de licitação por valor de R$ 7.710,10 (obras e serviços de engenharia) e R$ 1.927, 52 (compras e demais serviços) para R$ 30.000,00 (qualquer objeto). Os limites para Tomada de Preços foram modificados de R$ 38.550,49 a R$ 616.807,84 (compras e outros serviços) e R$ 154.201,96 a R$ 1.542.019,59 (obras e serviços de engenharia) para R$ 30.000 a R$ 3.000.000 (qualquer objeto). Exige-se concorrência quando o valor supera R$ 3.000.000. Tais valores-limite são máximos e poderão ser reduzidos em regulamentos próprios, observado o limite da lei.[190]

Finalmente, a nova lei dará ao Estado maiores garantias de que a obra ou serviço sejam efetivamente realizados nos prazos determinados. A Lei nº 8666, na forma como foi aprovada originalmente pelo Congresso, garantia

---

[190] Estes limites mais elevados foram introduzidos, em maio de 1998, em um projeto de conversão da medida provisória que já realizava uma série de pequenas alterações da Lei de Licitações.

vantagens excessivas aos maiores empreiteiros ao estabelecer exigências pesadas de qualificação técnica. O veto dessas exigências levou a questão para o extremo oposto, permitindo, em certas situações, que fornecedores sem qualificação técnica se apresentassem. Essas empresas têm maior tendência a não completar a obra, inclusive porque costumam apresentar preços inexequíveis. O problema não se resolve pela aceitação ou rejeição do veto. A nova lei deverá resolver este problema de forma equilibrada. A ideia é exigir do fornecedor comprovação de que tenha realizado obras ou serviços compatíveis com o objeto da licitação, podendo considerar o somatório de alguns contratos; e para contratos de menor valor a exigência se restringe apenas à comprovação de capacidade profissional.

O objetivo da lei é permitir que o Estado compre pelo preço de mercado, não apenas do menor preço, especialmente se esse menor preço for um preço inexequível. Serão, assim, estabelecidos critérios mais objetivos para excluir os preços inexequíveis. Na mesma direção de se garantir a execução do contrato — o que é importante nas obras e especialmente importante nas concessões de serviços públicos que também devem ser licitadas — valoriza-se o *performance bond*, que, caso exigido no edital, poderá substituir todas as garantias, no caso de obras, bem como toda a documentação relativa à qualificação técnica e econômico-financeira. Como a obtenção desse tipo de seguro depende muito mais da qualidade e confiabilidade da empresa do que de seu tamanho e capacidade financeira, não estarão sendo penalizados os pequenos e médios empreiteiros de qualidade. O segurador não terá dificuldade em segurar uma empresa relativamente pequena que tenha competência técnica e tenha ganhado a concorrência. O seguro que privilegia a grande empresa é o *bid bond*, que a lei não preverá.

Será permitida a inclusão de esquema de financiamento nas concorrências a empresas públicas ou sociedades de economia mista que possam gerar receitas capazes de amortizar os financiamentos, desde que seu custo esteja claramente explicitado. Será obrigatória a aceitação de empresas em consórcio. Será explícita a permissão de fixação de preço máximo, como inibidor de preços elevados em situações de menor competitividade. Admitir-se-á a participação de empresas recém-constituídas na licitação, mediante a apresentação de balanço de abertura. Será aumentada a pena para os casos de conluio entre licitantes ou corrupção de licitantes.

Em síntese, as comissões de licitações terão mais autonomia e maior responsabilidade. A complexidade do processo de licitação será proporcional ao objeto de compra. O processo de licitação será mais rápido e mais barato. O Estado e as empresas públicas que afinal não forem privatizadas poderão comprar a melhor preço, com maior rapidez, e com custo menor, sem prejuízo dos controles que a *res publica* exige. Pelo contrário, esta estará sendo protegida na medida em que o dinheiro do contribuinte estará sendo melhor empregado.

O CADASTRO DE FORNECEDORES

Para facilitar o processo de participação nas licitações, já foi implantado o Sistema de Cadastramento Unificado de Fornecedores (SICAF) em meio eletrônico, como módulo do SIASG — Sistema Integrado de Administração de Serviços Gerais. É um sistema de cadastramento desburocratizado e unificado, em nível nacional, que permite ampliar a competitividade e assegurar a transparência nas licitações. Qualquer fornecedor pode se cadastrar em 27 estados da federação, ficando apto a participar das licitações em toda a administração federal. O cadastramento no sistema, que opera *on line*, dispensa o fornecedor da reapresentação de documentação a cada licitação e assegura a sua convocação automática, no caso de licitações por convite. O SICAF já está presente em 2.629 unidades da administração federal, contando com 13.390 usuários. Até o final de 1997, já estavam cadastradas cerca de 60 mil empresas, das quais cerca de 30% representados por microempresas. Paralelamente, está sendo desenvolvida a integração do SICAF com os cadastros dos órgãos de arrecadação. A Receita Federal e a Procuradoria da Fazenda Nacional já estão interligados, possibilitando a conferência automática dos registros de CGC e CPF apresentados no cadastramento e da existência de débitos fiscais que impedem a habilitação para a participação em licitações. A integração com o INSS e a CEF (gestora do FGTS) já está em andamento. Com esses avanços, ficará inviabilizada a apresentação de certidões falsificadas pelos fornecedores, fortalecendo a confiabilidade dos processos licitatórios.

O REGISTRO DE PREÇOS E DIVULGAÇÃO ELETRÔNICA

O registro de preços, outro módulo do SIASG, será um instrumento poderoso para o barateamento das compras governamentais, porque permitirá a comparação sistemática de preços praticados para a administração federal em todas as compras e contratações realizadas. Será responsável pelo acompanhamento de todas as licitações e contratos. Estarão disponíveis em meio eletrônico os resultados das licitações realizadas, particularmente a identificação da empresa vencedora e o preço global da compra ou contratação. Ao conduzir uma licitação, o gestor público contará com um referencial de preços no âmbito da administração e, em alguns casos, do mercado, de forma que poderá avaliar com segurança a oportunidade, conveniência e local

Simplificação das compras e terceirização

de aquisição do bem. O Governo poderá se valer mais efetivamente do seu poder de compra.

As licitações em todos os órgãos e entidades da administração federal em Brasília já estão sendo divulgadas também na *internet*. A inserção na *internet* ocorre automaticamente, como procedimento operacional do SIASG. Ou seja, qualquer compra ou contratação agora é divulgada obrigatoriamente em meio eletrônico, facilitando o acesso por parte dos fornecedores, que podem numa simples consulta à *internet* encontrar em um mesmo local os editais e convites de todos os órgãos e entidades da administração federal. Ainda restrita às licitações realizadas em Brasília, a divulgação eletrônica alcançará, até meados do próximo ano, as licitações da administração federal em todo o território nacional.

Terceirização de serviços

Uma política central da Reforma Gerencial é terceirizar as atividades de apoio, de forma que estas sejam realizadas de forma competitiva por empresas privadas. Dessa forma, está sendo ampliada a relação de serviços que podem ser facilmente providos por prestadores especializados do setor privado. O objetivo é permitir que a administração direcione claramente as suas áreas de atuação, executando com competência apenas as atividades que são próprias ou exclusivas do Estado. Aquilo que representar atividade com similaridade no setor privado deve ser objeto de execução indireta, mediante contratação de prestadores de serviço nas condições que permitam a maior economia de custos.

Essa política foi iniciada pelo Decreto-Lei nº 200/67, ainda em vigor. O Decreto nº 2271, de 7 de julho de 1997, regulamenta a execução indireta de atividades na administração pública, abrangendo em especial aquelas que correspondem a cargos que foram extintos ou que o serão por ocasião da aposentadoria dos seus ocupantes. A terceirização está direcionada para as atividades de natureza acessória, instrumental ou complementar em relação à área de competência do órgão ou entidade; sendo que as atividades de conservação, limpeza, segurança, vigilância, transportes, informática, copeiragem, recepção, reprodução de documentos, telecomunicações e manutenção de prédios, equipamentos e instalações deverão ser preferencialmente contratadas.

Além de permitir a terceirização de um conjunto de atividades que anteriormente eram atribuição de cargos permanentes da administração pública, a nova regulamentação corrige distorções que descaracterizavam o instituto da execução indireta, especialmente a prática da utilização dos contratos de prestação de serviços para suprir necessidades de pessoal que deveriam ser providas com a admissão ou o remanejamento de servidores públicos. Além disso, estipula normas visando assegurar a economicidade dos contratos, evitando a manipulação dos custos e a imposição, à administração pública, de valores incompatíveis com a realidade do mercado. Assim, o decreto estabelece regras rigorosas, visando evitar o desvirtuamento da terceirização: não poderá ser contratada a prestação de serviços que permita a subordinação direta dos empregados da contratada ao órgão ou entidade contratante; ficam proibidas as cláusulas de reajuste automático dos valores dos contratos; no caso de alteração dos preços de mercado em contratos de execução contínua de serviços, estes deverão ser repactuados, observado interregno mínimo de um ano; os editais de licitação deverão sempre fixar preços máximos, com base em valores de mercado, evitando a manipulação das licitações pelos disputantes, visando inflar preços; e, finalmente, a contratação de serviços deverá estar baseada na mensuração do serviço por unidade de medida específica, que deverá propiciar a mensuração do serviço efetivamente realizado.

Capítulo 18
USO DA TECNOLOGIA DA INFORMAÇÃO

Os avanços na tecnologia da informação estão produzindo profundos impactos na administração pública. A Reforma Gerencial pretende que a tecnologia da informação possa oferecer aos dirigentes públicos mais informações e de melhor qualidade, como apoio às suas decisões, e que contribua para tornar a administração pública mais transparente, garantindo-lhe um caráter mais democrático e orientado para o cidadão. O processo de informatização já é uma realidade há muitos anos na administração federal. A novidade dos últimos três anos foi o aumento explosivo do número de microcomputadores e a formação de redes internas (*intranets*) nos ministérios e unidades isoladas. A montagem de *homepages*, oferecendo uma grande quantidade de informações aos usuários dos serviços, foi também um avanço dos últimos três anos. Ao mesmo tempo, o MARE está voltado para dois projetos principais na área: a criação da Rede do Governo e a compatibilização dos sistemas administrativos informatizados, enquanto, em todo o governo se procura informatizar as rotinas estabelecidas, de forma a redefinir processos e procedimentos, tendo em vista a plena exploração das potencialidades abertas pela tecnologia da informação.[191]

Nesse sentido, a política de informatização no âmbito da administração federal está voltada para: viabilizar, a partir dos recursos tecnológicos já disponíveis, uma infraestrutura física e de serviços que integre e intercomunique as redes locais dos diferentes órgãos e entidades, assegurando padrões mínimos de atualização e de compatibilidade; concretizar a convergência e a integração das bases de dados e sistemas de informações existentes; implantar a rede interna do Governo Federal; e utilizar a *internet* para ampliar o acesso a informações sobre as políticas, projetos e ações do governo, bem como sobre a tramitação de demandas dirigidas aos órgãos públicos ou de interesse do cidadão, tais como processos, licitações, concursos etc.

---

[191] Para escrever este capítulo, contei com a colaboração de Rainer Weiprecht.

Rede Governo (INTRANET)

A Rede Governo será uma rede interna, uma *intranet*, que já está sendo implantada em todos os órgãos e entidades da administração federal. Utiliza a base tecnológica já instalada e adiciona equipamentos e programas, para permitir a intercomunicação em rede, oferecendo um amplo leque de serviços, tais como correio eletrônico, agendas compartilhadas, teleconferência, transmissão de arquivos e intercâmbio eletrônico de dados. A rede utilizará a interligação já existente, por cabo de fibra ótica, entre todos os órgãos e entidades sediados na Esplanada dos Ministérios. Já foi atribuída ao Serviço Federal de Processamento de Dados — SERPRO a responsabilidade pela gestão do núcleo da rede, isto é, por assegurar, tecnicamente, a disponibilidade dos serviços fundamentais e dos meios necessários à intercomunicação e à interoperabilidade das redes locais e de longa distância do Governo Federal.

Os ministérios são os provedores naturais da Rede Governo, mas outras entidades de natureza pública ou privada poderão conectar-se a ela, para oferecer serviços de interesse do governo ou da sociedade. Um *Guia de Referência*, consubstanciando normas técnicas, critérios e condições de adesão de provedores, regras de uso dos serviços, dentre outros parâmetros, disciplina as relações entre os agentes, os provedores e os usuários da Rede Governo. A implantação ocorrerá gradativamente, à medida que as unidades administrativas estejam adequadamente equipadas: no momento, onze ministérios já estão plenamente interligados. Numa etapa mais avançada, a rede alcançará as unidades da administração federal em todo o território nacional, podendo ser acessada também por órgãos das administrações estaduais e municipais.

Convergência de sistemas

Convergir os sistemas consiste em criar um conjunto de elementos referenciais, que funcione como núcleo de vinculação dos dados e informações contidos nos diferentes sistemas, permitindo-lhes permutar informações, operar de forma integrada e cruzar dados armazenados em bases distintas. O SIORG — Sistema de Informações Organizacionais —, o sistema administrativo que mantém atualizada a estrutura organizacional do Governo Federal, terá esse papel de referência.

A administração federal conta com diversos sistemas que operam as rotinas administrativas básicas, comuns a todos os órgãos e entidades. As rotinas de administração de pessoal, orçamento, execução financeira e serviços gerais, entre outras, são executadas por meio desses sistemas. Desenvolvidos em diferentes momentos, de forma independente e utilizando tecnologias que, no passado, dificultavam o compartilhamento de informações, esses sistemas têm as suas bases de dados vinculadas a estruturas referenciais diferentes. Assim, a execução do orçamento obedece a uma estrutura de "unidades orçamentárias", enquanto o pagamento dos servidores toma como referência as "unidades pagadoras", que não têm correspondência com aquelas responsáveis pela execução do orçamento.[192]

A integração dos sistemas, possibilitada pela convergência implementada, permitirá que dados e informações comuns fiquem disponíveis a todos, a partir de uma única captação, ou geração, para eliminar a necessidade de coleta múltipla, reduzir o volume de meios de armazenamento, eliminar a inconsistência habitualmente decorrente de critérios e métodos diferenciados de captação e geração, eliminar gastos paralelos com o desenvolvimento de aplicações afins e aumentar a produtividade dos próprios sistemas e da mão de obra envolvida. Dessa forma, a homologação de uma compra por licitação, no Sistema de Serviços Gerais — SIASG, por exemplo, terá como passo seguinte a emissão de empenho, liberando os recursos correspondentes no Sistema de Administração Financeira — SIAFI, sem que seja necessário reintroduzir as informações já constantes do SIASG.

Gestão de documentos e informações

A normatização conjugada à informatização das rotinas de tramitação e de arquivamento de documentos, na administração federal, está sendo desenvolvida com vistas à desburocratização, à ampliação do acesso pelo cidadão e à agilidade da circulação de informações, internamente à administração. Um efeito imediato e mais visível será a implantação de um protocolo unificado, perpassando o conjunto de ministérios, que permitirá a rápida e segura localização de qualquer documento. A função "gestão de documentos e informações" trata do ciclo completo — produção, trâmite, uso, avaliação e arquivamento —, independentemente do suporte da informação e da natureza do documento. O Sistema de Gestão de Documentos e Informações — SIGDI cuidará de disciplinar e organizar os processos e catalogar o mate-

---

[192] Parte integrante do Sistema de Informações Organizacionais — SIORG, o Cadastro Único de Unidades Organizacionais, baseado nas estruturas dos órgãos e entidades, definidas nos respectivos regimentos, será o elemento referencial comum que viabilizará a convergência e a integração desses sistemas, tornando possível o compartilhamento das informações neles distribuídas. A partir do SIORG, está sendo desenvolvida a convergência e integração entre o Sistema de Administração Financeira — SIAFI, o Sistema de Administração de Pessoal — SIAPE, o Sistema de Serviços Gerais — SIASG, o Sistema de Programação Orçamentária — SIDOR, e o Sistema de Gestão de Documentos e Informações — SIGDI.

Uso da tecnologia da informação

rial, para, além de assegurar a sua recuperação, atender às exigências de ordem legal e garantir a preservação da memória nacional.

Por meio de modelo de agregação de dados e de rotinas de alimentação, está sendo construído o Banco de Informações Agregadas, disponível aos órgãos da administração pública que, com ferramentas de extração e tratamento, poderão dispor de elementos informacionais úteis ao processo decisório. Os dados e informações desse banco provêm basicamente dos sistemas estruturadores das atividades de gestão administrativa e dos sistemas de apoio às atividades finalísticas dos ministérios e, portanto, já existem. De acordo com os princípios da administração pública gerencial, os dados desse banco, como os demais dados produzidos ou processados a partir das ferramentas da tecnologia das informações, estão sendo gradualmente abertos ao conhecimento da sociedade, consubstanciando uma forma cada vez mais transparente de gerir a coisa pública, e viabilizando de forma crescente o controle social pelos cidadãos.

Capítulo 19
COMUNICAÇÃO INSTITUCIONAL E TRANSPARÊNCIA

A Reforma Gerencial só é viável se seus princípios forem incorporados pela sociedade e pelos servidores públicos; entre estes, principalmente pelos administradores públicos. Desde o início do governo Fernando Henrique Cardoso, a preocupação em debater o tema com a sociedade de todas as maneiras possíveis foi muito grande. O veículo fundamental para isso foi a mídia. Um debate nacional na mídia, entretanto, é por definição um processo difícil e contraditório. A informação é sempre imperfeita. Os canais da mídia tradicional, orientados em suas editorias pelo jogo de pressões e interesses que caracterizam as sociedades e, principalmente, pelo julgamento que fazem dos temas que interessam ao leitor, ou telespectador, ou radiouvinte, muitas vezes não têm a oportunidade de abordar detidamente e com propriedade temas que fogem ao padrão da informação de consumo rápido. Os profissionais da comunicação tendem a priorizar os temas do dia, e estão mais preocupados com o deslize, com a informação do erro, do que com a difusão de novas ideias e instituições, como aquelas que emergiram da Reforma Gerencial. Não obstante, a mídia afinal realizou um magnífico trabalho de informação, na medida em que refletiu o interesse e o apoio da sociedade pela reforma e contribuiu para que esse apoio se consolidasse, ainda que mantendo uma perspectiva sempre crítica ou pelo menos desconfiada.[193]

A comunicação da reforma não poderia, entretanto, estar limitada aos canais da mídia estabelecida. Por isso, uma nova abordagem em termos de comunicação institucional foi levada às diversas equipes e unidades administrativas do Ministério da Administração Federal e Reforma do Estado: projetos e atividades que envolvem contato direto com clientelas externas têm de inserir em sua rotina de trabalho a geração permanente de informações. Especial atenção tem recebido a necessidade de observar o perfil e a segmentação das diferentes clientelas atendidas, o que determina que o formato e o meio de disseminação da informação devem ser diferenciados conforme as características de cada segmento. Os resultados desse novo enfoque já

---

[193] Para escrever este capítulo, contei com a colaboração de Cláudio Sato e de José Murilo Jr.

podem ser percebidos em diversos projetos que contemplam a disseminação de informações sobre a reforma do Estado.

Informação e controle via *internet*

A *internet* é um instrumento de mídia que tem se expandido extraordinariamente. Possibilita a disponibilização de informação em formatos que apresentam grande agilidade e versatilidade, e a evolução dos produtos baseados nessa tecnologia provê novas soluções de interatividade a cada dia. A utilização da *internet* vem sendo explorada no âmbito da administração federal, visando oferecer ao cidadão informações sobre políticas, projetos e medidas adotadas pelo Governo, e manter um canal de comunicação para recebimento de críticas, propostas e prestação de informações de interesse do cidadão. Além disso, a prestação de serviços inerentes às competências do MARE está sendo reestruturada de modo a incorporar as potencialidades propiciadas pela interatividade desse protocolo de comunicação na melhoria do atendimento. Assim, a plataforma *internet*, integrada aos projetos de convergência dos sistemas da Administração Pública Federal que estão sendo desenvolvidos, permite, entre outros serviços, a divulgação em meio eletrônico das licitações de compras e serviços do Governo e o acompanhamento de processos administrativos em tramitação por meio de sistema de protocolo eletrônico.

A visão da *internet* como instrumento de comunicação institucional fazia-se presente no MARE já nos primeiros momentos de implantação da cultura da rede em nível nacional. Em 1995, nos primórdios do lançamento da *World Wide Web* (WWW), o MARE já concebia um projeto-piloto que conjugava esforços de alguns ministérios no sentido de fomentar a publicação das primeiras páginas governamentais. Foram promovidos grupos de trabalho e seminários e tratou-se de atender à demanda de capacitação de técnicos para o desenvolvimento do projeto. Nos primeiros tempos, o MARE chegou a disponibilizar seus servidores *web* como provedor para as páginas que eram produzidas por órgãos ainda não aparelhados suficientemente. Ainda em 1995, foi criado um *site* geral para o Governo Federal (www.brasil.gov.br) desenvolvido pelo MARE, que se constitui no diretório das páginas governamentais brasileiras, dando acesso a um conjunto de *homepages* de responsabilidade dos Ministérios e de diversas entidades vinculadas, além dos Poderes Legislativo e Judiciário. Atualmente, contam com *homepages* próprias, 21 Ministérios e 38 entidades vinculadas. As informações oferecidas ao cidadão contemplam, em geral, a estrutura, organização e áreas de atuação de cada Ministério, a listagem dos dirigentes e informações sobre as principais políticas, projetos e ações desenvolvidos. Em muitos casos, os *sites* propiciam a prestação de serviços ao cidadão na forma, por exemplo, do acompanhamento de processos protocolados ou no esclarecimento de dúvidas e recebimento de críticas e sugestões sobre assuntos de responsabilidade do ministério.

Nesse período de estudos e desenvolvimento da *internet* como ferramenta de comunicação institucional, especial atenção foi dispensada ao *site* do MARE em sua função de mediador do fluxo de entrada e saída de informações. Desde logo, percebeu-se que um instrumento com tal significado estratégico deveria ser pensado não como uma tecnologia específica de informática, concebida nas salas frias dos centros de processamentos de dados, e sim como um instrumento auxiliar na gestão da informação, a ser acompanhado de perto pela superior administração do ministério. Constatou-se que o fluxo de mensagens eletrônicas contendo demandas de usuários constituía valiosa pesquisa centrada naturalmente no público alvo, que informava objetivamente (e de graça) quais áreas mereciam maior atenção dos administradores. Além disso, a própria estatística de visitas às várias áreas e seções do *site* revelava números concretos sobre os assuntos de maior interesse. Relatórios com esses dados passaram a constituir verdadeiros mapas estratégicos de como bem atender ao cliente MARE.

Essa abordagem diferenciada traduziu-se em resultados concretos. O *site* do MARE (www.mare.gov.br) é hoje um dos mais visitados dentre as páginas governamentais. Em março de 1998, foram registradas 42.325 visitas, com uma média de 2.000 acessos em dias úteis. É um número expressivo, superado somente pelo *site* do Ministério da Fazenda, o que se explica pelo interesse que as informações sobre indicadores econômicos despertam no público da rede. O estágio inicial que caracterizou o *site* do MARE exclusivamente como recipiente de informações estáticas foi substituído por informações acrescidas de conteúdos dinâmicos alimentado por acessos *on-line* a bases de dados. Projetos específicos, tendo como exemplo o acompanhamento das adaptações dos sistemas de informação governamentais com vistas à virada do ano 2000, passaram a ser monitorados em fóruns virtuais sediados no *site* do MARE. Tudo isso sem esquecer as informações sobre a Reforma Gerencial, que conta com o acompanhamento dos projetos prioritários em formulação teórica e implantação, e que disponibiliza dados atualizados sobre a situação atual e as últimas ações empreendidas. Dessa forma, o *site* conjuga o aspecto de informação interativa, ferramenta de trabalho para a administração pública, e instrumento que fomenta a transparência e permite o controle das ações do MARE pela sociedade civil.

O Boletim Estatístico de Pessoal

Quando teve início o Governo, o Ministério da Administração Federal e Reforma do Estado não dispunha de qualquer estatística sobre custos e quantitativos de pessoal. Como a atenção se concentrava, até então, quase exclusivamente nos aspectos legais da administração de pessoal, informações dessa natureza eram dispensáveis. No novo governo, essa situação passou por uma mudança radical. Foi criado o *Boletim Estatístico de Pessoal*, de caráter mensal, publicado desde maio de 1996, que hoje é um instrumento consolidado, que serve de apoio ao processo decisório e de base para estudos sobre a administração pública realizados por pesquisadores e o público em geral. É disponibilizado também na *internet*, na seção de publicações do *site* do MARE.

Os dados funcionais sobre o servidor público federal, armazenados no SIAPE e utilizados para a emissão da folha de pagamentos, não estavam disponíveis em formato apropriado para uso gerencial. A publicação regular do boletim levou ao estabelecimento de uma rotina de geração e tabulação de informações sobre pessoal que permite uma visão completa do quantitativo e perfil dos servidores e das despesas com pessoal na administração pública. Encontram-se no boletim, mensalmente, entre outros, os dados sobre a despesa de pessoal da União, a sua distribuição por órgão e entidade da administração federal, o número de servidores públicos federais e a sua distribuição por faixa de remuneração. Para possibilitar a análise comparativa, são apresentadas ainda, séries históricas com a evolução nas despesas e no quantitativo de pessoal. Além disso, o boletim publica dados sobre o perfil do servidor, a estrutura de remuneração dos cargos e carreiras do Executivo e sobre o fluxo de aposentadorias, bem como sobre as despesas de pessoal nos estados e municípios e as atividades de treinamento ministradas pela ENAP.

Os Cadernos MARE

Os Cadernos MARE da Reforma do Estado são uma série de publicações temáticas que documentam e divulgam as principais políticas e projetos do ministério. Os números já editados abordam a proposta e as diretrizes da reforma, as mudanças constitucionais, as agências executivas, as organizações sociais, a política de recursos humanos e o programa da qualidade e participação, entre outros temas. A criação dos cadernos visa atingir clientelas diretamente afetadas pela reforma. Aos dirigentes e técnicos da administração pública, os cadernos oferecem, de forma sistemática, toda a documentação técnica e informações pertinentes aos projetos e políticas do ministério. Aos servidores em geral e ao cidadão, tratam de apresentar, de forma transparente e acessível, esclarecimentos sobre dúvidas e questionamentos relativos a medidas e propostas da reforma. Os cadernos são distribuídos por meio de mala-direta para dirigentes da administração pública, clientes dos projetos do ministério e formadores de opinião, e também estão disponíveis na área de publicações do *site* do MARE na *internet*. O ministério pretende que, até o final de 1998, todos os seus projetos e medidas prioritários estejam plenamente documentados no âmbito da série.

A REVISTA *REFORMA GERENCIAL*

Concebida com a finalidade de compor, juntamente com os demais instrumentos de comunicação institucional do MARE, a estratégia de divulgação e implementação do projeto que lhe dá título, a revista *Reforma Gerencial* alarga a abrangência do público alvo a ser atingido. Com periodicidade mensal, destina-se a dirigentes, servidores públicos, formadores de opinião e ainda ao cidadão com interesse nos temas da administração pública. É uma revista de notícias, informações e análise que pretende oferecer um canal permanente para a divulgação das políticas e das iniciativas voltadas para a reforma da administração pública, não somente no âmbito da administração federal, como também nos estados e municípios.

A revista aborda a cada número um tema-âncora, que é aprofundado em entrevistas e artigos assinados, aproveitando a visão e a experiência de dirigentes, técnicos e pesquisadores. É constituída por seções temáticas que exploram as múltiplas dimensões da mudança na administração pública, enfocando assuntos como gestão pública, tecnologia da informação, capacitação do servidor e tendências contemporâneas em administração pública.

Capítulo 20
OUTRAS POLÍTICAS E PROJETOS

Este livro não é um relatório de atividades do Ministério da Administração Federal e Reforma do Estado durante o governo Fernando Henrique. Mesmo na Parte 4, em que foram apresentados os principais projetos e políticas de reforma e os resultados já alcançados, não houve preocupação em fazer um relatório, mas em apresentar as bases teóricas e práticas dos projetos. Neste capítulo, entretanto, apresentarei de forma sumária outras políticas projetos importantes em curso.

A SOCIEDADE CIVIL NA REFORMA:
CONSELHO DA REFORMA DO ESTADO

A integração e a parceria entre Estado e sociedade podem ser realizadas nos mais variados níveis: desde os conselhos de pais e mestres nas escolas de primeiro grau até conselhos de alto nível, que assessoram diretamente o presidente e seus ministros. Este é o caso do Conselho da Reforma do Estado, criado pelo Presidente Fernando Henrique Cardoso, no final de 1995, para assessorá-lo em questões de reforma do Estado. A inspiração para a criação do conselho veio da experiência japonesa do início dos anos 80, no Governo Nakasone, quando um conselho desse tipo foi criado e desempenhou um papel importante na reforma do Estado japonês na ocasião.[194] Constituído de 12 personalidades importantes da sociedade que não tenham direta vinculação com o Governo, coube ao Ministério da Administração Federal e Reforma do Estado secretariá-lo, garantindo-lhe os meios materiais e técnicos para seu funcionamento.

O Conselho da Reforma do Estado reuniu-se regularmente uma vez por mês, alternadamente em Brasília, Rio de Janeiro e São Paulo. Sua estratégia, definida desde a primeira reunião, foi ocupar-se de questões importantes e concretas, que pudessem ser traduzidas em recomendações objetivas. Nesse sentido, e usando da assessoria das maiores autoridades nacionais sobre os temas de que tratou, o Conselho teve como agenda o problema da autonomia dos órgãos reguladores, a reforma do Poder Judiciário, a reforma da

[194] Ver a respeito Crozier (1988).

polícia, os fundos de pensões das empresas estatais, a desregulamentação dos registros de empresas, a reforma tributária, e as questões éticas relativas aos conflitos de interesses, entre outros. Sobre esses temas, realizou seminários, audiências públicas, e foram emitidas recomendações. Produziu também um documento síntese de sua visão da reforma do Estado em curso.

A RETOMADA DA ENAP

No governo Fernando Henrique Cardoso, a ENAP — Escola Nacional de Administração Pública sofreu profunda modificação, transformando-se no principal centro de debate sobre a Reforma Gerencial da administração pública, além de retomar sua função de centro de treinamento ou de educação continuada. Desde o início do governo, quando o *Plano Diretor* definiu a orientação geral a seguir, os dirigentes da instituição perceberam que poderiam desempenhar um papel estratégico na reforma, na medida em que as novas ideias fossem estudadas e debatidas nos cursos, nos seminários e nas publicações. E foi isso o que ocorreu.[195]

Originalmente, a ENAP era um centro de treinamento, criado em 1980 com o nome de FUNCEP — Fundação Centro de Formação do Servidor Público.[196] Na segunda metade dos anos 80, quando o retrocesso burocrático tomou conta do país, decidiu-se mudar seu nome, para que pudesse seguir a linha da ENA francesa. Seu objetivo principal, agora, seria a formação dos Gestores, e a realização de cursos intermediários para promoção nessa carreira. Dessa forma, a educação continuada foi praticamente deixada de lado. A instituição continuava a oferecer cursos, mas sob encomenda, para um número pequeno de alunos. Por outro lado, como houve um único concurso para Gestores em 1988, a escola ficou com suas funções muito diminuídas até 1994. Secundariamente, a ENAP tinha o papel de promover pesquisas e debates sobre a administração pública, mas, como não havia uma orientação geral a seguir, o trabalho ficava prejudicado.

A situação mudou inteiramente nos últimos três anos. O curso de formação dos Gestores foi retomado. O Ministério do Planejamento passou a utilizar a instituição para o curso de formação dos Analistas de Orçamento.

---

[195] Para escrever esta seção contei com a colaboração de Regina Sílvia Pacheco.

[196] A FUNCEP foi instituída pela Lei nº 6.871, de 3/12/1980. A ENAP foi criada no bojo da FUNCEP pelo Decreto nº 93.277, de 19/9/1986, tendo como missão planejar, promover, coordenar e avaliar as atividades de formação, aperfeiçoamento e profissionalização do pessoal civil de nível superior da Administração Pública Federal. Posteriormente, a FUNCEP como um todo passou a denominar-se Fundação Escola Nacional de Administração Pública (ENAP), de acordo com a Lei nº 8.140, de 28/12/1990.

Os cursos de educação continuada, apoiados pelo FAT — Fundo de Amparo ao Trabalhador — multiplicaram-se. Em 1995, foram oferecidos 14 cursos regulares, com 141 turmas, alcançando 1.964 servidores; em 1997, foram treinados 19.349 servidores, com a oferta de 40 cursos, com 745 turmas diretamente pela ENAP, e 16 cursos, com 242 turmas, por meio de instituições fora de Brasília. A ampliação da oferta de vagas tem se valido da celebração de parcerias com entidades congêneres de alto padrão, permitindo que os programas de treinamento sejam oferecidos aos servidores em três outros Estados, com menores custos.

Na área de pesquisa, a ENAP tem direcionado esforços para a contratação de estudos de interesse para a reforma do aparelho do Estado e tem dado continuidade a programa de apoio à pesquisa em administração pública, em conjunto com a CAPES (Centro de Apoio à Pesquisa) a ANPAD (Associação Nacional de Cursos de Pós-graduação em Administração). Além disso, promoveu a reorganização da sua linha de publicações, que passaram a ser a melhor fonte existente no Brasil para se compreender os novos rumos da administração pública. A *Revista do Serviço Público* sofreu grande reformulação e passou a ser publicada trimestralmente, a partir de 1998, com um conteúdo muito melhor. Iniciou-se a publicação de Textos para Discussão (21 publicados) e retomou-se a publicação de Cadernos ENAP (cinco publicados desde 1995).

A ENAP decidiu, a partir do seu planejamento estratégico, transformar-se em organização social, considerando a natureza de suas atividades e as possibilidades de desenvolvimento institucional que podem ser exploradas com a adoção do novo modelo definido no âmbito da Reforma Gerencial do Estado brasileiro.

Controle gerencial de custos

Uma Reforma Gerencial é impossível sem que haja um sistema de contabilidade que informe com simplicidade e clareza os custos de cada departamento e, portanto, por que soma de dinheiro cada administrador público é responsável. A concessão de maior autonomia aos administradores e a focalização dos mecanismos de controle sobre resultados pressupõe que os gestores sejam instrumentalizados com informações que qualifiquem o processo decisório.[197]

O Governo Federal conta com um sofisticado sistema de contabilidade financeira, o SIAFI, do Ministério da Fazenda, que, entretanto, não está orien-

---

[197] Para escrever esta seção e a seguinte, contei com a colaboração de Pedro Farias.

Outras políticas e projetos

tado para a definição dos custos de cada departamento. O mesmo ocorre com o SIDOR do Ministério do Planejamento e Orçamento. Diante disso, resolvemos, em colaboração com o Ministério da Fazenda e suas Secretarias de Controle Interno e do Tesouro Nacional, desenvolver um sistema de contabilidade gerencial, que foi denominado Programa de Acompanhamento Gerencial dos Gastos e Avaliação Institucional — PAGG. A contabilidade gerencial, instituída por decreto de 9 de julho de 1997, faz a apuração dos gastos realizados na administração pública por unidade administrativa, mediante emissão periódica de relatório levado ao conhecimento de cada dirigente.

O sistema de contabilidade gerencial modela em formato gerencial um conjunto de dados já disponíveis no âmbito dos sistemas de administração financeira e de pessoal da administração federal, agregando-os por órgão, entidade ou unidades administrativa. Além disso, permite identificar custos que permaneciam até então ocultos para os dirigentes. As despesas de pessoal, por serem executadas de forma centralizada, não podiam ser utilizadas como informação gerencial pelos dirigentes. Os servidores cedidos a um determinado órgão continuavam a pesar, em termos de custos, no órgão de origem. Com o sistema de contabilidade gerencial, os dirigentes públicos passarão a dispor de informação objetiva sobre os custos gerados pelo pessoal em exercício em suas unidades administrativas.

O desenvolvimento do sistema se baseou no cruzamento de dados já disponíveis em sistemas existentes. Os dados de execução financeira do SIAFI foram reagrupados em conformidade com a estrutura de órgãos e entidades, da administração federal. As despesas de pessoal foram apropriadas por órgão e entidade de modo a refletirem com precisão os custos reais com os servidores efetivamente em exercício. A geração dos relatórios é efetuada pelo SIAFI Gerencial, módulo do SIAFI adaptado para esse fim.

Os relatórios do PAGG estão sendo emitidos mensalmente, apresentando os custos de cada órgão da estrutura básica dos Ministérios (o que compreende Secretarias ou órgãos com *status* equivalente) e de cada entidade vinculada (autarquias e fundações). O Programa já está implantado em todos os Ministérios, os quais têm recebido relatórios preliminares desde setembro de 1997. Tais relatórios têm sido objeto de tratamento para a melhoria da qualidade das informações e para a sua difusão.

Trata-se de um instrumento de controle de custos com base no acesso à informação, em tempo hábil, pelos gerentes, que passam a poder efetivamente se responsabilizar pela melhor aplicação dos recursos públicos sob sua responsabilidade. O objetivo, a médio e longo prazo, é subsidiar análises de custo-benefício que estimulem uma melhor alocação dos recursos públicos com reflexos nos processos de planejamento e orçamentação do Governo Federal.

DIMENSIONAMENTO DO PESSOAL

É impossível uma administração racional do pessoal sem que se tenha uma noção razoavelmente clara da força de trabalho, ou lotação, necessária em cada órgão para que sua missão possa ser cumprida. O Ministério da Administração Federal e Reforma do Estado realizou um amplo levantamento da distribuição dos cargos da administração federal direta, autárquica e fundacional, para a determinação do número de servidores necessário em cada órgão e entidade. O resultado desse trabalho foi a identificação de carências e excessos de servidores nas diferentes unidades, fornecendo elementos importantes as iniciativas de recrutamento, redistribuição e capacitação de servidores, instrumentos da política de recursos humanos. As distorções constatadas podem ser confirmadas pela análise da Tabela 20.1, que atesta o enorme peso dos servidores com atribuições relativas às atividades de suporte administrativo, técnico e operacional em relação à força de trabalho total do Governo Federal.

Tabela 20.1

DISTRIBUIÇÃO DOS SERVIDORES FEDERAIS POR ATRIBUIÇÕES

Natureza das atribuições	Nº de servidores	% de servidores
Suporte administrativo	120.147	23,43
Assistência à saúde	108.940	21,24
Suporte técnico-operacional	103.084	20,10
Pesquisa, educação e cultura	102.385	19,97
Arrecadação tributária	16.721	3,26
Polícia e segurança pública	15.366	3,00
Engenharia de tráfego aéreo	12.301	2,40
Administração e contabilidade	11.113	2,17
Informática e comunicação social	6.283	1,23
Fiscalização e inspeção federal	5.986	1,17
Sistema de gestão e diplomacia	5.356	1,04
Assistência jurídica	3.886	0,76
Outros	1.236	0,24
Total	512.804	100,00

Fonte: SIAPE. Classificação: SRE.

Outras políticas e projetos

Situação em fevereiro de 1998

Como orientações gerais adotadas nos estudos sobre lotação, considerou-se a necessidade de realocar os servidores preferencialmente nas áreas-fim em seus órgãos e de elevar o nível de qualificação dos recursos humanos. Além disso, foram identificadas inúmeras distorções, com base no cruzamento de informações entre órgãos e entidades com perfis similares. Dessa forma, a estimativa da lotação necessária considerou os seguintes parâmetros: limitar a proporção de servidores alocados em áreas-meio; elevar a proporção de servidores com nível de escolaridade superior; e racionalizar o quantitativo de cargos nas áreas de administração de pessoal, serviços gerais e contabilidade, reduzindo excessos, observadas as características de organização e de trabalho de cada órgão.

É importante destacar que no governo Fernando Henrique vem ocorrendo uma significativa redução do quadro de funcionários e uma mudança do perfil dessa força de trabalho. A mudança do perfil decorre da política de recursos humanos que privilegiou os concursos para as carreiras de Estado, de nível superior, enquanto se procurava terceirizar as atividades operacionais. Principalmente devido a essa política, o número total de servidores foi reduzido em cerca de 70 mil servidores desde o início de 1995, correspondendo a cerca de 12% dos 587 mil então existentes. Coincidentemente, nos Estados Unidos, o Governo Clinton divulgou amplamente redução percentual de cerca de 11,6% obtida no número de servidores públicos durante seu primeiro mandato. Lá, como aqui, essa redução foi obtida basicamente pela não ocupação de vagas abertas por aposentadorias e demissões voluntárias incentivadas ou não.

Os estudos para o dimensionamento da força de trabalho foram realizados pela Secretaria da Reforma do Estado e revelaram a possibilidade de reduções expressivas no número de servidores em alguns órgãos e entidades, sobretudo em atividades de suporte administrativo. Tal conclusão ganha especial importância a partir da abertura introduzida no texto constitucional para que servidores colocados em disponibilidade não mais recebam remuneração integral. Como se trata de uma aproximação, baseada em uma série de pressupostos, os estudos não foram publicados. Têm, entretanto, sido usados para orientar a redistribuição de servidores. O trabalho desenvolvido representa um esforço inédito no âmbito da administração federal, com vistas a propiciar o planejamento global de recursos humanos para o Estado. Evidentemente, os quantitativos de lotação deverão ser ajustados quando do aprofundamento das discussões com os órgãos ou entidades, ocasião em que será levado em conta o possível impacto nos processos de trabalho de medidas como: descentralização de recursos e competências para outras esferas de governo, parcerias com outros agentes públicos ou privados, terceirização de atividades e modernização da base tecnológica, além de parâmetros advindos da experiência internacional.

Racionalização das unidades descentralizadas

As unidades locais da administração federal nos Estados, em muitos casos organizadas na forma de delegacias de Ministério, serão reestruturadas com o propósito de racionalizar despesas, evitando duplicações custosas de atividades e possibilitando a modernização das rotinas e atividades para a melhoria dos serviços. É o Programa de Racionalização das Unidades Descentralizadas do Governo Federal, instituído por decreto de junho de 1997. O trabalho dessas unidades envolve cerca de 150 mil servidores federais que atuam fora de Brasília. Possuem serviços que exigem a sua presença, em quase todo o território nacional, os Ministérios da Fazenda, da Agricultura, da Educação e do Desporto, das Comunicações, das Minas e Energia, do Trabalho e da Saúde. Além desses, os Ministérios da Cultura, das Relações Exteriores, do Planejamento e Orçamento e dos Transportes, também atuam em diversos estados.

Analisando esse quadro, inclusive com verificações *in loco* em diversos estados, o governo optou pela unificação das atividades de suporte administrativo numa única delegacia, subordinada ao Ministério da Administração Federal e Reforma do Estado. As delegacias dos ministérios serão mantidas apenas executando suas atividades-fim. São atividades que compreendem, entre outras, a administração de recursos humanos, patrimônio, transportes, orçamento, execução financeira, licitações e contratos, inquéritos, manutenção predial e de veículos, limpeza, vigilância e protocolo. Atividades dessa natureza possuem rotinas e procedimentos comuns aos diversos ministérios e podem ser executadas com maior economia de recursos de forma unificada. Além disso, a unificação propicia melhor eficiência, porque resulta em ganhos de escala e permite a maior especialização do pessoal responsável por cada rotina.

A implementação desse projeto, entretanto, não deverá caber inicialmente ao Ministério da Administração Federal e Reforma do Estado, mas ao Ministério da Fazenda, por meio de suas DAMFs — Delegacias de Administração do Ministério da Fazenda — com a participação do pessoal do MARE. Essas unidades deverão constituir a base das novas Delegacias de Administração Federal nos estados.

Qualidade e reestruturação no MARE

Embora tenha antes de mais nada um caráter institucional, a Reforma Gerencial tem também uma dimensão cultural, que se expressou principal-

Outras políticas e projetos

mente no debate nacional sobre a emenda constitucional, e uma dimensão de gestão, que o Ministério da Administração Federal e Reforma do Estado tratou com o Programa de Reestruturação e Qualidade dos Ministérios. Nesse plano, entretanto, coube ao MARE não apenas fixar orientações e dar assessoria a outros ministérios, mas principalmente tratar de pôr ordem em sua casa. Nesse sentido, o programa interno de reestruturação e qualidade, conduzido pela Secretaria Executiva, recebeu especial ênfase. A preocupação foi em dotar o MARE de uma credibilidade de que, anteriormente, jamais gozou na Esplanada dos Ministérios. Ao longo dos anos, o ministério foi mudando de nome e de posição no organograma governamental, mas jamais deixou de ser o herdeiro do antigo DASP — um herdeiro que se esvaziava de conteúdo à medida que a Reforma Burocrática de que o DASP fora o responsável perdia força e sentido; um herdeiro que acabou se transformando em mero guardião de normas burocráticas, muitas vezes confundidas com privilégios burocráticos.

Assim, o fato fundamental para mudar o conceito do MARE entre os ministérios foi ter reunido uma equipe competente de administradores e ter conseguido apresentar uma proposta de reforma administrativa inovadora e coerente. A retomada dos concursos para carreira de gestores e o número crescente de membros dessa carreira que passaram a trabalhar no ministério contribuíram, também, para a mudança. Entretanto, não bastava a mudança no plano da definição de uma nova política pública e na qualidade do pessoal de direção do ministério. Era preciso uma mudança mais profunda em todo o ministério, cujo pessoal técnico e operacional sofria de um semnúmero de limitações. Assim, o Programa de Reestruturação e Qualidade do MARE foi o resultado da intenção de se aplicar, no próprio MARE, as metodologias e instrumentos que estão sendo desenvolvidos para disseminação generalizada na administração federal. Dessa forma, o MARE também se expõe nas suas limitações e deficiências e se associa aos demais projetos-piloto de reestruturação e qualidade no esforço de melhoria da gestão e do atendimento aos seus clientes.

A implementação desse programa está se revelando um aprendizado concreto, para os servidores e dirigentes do MARE, das vicissitudes envolvidas na colocação em prática das orientações da reforma gerencial. Na medida em que seja bem-sucedido, o programa poderá se tornar uma referência exemplar para os demais ministérios e um estímulo para a adesão aos projetos e modelos propugnados pela reforma gerencial.

Em julho de 1997, foi realizada uma avaliação do padrão de gestão do ministério, com base nos critérios do Prêmio Nacional da Qualidade, que qualificou o MARE como uma organização "extremamente frágil em termos gerenciais", destacando alguns aspectos desfavoráveis: a necessidade de mecanismos de capacitação, avaliação e reconhecimento dos servidores; o despreparo para a comunicação com os clientes e o atendimento ao público; a precariedade dos instrumentos de controle e de avaliação de resultados e a inexistência de indicadores de desempenho, particularmente de satisfação dos clientes, que pudessem orientar o processo decisório. Tal diagnóstico foi corroborado e enriquecido com a realização de pesquisa de satisfação dos clientes, entre grupos de discussão representativos dos ministérios e das autarquias e fundações da administração federal que são usuários de serviços do MARE. Os resultados dessa pesquisa apontaram sérias deficiências de confiabilidade e competência na atuação do ministério, particularmente em suas funções de normatização e orientação para o conjunto da administração federal direta, autárquica e fundacional. Na visão de seus clientes, o MARE é lento e contraditório na emissão de normas e na orientação quanto à sua interpretação, gerando insegurança e afetando negativamente o processo decisório na administração federal. Além disso, os clientes se ressentem da ausência de um padrão uniforme e satisfatório de atendimento, de tal forma que a presteza e a cordialidade dependem com frequência do cultivo de relações pessoais com os funcionários do ministério. Apesar do quadro geral negativo, os clientes avaliaram favoravelmente o esforço que vem sendo desenvolvido na divulgação externa de informações, via *internet*, na *homepage* do MARE e com o *Jornal do Servidor*.[198] Estes veículos têm promovido a difusão permanente de informações e esclarecimentos sobre a reforma para os servidores, dirigentes e público em geral.

O trabalho de análise da gestão foi complementado com estudos relativos à estrutura organizacional e à distribuição interna dos recursos humanos, subsidiados por um extenso levantamento dos macroprocessos do MARE, isto é, as funções que são essenciais ao cumprimento da missão institucional do ministério. Este trabalho resultou num mapeamento das atividades dos diversos setores e na indicação de uma série de diretrizes para a reorganização institucional do ministério e para a melhoria dos seus processos de trabalho.

O Plano de Reestruturação e Melhoria da Gestão do MARE agregou os resultados dos diagnósticos e estudos realizados e delineou a missão, a visão de futuro e os objetivos do ministério. Para implementação imediata, ao longo de 1998, o plano elegeu 15 metas, que contemplam a melhoria do atendimento

---

[198] A revista *Reforma Gerencial* ainda não havia sido lançada.

Outras políticas e projetos

externo, a agilização da tramitação de processos, a revisão e simplificação de normas e rotinas, a redução de pessoal nas áreas de apoio administrativo, a capacitação dos recursos humanos, a melhoria das condições de trabalho e a implantação de modernos instrumentos de gestão em todo o ministério. Além disso, foi fixada ainda a meta de transferência das atividades da ENAP para uma organização social, implantando na área de atuação do MARE o novo modelo institucional propugnado para a gestão das atividades não exclusivas de Estado.

Para a implementação do plano, foi elaborado um conjunto de projetos, com elevada sinergia, que atravessam horizontalmente todas as unidades do ministério, voltados para a melhoria global de desempenho do ministério. São 12 projetos, que podem ser agrupados nas seguintes linhas de ação:

Desburocratização interna: consiste na análise e revisão de normas, rotinas e formas de trabalho, na Secretaria de Recursos Humanos e na Secretaria Executiva. São unidades do ministério onde se verifica um contato cotidiano com clientelas internas e externas. Em paralelo, está sendo desenvolvido um trabalho de desburocratização e desregulamentação de normas nos sistemas de recursos humanos e de serviços gerais, coordenados pelo MARE e com impacto em toda a administração federal. Os resultados das medidas adotadas junto aos clientes estarão sendo aferidos periodicamente, com a realização, no final de 1998, de nova pesquisa de satisfação dos clientes.

Capacitação, avaliação e reconhecimento do servidor: compreende o treinamento em massa dos servidores do ministério nas áreas gerencial, técnica e operacional, a melhoria das condições físicas do ambiente de trabalho voltadas para, mediante ativa participação do servidor, promover ações relativas à limpeza e à organização do ambiente de trabalho de forma a torná-lo mais agradável. Um sistema de reconhecimento por meio de premiação e reconhecimento foi implantado, com a eleição do "Servidor do Mês" mediante indicações que podem ser apresentadas por qualquer servidor. O prêmio está baseado no reconhecimento a partir dos critérios de criatividade, qualidade do trabalho, iniciativa, liderança, comunicação, integração, colaboração e harmonia. Além disso, estará sendo realizado periodicamente, com instrumento de pesquisa específico, o levantamento da satisfação e expectativas do servidor do MARE. Estes projetos se complementam com a implantação, em fase de preparação, de sistema de avaliação de desempenho que alcançará todos os servidores e chefias.

Implantação de instrumentos de planejamento e avaliação ao processo de gestão: todas as unidades administrativas, até o nível de coordenação (DAS-4), estão implementando planos de ação, no qual definem objetivos, metas e indicadores de desempenho compatíveis com o planejamento geral do ministério. Encontram-se em fase de implementação 32 planos de ação abrangendo todas as áreas do MARE.

Entre esses planos, um de fundamental importância, e que avançou de forma extraordinária desde o início desta administração foi a implantação de uma rede interna (*intranet*), que passou a interligar todas as atividades do ministério. No início do governo, havia cerca de 30 microcomputadores no MARE; em 1998 já eram mais de 600, quase todos sendo utilizados de forma intensiva. Para isso, além da competente instalação da rede interna, foi importante a capacitação dos funcionários, realizada com o apoio da ENAP. Dessa forma, o MARE afinal entrava na era da informática, passando a utilizar efetivamente os instrumentos da tecnologia da informação.

Desburocratização da Administração Pública

O programa de desburocratização e desregulamentação visa a simplificação e sistematização do aparato de leis e normas que afetam a gestão na administração federal. Tem-se como propósito, em particular, enfrentar os problemas decorrentes da lentidão no processo decisório, do esvaziamento da autonomia e da responsabilidade dos dirigentes e das dificuldades — e mesmo conflitos — produzidos pela existência de contradições e ambiguidades interpretativas, no conjunto normativo que rege a administração federal.

Foi instituído no MARE um grupo de trabalho para a coordenação das atividades que estão sendo desenvolvidas. Foi priorizada a análise do conjunto de normas das áreas de recursos humanos e de serviços gerais, em relação às quais o MARE tem atribuições normatizadoras, alcançando toda a administração federal. A desburocratização nessas áreas deverá trazer significativo impacto sobre o dia a dia dos dirigentes e dos próprios servidores. A agilização de procedimentos, a substituição da ênfase no controle sobre procedimentos pelo controle sobre resultados e a consolidação e sistematização do conjunto normativo que afeta a gestão de recursos humanos e de compras, serviços e materiais, deverão trazer resultados positivos sobre a gestão em toda a administração federal. Embora direcionados para processos e rotinas internos da administração federal, os trabalhos em curso deverão se traduzir na melhoria dos serviços oferecidos ao cidadão, na motivação do servidor e na atribuição de maior responsabilidade e autonomia decisória aos dirigentes.

Os primeiros resultados já alcançados nesse programa compreendem a ampliação da autonomia dos dirigentes dos órgãos e entidades para editarem regulamentos próprios para aquisição e utilização de materiais e serviços. Assim, foram revogadas normas que dispunham, de forma desnecessariamente minuciosa e enrijecedora, sobre aquisição de jornais e periódicos, utilização de equipamentos de telefonia celular e de uniformes para uso em serviço. O MARE promoveu ainda a ampliação da autonomia dos órgãos para a elaboração de suas propostas de regimento interno, que não mais precisam obedecer a modelos padronizados. Estes modelos, definidos em um manual para a elaboração e análise de estruturas, inibiam a proposição de organogramas mais inovadores e retiravam dos dirigentes a liberdade para propor soluções com base nas suas reais necessidades e peculiaridades institucionais, limpeza e conservação.

Estão em preparação, para implementação próxima, outras medidas de desburocratização, que deverão promover a sistematização e consolidação, num único decreto, das disposições relativas a concursos públicos, provimento, remoção, redistribuição, exercício provisório, afastamento e vacância de servidores, o que deverá permitir a revogação de cerca de quinze decretos editados no período de 1979 a 1996. Outra importante inovação será a chamada "norma das normas", que deverá fixar parâmetros para o ordenamento da edição de atos normativos e promover a revogação automática de todos os atos que tenham sido editados pelo MARE, decorrido um prazo de 180 dias, de modo a induzir a revisão e consolidação do arsenal normativo ora em vigor.

Empréstimo do BID

Um fato importante para a implantação da Reforma Gerencial foi o empréstimo conseguido junto ao Banco Interamericano de Desenvolvimento — BID em abril de 1998, depois de dois anos de negociações. Esta instituição, por intermédio de seu presidente Henrique Iglesias, deu à reforma brasileira um apoio decidido desde o momento em que ela foi proposta. O BID financiou um grande seminário sobre a reforma gerencial em 1996,[199] deu amplo apoio aos trabalhos por mim realizados no CLAD — Conselho Latino-Americano de Administração para o Desenvolvimento,[200] e afinal

---

[199] Os trabalhos apresentados neste seminário foram reunidos no livro Bresser-Pereira e Spink, orgs. (1998), *Reforma do Estado e administração pública gerencial*.

[200] Fui presidente, entre 1995 e 1997, do CLAD. Nesse período, ajudado pela pequena e competente equipe técnica desse órgão internacional sediado em Caracas, sua missão foi reformulada e tornada mais compatível com suas possibilidades. Por outro lado, com o apoio inicial do BID, o CLAD passou a realizar anualmente um grande congresso de administração pública, que deu uma nova dimensão à instituição.

concedeu um empréstimo importante para consolidar a Reforma Gerencial no Brasil. O empréstimo, que viabiliza o "Programa de Modernização do Poder Executivo Federal", segue rigorosamente os princípios do *Plano Diretor* e obedece a lógica dos "projetos prioritários" do MARE, de acordo com os quais o ministério controlou e coordenou os seus trabalhos de reforma nesses anos.

O programa tem um custo total de US$ 114 milhões, sendo a metade (US$ 57 milhões) financiada pelo Banco Interamericano de Desenvolvimento e a outra metade pelo Governo Federal. O período estimado para sua execução é de três anos, sendo que está prevista uma segunda fase, de US$ 66 milhões, ainda a ser aprovada, que estenderia o programa em mais dois anos. O mutuário do empréstimo é a União e a execução do programa estará a cargo do MARE, que terá a responsabilidade de coordenar, tanto no âmbito do ministério quanto nos órgãos externos participantes do programa, as atividades previstas.

Os objetivos do Programa de Modernização do Poder Executivo Federal são os objetivos da Reforma Gerencial. Como resultados do programa, espera-se alcançar: o aumento na eficiência; a redução de custos e o melhor controle de resultados dos seus órgãos e entidades; a melhor gestão e desenvolvimento dos recursos humanos; o aperfeiçoamento dos sistemas de informação e dos recursos tecnológicos; e uma comunicação mais fluida entre o governo e a sociedade, visando consolidar e redirecionar, se necessário, o processo de reforma do setor público.

Para alcançar os objetivos assinalados, o programa está sendo implantado por meio de quatro subprogramas estreitamente articulados: Reforma Institucional; Gestão e Desenvolvimento de Recursos Humanos; Gestão e Tecnologia da Informação; e Atendimento ao Cidadão.

O Subprograma de Reforma Institucional compreende a execução de três componentes, destinados a viabilizar o processo de reforma do aparelho do Estado. São eles: a reestruturação da Administração Pública Federal, que objetiva a reorganização das estruturas administrativas dos ministérios, bem como o aperfeiçoamento de seus sistemas gerenciais e de controle de resultados; a implantação de agências executivas, que compreende a qualificação de fundações e de autarquias, responsáveis por atividades exclusivas e prioritárias do Governo Federal, como agências executivas, administradas por contratos de gestão com os respectivos ministérios setoriais; e a implantação de organizações sociais, que apoia a transferência de atividades desenvolvidas por entidades públicas estatais para organismos privados sem fins lucrativos, atuando nas áreas cultural, educativa, de saúde, de pesquisa e de assistência social e que sejam qualificados para estabelecer contratos de gestão e receber recursos públicos.

O Subprograma de Gestão e Desenvolvimento de Recursos Humanos compreende a implementação de quatro componentes. São eles: a administração de recursos humanos da Administração Pública Federal, que pretende desenvolver e implantar um sistema informatizado para a gestão eficiente desses recursos humanos; a definição de carreiras públicas e regimes de trabalho, que apoia a preparação de estudos focalizados em um novo sistema de carreiras e remunerações na administração federal; o fortalecimento do Centro de Documentação e Informação da Escola Nacional de Administração Pública (ENAP), que consiste na aquisição de um acervo bibliográfico, na instalação de redes informatizadas de amplo acesso e na publicação de materiais relacionados com a administração pública; e a formação de quadros para a segurança pública, que objetiva modernizar o currículo da Academia Nacional de Polícia e de academias estaduais, capacitar professores e melhorar a infraestrutura logística e tecnológica disponível.

O Subprograma de Gestão e Tecnologia da Informação será executado por meio de três componentes: planejamento da informatização e desenvolvimento de recursos humanos; infraestrutura e normatização tecnológica; e gestão e difusão da informação. Os objetivos deste subprograma são: (a) dotar a Administração Pública Federal de instrumentos voltados para o planejamento, o acompanhamento e a avaliação do processo global de informatização, de forma a assegurar a plena utilização dos recursos de informação e informática; (b) capacitar os gestores e servidores públicos para torná-los usuários eficazes dos recursos de informação e informática; (c) criar uma infraestrutura integrada de serviços e aplicações que permita, com níveis de segurança adequados e economia de escala, a comunicação eletrônica entre os diversos órgãos que compõem a Administração Pública Federal, assim como entre esta e a sociedade; (d) convergir e integrar os sistemas de gestão administrativa, com vistas a garantir a uniformização dos procedimentos e das informações; (e) dotar a Administração Pública Federal de sistemas de informações gerenciais, que subsidiem a tomada de decisões e a formulação de políticas públicas e de interesse público, tornando-as acessíveis à sociedade; (f) tornar mais eficazes as atividades relativas às compras e contratações governamentais; (g) apoiar as ações do Ministério da Justiça voltadas para a informatização das áreas de segurança pública dos estados e para a criação do Sistema de Integração Nacional de Informações de Justiça e Segurança Pública; (h) apoiar ações de disseminação das informações socioeconômicas produzidas pelo Instituto Brasileiro de Geografia e Estatística — IBGE; e (i) apoiar as ações complementares de modernização do Ministério das Relações Exteriores.

O Subprograma de Atendimento ao Cidadão consiste em um conjunto de projetos que pretende transformar o cidadão no foco principal de atenção do Estado. Está estruturado em três componentes: a implementação do Serviço Integrado de Atendimento ao Cidadão (SACs), que busca aumentar a oferta, a qualidade e a produtividade de serviços públicos, em diferentes estados do país, concentrando em um único local, uma série de serviços altamente demandados pela população, tais como: carteira de identidade, passaporte, pagamento de impostos etc.; a Comunicação Social, que pretende ter a opinião pública como indicador de êxito e como redirecionador da reforma, desenvolvendo uma estratégia de comunicação que informe e comprometa a participação tanto da sociedade civil quanto dos servidores públicos; e a preparação de projetos e estudos em Cidadania e Modernização do Estado, que financiará seminários, estudos e projetos inovadores no âmbito da cidadania e da modernização do Estado.

Capítulo 21
REFORMA DA PREVIDÊNCIA

O problema do desequilíbrio fiscal da previdência é gravíssimo, e, conforme vimos no Capítulo 9, sua origem está no setor público muito mais do que no setor privado. Deixei, entretanto, esse tema para o final do livro porque, embora ele tenha sido objeto de grande interesse da minha parte e do MARE, não está diretamente relacionado com a Reforma Gerencial, nem coube ao MARE administrá-lo diretamente. A reforma da previdência estava na agenda do país desde o início dos anos 90, juntamente com a reforma tributária. Entretanto, por um equívoco generalizado de diagnóstico, ela se orientou principalmente para o sistema geral de previdência administrado pelo INSS, quando o verdadeiro problema estava no sistema de privilégios montado no setor público.

CONCEPÇÃO DISTORCIDA
A crise do sistema previdenciário brasileiro deriva, em última análise, de uma concepção distorcida dos brasileiros do que seja aposentadoria. Um sistema de pensões existe para garantir uma aposentadoria digna a quem chegou à velhice não havendo expectativa social de que continue a trabalhar, e não para garantir uma segunda remuneração a indivíduos ainda com plena capacidade de trabalho. Ora, no Brasil, existe uma convicção amplamente disseminada em toda a sociedade de que a segunda alternativa é a correta: a aposentadoria seria uma recompensa pelo tempo de trabalho, seria a oportunidade de cada indivíduo, ao chegar à maturidade (e não à velhice), poder dobrar sua receita, recebendo o valor a ela correspondente mais a renda de outra atividade à qual o aposentado pode agora se dedicar. Em consequência, a pressão da sociedade por uma aposentadoria precoce é muito grande, e o resultado são sistemas previdenciários intrinsecamente deficitários. No setor privado, a situação já é insustentável, porque, embora o benefício seja limitado a dez salários mínimos, as contribuições são proporcionais a esse valor. Ora, dificilmente um sistema de pensões é equilibrado se paga mais do que 70% do último salário, pressuposta uma contribuição razoável durante toda a vida. No setor público, porém, o dispositivo constitucional que assegura ao servidor público o direito a uma aposentadoria

"integral", correspondente à sua última remuneração, e sem nenhuma relação com as contribuições que tenha eventualmente realizado, estabelece as bases para a irracionalidade e o caos. Quem paga pelos aposentados e pensionistas do setor público não é o fundo por eles constituído, como seria o caso de um sistema de capitalização, nem esse custo é distribuído entre os participantes do sistema, como acontece nos sistemas de repartição, em que os jovens pagam pelos velhos em um processo encadeado. Quem paga a maior parte do custo da aposentadoria dos servidores públicos no Brasil é o contribuinte.

Uma outra visão equivocada, esta ligada aos economistas, é a de que todo sistema de previdência social deve estar baseado em fundos de capitalização e não no sistema de repartição. Ora, em todo mundo os sistemas básicos de aposentaria garantidos pelo Estado não são sistemas de capitalização, mas sistemas de repartição, em que os trabalhadores ativos pagam a aposentadoria dos inativos. Esta preferência pelo sistema de repartição ocorre porque o Estado, que tem como uma de suas funções no capitalismo contemporâneo garantir a previdência básica, é mau gestor de fundos de capitalização. Um sistema de capitalização, por outro lado, só é legítimo quando a contribuição é fixa e o benefício variável, dependendo da rentabilidade do fundo. Ora, é difícil, senão impossível, dizer aos cidadãos, especialmente aos mais pobres, que sua aposentadoria dependerá da forma pela qual o Estado administrará, bem ou mal, o possível fundo de capitalização. Por isso, os sistemas de previdência básicos, limitados a um certo número de salários mínimos, são sempre de repartição, enquanto os sistemas complementares de pensão livremente adotados pelos cidadãos, são fundos de capitalização.

Um sistema previdenciário deve ser autossustentado. Aquilo que o aposentado e pensionista recebe na velhice deve, atuarialmente, ser correspondente ao que pagou. A exceção é para a previdência básica, além, naturalmente, dos acidentes que produzem morte ou invalidez prematura. Por isso, o sistema é de seguro e não de poupança e capitalização pessoal. Em princípio, o sistema ideal deve prever três níveis: no primeiro, até, por exemplo, cinco salários mínimos, uma previdência básica obrigatória, de repartição, e garantida pelo Estado; no segundo nível, até, por exemplo, dez salários mínimos, uma previdência também obrigatória, mas de capitalização, e oferecida pelo Estado ou pelo setor privado, dependendo da preferência de cada um; e no terceiro nível, uma previdência complementar, de capitalização, que para os servidores públicos poderá ainda ser administrada pelo Estado, mas que preferivelmente deverá ser privada.

Proposta do Governo e nova alternativa

A proposta original do governo, apresentada em abril de 1995, e hoje em grande parte desfigurada, prestes a ser aprovada pelo Congresso, desconstitucionalizava tudo o que era possível, ficando na Constituição apenas princípios gerais como: caráter contributivo do sistema, equilíbrio financeiro e atuarial, idade mínima e tempo de serviço como requisitos para a aposentadoria; eliminação da vinculação entre os reajustes a aumentos dos servidores ativos e os proventos dos inativos. Na mesma emenda, era regulado o sistema de aposentadorias e pensões dos trabalhadores do setor privado e o dos servidores públicos. Mantinha-se, entretanto, a diferença entre os dois sistemas: para os trabalhadores privados, aposentadoria garantida pelo Estado apenas até dez salários mínimos; e para servidores públicos, garantia do Estado limitada apenas ao valor das contribuições. Os direitos adquiridos eram assegurados, exceto em alguns casos considerados como privilégios e não como direitos.

Em princípio, não deveria existir diferença entre o sistema previdenciário dos trabalhadores privados e o dos funcionários públicos. O Estado deveria garantir um sistema de previdência básica, deixando em seguida o sistema complementar, que poderia ser obrigatório até um nível intermediário de renda, para as empresas seguradoras do setor privado. Entretanto, como não havia condições políticas mínimas para se tratar igualmente trabalhadores privados e servidores, teria sido muito melhor separar claramente os dois sistemas, apresentando-os em duas emendas constitucionais diferentes. Não foi essa a opção do governo, que decidiu manter os dois sistemas de previdência em uma única emenda. Não foi uma boa estratégia. Com isso, os privilégios muito maiores existentes no setor público ficaram, ainda por um bom tempo, escondidos pelo biombo do sistema de previdência geral básica. Toda a reação da opinião pública contra a emenda não dizia respeito aos graves problemas fiscais relativos à previdência dos servidores. Além desse erro, cometeu-se um outro erro: decidiu-se desconstitucionalizar o máximo possível. Ora, embora essa estratégia pareça lógica, devido ao detalhismo da Constituição de 1988, na prática não funciona do ponto de vista político. Os deputados, acostumados com uma Constituição que prevê tudo, entenderam que o governo estava pedindo um "cheque em branco". Na primeira oportunidade, o relator na Câmara dos Deputados preencheu o cheque à sua maneira, descaracterizando a reforma. No Senado, entretanto, graças ao extraordinário trabalho desenvolvido pelo relator, senador Beni Veras, a reforma foi em grande parte salva, mas a Câmara voltou a fazer emendas, de forma que o resultado final deverá ser medíocre, muito aquém das expectativas do governo e das necessidades do país.

Reforma da Previdência

Existe hoje o consenso de que será necessário, a partir de 1999, voltar ao tema. E para isso são necessárias novas ideias. A mais promissora é aquela apresentada por Francisco E. B. Oliveira, técnico do IPEA, a uma comissão informal nomeada pelo Presidente da República sob a direção de André Lara Resende. Essa proposta, que não foi ainda formalizada, parte da ideia de que o equilíbrio a médio prazo do sistema poderá ser alcançado sem emenda constitucional, e mesmo mantendo-se o princípio da aposentadoria integral para os servidores, ou o limite de idade que se quiser para os diversos trabalhadores, se a lei determinar duas coisas: primeiro, segundo Oliveira (1997), que "a ideia é que cada um receba exatamente aquilo pelo que pagou; o valor presente será igual ao valor futuro"; e, segundo, que cada indivíduo tenha uma conta individualizada com opções, de forma que se um servidor público quiser receber a aposentadoria igual à sua última provável remuneração quando atingir 55 anos (e 35 de contribuição), terá de pagar mensalmente contribuições muito maiores do que se optar, por exemplo, por se aposentar com 70% do seu último salário aos 65 anos de idade. A proposta é complementada por um sistema previdenciário em três níveis, sendo o primeiro de repartição. Haverá, sem dúvida, uma discussão jurídica a respeito dessa ideia. A questão é saber se um cidadão pode, livremente, renunciar a um direito. Mas resolvido isso, e como não há nada na Constituição que impeça o tratamento individualizado dos indivíduos em matéria previdenciária, estamos diante de um ovo de Colombo para resolver a questão: com essa ideia imaginosa e realista, que não fere direitos adquiridos mas resolve os problemas para o futuro, temos uma luz no fundo do túnel.

Conclusão
UMA REFORMA IRREVERSÍVEL?

Três anos e meio depois de iniciada, posso afirmar hoje que as perspectivas em relação à Reforma Gerencial são muito favoráveis. A emenda constitucional da reforma foi aprovada e promulgada, as demais instituições previstas no *Plano Diretor* foram criadas, as ideias nele contidas foram aceitas pela alta administração pública, e sua implementação, que durará anos, já está em curso.

Quando o problema foi colocado pelo novo governo, no início de 1995, a reação inicial da sociedade foi de descrença, senão de irritação. Ao contrário do que ocorria com a reforma da previdência e a reforma tributária, a reforma administrativa não estava na agenda do país.[201] Colocado o problema de repente, sem a devida preparação, e de forma necessariamente incompleta e mal comunicada, caiu uma verdadeira tempestade sobre mim. A imprensa adotou uma atitude cética, senão abertamente agressiva. Várias pessoas sugeriram-me que "deveria falar menos e fazer mais", como se fosse possível mudar a Constituição sem antes realizar um amplo debate. Atribuí essa reação à natural resistência ao novo. Estava propondo um tema para o país que jamais havia sido discutido amplamente. Que não fora objeto de discussão pública na Constituinte. Que não se definira como problema nacional na campanha presidencial de 1994. Que só constava marginalmente dos programas de governo. Em síntese, que não estava na agenda do país.[202] Entretanto, com o decorrer dos meses, a situação mudou completamente. O apoio fundamental partiu do Presidente Fernando Henrique Cardoso. Em seguida, na medida em que se estabelecia um debate nacional sobre o tema, do qual

---

[201] Para uma comparação da política que envolveu essas três reformas, ver Melo (1998). O autor usou como variáveis para sua análise, entre outros, os atores envolvidos, a distribuição dos custos, o desenho mais ou menos claro, a maior ou menor força com que foi advogada (*policy advocacy*) e os resultados alcançados.

[202] Para ser mais preciso, itens como a revisão da estabilidade do servidor constavam das propostas de emenda constitucional do governo Fernando Collor; foram produto, em grande parte, do trabalho de setores esclarecidos da burocracia, preocupados em dotar aquele governo de um programa melhor estruturado na sua segunda fase, após ampla reestruturação ministerial.

participei intensamente em todos os fóruns, veio o firme apoio dos governadores e dos prefeitos. Depois, o da imprensa, que mudou radicalmente de posição. Os empresários se somaram desde o início às novas ideias. Finalmente, a própria opinião pública passou a apoiar francamente a reforma. E no seio do próprio funcionalismo, particularmente na alta burocracia, cuja competência e espírito público são frequentemente subestimados no Brasil, um número crescente de servidores, quando tomava conhecimento do conteúdo e sentido das propostas, tendeu a prestar seu apoio.

Em consequência, a reforma constitucional do capítulo da administração pública foi finalmente aprovada e promulgada em meados de 1998, enquanto as demais instituições da reforma foram transformadas em lei. As organizações sociais, as agências executivas e suas autonomias, os contratos de gestão, a política de terceirização, a nova política de recursos humanos passaram a fazer parte do sistema legal brasileiro e passaram a poder ser implementados. Isso foi possível, em um primeiro nível, porque o Presidente Fernando Henrique Cardoso foi capaz de montar uma coalizão política de centro, que, depois de um amplo processo de persuasão, acabou se convencendo da necessidade da reforma. Em um nível posterior, porque aos poucos a opinião pública e as elites se deram conta da importância de reformar administração pública brasileira. Porque perceberam que a condição para que o Brasil se modernize e se torne competitivo internacionalmente é contar com um Estado democrático e eficiente. Ou, colocando em termos da escolha racional, porque os políticos perceberam que os incentivos que tinham para realizar a reforma, em termos de reforçar sua possibilidade de reeleição, eram maiores do que nos prejuízos decorrentes de não atenderem às demandas patrimonialistas e corporativistas.[203] Conforme observou Haggard (1995: 57), analisando a reforma do Estado na América Latina, as reformas institucionais são tão mais efetivas quanto mais contarem com "a explícita delegação de uma coalizão legislativa". Foi o que ocorreu no Brasil.

Neste capítulo, a pergunta que pretendo responder é se a Reforma Gerencial é irreversível. Ela o será tanto mais quanto suas instituições tiverem legitimidade democrática e quanto maior for o apoio político e social com

---

[203] Geddes (1991), que examinou as reformas administrativas na América Latina do ponto de vista da escolha racional, afirma que estas serão bem-sucedidas seu duas condições forem satisfeitas: os favores clientelistas devem estar equilibradamente distribuído entre os partidos, de forma que nenhum deles perde mais do que os outros com a redução do patrimonialismo, e os legisladores devem ter incentivos eleitorais positivos, ainda que pequenos, para votar a reforma.

que as novas instituições contem. Com a reforma, um novo sistema de incentivos foi estabelecido, com o respaldo da garantia constitucional mas, principalmente, como resultado de um intenso debate democrático, que durou três anos. Desse debate, surgiu uma maioria sólida a favor da reforma, que lhe garante credibilidade e estabilidade. As resistências à reforma, que discutirei em seguida, ainda existem, mas tenderão a diminuir na medida em que sua própria implementação e os resultados positivos que apresentar tenderão a torná-la irreversível, independentemente de futuras coalizões partidárias e das características e preferências pessoais de novos governantes.

Resistência à Reforma

As resistências à Reforma Gerencial são principalmente de caráter burocrático. A cultura burocrática está profundamente instalada em muitos países, inclusive no Brasil. Para muitos, a burocracia é sinônimo de administração profissional e controle legal da moralidade — dois valores universais. A essa visão se soma, com frequência, a identificação jamais admitida, mas sempre presente, da esquerda tradicional com a burocracia. Por essas razões, a Reforma Gerencial não se tornou ainda um fenômeno universal. Em alguns países, como a Alemanha, o Japão e, em menor grau, a França, nos quais a administração pública burocrática alcançou pleno desenvolvimento, as resistências à mudança são naturalmente fortes. Talvez o caso paradigmático seja o da Alemanha. Segundo Seibel (1996), o avanço e a história da reforma administrativa na Alemanha têm-se mesclado, num movimento que remonta ao século XVIII, com o desenvolvimento de uma "ciência da administração" independente dos estudos de jurisprudência que constituem a base tradicional da administração pública no país. Nesse sentido, a "reforma" alemã vem se atualizando por meio da análise e aperfeiçoamento constantes da administração pública burocrática, com base no desenvolvimento concomitante de uma ciência administrativa tipicamente alemã.

Heredia e Schneider, que estudaram as reformas administrativas recentes nos países em desenvolvimento, aceitam que o obstáculo está principalmente nas burocracias, mas acrescentam os políticos. Segundo eles, tanto um grupo quanto o outro fazem parte integrante do sistema político dominante, e resistem à mudança do sistema de incentivos que coloque em risco os privilégios de que gozam:

"O obstáculo isolado mais importante para a reforma administrativa reside no fato de que na maioria dos países em desenvolvimento e dos países em transição para o desenvolvimento as burocracias estatais são uma parte integral do sistema político cuja operação depende em um grau considerável embora variável de estruturas burocráticas e de procedimentos operacionais altamente politizados. Para a centralidade do clientelismo, para a geração de apoio político, para a estratégia de desorganizar a oposição, para a carreira e o progresso tanto de políticos quanto de burocratas, a transformação da estrutura de incentivos internos que governam o comportamento dentro do aparelho do Estado torna-se particularmente difícil" (1998: k7).

Essa análise é interessante porque reconhece o papel dos políticos populistas e de suas práticas clientelistas, mas não se resume a essa perspectiva, como é típico da ciência política dominante quando estuda os países em desenvolvimento. Os burocratas também fazem parte do sistema político, estão associados com os políticos, e buscam, de várias formas, capturar o patrimônio público.

A resistência à reforma teve também origem na resistência que o novo sempre desperta. O novo é sempre ameaçador, especialmente quando é desconhecido. A reação negativa que a reforma teve nos primeiros meses do governo foi em grande parte consequência desse fato. Nessa direção, em muitos países em desenvolvimento o argumento usado contra a Reforma Gerencial é o de que, primeiro, seria necessário completar a Reforma Burocrática, para, depois, passar para a gerencial. Esquecem que nenhum país esperou terminar a revolução mecânica para iniciar a elétrica, nem terminar a elétrica para iniciar a revolução eletrônica. Na verdade, a principal vantagem de que gozam os países em desenvolvimento em sua competição com os desenvolvidos está no fato de poderem copiar rapidamente as inovações, passando por um clássico e conhecido processo de superposição de fases.

À resistência burocrática e à resistência ao novo, entretanto, soma-se um terceiro fator: a capacidade limitada dos cidadãos de responsabilizar políticos e administradores públicos. Segundo Przeworski (1995), o êxito da reforma do Estado depende da capacidade de cobrança dos cidadãos. Ora, a cultura política no Brasil sempre foi antes autoritária do que democrática. Historicamente, o Estado não era visto como um órgão ao lado da sociedade, oriundo de um contrato social, mas como uma entidade acima da sociedade. Dessa forma, conforme observa Luciano Martins (1995a: 35), "a responsabilidade política pela administração dos recursos públicos foi raramente exigida como um direito de cidadania. Na verdade, o princípio de que *não há tributação sem representação* é completamente estranho à cultura políti-

336   Reforma do Estado para a cidadania

ca brasileira". Se junto a esses fatores considerarmos também o viés paternalista que sempre atravessou as mediações Estado/Sociedade no Brasil, não constitui surpresa, portanto, que a reação inicial às propostas, quando elas estavam ainda sendo formuladas, tenha sido tão negativa.

No Brasil, a resistência à Reforma Gerencial localizou-se em dois extremos: de um lado, nos setores médios e baixos do funcionalismo, nos seus representantes corporativos sindicais e partidários, que se julgam de esquerda; de outro lado, no clientelismo patrimonialista ainda vivo, que temia pela sorte dos seus beneficiários, muitos dos quais são cabos eleitorais ou familiares dos políticos de direita.

Reforma irreversível

Tudo indica que a Reforma Gerencial é irreversível. Será implementada gradualmente, ao longo dos anos. Sofrerá crises, vitórias e derrotas. Mas a tendência geral será no sentido de reduzir ao mínimo o caráter patrimonialista da administração pública, ao mesmo tempo que administração pública burocrática é substituída pela gerencial. Essa irreversibilidade decorre de vários fatores: não se trata de uma mudança apenas brasileira, mas universal; o país está maduro para ela; a competitividade internacional exige o aumento da eficiência do setor público, a crescente demanda de que o Estado garanta os direitos sociais, exige que seus gastos nessa área apresentem uma relação custo-benefício muito melhor.

O apoio da opinião pública foi crescente: a maioria das pesquisas de âmbito nacional sobre a reforma apresentavam um apoio de cerca de três quartos dos entrevistados. Por outro lado, o apoio das elites também foi decisivo. No início de 1997, foi divulgada uma pesquisa com os formadores de opinião pública realizada pelo Instituto Brasileiro de Estudos Políticos (1997), sob coordenação do cientista político Walder de Góes, da Universidade de Brasília, que confirma as pesquisas mais amplas, demonstrando que os formadores de opinião veem a reforma como a população em geral.

A pesquisa foi realizada junto a 311 formadores de opinião residentes nas onze principais capitais do país, detectados pelo método reputacional, a partir das indicações de um grupo inicial pequeno de formadores escolhidos pelos pesquisadores. Os respondentes foram divididos em oito grupos profissionais: jornalistas, empresários, políticos, administradores públicos, líderes associativos, líderes trabalhistas, intelectuais e outros. Diante de uma pergunta mais geral (se a reforma do aparelho do Estado deveria ser considerada prioritária), a aprovação subiu a 84%. Em contrapartida, perguntados se estavam satisfeitos com os serviços prestados nos níveis municipal, estadual e federal, o índice de aprovação baixou para 30, 26 e 20%, respectivamente. Em relação às perguntas mais específicas, 66% concordam que se deve permitir a demissão de servidores estáveis quando o gasto com pessoal ultrapassar 60% da receita, 71% concordam com a eliminação do Regime Jurídico Único para todas as áreas e atividades da administração pública, 67% concordam com a criação de um novo regime de trabalho para as atividades que não sejam típicas ou exclusivas de governo, 73% aprovam um teto para a remuneração dos servidores equivalente ao valor recebido pelos ministros do Supremo Tribunal Federal, 74% concordam que aumentos de remuneração no Legislativo e no Judiciário só possam ser concedidos por meio de projeto de lei, 84% são contra a incorporação à remuneração dos servidores de vantagens pessoais, 56% apoiam a criação de agências executivas para executar serviços exclusivos de Estado e 70%, a criação de entidades de direito privado, públicas não estatais, as organizações sociais, para executar os serviços sociais e científicos financiados pelo Estado (as duas instituições fundamentais propostas pelo *Plano Diretor* para descentralizar a administração), 84% estão a favor da revisão da lei de licitações.

Mais recentemente, a ENAP (1998), com o objetivo de obter subsídios para um curso de administração gerencial destinado à alta administração pública, fez uma ampla pesquisa junto aos DAS-4, ou seja, junto aos ocupantes de cargos comissionados de direção e assessoramento. Existem 1500 DAS-4 no Governo Federal, dos quais 1000 em Brasília. A estes, 50% dos quais encontram-se no serviço público há mais de dezessete anos, foi enviado o questionário. O apoio à Reforma Gerencial, que apareceu no relatório de pesquisa da ENAP (1998) foi impressionante. No universo da amostra, somente 12% dos entrevistados ingressaram no serviço público nos anos 90, ou seja, podiam ser considerados "não estáveis" e temer demissões, entretanto, 78% concordam ou tendem a concordar com a flexibilização da estabilidade de emprego público. Mais que isso, 69% dos principais interessados estão de acordo com a superação da forma burocrática de administrar o Estado, o que significa que uma ampla maioria dos altos administradores está hoje disposta a mudar a maneira como trabalharam nos últimos anos. Além do apoio nesses tópicos, 74% concordam com a ênfase no controle por resultados (em lugar do controle estrito de procedimentos), 73% aprovam as novas instituições (agências executivas e organizações sociais), 72% acham correta a terceirização das atividades auxiliares ou de apoio e 65% aprovam o fim do Regime Jurídico Único. Em termos gerais, a maioria dos DAS-4 que responderam ao questionário aprovam os pontos fundamentais da reforma gerencial.

O apoio obtido junto à alta burocracia é essencial para a irreversibilidade da reforma. São os administradores públicos que a implementarão. Só o farão se estiverem persuadidos, e as pesquisas estão apontando nessa direção. São justamente esses administradores que sabem melhor do que ninguém quais são as dificuldades a serem superadas. Na Inglaterra, por exemplo, a reforma só se tornou possível quando a alta administração pública britânica decidiu que estava na hora de reformar, e que para isso uma aliança estratégica com o Partido Conservador, que assumira o governo em 1979, era conveniente. Mais amplamente, foi fundamental o apoio das elites modernizantes do país, que necessariamente inclui a alta administração pública. O mesmo, aliás, ocorreu nas reformas anteriores. Conforme observa Piquet Carneiro:

> "Nas duas reformas administrativas federais anteriores (1936 e 1967), esteve presente a ação decisiva de uma elite de administradores, economistas e políticos — autoritários ou não — afinados com o tema da modernização do Estado, e entre eles prevaleceu o diagnóstico comum de que as estruturas existentes eram insuficientes para institucionalizar o processo de reforma" (1993: 150).

O apoio que a Reforma Gerencial da administração pública afinal recebeu parte da convicção generalizada de que o modelo implantado em 1988 foi irrealista, tendo agravado ao invés de resolver o problema. O grande inimigo não é apenas o patrimonialismo, mas também o burocratismo. O objetivo de instalar um serviço civil profissional e competente no país continua vivo, uma vez que jamais se conseguiu completar a Reforma do Serviço Civil; mas tornou-se claro em 1995 que tal reforma só se completará se for seguida por uma Reforma Gerencial, que crie as condições institucionais necessárias para que a alta administração pública possa de fato gerenciar o Estado. A burocracia é conservadora, mas está comprometida com a modernidade e a eficiência. Quando ficaram mais claros os objetivos da reforma proposta, quando se percebeu que se tratava de um proposta firme e clara, inovadora mas moderada, inimiga dos privilégios mas respeitosa dos direitos, disposta a valorizar os aspectos positivos da Reforma Burocrática, como o fortalecimento do núcleo estratégico do Estado e das carreiras de Estado, as resistências diminuíram, transformando-se, afinal, em apoio decidido.

Uma Reforma para uma sociedade em mudança

A sociedade brasileira atravessou mudanças profundas nos últimos cinquenta anos; democratizou-se; tornou-se mais consciente dos seus direitos.

Foi um avanço, para o qual a ampliação brutal do número de cidadãos com educação superior e o seu acesso a um sistema de comunicação de massas moderno tiveram um enorme papel. Certas mudanças ocorrem subterraneamente. A cultura política do povo está mudando, ao mesmo tempo que ocorrem profundas transformações estruturais na sociedade brasileira, mas temos dificuldade em nos dar conta do fato.[204] Cabe aos intelectuais e aos políticos detectá-las o mais precocemente possível e derivar delas as implicações analíticas e de políticas públicas. Cabe aos políticos ter a sensibilidade ou a intuição para perceber o sentido das mudanças profundas que estão ocorrendo, seus reflexos na opinião pública, e as reformas que, em consequência, se impõem.

No Brasil, tudo indica que o apoio que a Reforma Gerencial vem recebendo deriva, principalmente, das mudanças que estão ocorrendo. Não apenas as mudanças no plano econômico e tecnológico, mas novas instituições políticas como o sistema eleitoral universal, o voto livre até do analfabeto, a imprensa livre, o horário gratuito na televisão e no rádio, puseram em cheque o poder político patrimonialista, reduzindo, em consequência, a dependência de uma administração pública estritamente burocrática. Por outro lado, a globalização da economia mundial e as decorrentes exigências de maior competitividade do país no plano internacional tornam a redução do custo dos serviços públicos por meio de uma maior eficiência administrativa um dos componentes essenciais da redução do "custo-Brasil".

Essas são as ideias fundamentais da reforma do aparelho do Estado que se iniciou no Brasil, no governo Fernando Henrique. A tarefa ainda é imensa. Para que seja bem-sucedida, não basta que as ideias, que as diretrizes sejam modernas e equilibradas. É preciso que, por meio de um amplo debate com a sociedade e os funcionários, cheguemos a um razoável entendimento. Seja contra ou a favor da Reforma Gerencial, a discussão a seu respeito entrou definitivamente na pauta da opinião pública. Discutir e debater o papel do Estado deixou de ser monopólio de cientistas políticos. Passou a ser parte do processo de consolidação democrática, a sociedade percebeu a importância da reforma do Estado, diluindo ainda mais o antagonismo "Estado x Sociedade". As mudanças institucionais e constitucionais acabaram por inscrever uma marca na cultura política brasileira, justamente a que pode ga-

---

[204] Ver, a respeito, duas perspectivas diferentes e instigantes: Abranches (1993), que enfatiza a mudança estrutural ocorrida no Brasil, e Moisés (1995), que examina a dimensão estritamente política do avanço da cultura democrática no país.

rantir a continuidade da reforma gerencial. Não há dúvida de que alguns interesses serão atingidos, de que alguns privilégios serão eliminados. Mas o mais importante é o aspecto positivo da reforma. É o fato de que nela está embutida uma concepção de Estado social-democrata e pragmática. De que com ela a crise fiscal poderá ser superada. De que graças a ela, funcionários dedicados serão mais valorizados, terão melhores salários e mais respeito social. Enfim, que teremos um Estado mais enxuto e mais eficiente, que prestará um serviço de melhor qualidade aos cidadãos.

REFERÊNCIAS BIBLIOGRÁFICAS

ABERBACH, Joel D., PUTNAM, Robert D. e ROCKMAN, Bert A. (1981). *Bureaucrats & Politicians in Western Democracies*. Cambridge, Ma.: Harvard University Press.

ABRANCHES, Sérgio H. (1993). "Do Possível ao Desejável: Lógicas de Ação Coletiva e Modelos de Desenvolvimento". In Velloso, João Paulo Reis, org. (1993).

ABRUCIO, Fernando Luiz (1993). "Profissionalização". In Andrade e Jaccoud, orgs. (1993).

_____ (1996). *O Impacto do Modelo Gerencial na Administração Pública: Um Breve Estudo sobre a Experiência Internacional Recente*. Brasília: Cadernos ENAP, n° 10.

ALVES DOS SANTOS, Antônio Carlos (1996). *A Economia Política da Privatização*. São Paulo: Fundação Getúlio Vargas, Tese de Doutorado, setembro de 1996.

AMAPARÁN, Juan Pablo Guerrero (1997a). "Un Estudio de la Reforma Administrativa en México: Los Dilemas de la Instauración de un Servicio a Nivel Federal". Texto apresentado ao Seminário "Reforma Administrativa em Países em Desenvolvimento". Brasília: ENAP, 24 e 25 de novembro de 1997.

_____ (1997b). "La Profesionalización del Servicio Público en México: Retos y Perspectivas". Texto apresentado no Seminário "Reforma Administrativa em Países em Desenvolvimento", Brasília: ENAP, 24 e 25 de novembro de 1997.

AMES, Barry (1987). *Political Surivival: Politicians and Public Policy in Latin America*. Berkeley: University of California Press. Citado por Geddes (1991).

ANDRADE, Régis de Castro (1993). "Introdução". In Andrade e Jaccoud, orgs. (1993).

ANDRADE, Regis de Castro e JACCOUD, Luciana, orgs. (1993). *Estrutura e Organização do Poder Executivo — volume 2*. Brasília: ENAP.

ARMIJO, Leslie Elliot (1993). "Tradeoffs Implicit in Alternative Roads to Democracy and Markets". In Armijo, Leslie E., org. (1993).

ARMIJO, Leslie Elliot, org. (1993). *Conversations about Democratization and Economic Reform: Working Papers on the Southern California Seminar*. Los Angeles: University of Southern Californa, School of International Relations, Center for International Studies.

Associação Nacional dos Especialistas em Políticas Públicas e Gestão Governamental (1994). "Reforma do Estado e Administração Pública: Diagnósticos e Propostas para o Novo Governo". Mimeo, outubro de 1994, versão n° 2.

BANCO MUNDIAL (1994). *The Organization, Delivery and Financing of Health Care in Brazil: Agenda for the 90's*. Washington: Banco Mundial, relatório n° 12665-BR, junho de 1994.

_____ (1997a). *World Development Report 1997: The State in a Changing World*. Washington: Banco Mundial.

_____ (1997b). *Brazil: From Stability to Growth through Public Employment Reform (Main Report)*. Documento produzido pela Brazil Country Management Unit e pela Poverty Reduction and Economic Management Unit do Latin American and Caribbean Regional Office do Banco Mundial, outubro de 1997 (relatório n° 16793-BR).

BANDEIRA DE MELLO, Celso Antônio (1975). *Prestação de Serviços Públicos e Administração Indireta*. São Paulo: Revista dos Tribunais.

_____ (1991). *Regime Constitucional dos Servidores da Administração Direta e Indireta*. São Paulo: Revista dos Tribunais (2ª edição revista).

BARBOSA, Lívia (1997). "Meritocracia à Brasileira: O que é Desempenho no Brasil". *Revista do Serviço Público*, 47(3) setembro de 1997.

BARGUEÑO, Manuel Martínez (1995). "La Reforma de la Relación de Empleo Público en Italia". *GAPP*, n° 2, janeiro de 1995.

BARNARD, Chester (1938). *The Functions of the Executive*. Cambridge, Ma.: Harvard University Press.

BARRETO, Maria Inês (1998). "As Organizações Sociais na Reforma do Estado Brasileiro". In Bresser-Pereira e Cunill Grau, orgs. (1998).

BARZELAY, Michael (1992). *Breaking Through Bureaucracy*. Berkeley: University of California Press.

_____ (1997). "Politics of Public Management Reform in OCDE Countries". Texto apresentado no II Congresso Interamericano do CLAD, Isla Margarita, Venezuela, 15-18 de outubro de 1997.

BEETHAM, D. (1987). *Bureaucracy*. Milton Keynes: Open University Press (citado em Ranson e Stewart, 1994).

BEKKE, Hans, PERRY, James e TOONEN, Theo, orgs. (1996). *Civil Service Systems in Comparative Perspective*. Boomington & Indianapolis: Indiana University Press.

BELMAN, Dale, GUNDERSON, Morely e HYATT, Douglas (1996). "Public Sector Employment Relations in Transition". In Belman, Gunderson e Hyatt, orgs. (1996). *Public Sector Employment in Transition*. Maddison: Industrial Relations Research Association (IR-RA).

BELTRÃO, Hélio (1984). *Descentralização e Liberdade*. Rio de Janeiro: Record.

_____ (1981). "Programa Nacional da Desburocratização". *Revista de Administração Pública*. Rio de Janeiro, 15(3): 92-119, jul./set. Palestra promovida pela Academia Brasileira de Ciência da Administração.

BERLIN, Isaiah (1958). "Two Concepts of Liberty". In Berlin, Isaiah (1969). *Four Essays on Liberty*. Oxford: Oxford University Press. Originalmente publicado em 1958.

BERTERO, Carlos Osmar (1985). *Administração Pública e Administradores*. Brasília: FUNCEP, 1985.

BLAU, Peter M. e SCOTT, W. Richard (1963). *Formal Organizations*. Londres: Routledge & Kegan Paul.

BOBBIO, Norberto (1988). *Liberalismo e Democracia*. São Paulo: Editora Brasiliense.

BONIFÁCIO, José Alberto (1995). "Formação de Administradores e Profissionalização da Carreira Administrativa". *Revista do Serviço Público*, 45(2, 3), maio de 1995.

Referências bibliográficas   343

BRESSER-PEREIRA, Luiz Carlos (1963a). "Centralização e Descentralização". In Prestes Motta e Bresser-Pereira (1963/1980). Originalmente, publicado como apostila, São Paulo, Fundação Getúlio Vargas, Escola de Administração de Empresas de São Paulo, 1963.

_____ (1963b). "O Processo de Descentralização". In Prestes Motta e Bresser-Pereira (1963/1980). Originalmente, publicado como apostila, São Paulo, Fundação Getúlio Vargas, Escola de Administração de Empresas de São Paulo, 1963.

_____ (1977). *Estado e Subdesenvolvimento Industrializado*. São Paulo: Brasiliense.

_____ (1978). *O Colapso de uma Aliança de Classes*. São Paulo: Brasiliense.

_____ (1981). *A Sociedade Estatal e a Tecnoburocracia*. São Paulo: Brasiliense.

_____ (1985). *Pactos Políticos*. São Paulo: Brasiliense.

_____ (1988a). "De Volta ao Capital Mercantil: Caio Prado Jr. e a Crise da Nova República". *Revista Brasileira de Ciência Política* 1(1), março de 1989. Também em D'Incao, Maria Angela (1989). *História e Ideal: Ensaios sobre Caio Prado Jr*. São Paulo: Brasiliense.

_____ (1988b). "O Caráter Cíclico da Intervenção Estatal". *Revista de Economia Política*, 9(3), julho-setembro de 1989. Uma versão mais elaborada foi publicada em inglês com o título "Economic Reforms and the Cycles of the State", *World Development* 21(8), agosto de 1993. Trabalho apresentado ao simpósio "Democratizing Economics", USP e Wilson Center, São Paulo, julho de 1988.

_____ (1991). *A Crise do Estado*. São Paulo: Nobel.

_____ (1992). "Contra a Corrente: A Experiência no Ministério da Fazenda". *Revista Brasileira de Ciências Sociais*, nº 19, julho de 1992. Versão revisada de depoimento prestado ao Instituto Universitário de Pesquisas do Rio de Janeiro em setembro de 1988 e originalmente publicado como um texto para discussão do IUPERJ.

_____ (1993). "A Modernização Incompleta e os Pactos Políticos". In Sola, Lourdes e Paulani, Leda, orgs. *Lições da década de 80*, São Paulo: EDUSP, 1995.

_____ (1995a). "Estado, Sociedade Civil e Legitimidade Democrática". *Lua Nova — Revista de Cultura e Política*, nº 36, 1995.

_____ (1995b). "Reforma Administrativa do Sistema de Saúde". Trabalho apresentado ao Colóquio Técnico prévio à XXV Reunião do Conselho Diretivo do CLAD. Buenos Aires, 25 de outubro, 1995. Publicado como *Cadernos MARE da Reforma do Estado*, nº 13, março de 1998.

_____ (1996a). *Crise Econômica e Reforma do Estado no Brasil*. São Paulo: Editora 34.

_____ (1996b). "Da Administração Pública Burocrática à Gerencial". *Revista do Serviço Público*, 47(1), janeiro de 1996.

_____ (1997a). "Cidadania e Res Publica: A Emergência dos Direitos Republicanos". *Revista de Filosofia Política — Nova Série*, vol. 1, 1977. Porto Alegre: Universidade Federal do Rio Grande do Sul, Departamento de Filosofia.

_____ (1997b). "Reforma do Estado nos Anos 90: Lógica e Mecanismos de Controle". Brasília: MARE, *Cadernos Mare da Reforma do Estado*, julho de 1997. Texto apresentado à segunda conferência do Círculo de Montevidéu, Barcelona, maio de 1997.

BRESSER-PEREIRA, Luiz Carlos e CUNILL GRAU, Nuria (1998). "Entre Estado e Mercado: O Público não-estatal". In Bresser-Pereira e Cunill Grau, orgs. (1998).

BRESSER-PEREIRA, Luiz Carlos e CUNILL GRAU, Nuria, orgs. (1998). *O Público não-estatal na Reforma do Estado*. Rio de Janeiro: Editora Fundação Getúlio Vargas (em publicação).

BRESSER-PEREIRA, Luiz Carlos, MARAVALL, José Maria e PRZEWORSKI, Adam (1993). *Economic Reforms in New Democracies*. Cambridge: Cambridge University Press. Edição brasileira: *Reformas Econômicas em Novas Democracias*, Editora Nobel, 1996.

BRESSER-PEREIRA, Luiz Carlos e SPINK, Peter, orgs. (1998). *Reforma do Estado e Administração Pública Gerencial*. Rio de Janeiro: Editora da Fundação Getúlio Vargas.

CAIDEN, Gerald E. (1991a). *Administrative Reform Come to Age*. Berlim: De Gruyter.

_____ (1991b). "Reformas Administrativas Recientes en Australasia". *Revista Internacional de Ciencias Administrativas*, Madri: vol. 57, n° 1, março de 1991.

_____ (1991c). "What is Really Public Madadministration?". *Public Administration Review*, 51(6), novembro de 1991.

CARDOSO, Fernando Henrique e MARTINS, Luciano, orgs. (1994). *O Brasil e as Tendências Econômicas e Políticas Contemporâneas*. Anais do seminário com esse título realizado em Brasília, 2-3 de dezembro de 1994. Brasília: Fundação Alexandre de Gusmão, 1995.

CARDOSO, Fernando Henrique (1991). "Intervenção em Seminário Brasil-França sobre Contratos de Gestão". In ENAP (1993). *Contratos de Gestão e a Experiência Francesa de Renovação do Setor Público*. Brasília: ENAP. Seminário realizado em outubro de 1991.

_____ (1996a). "Reforma do Estado". In Bresser-Pereira e Spink, orgs. (1998). Conferência de abertura do seminário sobre "Reforma do Estado na América Latina" organizado pelo MARE e patrocinado pelo BID. Brasília, maio de 1996.

_____ (1996b). "Globalização". Conferência pronunciada em Nova Délhi, Índia, janeiro de 1966. Publicada em *O Estado de S. Paulo*, 28 de janeiro de 1996.

_____ (1998). *Mensagem ao Congresso Nacional de 1998*. Brasília: Presidência da República, 1998.

CASTELLS, Manuel (1994). "Comentário no Seminário *O Brasil e as Tendências Econômicas e Políticas Contemporâneas*". In Cardoso e Martins, orgs. (1994).

_____ (1998). "Hacia el Estado Red". In Wilheim, Sola e Bresser-Pereira, orgs. (1998).

CAVALCANTI DE ALBUQUERQUE, Roberto (1995). "Reconstrução e Reforma do Estado". In Velloso e Cavalcanti de Albuquerque, orgs. (1995).

CAWSON, Alan (1985). "Varieties of Corporatism: The Importance of the Meso-Level of Interest Intermediation". In Cawson, org. (1985).

CAWSON, Alan, org. (1985). *Organized Interests and the State*. Londres: Sage Publications.

CHANDLER, Alfred D. (1962). *Strategy and Structure*. Massachussetts: The MIT Press, 1986. Primeira edição de 1962.

CHEVALLIER, Jacques (1996). "Public Administration in Statist France". *Public Management Review*, 56(1), janeiro de 1996.

CLARKE, John e NEWMAN, Janet (1997). *The Managerial State*. Londres: Sage Publications.

Referências bibliográficas   345

CLINTON, Bill e GORE, Al (1995). *Putting Customers First' 95*. Washington, DC: Presidência dos Estados Unidos, *National Performance Review*, outubro de 1995.

COASE, Ronald H. (1937). "The Nature of the Firm". In Stigler e Boulding, orgs. (1952). *Readings in Price Theory*. Orginalmente publicado em *Economica*, 1937.

COHN, Amélia (1995). "Mudanças Econômicas e Políticas de Saúde no Brasil". In Laurell, org. (1995). *Estado e Políticas Sociais no Neoliberalismo*. São Paulo: Editora Cortez/ CEDEC.

CORDEIRO, Hésio (1991). *Sistema Único de Saúde*. Rio de Janeiro: Ayuri Editorial.

COUTINHO, Carlos Nelson (1980). *A Democracia como Valor Universal*. São Paulo: Livraria Editora Ciências Humanas.

CROZIER, Michel (1988). *Como Reformar al Estado*. México: Fondo de Cultura Económica, 1992. Primeira edição em francês, 1988.

_____ (1996). "The Transition from the Bureaucratic Paradigm to a Public Management Culture". Caracas: CLAD, documento nº 3, novembro de 1996. Trabalho apresentado ao I Congresso Interamericano do CLAD, Rio de Janeiro, outubro de 1996.

CROZIER, Michel e TILLIETTE, Bruno (1995). *La crise de l'inteligence*. Paris: InterEditions.

CUNILL GRAU, Nuria (1995). "La rearticulación de las relaciones Estado-sociedad: en búsqueda de nuevos sentidos". *Revista del CLAD — Reforma y Democracia*, nº 4, julho de 1995.

_____ (1997). *Repensando lo Público a través de la Sociedad*. Caracas: Editorial Nueva Sociedad e CLAD.

DAVEL, Eduardo e VASCONCELLOS, João, orgs. (1996). *Recursos Humanos e Subjetividade*. Rio de Janeiro: Editora Vozes.

DAVIDSON, Greg (1997). "Managing by Process in Private and Public Organizations: Scientific Management in the Information Revolution". *Journal of Post Keynesian Economics*, 20(1), outono de 1997.

DELORME, Robert e DOPFER, Kurt, orgs. (1994). *The Political Economy of Diversity*. Aldershot: Edward Elgar Publishing House e European Association for Evolutionary Political Economy.

DELORME, Robert (1995). "An Alternative Theoretical Framework for State-Economy Interaction in Transforming Economies". *Emergo: Journal of Transforming Economies and Societies*. 2(4), outono de 1995.

DEMING, W. Edward (1982). *Quality, Productivity, and Competitive Position*. Cambridge, Ma.: The MIT Press.

DILULIO JR, John J. e NATHAN, R.P., orgs. (1994). *Making Health Reform Work*. Washington: The Brookings Institution.

DINIZ, Eli (1995). "Governabilidade, Democracia e Reforma do Estado: Os Desafios da Construção de uma Nova Ordem no Brasil dos Anos 90". *Dados* 38(3), 1995.

DROR, Yehezkel (1994). *La Capacidad de Gobernar: Informe al Club de Roma*. Barcelona: Círculo de Lectores e Galaxia Gutenberg (publicado na América Latina pelo Fondo de Cultura Económica; original inglês em vias de ser publicado).

_____ (1996). "Upgrading Capacity to Govern in Latin America". Caracas: CLAD, documento nº 3, novembro de 1996. Trabalho apresentado ao I Congresso Interamericano do CLAD, Rio de Janeiro, outubro de 1996.

_____ (1997). "Delta-type Senior Civil Service for the 21th Century". *International Review of Administrative Sciences*, vol. 63, 1997.

DRUCKER, Peter (1954). *The Practice of Management*. Nova York: Harper & Brothers.

_____ (1964). *Managing for Results*. Nova York: HarperCollins Publishers.

_____ (1995). "Really Reinventing Government". *The Atlantic Monthly*, fevereiro de 1995.

DUNLEAVY, Patrick e HOOD, Christopher (1994). "From Old Public Administration to New Public Management". *Public Money and Management*, julho de 1994.

ECONOMIST, The (1997). "An Unhealthy Silence". *The Economist*, 15 de março de 1997.

_____ (1998). "He Believes in Government. So why doesn't America". *The Economist*, 24 de janeiro de 1998.

ENAP (1998). *Conhecendo a Clientela da ENAP — O Perfil dos DAS 101.4*. Relatório Síntese de Pesquisa. Brasília: ENAP, março de 1998.

ETZIONI, Amitai (1964). *Modern Organizations*. Englewood Cliffs: Prentice-Hall.

EVANS, Peter (1979). *The Alliance of Multinational, State and Local Capital in Brazil*. New Jersey: Princeton University Press.

_____ (1989). "Predatory, Developmental and other Apparatuses". *Sociological Forum*, n° 4, dezembro de 1989.

_____ (1995). *Embedded Autonomy*. Princeton: Princeton University Press.

FAORO, Raymundo (1957/75). *Os Donos do Poder*. Porto Alegre/São Paulo: Editora Globo e Editora da Universidade de São Paulo, 1975 (2ª ed. ampliada; 1ª ed., 1957).

FAIRBROTHER, Peter (1994). *Politics and the State as Employer*. Londres: Mansell.

FALCONI CAMPOS, Vicente (1992). *TQC — Controle de Qualidade Total (No Estilo Japonês)*. Belo Horizonte: Fundação Christiano Ottoni da Universidade Federal de Minas Gerais.

FERLIE, Ewan, PETTIGREW, Andrew, ASHBURNER, Lynn e FITZGERALD, Louise (1996). *The New Public Management in Action*. Oxford: Oxford University Press.

FERRAZ JR, Tércio Sampaio (1987). *Introdução ao Estudo do Direito*. São Paulo: Editora Atlas (2ª ed., 1994).

FLEURY, Maria Tereza (1996). "Desafios e Impasses na Formação do Gestor Inovador". In Davel e Vasconcellos, orgs. (1996).

FORTIN, Yvonne. (1996). "Autonomy, Responsibility and Control — The Case of Central Government Agencies in Sweden". In OCDE-PUMA (1996). *Performance Management in Government: Contemporary Illustrations*.

FRANZ, Howard (1996). "The New Public Management and the New Political Economy: Missing Pieces in Each Other"s Puzzles". Trabalho preparado para a conferência "New Public Management in International Perspective", University of St. Gallen, Suíça, julho de 1996. In International Public Management Network (www.willamette.org /ipmn/ research/conference/index.html).

FREDERICKSON, H. George (1996). "Comparing the Reinventing Government Movement with the New Public Administration". *Public Administration Review*, 56(3), maio de 1996.

FRIEDMAN, Milton (1953). "The Methodology of Positive Economics". In Friedman, *Essays on Positivive Economics*. Chicago: University of Chicago Press.

Referências bibliográficas

FRISCHTAK, Leila L. (1994a). "Governance Capacity and Economic Reform". In *Governança, governabilidade e reforma*.

_____ (1994b). "Governança, Governabilidade e Reforma". In Velloso, org. (1994).

GEDDES, Barbara (1991). "A Game Theoretic Model of Reform in Latin American Democracies". *American Political Science Review*, 85(2), junho de 1991.

GENRO, Tarso (1996). "A Esquerda e um Novo Estado". *Folha de S. Paulo*, 7 de janeiro de 1996.

GHIO, José Maria e ETCHEMENDY, Sebastián (1997). "The Politics of Administrative Reform in Menem's Argentina". Texto apresentado no Seminário "Reforma Administrativa em Países em Desenvolvimento", Brasília: ENAP, 24 e 25 de novembro de 1997.

GLASTRIS, P. (1994). "A Reinventing Government Triumph". *The New Republic*, 21/11/1994.

GOODIN, Robert E. e LE GRAND, Julian (1987). "Introduction". In Goodin e Le Grand, orgs. (1987).

GOODIN, Robert E. e LE GRAND, Julian, orgs. (1987). *Not Only the Poor: The Middle Classes and the Welfare State*. Londres: Allen & Unwin.

GORE, Al (1993). *From Red Tape to Results: Creating a Government that Works Better and Costs Less*. Washington, DC: Presidência dos Estados Unidos, *National Performance Review*, setembro de 1993.

GORE, Al (1995). *Putting Custormes First' 95*. Washington, DC: Presidência dos Estados Unidos, *National Performance Review*, setembro de 1995.

GOULDNER, Alvin W. (1945). *Patterns of Industrial Bureaucracy*. Glencoe, Il.: Free Press.

GOUVÊA, Gilda Portugal (1994). *Burocracia e Elites Dominantes do País*. São Paulo: Pauliceia.

GRAEF, Aldino (1994). "Nova Fase do Capitalismo de Estado". In *Reforma do Estado, Cadernos ENAP*, 2(4), dezembro de 1994.

GRAHAM, Lawrence S. (1968). *Civil Service Reform in Brazil*. Austin: University of Texas Press.

GRUBER, Judith E. (1987). *Controlling Bureaucracies*. Berkeley: University of California Press.

GUERREIRO RAMOS, Alberto (1971). "A Nova Ignorância e o Futuro da Administração Pública na América Latina". *Revista de Administração Pública*, 4(2), julho de 1970.

GURGEL, Cláudio (1995). "Reforma do Estado: Weber e a Estabilidade". *Archétipon*, 4(10), 1995. Rio de Janeiro: Faculdades Cândido Mendes.

GUSTAFSSON, Lennart (1995). "Participación y Racionalización en el Área de Recursos Humanos: Reforma de la Gestión y el Empleo Público en Suecia", *GAPP*, n° 2, janeiro-abril, 1995.

HABERMAS, Jürgen (1981a). *The Theory of Communicative Action. Volume I: Reason and Rationalization of Society*. Boston: Beacon Press, 1984 (edição original alemã, 1981).

_____ (1981b). *The Theory of Communicative Action. Volume II: Lyfeworld and System — A Critique of Functionalist Reason*. Boston: Beacon Press, 1987. Edição original alemã de 1981.

_____ (1992). *Between Facts and Norms*. Cambridge, Ma.: The MIT Press. Edição original alemã, 1992.

HAGGARD, Stephan (1990). *Pathways from the Periphery: The Politics of Growth in the Newly Industrializing Countries*. Ithaca: Cornell University Press.

_____ (1995). "Reform of the State in Latin America". In Burki, Edwards e Aiyer (1997). *Proceedings of the Annual World Bank Conference on Development in Latin America and the Caribbean — 1995.* Washington, DC: The World Bank.

HALL, Stuart (1996). "The Question of Cultural Identity". In Hall *et alii*, orgs. (1996). Edição brasileira da Fundação Memorial da América Latina, Coleção Memo, 1997, São Paulo.

HALL, Stuart, HELD, David, HUB, Don e THOMPSON, Kenneth, orgs. (1996). *Modernity.* Oxford: Blackwell Publishers.

HALLIGAN, John (1991). "Función Pública y Reforma Administrativa en Australia". *Revista Internacional de Ciencias Administrativas.* Madri: vol. 57, nº 3, setembro de 1991.

HAMMER, Michael (1990). "Reengineering Work: Don't Automate, Obliterate". *Harvard Business Review*, 90(4), julho de 1990.

HAMMER, Michael e CHAMPY, James (1993). *Reengineering the Corporation.* Nova York: HaperCollins Publishers.

_____ (1995). *Reengineering Management.* Nova York: HarperCollins Publishers.

HEREDIA, Blanca e SCHNEIDER, Ben Ross (1998). "The Political Economy of Administrative Reform: Building State Capacity in Developing Countries". *Paper* de referência para o projeto "The Political Economy of Administrative Reform in Developing Countries" patrocinado pelo Centro de Investigación y Docencia Económicas (CIDE) e a Northwestern University, com seminários em Evanston, Seul, Brasília e Cidade do México. Versão de abril de 1998.

HIRSCHMAN, Albert O. (1970). *Exit, Voice, and Loyalty.* Cambridge: Harvard University Press.

_____ (1991). *The Rhetoric of Reaction.* Cambridge: Harvard University Press.

HOCHMAN, Gilberto (1992). "Os Cardeais da Previdência Social: Gênese e Consolidação de uma Elite Burocrática". *Dados*, 35(3), s.d., 1992.

HOLANDA, Nilson (1993). "A Crise Gerencial do Estado Brasileiro". In Velloso, org. (1993). *Brasil: A Superação da Crise.* São Paulo: Nobel.

HOOD, Christopher (1991). "A Public Management for All Seasons?". *Public Administration*, 69(1), primavera de 1991.

_____ (1992). "Reflections on Variations in the 1980's Public Management Reform". Trabalho apresentado ao seminário "New European Public Sector", Helsinque, 27 a 29 de setembro de 1992.

_____ (1996a). "Exploring Variations in Public Management Reform in the 1980s". In Bekke, Perry e Toonen, orgs. (1996).

_____ (1996b). "Beyond 'Progressivism': A New 'Global Paradigm' in Public Administration?". *International Journal of Public Administration*, 19(2), 1996.

HUNTINGTON, Samuel P. (1968). *Political Order in Changing Societies.* New Haven: Yale University Press.

IHERING, Rudolf Von (1872). *A Luta pelo Direito.* Rio de Janeiro: Editora Liber Juris, 1987. Primeira edição alemã de 1872.

Instituto de Estudos Políticos (1997). "Os Formadores de Opinião no País e a Reforma do Estado". Brasília: Instituto Brasileiro de Estudos Políticos, fevereiro de 1977.

JANINE RIBEIRO, Renato (1994). "A Política como Espetáculo". In Dagnino, org. (1994).

Referências bibliográficas

JAQUETTE, Jane S. (1993). "Some Thoughts on Sequencing". In Armijo, org. (1993).

JESSOP, Bob (1994). "Changing Forms and Functions of the State in an Era of Globalization and Regionalization". In Delorme e Dopfer, orgs. (1994).

KELLAM, Susan (1995). "Reinventing Government". *Congressional Quarterly Researcher*, 5(7), fevereiro de 1995.

KETTL, Donald F. e DILULIO JR, John (1994). *Inside the Reinvention Machine: Appraising Governmental Reform*. Washington, DC: The Brookings Institution, Center for Public Management.

_____ (1995). *Cutting Government*. Washington, DC: The Brookings Institution, Center for Public Management.

KETTL, Donald F. e MILWARD, H. Brinton, orgs. (1996). *The State of Public Management*. Baltimore: John Hopkins University Press.

KETTL, Donald F. (1994). *Reinventing Government? Appraising the National Performance Review*. Washington: The Brookings Institution, Center for Public Management, agosto de 1994.

_____ (1998). "A Revolução Global: Reforma da Administração do Setor Público". In Bresser-Pereira e Spink, orgs. (1998). *Reforma do Estado e Administração Pública Gerencial*.

KHADEMIAN, Anne M. (1995). "Reinventing a Government Corporation: Professional Priorities and a Clear Bottom Line". *Public Administration Review*, 55(1) janeiro de 1995.

KLEIN, Rudolf (1995). *The New Politics of the NHS*. Londres: Longman (terceira edição).

KLIKSBERG, Bernardo (1997). *O Desafio da Exclusão: Para uma Gestão social Eficiente*. São Paulo: Edições FUNDAP.

KOOIMAN, Jan e ELIASSEN, Kjell A. (1987). "Public Management in Europe". In Kooiman e Eliassen, orgs. (1987). *Managing the Public Sector in Europe*. Londres: Sage.

LANE, Jan-Erik, (1985). "Public-Policy or Market? The Demarcation Problem". In Jan-Erik Lane, org. (1985).

LANE, Jan-Erik, org. (1985). *State and Market*. Londres: Sage Publications.

LEVY, Evelyn (1997). *Democracia nas Cidades Globais*. São Paulo: Studio Nobel.

_____ (1998). "Controle Social e Controle de Resultados: Um Balanço dos Argumentos e da Experiência Recente". In Bresser-Pereira e Cunill Grau, orgs. (1998).

LOCKE, Richard M. e BACCARO, Lucio (1996). "Learning from Past Mistakes? Recent Reforms in Italian Industrial Relations". *Industrial Relations Journal*, 27(4), 1996.

LÖFFLER, Elke (1996). "The Modernization of the Public Sector in an International Comparative Perspective: Concepts and Methods of Awarding and Assessing Quality in the Public Sector in OCDE Countries". Speyer: Forschungsinstitut für Offentliche Werwaltung da Escola Superior de Ciências Administrativas de Speyer, maio de 1996.

MANN, Nancy R. (1985). *Deming — As Chaves da Excelência*. São Paulo: Makron Books do Brasil. Edição original em inglês de 1985.

MARCEL, Mario (1997). *Modernizacion del Estado e Indicadores de Desempeño en el Sector Publico: La Experiencia Chilena*. Mimeo, abril de 1997.

MARCELINO, Gileno Fernandes (1987). *Evolução do Estado e Reforma Administrativa*. Brasília: Imprensa Nacional.

MARCH, James G. e SIMON, Herbert A. (1958). *Organizations*. Nova York: John Wiley & Sons.

MARCH, James G. e OLSEN, Johan P. (1995). *Democratic Governance*. Nova York: Free Press.

MARCONI, Nelson. (1997). "Uma Breve Comparação entre os Mercados de Trabalho do Setor Público e Privado". *Revista do Serviço Público*, 48(1), janeiro de 1997.

MARSHALL, T.H. (1950). "Citizenship and Social Class". In Marshall e Botomore (1992). *Citizenship and Social Class*. Londres: Pluto Press. Originalmente publicado em 1950.

MARTINS, Humberto Falcão (1997). "A Ética do Patrimonialismo e a Modernização da Administração Pública Brasileira". In Prestes Motta e Caldas, orgs. (1997).

MARTINS, Luciano (1973). *Pouvoir et Développement Economique*. Paris: Editions Anthropos, 1976. Tese de doutorado de Estado. Universidade de Paris V, 1973.

_____ (1985). *Estado Capitalista e Burocracia no Brasil Pós-64*. Rio de Janeiro: Paz e Terra.

_____ (1995a). *Reforma da Administração Pública e Cultura Política no Brasil: Uma Visão Geral*. Brasília: ENAP, *Cadernos ENAP*, nº 8, 1995.

_____ (1995b). "Crise de poder, governabilidade e governança". In Velloso e Cavalcanti de Albuquerque, orgs. (1995).

MASLOW, Abraham H. (1943). "A Theory of Human Motivation". *Psychological Review*, nº 50, 1943. Citado por Morgan (1986).

_____ (1970). *Motivation and Personality*. Nova York: Harper & Row. Segunda edição.

MAYO, Elton (1946). *The Human Problems of an Industrial Civilization*. Boston: Graduate School of Business Administration of Harvard University.

McCUBBINS, Mathew D., NOLL, Roger G. e WEINGAST, Barry R. (1987). "Administrative Procedures as Instruments of Political Control". *Journal of Law, Economics and Organization*, 3(2), outono de 1987.

McCUBBINS, Mathew D. (1991). *The Logic of Delegation*. Chicago: University of Chicago Press.

MEDICI, André Cezar (1995). "Saúde: Modelos de Gestão Descentralizada — Alternativas para o Brasil". In Velloso, Albuquerque e Knoop, orgs. (1955).

MELDOLESI, Nicoletta Stame (1997). "Avaliação de Políticas Públicas na França". *Revista do Serviço Público*, 47(3), setembro de 1997.

MELO, Marcus André e ROSÁRIO COSTA, Nilson do (1995). "A Difusão das Reformas Neoliberais: Análise Estratégica, Atores e Agendas Internacionais". In Reis, Tavares de Almeida e Fry, orgs. (1995). *Pluralismo, Espaço Social e Pesquisa*. São Paulo: Editora Hucitec.

MELO, Marcus André (1996). "*Governance* e a Reforma do Estado: O Paradigma Agente-Principal". *Revista do Serviço Público*, 47(1), janeiro de 1996.

MELO, Marcus André (1998). "A Política da Reforma do Estado no Brasil: *Issue Areas* e Processo Decisório da Reforma Previdenciária, Administrativa e Tributária". Trabalho apresentado ao seminário "The Political Economy of Administrative Reform in Developing Countries", CIDE/Northwestern University, Cidade do México, 5-6 de junho de 1998.

Referências bibliográficas

MENDES, Eugênio Vilaça (1996). *Uma Agenda para a Saúde*. São Paulo: Hucitec.

MENEGUZZO, Marco (1995). "New Public Management e Modelli Innovativi de Programmazione e Controllo Intereistituzionale della Speza Pubblica". In Borgonovi, org. (1995) *Il Controllo della Spesa Pubblica*. Milão: Università Bocconi e Giuffrè Editore.

MERQUIOR, José Guilherme (1991). *O Liberalismo Antigo e Moderno*. Rio de Janeiro: Nova Fronteira.

MERTON, Robert K. (1949). *Social Theory and Social Structure*. Glencoe, Il.: Free Press.

MILLER, Gary J. (1992). *Managerial Dilemmas*. Cambridge: Cambridge University Press.

MARE (1995). *Plano Diretor da Reforma do Aparelho do Estado*. Brasília: Presidência da República, Imprensa Oficial, novembro de 1995.

Ministério da Fazenda (1987). *Plano de Controle Macroeconômico*. Brasília: Ministério da Fazenda, Secretaria Especial de Assuntos Econômicos, julho de 1987.

Ministério da Saúde (1993). "Descentralização dos Serviços de Saúde: A Ousadia de Cumprir e Fazer Cumprir a Lei". Brasília: Ministério da Saúde, Sistema Único de Saúde.

MINTZBERG, Henry (1996). "Managing Government — Governing Management". *Harvard Business Review*, maio de 1996.

MODESTO, Paulo E. G. (1995). "Reforma Administrativa e Direito Adquirido ao Regime da Função Pública". Brasília: ENAP, Texto para Discussão n° 5, outubro de 1995. Publicado em *Revista de Informação Legislativa*, 32(128), outubro/dezembro de 1995.

_____ (1997). "Reforma Administrativa e Marco Legal das Organizações Sociais". *Revista do Serviço Público*, 48(2), maio de 1997.

_____ (1998). "Reforma Administrativa e Direito Adquirido". Brasília: ENAP, Texto para Discussão n° 23, fevereiro de 1998.

MOE, Ronald C. (1994). "The Reinventing Government Excercise: Misinterpreting the Problem, Misjudging the Consequences". *Public Administration Review*, 54(2), março de 1994.

MOE, Terry M. (1990). "Political Institutions: The Neglected Side of the Story". *Journal of Law, Economics, and Organization*, n° 6, 1990: 213-253.

MOISÉS, José Álvaro (1995). *Os Brasileiros e a Democracia*. São Paulo: Editora Ática.

MORALES, Carlos Antonio (1998). "Provisão de Serviços Sociais através de Organizações Públicas Não-Estatais". In Bresser-Pereira e Cunill Grau, orgs. (1998).

MORGAN, Gareth (1986). *Imagens da Organização*. São Paulo: Editora Atlas, 1995. Publicado originalmente em inglês, 1986.

NASSIF, Luís (1996). "O Brasil e o Mito da Segurança". *Folha de S. Paulo*, 7/1/1996.

NASSUNO, Marianne (1997). "Organização dos Usuários, Participação na Gestão e Controle das Organizações Sociais". *Revista do Serviço Público*, 48(1), janeiro de 1997.

_____ (1998). "O Controle Social nas Organizações Sociais no Brasil". In Bresser-Pereira e Cunill Grau, orgs. (1998).

NAVARRO, Juan Carlos (1998). "As ONGs e a Prestação de Serviços Sociais na América Latina: O Aprendizado Começou". In Bresser-Pereira e Cunill Grau, orgs. (1998).

NAVARRO, Zander (1998). "Democracia e Controle Social de Fundos Públicos: O Caso do Orçamento Participativo de Porto Alegre". In Bresser-Pereira e Cunill Grau, orgs. (1998).

NUNBERG, B. e NELLIS, J. (1995). "Civil Service Reform and the World Bank". Washington, DC: World Bank Discussion Paper n° 161, maio de 1995.

NUNBERG, Barbara (1995). "Managing the Civil Service — Reform Lessons from Advanced Industrialized Countries". Washington, DC: World Bank Discussion Paper n° 204, abril de 1995.

NUNES, Edson de Oliveira (1984). *A Gramática Política do Brasil*. Rio de Janeiro e Brasília: Zahar Editores e Escola Nacional de Administração, 1997. Tese de doutoramento *Bureaucratic Insulation and Clientelism in Contemporary Brazil: Uneven State Building and the Taming of Modernity*. Universidade de Berkeley, Departamento de Ciência Política, 1984.

O'DONNELL, Guillermo (1973). *Modernization and Bureaucratic Authoritarianism: Studies in South American Politics*. Berkeley: Institute of International Studies of the University of California, Berkeley, Modernization Series n° 9.

OCDE-PUMA (1996). *Performance Management in Government: Contemporary Illustrations*. Paris: OCDE — Public Management (PUMA) Paper n° 9.

OFFE, Claus (1984). *Contradictions of the Welfare State* (organizado por John Keane). Cambridge: The MIT Press.

OLIVEIRA, Francisco E. B. (1997). "Janela Aberta para os Segurados da Previdência". Reportagem de Vera Saavedra Durão e Fernando Thompson, *Gazeta Mercantil*, 27 de novembro de 1997.

OLSON, Mancur (1965). *The Logic of Collective Action*. Cambridge: Harvard University Press.

OSBORNE, David e GAEBLER, Ted (1992). *Reinventing Government*. Reading, Ma.: Addison-Wesley.

OSLAK, Oscar (1995). "As Demandas de Formação de Administradores Públicos frente ao Novo Perfil do Estado". *Revista do Serviço Público*, ano 46, vol. 119, n° 1, jan. 1995.

_____ (1997). *La Formación del Estado Argentino*. Buenos Aires: Editorial Planeta.

OSTROM, Vincent (1989). *The Intellectual Crisis of American Public Administration*. Segunda edição. Tucaloosa: University of Alabama Press.

_____ (1991). "*Res Publica*: The Emergence of Public Opinion, Civic Knowledge, and a Culture of Inquiry". In Ostrom (1991). *The Meaning of American Federalism in Constituting a Self-Governing Society*. São Francisco, Ca.: Institute for Contemporary Studies.

PAGÈS, Max, BONETTI, Michel, GAULEJAC, Vincent de, e DESCENDRE, Daniel (1986). *O Poder das Organizações*. São Paulo: Atlas, 1987. Publicado originalmente em francês, 1986.

PARSONS, Talcott (1937). *The Structure of Social Action*. Nova York: Free Press. Primeira edição em *paperback* de 1968.

_____ (1960). *Structure and Process in Modern Societies*. Glencoe: Free Press.

PÊCHEUR, Bernard (1990). "France: Bilan et perspectives du renouveau du service public", *Revue Française d'Administration Publique*, n° 55, julho de 1990.

PERROW, Charles (1986). *Complex Organizations*. Nova York: McGraw-Hill. Terceira edição.

Referências bibliográficas

PETERS, Guy (1996). "Models of Governance for the 1990". In Kettl, Donald F. e H. Brinton Milward, orgs. (1996).

PIMENTA, Carlos César (1994). "Aspectos Recentes da Organização e das Políticas de Modernização da Função Pública Federal". Rio de Janeiro: *Revista de Administração Pública*, 28(2), abril de 1994.

PIQUET CARNEIRO, João Geraldo (1993). "Requisitos Políticos e Técnicos da Reforma do Estado". In Velloso, org. (1993).

PLOWDEN, William (1994). *Ministers and Mandarins*. Londres: Institute for Public Policy Research.

POLLITT, Christopher (1993). *Managerialism and the Public Service*. Segunda edição. Oxford: Blackwell.

PRATS I CATALÁ, Juan (1996). "Direito e Gerenciamento nas Administrações Públicas: Notas sobre a Crise e Renovação dos Paradigmas". *Revista do Serviço Público*, 47(2), maio de 1996.

PREMCHAND, A. (1998). "Themes and Issues in Public Expenditure Management". Washington: FMI, 1998. Apresentado ao seminário "Hacia el Rediseño del Estado", organizado pelo Ministério do Planejamento da Colômbia, em Bogotá, 27-29 de abril de 1998.

PRESTES MOTTA, Fernando C. e BRESSER-PEREIRA, Luiz Carlos (1963/80). *Introdução à Organização Burocrática*. São Paulo: Editora Brasiliense. Os artigos de autoria de Bresser-Pereira foram escritos em 1964; os de Prestes Motta, para este livro.

PRESTES MOTTA, Fernando C. (1998). *Teoria Geral da Administração: Uma Introdução*. São Paulo: Pioneira. Segunda edição atualizada (primeira edição de 1974).

_____ (1986). *Organização e Poder*. São Paulo: Atlas.

PRESTES MOTTA, Fernando C. e CALDAS, Miguel P., orgs. (1997). *Cultura Organizacional e Cultura Brasileira*. São Paulo: Editora Atlas.

PRZEWORSKI, Adam (1990). *The State and the Economy under Capitalism*. Chur: Harwood Academic Publishers.

_____ (1995). "Reforming the State: Political Accountability and Economic Intervention". Mimeo. Trabalho apresentado à conferência "Inequality, the Welfare State and Social Values", El Escorial, Espanha, julho de 1995.

_____ (1996). "Reforma do Estado: Responsabilidade Política e Intervenção Econômica". *Revista Brasileira de Ciências Sociais*, 32(11), outubro de 1996.

_____ (1998). "Sobre o Desenho do Estado: Uma Perspectiva Agente *versus* Principal". In Bresser-Pereira e Spink, orgs. (1998). *Reforma do Estado e Administração Pública gerencial*.

PRZEWORSKI, Adam, BARDHAM, Pranab, BRESSER-PEREIRA, Luiz Carlos *et alii* (1995). *Sustainable Democracy*. Cambridge: Cambridge University Press.

PUGH, D.S., org. (1971). *Organization Theory*. Harmondsworth: Penguin Books.

PUMA (1997). *In Search of Results: Performance Management Practices*. Paris: OCDE — PUMA.

PUTNAM, Robert D. (1993). *Making Democracy Work*. Princeton: Princeton University Press.

PYPER, R. e ROBINS, L. orgs. (1995). *Governing the UK in the 1990's*. Londres: Macmillan.

RABELL, SANTANA, L. e NEGRÓN PORTILLO, M. (1996). "'Reinventing Government': Nueva Retórica, Viejos Problemas". *Revista del CLAD: Reforma y Democracia*, nº 6, julho de 1996.

RAMOS, Marcelo de Matos (1997). "Contratos de Gestão: Instrumentos de Ligação entre os Setores do Aparelho do Estado". *Revista do Serviço Público*, 48(2), maio de 1997.

RANSON, Stewart e STEWART, John (1994). *Management for the Public Domain*. Londres: The Macmillan Press.

RAPACZYNSKI, Andrzej (1996). "The Roles of the State and the Market in Establishing Property Rights". *Journal of Economic Perspectives*, 10(2), primavera de 1996.

REIS, Fábio Wanderley (1994). "'Governabilidade' e Instituições Políticas". In Velloso, org. (1994).

RICHARDSON, Ruth (1998). "As Reformas do Setor Público na Nova Zelândia". In Bresser-Pereira e Spink, orgs. (1998). *Reforma do Estado e Administração Pública Gerencial*.

ROETHLISBERGER, F.J. e DICKSON, William J. (1939). *Management and the Worker*. Cambridge, MA: Harvard University Press.

ROSE-ACKERMAN, Susan (1996). "Altruism, Nonprofits, and Economic Theory". In *Journal of Economic Literature*, 34(2), junho de 1996.

ROSENBERG, Hans (1968). *Bureaucracy, Aristocracy & Autocracy*. Cambridge, Ma.: Harvard University Press.

ROSENFIELD, Denis (1992). *A Ética na Política*. São Paulo: Editora Brasiliense.

SANTOS, Luiz Alberto (1995). "Modelo Brasileiro para a Organização da Alta Administração". Brasília: *Revista do Serviço Público*, 119(2), maio de 1995.

SANTOS, Wanderley Guilherme dos (1988). *Paradoxos do Liberalismo*. São Paulo: Edições Vértice.

SCHEDLER, Kuno (1996). "Reflections on the Compatibility of New Public Management and (Direct) Democracy". Trabalho preparado para a conferência "New Public Management in International Perspective", University of St. Gallen, Suíça, julho de 1996. In International Public Management Network (www.willamette.org/ipmn/research/conference/index.html).

SCHMITTER, Philippe C. (1974). "Still the Century of Corporatism?". *Review of Politics*, 36(1). Reproduzido em Schmitter e Lembruch, orgs. (1979). *Trends Toward Corporatist Intermediation*.

_____ (1977). "Modes of Interest Intermediation and Models of Societal Change in Western Europe". In Schmitter, org. (1977). *Corporatism and Policy-Making in Contemporary Western Europe*. Número especial de *Comparative Political Studies*, 10(1), 1977.

SCHNEIDER, Ben Ross (1994). *Burocracia Pública e Política Industrial no Brasil*. São Paulo: Editora Sumaré, 1994.

SCHNEIDER, Ben Ross (1995). "A Conexão da Carreira: Uma Análise Comparativa de Preferências e Insulamento Burocrático". *Revista do Serviço Público*, ano 46, vol. 119, nº 1, janeiro de 1995.

SEIBEL, Wolfgang (1996). "Administrative Science as Reform: German Public Administration". *Public Administration Review*, vol. 56, nº 1, pp. 74-81, janeiro de 1996.

Referências bibliográficas

SIDA (1994). *Report from a Joint ODA/SIDA Seminar on Civil Service Reform*. Swedish International Development Authority, junho de 1994. Citado por Spink (1998b).

SILBERMAN, Bernard S. (1993). *The Cages of Reason*. Chicago: Chicago University Press.

SILVA, José Afonso da (1997). *Curso de Direito Constitucional*. São Paulo: Malheiros Editores (14ª edição revista).

SILVA PEREIRA, Eduardo da (1997). "Organizações Sociais, Instituições Federais de Ensino Superior e Autonomia Universitária". *Revista do Serviço Público*, 48(2), maio de 1997.

SIMON, Herbert A. (1945). *Comportamento Administrativo*. Rio de Janeiro: Fundação Getúlio Vargas, 1965. Primeira edição americana de 1945.

SIMON, Herbert A. (1960). "Decision Making and Organization Design". In Pugh, org. (1971). Reproduzido de *The New Science of Management Decision*.

SLATER, D. (1990). "Debating Descentralization — A Repply to Rondinelli". *Development and Change*, vol. 21, 1990 (citado por Levy, 1997).

SLOAN, Alfred P. (1946). *My Years with General Motors*. Nova York: Doubleday.

SOUZA, Herbert "Betinho" de (1995). "A Caminho do Público e da Democracia". *Folha de S. Paulo*, 12/9/1995.

SPINK, Peter (1998a). "Possibilidades Técnicas e Imperativos Políticos em 70 Anos de Reforma Administrativa". In Bresser-Pereira e Spink, orgs. (1998). *Reforma do Estado e Administração Pública Gerencial*.

_____ (1998b). *Reforming the Reformers: The Saga of Public Administration Reform in Latin America 1925-1995*. São Paulo: Fundação Getúlio Vargas, Tese de Doutoramento, março de 1998.

STIGLITZ, Joseph E. (1989). "The Economic Role of the State". In Heertje, org. (1989). *The Economic Role of the State*. Oxford: Basil Blackwell.

STIGLITZ, J. (1992). "Methodological Issues and the New Keynesian Economics". In Vercelli e Dimitri, orgs. (1992). *Macroeconomics: a Survey of Research Strategies*. Oxford: Oxford University Press.

STIGLITZ, Joseph (1993a). "Post Walrasian and Post Marxian Economics". *The Journal of Economic Perspectives* 7(1), inverno de 1993.

STIGLITZ, Joseph (1993b). "The Role of the State in Financial Markets". *Proceedings of the World Bank Annual Conference on Development Economics, 1993*. Suplemento da *The World Bank Economic Review* e da *World Bank Research Observer*.

STIGLITZ, Joseph E. (1994). *Wither Socialism?* Cambridge, Ma.: The MIT Press.

SUTHERLAND, S.L. (1993). "Independent Review Agencies and Accountability: Some Lessons and Conclusions". *Optimum — The Journal of Public Sector Management*, 24(2), outono de 1993, pp. 23-40.

TIROLE, Jean (1994). "The Internal Organization of Government". *Oxford Economic Papers*, nº 46, 1994, pp. 1-19.

THERBORN, Goran (1977). "The Rule of Capital and the Rise of Democracy". *New Left Review*, nº 103, maio-junho.

TOMKINS, Cyril R. (1978). *Achieving Economy, Efficiency and Effectiveness in the Public Sector*. Edinburgh: The Institute of Chartered Accountants of Scotland.

Trosa, Sylvie (1995). *Moderniser L'Administration*. Paris: Les Editions D'Organization.

Vallemont, Serge (1996). *A Modernização do Estado: As Lições de uma Experiência*. Brasília: ENAP, Texto para discussão, 12, 1996.

Velloso, João Paulo e Cavalcanti Albuquerque, Roberto, orgs. (1995). *Governabilidade & Reformas*. Rio de Janeiro, VII Fórum Nacional, maio de 1995. Rio de Janeiro: José Olympio e Fórum Nacional.

Velloso, João Paulo Reis, Cavalcanti Albuquerque, Roberto e Knoop, Joachim, orgs. (1995). *Políticas Sociais no Brasil*. Rio de Janeiro: Fórum Nacional e Fundação Friedrich Ebert.

Velloso, João Paulo Reis, org. (1993). *Brasil: A Superação da Crise*. V Fórum Nacional, maio de 1993. São Paulo: Editora Nobel e Fórum Nacional.

_____, org. (1994). *Governabilidade, Sistema Político e Violência Urbana*. Rio de Janeiro, VI Fórum Nacional, abril de 1994. Rio de Janeiro: José Olympio e Fórum Nacional.

Wahrlich, Beatriz Marques de Souza (1970). "Uma Reforma da Administração de Pessoal Vinculada ao Processo de Desenvolvimento Nacional". *Revista de Administração Pública*, 4(1), janeiro de 1970.

_____ (1983). *A Reforma Administrativa da Era de Vargas*. Rio de Janeiro: Fundação Getúlio Vargas.

_____ (1984). "A Reforma Administrativa no Brasil: Experiência Anterior, Situação Atual e Perspectivas. Uma apreciação Geral". *Revista de Administração Pública*, 18(1), janeiro de 1984.

Warner, Norman (1995). "British Experience in Health Services". Apresentado à reunião de ministros de administração promovida pelo CLAD, Buenos Aires, 25/10/1995.

Weffort, Francisco C. (1984). *Por que Democracia?*. São Paulo: Brasiliense.

Weisbrod, B. A. (1988). *The Nonprofit Economy*. Cambridge: Harvard University Press.

Wilheim, Jorge, Sola, Lourdes e Bresser-Pereira, Luiz Carlos, orgs. (1998). *Reforma do Estado*. Brasília: MARE e ENAP, livro a ser publicado em 1998. Reúne os trabalhos apresentado em seminário com esse título em São Paulo, 16-28 de março de 1998, organizado pelo Conselho da Reforma do Estado.

Williamson, O. E. (1985). *The Economic Institutions of Capitalism*. Nova York: Free Press.

Wistrich, Enid (1992). "Restructuring Government New Zealand Style". *Public Administration*, 70(1), primavera de 1992.

Wright, Vincent (1994). "Reshaping the State: The Implications for Public Administration". *Western European Politics*, 17(3), 1994.

Wood, B. Dan (1988). "Principals, Bureaucrats, and Responsiveness in Clear Air Enforcements". *American Political Science Review*, 82(1), março de 1988.

Zapico, Eduardo e Mayne, John (1995). "Nuevas Perspectivas para el Control de Gestión y Medición de Resultados". GAPP, n° 3, maio de 1995, pp. 43-53.

Zifcak, S. P. (1994). *New Managerialism: Administrative Reform in Whitehall and Canberra*. Buckingham: Open University Press.

Referências bibliográficas

ÍNDICE REMISSIVO

Aberbach, Joel D., 143
abertura comercial, 43, 45, 178
Abranches, Sérgio H., 340
Abrucio, Fernando Luiz, 119, 194
ação coletiva, 20, 84-5, 87, 91, 92, 124-5, 131-2, 139, 250
accountability. *Ver* responsabilização
administração pública burocrática, 11-3, 20-2, 36, 42, 44, 47, 49-50, 69, 90, 95, 109, 111, 113, 115, 123, 128, 130-1, 142, 156-8, 160, 164, 168, 181, 191, 340
agências descentralizadas, 51, 102, 104, 138
agências executivas, 5, 11, 18, 23, 56, 58, 65, 97, 104, 205-6, 225, 239, 241-51, 266, 331
    na Austrália, 58
    na Grã-Bretanha, 54
    na Nova Zelândia, 56
    na Suécia, 65
    qualificação das, 234
agências reguladoras, 8, 97, 98, 104, 225, 226, 227, 268
ajuste fiscal, 31, 33, 37, 38, 39, 43, 44, 45, 70, 174, 178, 179, 186, 281, 288, 289, 357
    no Chile, 69
Albuquerque, Carlos César, 107, 255
Alves dos Santos, Antônio Carlos, 98
Amaparán, Juan Pablo Guerrero, 74, 75
Amaral Peixoto, Comissão, 168, 169
América Latina, 4, 22-5, 37, 42, 51, 76, 171, 178, 334
Ames, Barry, 132
Andrade, Regis de Castro, 180
Argentina, 68, 163, 195
Armijo, Leslie Elliot, 69

Associação Nacional dos Especialistas em Políticas Públicas e Gestão Governamental — ANESP, 181, 182, 193
atividades exclusivas de Estado, 18, 25, 36, 95-9, 102, 111, 210, 225, 227, 269
Austrália, 21, 46, 51, 55, 62, 82, 120, 128, 252
autoritarismo, 20, 69, 81, 105
Baccaro, Lucio, 67
Banco Interamericano de Desenvolvimento — BID, 14, 39, 221, 324-5
Banco Mundial, 24, 39, 188, 261, 288
Bandeira de Mello, Celso Antônio, 214, 236
Barbosa, Lívia, 195-6
Bargueño, Manuel Martínez, 68
Barnard, Chester, 133-4
Barreto, Maria Inês, 14-5, 219, 248
Barzelay, Michael, 120
Beetham, D., 120
Belman, Dale, 267
Beltrão, Hélio, 169, 171-2, 181
benchmarking, 116
Berlin, Isaiah, 83
Bertero, Carlos Osmar, 172
Blair, Tony, 251
Blau, Peter M., 134
Bobbio, Norberto, 84, 91
Bonifácio, José Alberto, 14, 195
Caiden, Gerald, 24, 49, 65-6
Campos, Roberto, 148-9, 169
capacitação, 40, 75, 118, 213, 269, 281-3, 288, 290-1, 293-4, 297, 303, 321, 324, 332, 336-8
Capanema, Gustavo, 169
capital humano, 34, 111
capital social, 240

Cardoso, Fernando Henrique, 9, 11-3, 25, 27-8, 34, 43, 171-2, 182, 189, 211, 233, 243, 256, 270, 288, 316, 320-1, 340

carreiras burocráticas, mito das, 194, 272

carreiras de Estado, 9, 13, 18, 100, 156, 210, 268, 273-4, 276-7, 279, 282, 284, 291, 293, 322

Castello Branco, Humberto, 169

Castells, Manuel, 104-6, 239

Cavalcanti de Albuquerque, Roberto, 107

Cawson, Alan, 94

centro político, 28

centro-direita, 37, 39

centro-esquerda, 37, 39, 174, 251
  burocrática, 174

Champy, James, 147

Chandler, Alfred D., 104

checks and balances, 129, 132, 146, 154-5, 157

Chevallier, Jacques, 109

Chile, 68-72,

cidadania, 3-5, 8, 17-8, 33-4, 50, 52, 81-3, 85-6, 91, 106, 112, 118-9, 122, 142, 151-4, 210, 241, 259, 327, 329, 337

cidadão-cliente, 21, 25, 63, 109, 111, 117-9, 121-2, 198, 218, 226
  nos Estados Unidos, 63

Clarke, John, 122

clientelismo, 9, 20, 22-3, 25, 70, 93, 105, 134, 140, 165, 167-70, 172, 175, 184, 192, 194, 198, 200, 299

Clinton, Bill, 51, 62-3, 318

Coase, Ronald H., 135

Cohn, Amélia, 258

Collor de Mello, Fernando, 41, 178, 179, 182, 183, 333

competição administrada, 17-8, 55, 110, 114, 116-7, 146, 155, 163, 240, 257-8, 262, 265
  na Grã-Bretanha, 55, 255
  na saúde, 260, 262

concentração de renda, 32-3, 187

concurso, 42, 67, 89, 164, 167, 172, 176, 185, 193-4, 209, 212-3, 232, 269-70, 274-5, 278, 283, 288, 303, 318, 320, 324

no México, 75

Conselho da Reforma do Estado, 14, 227, 313

Conselho Latino-Americano de Administração para o Desenvolvimento — CLAD, 324-5

Constituição de 1988, 23, 26, 41-3, 90, 104, 173-7, 189, 192-4, 199, 206-7, 211-2, 214, 247, 281, 283, 286, 331

contabilidade gerencial, 205, 316

contrato de gestão, 104, 206, 213, 229, 235, 247-8, 250, 265
  na França, 66
  na Grã-Bretanha, 55
  na saúde, 243
  nas agências descentralizadas, 147, 230
  nas agências executivas, 226, 228, 231-2
  nas organizações sociais, 234, 243

controle social, 8, 15, 17, 19, 26, 94, 99, 106, 107, 110, 112, 117, 119, 140-1, 144, 145-6, 151, 153, 156, 165, 215, 232, 239-41, 244, 250-2, 260-1, 308
  na saúde, 259
  nas organizações sociais, 248-9

cooperação, 19-20, 91, 124-5, 127, 130, 131, 133-5, 137-8, 213, 219, 248, 267

Cordeiro, Hésio, 265

corporativismo, 94, 176, 179-80, 285

corrupção, 36, 47, 53, 76, 91, 94, 97, 104, 106, 111, 139, 165, 187-8, 213, 222, 287, 299, 337-8
  no Chile, 71
  no México, 74

Costa, Nilson do Rosário, 37

Coutinho, Carlos Nelson, 83

Covas, Mário, 119

crise da dívida externa, 36-7, 44

crise de governança, 33, 36

crise do Estado, 5, 22, 26, 31, 33-5, 38, 40, 43-5, 51, 64, 89, 104-5, 177, 237, 239, 267, 281
  na Suécia, 64

crise do sistema previdenciário brasileiro, 329

crise econômica, 34, 40, 43, 47, 76, 170
  no México, 74

Índice remissivo   359

crise fiscal, 7, 31, 34-6, 39-41, 43-4, 59, 72, 98, 101, 105, 144, 174, 176-8, 181, 185, 190, 210, 289-90
  na América Latina, 68
  na Austrália, 59
  no Chile, 71
crise política, 41, 43, 106, 173
Crozier, Michel, 14, 50, 111, 120, 313
Cunill Grau, Nuria, 14, 119, 121, 146, 151, 240
custos de transação, 77, 92, 130, 139, 143, 148
DASs, mito dos, 197-8
Davidson, Greg, 148
Decreto-Lei nº 200, 21, 163, 172, 180, 185-7, 189, 192-4, 263, 319
déficit público, 38, 210
Delorme, Robert, 139
Deming, W. Edward, 147-9
demissão por insuficiência de desempenho, 208-10
Departamento Administrativo do Serviço Público — DASP, 164-7, 171-2, 320
desburocratização, 58, 82, 192, 207, 235-6, 337
  na Austrália, 58
  na Suécia, 64
descentralização, 8, 23, 28, 50, 67, 69, 104, 112-4, 117, 119-20, 124, 136, 144, 155-6, 175, 177, 179, 181, 185-7, 206, 214, 223, 229, 232, 268, 272, 274-5, 277-9, 297, 300, 336
  na Austrália, 58
  na França, 65-6
  na Grã-Bretanha, 55
  na saúde, 254-5, 259-60, 262-3
  na Suécia, 63
  no México, 75
desconcentração, 23, 28, 50, 74, 119, 121, 124, 154
  na França, 66
desenvolvimento econômico, 32, 34-5, 39-40, 50, 71, 83, 86, 91, 96, 111, 165, 167, 168-9, 178, 240
despesa pública, 85
  com pessoal, 183-4
  com pessoal inativo, 186

Dickson, William J., 133
Dilulio Jr., John J., 61, 63, 259
Diniz, Eli, 14, 27
direita, 20, 36-7, 53, 251, 337
  nova, 20, 53
  na Grã-Bretanha, 53, 251
  políticos de, 337
direito administrativo, 68, 87, 89, 120, 142, 165, 208, 237, 284
  na Itália, 68
direito privado, 169, 170, 218, 235-6, 240, 243-4, 247, 265, 338
direito público, 87-8, 99, 215, 246, 248
direitos civis, 81-4, 86, 91, 153
direitos humanos, 86, 93, 97, 103, 241
direitos políticos, 81-4, 86, 91, 139, 153
direitos republicanos, 81-3, 85-7, 89, 90-2
  defensores, 91
direitos sociais, 12, 17-8, 40, 45, 81-4, 86, 91-3, 241, 259, 337
distribuição de renda, 33, 35, 83
downsizing, 19, 22, 31, 61, 68, 113, 117, 123
  e neoliberalismo, 19
  na Argentina, 68
  nos Estados Unidos, 61, 318
Dror, Yehezkel, 14, 111
Drucker, Peter, 62, 104, 147
Dunleavy, Patrick, 52, 120
Dutra, Olívio, 239
educação, 32-4, 36, 39, 45, 50, 64, 71, 75, 86, 93, 97, 99, 105, 111, 119, 188, 190, 197, 235, 241-3, 246, 251, 278, 314, 333
  continuada, 278, 314
efetividade, 32, 48, 53, 58, 62, 74-5, 106-7, 110, 222, 229, 231, 254
Eliassen, Kjell A., 120
elites, 13, 25, 44, 77, 106-7, 334, 337, 339
  internacionais, 39
empowerment, 116-7
empresários, 35, 174, 210, 335, 338
empresas estatais, 35, 42, 51, 56, 85, 90, 102, 104, 107, 167, 169-73, 175, 177, 185-6, 188, 213, 251, 293, 295, 314
  e licitações, 293
  na Nova Zelândia, 56

entidades públicas não estatais, 88, 101-2, 151, 235, 241, 269
  na saúde, 252
Escola Nacional de Administração Pública — ENAP, 14, 180-1, 244, 275-6, 310, 314-5, 322-3, 326, 338-9
escolha racional, teoria da, 19, 27, 48, 58, 85-6, 91, 129, 131-7, 139-40, 142, 242, 334, 340
esquerda, 36-9, 42, 63, 85, 104, 137, 191, 192, 251, 261
  burocrática, 63, 335
  nova, 38, 85
estabilidade da moeda, 34, 50, 97, 228
Estado [reconstrução do], 31, 39, 44
Estado Comunista, 32, 84
Estado Desenvolvimentista, 32, 84, 142
Estado do Bem-Estar, 32, 41, 64, 82, 84, 94, 241
Estado Liberal, 36, 39, 49, 101, 142, 192, 198
Estado mínimo, 7, 20, 22, 31, 33-4, 38, 39, 44, 85, 124, 134
Estado Neoliberal. *Ver* Estado mínimo
Estado Social. *Ver* Estado Social-Liberal
Estado Social-Burocrático, 32, 35, 40, 102
Estado Social-Liberal, 40
Estados Unidos, 21, 44, 47, 51, 60, 75, 76-7, 104, 106-7, 109, 137, 153, 169, 200, 237, 246-7, 256-7, 277, 321
Etchemendy, Sebastián, 68
ethos burocrático, 48, 177
ética, 53, 118, 153, 180, 213, 221
Etzioni, Amitai, 133, 134
Evans, Peter, 157-60, 170, 172-3
excesso de quadros, 107, 207-11
externalidades, 92-3, 97, 140
Fairbrother, Peter, 51-2, 122
Falconi Campos, Vicente, 148-9
falhas do Estado, 20, 32
falhas do mercado, 32, 39
Faoro, Raymundo, 163
Fayol, Henri, 104
Ferlie, Ewan, 52, 113, 119
Ferraz Jr., Tércio Sampaio, 214
Figueiredo, João Baptista, 171

Fleury, Maria Tereza, 269
flexibilidade, 60, 122, 224, 231, 240
  na Austrália, 60
  na Grã-Bretanha, 54
  nas agências executivas, 231
  nas organizações sociais, 240
flexibilização, 23, 40, 50, 170, 181, 190, 220-1, 226
formadores de opinião, 311, 337
Fortin, Yvonne, 63
França, 14, 39, 47, 51, 60, 65, 67, 76, 87, 89, 163, 174, 191, 194
Franco Montoro, André, 105
Franco, Itamar, 182, 282, 294
Franz, Howard, 145
Frederickson, H. George, 62
Frei, Eduardo, 72
Friedman, Milton, 35, 84, 129
Frischtak, Leila L., 27, 33
Gaebler, Ted, 12, 51-2, 61, 119
Geddes, Barbara, 133, 334
Genro, Tarso, 239
gerações de reformas na América Latina
  primeira, 31, 68
  segunda, 31, 68
gestão pela qualidade, 11, 26, 28, 75, 149, 218-21
  no México, 75
gestores, 54, 62, 73, 92, 181-2, 189, 195, 273, 275, 314-5, 320, 326
  na Grã-Bretanha, 54
  no Chile, 72
  nos Estados Unidos, 62
Ghio, José Maria, 68
Glastris, Paul, 61-2
globalização, 31, 33-5, 41, 44-5, 59, 105, 151-2, 340
Góes, Walder de, 337
Goodin, Robert E., 90
Gore, Al, 51, 62-3
Goulart, João, 168-9
Gouldner, Alvin W., 49
Gouvêa, Gilda Portugal, 14, 43, 160, 178
governabilidade, 27, 32, 33, 109, 142, 220
governança, 22, 27-8, 32-4, 36, 38, 97, 110, 124-5, 221
governos locais, 105-6, 266

Índice remissivo

Grã-Bretanha, 14, 46, 51-2, 54, 61, 63, 75, 86-7, 89, 163, 260-1
Graef, Aldino, 181
Graham, Lawrence S., 166
Gruber, Judith E., 143
Guerreiro Ramos, Alberto, 168
Gunderson, Morely, 267
Gurgel, Cláudio, 193
Gustafsson, Lennart, 63
Habermas, Jürgen, 82, 84, 121
Haggard, Stephan, 22, 157, 334
Hall, Stuart, 124
Halligan, John, 59
Hammer, Michael, 147
Hawke, Bob, 59
Hayek, Friedrich v., 35, 84
Hegel, Georg W. F., 90, 238
Heredia, Blanca, 14, 21, 335
Hirschman, Albert O., 38, 130, 241
Hochman, Gilberto, 178
Holanda, Nilson, 43, 179
Hood, Christopher, 52, 109, 120
Huntington, Samuel P., 27
Hyatt, Douglas, 267
Iglesias, Henrique, 324
Ihering, Rudolf Von, 81
imprensa, 13, 17, 45, 77, 98, 101, 152, 155, 157, 165-7, 214, 263
   no Chile, 73
incentivos, 18, 23, 58, 59, 61, 72, 75, 77, 127, 129, 131, 133-5, 144, 192, 218, 268, 279, 334, 335, 336, 361
   na Austrália, 50, 59
   no Chile, 72
   nos Estados Unidos, 61
indicadores de desempenho, 11, 26, 73, 110, 147, 148, 167, 182, 228-30, 250, 321, 323
   nas agências executivas, 228
   nas organizações sociais, 250
   no Chile, 73
inflação, 40, 89, 178-9, 183, 261, 271-2, 284, 286
insulamento burocrático, 156-8, 170

interesse público, 9, 20, 26, 48, 77, 86, 88-91, 94, 99, 109, 125-6, 132-9, 142, 144, 156, 180, 210, 217-8, 237-8, 243, 249, 329
   e direitos republicanos, 85
internet, 206, 295, 304, 306, 310-1, 314-5, 323
   e licitações, 296
intranet, 304
Itália, 51, 67-8, 240
Jaccoud, Luciana, 180
Janine Ribeiro, Renato, 88
Japão, 60, 76, 87, 89, 145-7, 157
Jaquette, Jane S., 69
Jatene, Adib, 255
Jessop, Bob, 40
Kellam, Susan, 61-2
Kettl, Donald F., 61-3, 120
Khademian, Anne M., 61-2
Klein, Rudolf, 253
Kliksberg, Bernardo, 251
Kooiman, Jan, 120
Kubitschek, Juscelino, 166-7
Lane, Jan-Erik, 93
Le Grand, Julian, 90
Lei Camata, 209
Lei de Licitações, 6, 182, 205, 293, 296-8, 340
Lei nº 8.666. *Ver* Lei de Licitações
Lei nº 8.112. *Ver* Regime Jurídico Único
Levy, Evelyn, 14, 106, 157
liberalismo, 21, 81, 83-4, 91, 114, 153-4, 252
licitações, 182, 205, 293-301, 304, 308, 319, 338
Locke, Richard M., 67
Löffler, Elke, 148
Mann, Nancy R., 147-8
Maravall, José Maria, 22, 39
Marcel, Mario, 70-1
Marcelino, Gileno Fernandes, 175
March, James G., 124-5, 127, 134
Marconi, Nelson, 14, 190, 267, 281
Marshall, T.H., 81-2
Martins, Humberto Falcão, 164, 235
Martins, Luciano, 33, 42, 170, 336
Maslow, Abraham H., 133

Mayne, John, 147
Mayo, Elton, 127, 133-4
McCubbins, Mathew D., 128, 135-6
Medici, André Cezar, 260
Meldolesi, Nicoletta Stame, 65
Melo, Marcus André, 37, 131, 333
Mendes, Eugênio Vilaça, 258
Meneguzzo, Marco, 120
Merquior, José Guilherme, 84
Merton, Robert K., 49
México, 37, 68, 70, 74, 76
Miller, Gary J., 135
Mintzberg, Henry, 99, 120, 245-6
Modesto, Paulo, 208, 214-5, 248
Moe, Ronald, 61-2, 128, 130-2
Moe, Terry, 128, 130-2
Moisés, José Álvaro, 340
monopólios naturais, 32, 98
Morales, Carlos Antonio, 240
moralidade pública, 154, 159-60
Moreira Franco, Wellington, 207
Morgan, Gareth, 134
motivação, 127, 132-4, 136-8, 148, 152, 209, 218, 270, 331
municipalização, 257, 262-3
   na saúde, 254-6, 258-9
Nakasone, Yasuhiro, 313
Nassif, Luís, 176
Nassuno, Marianne, 248-9, 267
Nathan, R. P., 259
Navarro, Zander, 239
Negrón Portillo, M., 61-2
neoliberal, 7, 19-20, 31-4, 37-40, 58, 63, 70, 85, 114, 119, 121-4, 126, 133, 254
   ideologia, 53, 58
   pensamento, 31, 37, 114, 119
   reforma, 31, 34
neoliberalismo, 35, 38, 58, 84, 114, 123, 126, 138
Newman, Janet, 122
Noll, Roger G., 128, 135
Nova República, 43, 174
Nova Zelândia, 21, 46, 51, 55-7, 75, 117, 123, 125, 242
núcleo estratégico, 11, 23, 97, 100, 102, 104, 107, 110, 117, 158, 167, 172, 205-6, 209, 227-8, 230, 268, 339

Nunberg, Barbara, 51
Nunes, Edson, 15, 42, 157, 170
O'Donnell, Guillermo, 42, 172
Offe, Claus, 82
Oliveira, Francisco E.B., 332
Olsen, Johan P., 124-5
Olson, Mancur, 35, 84
opinião pública, 13, 17, 45, 206-7, 239, 327, 336, 338
Organisation de Coopération et de Développement Economiques — OCDE, 13, 21, 24, 51, 68, 109, 123, 148, 199
Organização das Nações Unidas — ONU
organizações não governamentais — ONGs, 237, 239, 245
organizações públicas não estatais — OPNEs, 18, 31, 39-40, 62, 88, 99, 102, 117, 237-42, 252-3, 257, 268
   na Grã-Bretanha, 252
   na saúde, 257
   nos Estados Unidos, 257
organizações sociais, 11, 18, 23, 25, 101, 107, 151, 170, 205-6, 230, 255, 273, 284-5, 291, 293-300, 304, 307, 309, 319-20
   nos Estados Unidos, 243
   na educação, 243
   na Grã-Bretanha, 243
   na saúde, 244, 252-3
organizações, teoria das, 109, 127, 131, 134, 137-41, 143
Osborne, David, 12, 51, 60, 70, 131
Oslak, Oscar, 14, 108, 163
Ostrom, Vincent, 87, 239
Pagès, Max, 134
Parsons, Talcott, 134
patrimonialismo, 7-8, 21-2, 24-5, 42-3, 93-4, 141, 156, 163, 166, 171, 175, 184, 192, 194, 196-7, 211, 217, 298, 334
patrimônio público, 20, 34, 45, 47, 81,-2, 86-9, 93-4, 151, 252, 295, 336
   e licitações, 293-5
   na administração patrimonialista, 20
Pêcheur, Bernard, 66
Perrow, Charles, 133-4
Peru, 68

Índice remissivo

Pimenta, Carlos César, 175, 177, 206, 293
Pinochet, Augusto, 70
Piquet Carneiro, João Geraldo, 339
planejamento estratégico, 149, 218, 221, 315
   no Chile, 72
Plano Cruzado, 42, 44, 174, 178
Plano de Metas, 168
Plano Diretor da Reforma do Aparelho do Estado, 11-2, 17, 28, 45, 103, 119, 205, 217, 281
Plano Real, 27, 40, 45, 271
Plowden, William, 51
poder extroverso, 95, 191
Pollitt, Christopher, 51, 61, 122
populismo, 29, 129, 143-4, 147
Prats I Catalá, Juan, 120
Premchand, A., 110, 120
Prestes Motta, Fernando C., 133-4
previdência, 31-2, 45, 50, 54, 97, 100, 199, 206-9, 211, 334-8
   básica, 93, 198-9
   pública, 198-9, 201
principal-agente, teoria do, 27, 57-8, 123-4, 126-9, 131-2, 135-8, 142-4
   na Nova Zelândia, 54
privatização, 7, 31, 33, 37, 43, 45, 56, 70, 88, 93, 97, 101-2, 105, 181, 229, 241, 246, 253, 255, 259
   na Nova Zelândia, 56
   no Chile, 70
produção de bens e serviços para o mercado, 95, 97-8, 103
Programa Brasileiro de Qualidade e Produtividade — PBQP, 179, 218
Programa da Qualidade e Participação na Administração Pública, 219
Programa de Acompanhamento Gerencial dos Gastos e Avaliação Institucional — PAGG, 316
Programa de Modernização do Poder Executivo Federal, 325, 327
Programa de Racionalização das Unidades Descentralizadas do Governo Federal, 319
Programa de Reestruturação e Qualidade dos Ministérios, 217, 220, 229, 320

Programa Nacional de Desburocratização, 172
propriedade corporativa, 99, 236-8
propriedade pública não estatal, 99, 104, 235-8, 246
Przeworski, Adam, 14, 22, 32, 39, 58, 85, 93, 97, 123, 131, 143-5, 336
publicização, 99, 101, 151, 246-7, 265
   na saúde, 243
publificação, 151-2
Putnam, Robert D., 143, 160, 240
Pyper, R., 51
quase mercados, 18, 26, 63, 94, 99, 110, 114, 116, 118, 122, 125, 146
nos Estados Unidos,
quasi autonomous non-governamental organizations — quangos, 55, 243, 252, 255
Rabell, L., 61-2
racionalidade, 8, 40, 47-9, 90, 130, 133, 146, 152-3, 157-8, 172, 180-1, 266
Ramos, Marcelo de Matos, 14, 267
Ranson, Stewart, 120-2
Rapaczynski, Andrzej, 93
Rayner, Derek, 53
Reagan, Ronald, 61
Rede do Governo, 205, 303-4
redemocratização. *Ver* transição democrática
reengenharia, 113, 115, 117, 147
reforma constitucional, 5, 11, 13, 18-9, 25, 205, 208, 217, 253, 339
regime autoritário, 17, 41, 52, 157, 172, 175, 274
Regime Jurídico Único, 23, 175-6, 190, 206, 208, 219, 221, 224, 260, 294, 301, 303
regime militar, 41-2, 44, 167, 170, 172-3, 175, 177, 188
   crise do, 41
regulação, 23, 34-5, 50, 60, 66, 71, 74, 94, 97, 225, 231, 273, 278
   na França, 66
   no Chile, 71
Reinventando o Governo, 51, 61
Reis, Fábio Wanderley, 33

remuneração, 18, 45, 68, 75, 108, 122, 137, 189, 192, 196-7, 200-1, 206-10, 213-5, 217-8, 220, 222, 224, 227-9, 261, 285, 288-91, 293-4, 296, 300, 307-8, 326, 335

rent-seeking, 85, 124

Resende, André Lara, 332

responsabilização (*accountability*), 55-6, 60, 65-6, 109, 112, 118-9, 121, 142, 144-5, 151, 174, 256-61
   na Austrália, 60
   na França, 65
   na Nova Zelândia, 55
   na saúde, 256-7, 260

Richardson, Ruth, 55, 57

Robins, L., 51

Rocard, Michel, 65

Rockman, Bert A., 143

Roethlisberger, F. J., 133

Rose-Ackerman, Susan, 241

Rosenberg, Hans, 47

Rosenfield, Denis, 87

Santos, Luiz Alberto, 42

Santos, Wanderley Guilherme dos, 93, 98

Sarney, José, 178, 183

saúde, 32-4, 36, 39, 45, 50, 71, 86, 93, 97, 99, 105, 111, 119, 188, 201, 235, 241-3, 252-66, 289-90, 326
   na França, 253
   na Grã-Bretanha, 253
   nos Estados Unidos, 253

Schedler, Kuno, 118, 120

Schmitter, Philippe C., 94

Schneider, Ben Ross, 14, 21, 158, 160, 170, 173, 178, 196-7, 335

Scott, W. Richard, 134

Seibel, Wolfgang, 335

sequenciamento, 68-9

Serra, José, 256

Serviço Federal de Processamento de Dados — SERPRO, 285, 304

Serviço Integrado de Atendimento ao Cidadão — SAC, 327

serviços não exclusivos, 103, 243-4, 246

setor público não estatal, 25, 99, 110, 145-6, 235, 242

Shewhart, Walter, 147

Silberman, Bernard S., 48, 85-6

Silva Pereira, Eduardo da, 246, 255

Silva, José Afonso da, 215

Simon, Herbert A., 134

Sistema de Cadastramento Unificado de Fornecedores — SICAF, 299

Sistema de Gestão de Documentos e Informações — SIGDI, 305

Sistema de Informações Organizacionais — SIORG, 304-5

Sistema Integrado de Administração de Recursos Humanos — SIAPE, 187, 281-2, 284-7, 303, 305, 310, 317

Sistema Integrado de Administração de Serviços Gerais — SIASG, 299-300, 305

Sistema Integrado de Administração Financeira — SIAFI, 43, 285, 305, 316

Sistema Integrado de Dados Orçamentários — SIDOR, 285, 305, 316

Sistema Único de Saúde — SUS, 103, 252-63, 265-6

Slater, D., 106

Sloan, Alfred P., 104

social-democrático, 39, 121, 241, 251

socialismo, 83-4

social-liberal, 18, 37-40, 84, 101-2, 241, 251

sociedade civil, 12, 48, 66, 71, 76, 95, 106, 120, 139, 157, 167, 173, 238, 250, 263, 264, 268, 270, 273-4, 337

Souza, Herbert de, 245

Spink, Peter, 15, 23-4, 168, 324

stakeholders, 137-8

Stewart, John, 120-2

Stiglitz, Joseph E., 32, 93, 97

subteto remuneratório,

Suécia, 51, 63-4

Supremo Tribunal Federal — STF, 102, 176, 189 213

Sutherland, L. S., 145

Taylor, Frederick W., 127

tecnologia da informação, 117, 142, 285, 303, 313, 321, 333

terceirização, 57, 62, 70, 104-5, 113, 295-6, 305, 321, 337

teto remuneratório, 107

Thatcher, Margareth, 19, 32, 52-3, 123-5
thatcherismo, 121, 123
Therborn, Goran, 91
Tilliette, Bruno, 111
Tirole, Jean, 128-9
Tocqueville, Alexis de, 106, 239
Tomkins, Cyril R., 51
transição democrática, 41-3, 175, 179-80, 184, 238, 262, 284
transparência, 33, 56-7, 66, 91, 109-10, 119, 140, 144, 146, 231, 299, 307, 309
Trosa, Sylvie, 54, 60, 64-5, 122
universalismo de procedimentos, 20, 112, 156, 166, 168
Vallemont, Serge, 14, 65-6

Vargas, Getúlio, 12, 163-6, 173-4
Veras, Beni, 331
Wahrlich, Beatriz, 164-6, 171
Warner, Norman, 253
Weber, Max, 22, 47-9, 76, 95-6, 127, 131, 134, 141, 160
Weffort, Francisco, 41
Weingast, Barry R., 128, 135
Weisbrod, Burton A., 241
Williamson, Oliver E., 130
Wistrich, Enid, 57
Wood, B. Dan, 143
Wright, Vincent, 122-3
Zapico, Eduardo, 147
Zifcak, Spencer Paul, 59, 120

SOBRE O AUTOR

Luiz Carlos Bresser-Pereira nasceu em São Paulo, em 1934. Após cursar a Faculdade de Direito da Universidade de São Paulo, tornou-se mestre em Administração de Empresas pela Michigan State University, nos Estados Unidos, e doutor e livre-docente em Economia pela Universidade de São Paulo. É professor, desde 1959, da Fundação Getúlio Vargas de São Paulo. Ministra, anualmente, curso de um mês na École d'Hautes Études en Sciences Sociales de Paris. É membro do conselho diretor do CEBRAP, de cuja fundação participou em 1970. Lecionou regularmente, em nível de pós-graduação, na Universidade de Paris I e no Departamento de Ciência Política da USP. Foi conferencista visitante da Universidade de Oxford e do Instituto de Estudos Avançados da USP.

Lançou seu primeiro livro em 1968, *Desenvolvimento e crise no Brasil* (1968/2003). Desde então publicou mais de vinte obras, muitas delas traduzidas para o inglês, o espanhol, o francês e o japonês. Entre elas: *A sociedade estatal e a tecnoburocracia* (1981), *Inflação e recessão* (com Yoshiaki Nakano, 1984), *Lucro, acumulação e crise* (1986), *Economic Reforms in New Democracies* (com Adam Przeworski e José Maria Maravall, 1993), *Reforma do Estado para a cidadania* (1998), *Democracy and Public Management Reform: Building the Republican State* (2004) e *Mondialisation et compétition* (2009). Mantém um *site* na internet, www.bresserpereira.org.br, onde se encontra disponível boa parte de sua obra acadêmica e de seus artigos publicados na imprensa.

É membro do conselho consultivo do Grupo Pão de Açúcar, do qual foi diretor administrativo entre 1965 e 1983. Na administração pública, foi presidente do Banespa (1983-85) e secretário de Governo do Estado de São Paulo (1985-87) na gestão Franco Montoro; ministro da Fazenda do presidente José Sarney (1987); ministro da Administração Federal e Reforma do Estado (1995-98) e ministro da Ciência e Tecnologia (1999) no governo Fernando Henrique Cardoso. Hoje dedica-se em tempo integral à vida acadêmica na Fundação Getúlio Vargas e à direção da *Revista de Economia Política*, que fundou e edita desde 1981, além de escrever quinzenalmente para o jornal *Folha de S. Paulo*.

Este livro foi composto em Sabon
pela Bracher & Malta, com CTP
e impressão da Edições Loyola em
papel Off-Set 75 g/m² da Cia. Su-
zano de Papel e Celulose para a
Editora 34, em junho de 2011.